Tamara Barzantny
Harry Graf Kessler und das Theater

Tamara Barzantny

Harry Graf Kessler und das Theater

Autor Mäzen Initiator
1900 – 1933

2002

BÖHLAU VERLAG KÖLN WEIMAR WIEN

Bibliografische Information der Deutschen Bibliothek:

Die Deutsche Bibliothek verzeichnet diese Publikation in der
Deutschen Nationalbibliografie; detaillierte bibliografische Daten
sind im Internet über http://dnb.ddb.de abrufbar.

Umschlagabbildung:
Hugo Erfurth: Harry Graf Kessler, 1909.
© VG Bild-Kunst, Bonn 2002

© 2002 by Böhlau Verlag GmbH & Cie, Köln
Ursulaplatz 1, D-50668 Köln
Tel. (0221) 9 13 90-0, Fax (0221) 9 13 90-11
vertrieb@boehlau.de
Alle Rechte vorbehalten
Druck und Bindung: Strauss Offsetdruck GmbH, Mörlenbach
Gedruckt auf chlor- und säurefreiem Papier
Printed in Germany

ISBN 3-412-03802-4

Inhalt

Danksagung

Es ist mir eine Freude und Ehre, meinen Dank all jenen Personen und Institutionen auszusprechen, die mich im Verlauf meiner Forschungsarbeit begleitet und unterstützt haben.

Der erste und nachdrückliche Dank gilt Frau Professor Dr. Erika Fischer-Lichte, die mich in ihren Doktorandenkreis aufgenommen und es mir ermöglicht hat, als Externe meine Promotion im Fach Theaterwissenschaft an der Freien Universität Berlin abzuschließen. Für ihr Interesse an diesem Forschungsprojekt und ihre Unterstützung in jeglicher Hinsicht bin ich ihr sehr verbunden. Der sicher umfassendste Dank für seine langjährige Förderung und geduldige Betreuung gebührt meinem akademischen Lehrer in München, Herrn Professor Dr. Jens Malte Fischer. Er hat mich auf dieses Thema aufmerksam gemacht und mich hiermit auf eine Forschungsreise geschickt, der ich mehr als einige wissenschaftliche Erkenntnisse verdanke.

Unter den Kollegen in der Forschung möchte ich an erster Stelle Herrn Professor Dr. Gerhard Schuster nennen. Er hatte das entscheidende Wort der Fürsprache und Ermutigung zur Durchführung dieser Studie ausgesprochen. Auch ihm sei für sein fortwährendes Interesse und Gesprächsangebot herzlich gedankt.

Die erste Adresse für einen Kessler-Forschenden ist das Deutsche Literaturarchiv in Marbach am Neckar. Herrn Professor Dr. Ulrich Ott und seinen Mitarbeitern danke ich für die Möglichkeit, die Nachlaßbestände des Archivs zu nutzen, insbesondere die Harry Graf Kesslers, bei denen mir Frau Hildegard Dieke stets kompetent zur Seite gestanden hat.

Unverzichtbar und ertragreich waren die Forschungsaufenthalte in den Instituten der Stiftung Weimarer Klassik. Ihr und Herrn Professor Dr. Lothar Ehrlich bin ich für ein zweimonatliches Stipendium im Herbst 1998 zutiefst verbunden. Herr Professor Dr. Hans-Peter Bayerdörfer hat mit dazu beigetragen, daß mir dieses gewährt wurde; möge Kapitel III der vorliegenden Untersuchung sein befürwortendes Gutachten entlohnen. Herr Dr. Michael Knoche und Frau Dr. Ulrike Steierwald haben es mir ermöglicht, in der Herzogin Anna Amalia Bibliothek mit dem Büchernachlaß Harry Graf Kesslers zu arbeiten. Mit ihrem Bestreben, wesentliche Teile der Kesslerschen Bibliothek wieder zusammenzuführen, erwerben sie sich für die Kessler-Forschung ein besonderes Verdienst. Dank gebührt den Mitarbeitern des Goethe- und Schiller-Archivs, der Herzogin Anna Amalia Bibliothek und des Thüringischen Haupt- und Staatsarchivs für ihre stete Hilfsbereitschaft.

Interesse und Förderung erfuhr die Untersuchung zudem von Dr. Sigrid Arnold vom Theatermuseum der Landeshauptstadt Düsseldorf, Marc Eichholzer, Fabrice van de Kerckhove von der Bibliothèque Royale Albert 1er, Brüssel, Dr. Alexandre Kostka, Professor Dr. Mathias Mayer, Dr. Renate Moering vom Freien Deutschen Hochstift, Frankfurt am Main, Professor Dr. Armin A. Wallas, Privatdozentin Dr. Monika Woitas und den Mitarbeitern des Archivs der Akademie der Künste, der Bayerischen Staatsbibliothek, der Staatsbibliothek zu Berlin/Preußischer Kulturbesitz und des Bundesarchivs in Koblenz.

Frau Dr. G. Bärbel Schmid hat mir in großzügigster Weise Dokumente ihres Bandes XXVII (*Ballette – Pantomimen – Filmszenarien*) der Kritischen Ausgabe von Hugo von Hofmannsthals Werken zur Verfügung gestellt, der im Herbst 2002 endlich im S. Fischer Verlag erscheinen wird. Daneben hatte mir Herr Dr. med. Wolfhard Schmeißer einige Korrespondenzstücke aus seinem Privatbesitz anvertraut und somit weitere Facetten des Mosaiks beigesteuert. Frau Marianne Erfurth hat freundlicherweise die Reproduktionsgenehmigung für ein unbekanntes Kessler-Porträt erteilt, das Hugo Erfurth 1909 in Weimar aufgenommen hatte. Ihnen allen darf ich ebenso danken wie den Rechtsinhabern jener zitierten Quellen, die hier erstmals veröffentlicht werden: Frau Petra Löchel als Rechtsnachfolgerin Harry Graf Kesslers, Herrn Cornelius Borchardt und seiner Familie, Herrn Lieven Daenens vom Genter Museum voor Sierkunst, Frau Marina Mahler, Herrn Dr. Michael Matzigkeit vom Theatermuseum der Landeshauptstadt Düsseldorf und Herrn Dr. Eef Overgaauw von der Staatsbibliothek zu Berlin/Preußischer Kulturbesitz. Für die umfassenden Publikationsgenehmigungen aus den Beständen des Goethe- und Schiller-Archivs sowie des Deutschen Literaturarchivs sei Frau Dr. Roswitha Wollkopf, Frau Brigitte van Helt und Herrn Dr. Jochen Meyer herzlich gedankt.

Ebenso herzlich sei meiner Freunde diesseits und jenseits der Isar gedacht, die mich in dieser Zeit aufmunternd und ermutigend begleitet haben. Ein besonderer Gruß geht an Dr. Christof Schalhorn für seine kritische Durchsicht und Diskussion des Manuskripts, und an die Kollegen und Freunde in Weimar: Sabine Walter, Justus H. Ulbricht und Dr. Frank Simon-Ritz, der mir in einem entscheidenden Augenblick den Weg nach Weimar geebnet hat.

Der innigste Dank für ihre Unterstützung gilt jedoch meinem Verlobten Mohammed Al-Oudat und meiner Familie – meinen Großeltern, meinem Bruder Constantin und insbesondere meinen Eltern, die es mir mit ihrer Geduld und ihrem Vertrauen ermöglicht haben, diesen Weg zu gehen. Ihnen, meinen Eltern, sei dieses Buch gewidmet.

München, im August 2002

Einleitung

Harry Graf Kessler, Schriftsteller und Diplomat, Kunstsammler, Mäzen und Begründer der Cranach-Presse, zählt zu den faszinierendsten Persönlichkeiten des frühen 20. Jahrhunderts. Er erscheint als eine Gestalt von geradezu beängstigender Omnipräsenz, insbesondere auf kulturellem Terrain, eine Legende bereits zu Lebzeiten, dessen umfangreiches Tagebuch von seinem facettenreichen Leben zeugt. Dieses monumentale, 10.164 handbeschriebene Seiten umfassende Tagebuch genießt den Ruf eines unschätzbaren Quellenwerks seiner Zeit und regte seit seiner ersten Teilveröffentlichung im Jahre 1961[1] zahlreiche Wissenschaftler an, sich mit dem Leben und Wirken dieses Mannes auseinanderzusetzen. So leitet denn auch Peter Grupp, Autor der bisher umfangreichsten und instruktivsten Biographie des Grafen, sein Buch mit der Benennung des potentiellen Adressatenkreises ein: Historiker, Philosophen, Innenarchitekten, Bibliophile, Kunsthistoriker, Literatur- und Musikwissenschaftler könnten nicht umhin, bei ihrer Beschäftigung mit Geschichte und Kulturgeschichte des genannten Zeitraums auf Kessler zu stoßen. Und en passant heißt es: „Freunde des Theaters oder des Balletts dürften von ihm gehört haben."[2] Diese Bemerkung ist symptomatisch und verweist auf einen der Gründe, die vorliegende Untersuchung zu beginnen.

Es ist in der Tat erstaunlich, daß angesichts des in den letzten Jahren verstärkt auftretenden Interesses an Harry Graf Kesslers Rolle als ‚Wegbereiter der Moderne‘[3] bisher noch keine Anstrengungen unternommen worden sind, seine Position in der europäischen Theatergeschichte des ersten Drittels des

---

1 Harry Graf Kessler: Tagebücher 1918-1937. Hg. v. Wolfgang Pfeiffer-Belli. Frankfurt am Main 1961. Die erste unveränderte Neuauflage dieser Ausgabe in Taschenbuchformat erschien 1996 im Insel Verlag, Frankfurt am Main/Leipzig. [Künftiges Sigel: PB 1996.]

2 Peter Grupp: Harry Graf Kessler 1868-1937. Eine Biographie. München 1995, S. 7.

3 Zu nennen sind hier u.a. der Tagungsband *Harry Graf Kessler: Ein Wegbereiter der Moderne* (hg. v. Gerhard Neumann u. Günter Schnitzler, Freiburg i. Br. 1997), die von der Université Cergy-Pontoise und dem Maison Heinrich Heine in Paris initiierte Fachtagung *Weimar-Paris/Paris-Weimar. Deutsch-französischer Kunst- und Kulturtransfer um 1900* (1998), bei der auch die Verfasserin referierte, sowie die 1999 in Weimar (im Rahmen des Europäischen Kulturstadt-Jahres) veranstalteten großen Ausstellungen *Wege nach Weimar. Auf der Suche nach der Einheit von Kunst und Politik* (Ausstellungskatalog, hg. v. Hans Wilderotter u. Michael Dorrmann, Berlin 1999) und *Aufstieg und Fall der Moderne* (Ausstellungskatalog, hg. v. Rolf Bothe u. Thomas Föhl, Ostfildern-Ruit 1999).

20. Jahrhunderts zu bestimmen. Die Forschung konzentrierte ihren Blick bisher auf Kesslers Verbindung und Kooperation mit Hugo von Hofmannsthal (*Der Rosenkavalier, Josephslegende*), seine Beziehungen zu Edward Gordon Craig und Max Reinhardt. Zuletzt wurde im Zuge der Aufarbeitung der Geschichte Weimars ein Theaterprojekt von Louise Dumont diskutiert, das, wäre es realisiert worden, einen entscheidenden Beitrag zu Kesslers erstrebtem Neuen Weimar geleistet hätte.[4] Diese Untersuchungen, die meist von theaterhistorisch bewanderten Literaturwissenschaftlern, selten jedoch von genuinen Theaterwissenschaftlern stammen, beschränkten sich bisher auf den Rahmen von Aufsätzen und konzentrierten sich auf das erste Dezennium des 20. Jahrhunderts. Eine Ausnahme bildet die Magisterarbeit von Cathleen M. Cowhey: *Harry Graf Kessler. Seine Leidenschaft für das Theater* (1990).[5] Ihr Versuch, auf knapp einhundert Seiten die Ereignisse rund um Kessler, Hofmannsthal, Craig und Reinhardt vor einem größeren kulturhistorischen Hintergrund darzustellen, weist vor allem hinsichtlich der Zuweisung einer ‚Katalysatorfunktion‘ Kesslers im Kulturgetriebe seiner Zeit richtige Ergebnisse auf. Zugleich demonstriert Cowheys Untersuchung ein zentrales Problem, das auch anderen Wissenschaftlern den Zugang zu diesem Thema erschweren dürfte: die Quellenlage. Ohne Kenntnis der bisher unveröffentlichten Tagebuchaufzeichnungen Kesslers (vor allem der Jahre 1880 bis 1918), der Korrespondenz und anderer Archivalien sind Fehleinschätzungen von Verhältnissen, Situationen und Handlungen nicht zu vermeiden. Zudem kommt es zu einer verkürzten Darstellung. Wer jedoch Einblick nimmt in Harry Graf Kesslers Nachlaß, der im Deutschen Literaturarchiv in Marbach verwahrt wird, wird sich des Ausmaßes der Quellen bewußt, das zur näheren Untersuchung in Betracht gezogen werden muß. Der Zeitrahmen einer solchen Untersuchung muß konsequenterweise bis zu Kesslers Exiljahren und seinem Tod im Jahr 1937 erweitert werden.

Eine Notiz Hugo von Hofmannsthals aus dem Jahr 1905 liefert den ersten Ansatz zu einer Untersuchung von Kesslers Verhältnis zum Theater:

> Warum ist Kessler kein Künstler? Er wäre etwa kein großer und so ist er etwas mehr: er ist ein Künstler in lebendigem Material: verschafft Seelen einen Anblick, führt Erscheinungen einander zu. Er kennt wohl etwa jenes Intimste, worauf es für den einzel-

---

4   Dieser Aufsatz (mit dem Schwerpunkt auf der Heimatkunstbewegung) stammt von dem Historiker und versierten Kenner der völkischen Bewegung, Justus H. Ulbricht: Die Geburt der Deutschen aus dem Geist der Tragödie. Weimar als Ort und Ausgangspunkt nationalpädagogischer Theaterprojekte. In: Wilderotter/Dorrmann (Hg.), Wege nach Weimar, S. 127-142.

5   Institut für Theaterwissenschaft, Ludwig-Maximilians-Universität München.

nen ankommt, warum der einzelne eine Frau wählt. Erwarte von Kessler: Anleitung, fremde Charaktere zu genießen.[6]

Die Gabe, Erscheinungen einander zuzuführen, machte Kesslers Wert auch für die zeitgenössischen Dramatiker und Theatermacher aus. Intuition und Wille verbanden sich bei ihm oftmals mit dem Faktor Zufall zu Projekten, die in den Kontext der Theaterreformen und Innovationen des 20. Jahrhunderts gehören. Als leidenschaftlicher Zeitgenosse war Kessler zeitlebens daran interessiert, Entwicklungen und Erscheinungen neuer theatralischer Formen und Inhalte wahrzunehmen. Wie er sie verstanden und verarbeitet hat, ist jedoch eine andere Frage. Kessler befand sich aufgrund seines Privatvermögens und seiner intellektuellen Aufgeschlossenheit in der Lage, die selbstgewählte Rolle des Kunstkenners, Mäzens und Kultur-Organisators glänzend auszufüllen. Er unterstützte ideell wie materiell Künstler und Projekte, stellte Kontakte her, regte zu Unternehmungen an, vermittelte sie und versuchte sie gegebenenfalls zu retten. Seine große Mobilität, Neugier und sensible Nervosität kamen dem zugute, wirkten zuweilen auch kontraproduktiv und machten den Umgang mit ihm schwierig. Er, der so scharf urteilen konnte und Dilettantismus in der Kunst verabscheute, wußte, daß er nicht zum genuinen Künstler beziehungsweise Dramatiker taugte. Und dennoch suchte er sich zu emanzipieren und über die bewährte Rolle des bloßen Zuträgers und Mitarbeiters hinauszuwachsen. Ein 1926 für Josephine Baker entworfenes Ballettszenario (*Choreographisches Scherzo*) und ein Fragment gebliebenes Drama (*Ivan Kalaïeff*, 1932/33) zeugen von seinem Bemühen, das in Jahren geistiger wie körperlicher Rastlosigkeit Geschaute in eigenen Theaterprojekten fruchtbar zu machen. Deren Vollendung und Realisierung scheiterten nicht allein an den politischen Ereignissen, die Kessler und den potentiellen Uraufführungsregisseur Max Reinhardt 1933 ins Exil zwangen.

Die vorliegende Untersuchung hat sich zum Ziel gesetzt, das komplizierte Beziehungsgeflecht aufzudecken, in das Harry Graf Kessler im ersten Drittel des 20. Jahrhunderts eingebunden war. Durch die Rekonstruktion der Ereignisse wird die vielfältige Rolle sichtbar, die Kessler in der europäischen Theaterszene namentlich der Jahrhundertwende gespielt hat. Somit wird nicht nur seine Biographie in Teilbereichen geschrieben, die bezüglich dieses Themas bisher in Ansätzen steckengeblieben ist.[7] Aufgrund des kulturhistori-

---

6 Hugo von Hofmannsthal: Gesammelte Werke in zehn Einzelbänden. Hg. v. Bernd Schoeller in Beratung m. Rudolf Hirsch. Reden und Aufsätze III (1925-1929). Aufzeichnungen. Frankfurt am Main 1980, S. 448. [Künftige Sigel: HvH, GW, Reden und Aufsätze III.]

7 Kesslers Beziehungen zum Theater und der theaterhistorische Kontext spielen in den vorliegenden Biographien von Peter Grupp und Burkhard Stenzel (*Harry Graf Kess-*

schen Rahmens, in den meine Arbeit eingebettet ist, werden auch Aspekte
zum Vorschein kommen, die die Theatergeschichte dieser Zeit bereichern,
neue Zusammenhänge aufzeigen, bisherige Erkenntnisse hinterfragen und zu
weiteren Nachforschungen anregen. Daher lege ich auch besonderen Wert
auf den kritischen Apparat in den Anmerkungen, der nicht nur die Quel-
lenfunde detailliert nachweist, sondern weitere Hinweise enthält, die den
Fluß des Haupttextes aufgehalten hätten. Dem interessierten Leser möge damit eine Art Findbuch an die Hand gegeben sein. Es sei zudem darauf hingewiesen, daß die Orthographie in den Zitaten dem Original folgt; besonders
augenfällige Abweichungen von der herkömmlichen Schreibweise sind nur
in Einzelfällen durch ein „[sic!]" markiert.

Diese Arbeit beruht auf umfangreichen Recherchen und Archivarbeiten,
bei denen die für die Untersuchung unverzichtbaren unpublizierten Quellen
und an entlegenen Stellen veröffentlichten zeitgenössischen Beiträge zusam-
mengetragen wurden. Die Ausgangsbasis lieferte eine sorgfältige Durchsicht
der siebenundfünfzig Tagebuchjahrgänge Kesslers, die vom 16. Juni 1880
bis 30. September 1937 datieren. Dieses Tagebuchwerk stellt den kostbarsten
Besitz von Kesslers Nachlaß dar, den das Deutsche Literaturarchiv in Marbach am Neckar verwahrt. Es darf als vollständig gelten, sieht man von der
gerade für unseren Forschungsbereich schmerzlichen Lücke ab, die sich vom
8. August 1912 bis zum 5. August 1914 erstreckt. Für diesen Zeitraum liegt
nur ein Notizbuch vor, wie es Kessler oftmals als Vorstufe für die spätere
Reinschrift (an demselben Abend oder am nächsten Morgen) verwendet hat.[8]
Kesslers Tagebücher umfassen zweiundfünfzig Bände und werden seit 1994
in Marbach für eine sogenannte diplomatische[9] Gesamtedition vorbereitet.[10]
Die Transkription der 10.164 handbeschriebenen Seiten und ihre Erschließung in einem sechsteiligen Register[11] wurde 1999 abgeschlossen. Die wis-

---

ler. Ein Leben zwischen Kultur und Politik. Weimar/Köln/Wien 1995) eher eine marginale Rolle.

8   4. Juni 1912 bis 4. August 1918. (100 Blatt.) – Deutsches Literaturarchiv, Marbach
     am Neckar, Nachlaß Harry Graf Kessler. [Künftige Sigel: HGK, Tgb, DLA/A: Kess-
     ler.]

9   Die Textgenese wird hierbei nicht berücksichtigt, d.h. Streichungen und Einfügungen
     nicht übernommen. Siehe den Aufsatz von Roland Kamzelak, der an diesem Marba-
     cher Editionsprojekt beteiligt ist: Eine Editionsform im Aufwind: Hypertext. Darge-
     stellt am Beispiel der Tagebücher Harry Graf Kesslers. In: Jahrbuch der Deutschen
     Schillergesellschaft, 40 (1996), S. 487-504.

10   Die Leitung hat Professor Dr. Ulrich Ott. Wissenschaftliche Mitarbeiter in der ersten
     Arbeitsphase waren Gabriele Biedermann, Roland Kamzelak, Angelika Lochmann
     und Heike Schillo. Berater sind Dr. Hans-Ulrich Simon und Professor Dr. Bernhard
     Zeller. Vgl. ebd., S. 490, Anm. 11.

11   Personennamen, Orte, Plätze, Körperschaften, Werke, Zeitungen/Zeitschriften.

senschaftliche Edierung der Ausgabe, die auf eine CD-ROM-Version und eine neunbändige Druckausgabe angelegt ist, ist seitdem in Arbeit. Im Herbst 2002 wird voraussichlich mit Band 2 der erste Band sowie die erste CD-ROM bei Klett-Cotta erscheinen. Ab diesem Zeitpunkt wird der gesamte Editionstext elektronisch greifbar sein.[12] Dies wird den Umgang mit dem für die Literatur-, Kunst-, Geschichts- und eben auch Theaterwissenschaft bedeutenden Tagebuchwerk Kesslers wesentlich erleichtern. Die Tagebücher dokumentieren Kesslers aktive wie passive Teilnahme am Theaterleben seiner Zeit, die auf den verschiedenen Ebenen des Zeitzeugen, Mäzens, Vermittlers, Mitarbeiters und Autors erfolgt ist. Für meine eigene Arbeit war ihre vollständige Lektüre unabdingbar. Sie gab nicht nur inhaltliche Aufschlüsse, sondern ermöglichte die Erstellung einer ‚Ortschronik‘, die den täglichen Aufenthalt respektive Ortswechsel des mobilen Grafen verzeichnet und auf diese Weise die Überprüfung und Rekonstruktion bestimmter Ereignisse erleichtert. Ebenso übernahmen die Tagebücher Terminkalenderfunktion, indem sie Verabredungen und Begegnungen mit den in die Tausende gehenden Zeitgenossen dokumentieren. Ihr größter archivalischer Wert liegt jedoch in der Tatsache, daß sie viele Briefe in Abschrift enthalten, die aufgrund von Kesslers Exil und den Kriegswirren verlorengegangen sind. Das betrifft beispielsweise einige wichtige Briefe Hugo von Hofmannsthals bezüglich des gemeinsamen *Josephslegende*-Projekts.

Das 724seitige Tagebuchexzerpt, das ich bei mehreren Marbacher Aufenthalten erstellt habe, bot mir anhand seiner 3.566 Eintragungen ein chronologisches Gerüst für die vorliegende Untersuchung. Anhand weiterer Quellen und Dokumente (Briefe, Schriften, Kritiken etc.), die im Freien Deutschen Hochstift, in der Staatsbibliothek zu Berlin/Preußischer Kulturbesitz, im Theatermuseum der Landeshauptstadt Düsseldorf, vor allem aber in Weimar im Goethe- und Schiller-Archiv, in der Herzogin Anna Amalia Bibliothek und im Thüringischen Hauptstaatsarchiv zu finden waren, wurden Kesslers dokumentierte Aussagen und Aktionen überprüft, ergänzt und kritisch beurteilt. Hinzu kam die Berücksichtigung neuerer Forschungsarbeiten und Quellenpublikationen wie etwa die quellenkritische französische Ausga-

---

12 Aus urheberrechtlichen Gründen werde ich in meiner Untersuchung die zitierten Tagebuchstellen, soweit es möglich ist, anhand ihrer bisherigen Publikationsorte ausweisen – obwohl ich, wie ich betonen möchte, fast ausschließlich mit meinen eigenen transkribierten Exzerpten des Originals gearbeitet habe. Das Siglenverzeichnis im Anhang erleichtert das Verständnis der Zitierweise jener Werke, die häufiger herangezogen werden.

be von Henry van de Veldes Lebenserinnerungen.[13] Die von Lindsay M. Newman vorgelegte vorzügliche Edition des Briefwechsels zwischen Edward Gordon Craig und Harry Graf Kessler[14] stellt dabei den bedeutendsten Beitrag zur theaterwissenschaftlichen Kessler-Forschung der letzten Jahre dar.

Dieses sich allmählich zusammenfügende Mosaik und seine Analyse führte im Laufe meiner Arbeit in gewisser Weise zur Entzauberung eines Mythos: Kessler, der ein außergewöhnliches Sensorium für zukunftsweisende Tendenzen besaß, geht in seinem Handeln ähnlich zielgerichtet vor wie Serge de Diaghilev, der ingeniöse Impresario der Ballets Russes, mit dem Kessler auch sonst einiges gemeinsam hatte. Die in den Tagebüchern und Briefen überlieferten Aussagen Kesslers zum Theater legen eine solche Vorstellung auf den ersten Blick nahe. Vor den Augen des Lesers entfaltet sich dort ein reiches Panorama, das sich, verkürzt gesprochen, von den ersten Festspielbesuchen in Bayreuth und den Hauptmann-Uraufführungen der Freien Bühne in Berlin bis zu Serge Lifars Les Ballets 1933 erstreckt, von Henry Irving und Otto Brahm bis Erwin Piscator, von Adolf von Sonnenthal und Sarah Bernhardt bis zum jungen Curt Bois und Josephine Baker. Eine solche Teilnahme am zeitgenössischen Theatergeschehen macht neugierig. Sie wirft die Frage auf, inwieweit Kessler mit Bewußtheit handelte, inwieweit seine Aktionen notwendig und zwingend aus seinem Denken und seiner Ästhetik resultierten, und ob sich bei dem Durchgang durch eine rund vierzigjährige Theatergeschichte eine Linie finden läßt, die Unvereinbares zueinander in Beziehung setzt. Die scheinbar unaufhörliche Entwicklung und Aufnahmebereitschaft Kesslers stieß an Grenzen. So wird ein komplexes Bild des Grafen zutage treten, das mehr umfaßt als jene Selbsteinschätzung und selbstgewählte Reduktion auf die Rolle des ‚Katalysators‘, die Kessler Mitte Januar 1905 Hugo von Hofmannsthal gegenüber für sich in Anspruch nahm:

> Ich konnte und kann Nichts Anderes thun, als Ihnen, was ich für eine Möglichkeit hielt, zeigen. Sie sind der einzige Richter über Ihr eigenes Schaffen, Wirken und Verwirklichung und ich würde es nie unternehmen durch irgendeinen Versuch zur Überredung oder Umstimmung in Ihre Selbständigkeit einzugreifen.[15]

---

13 Henry van de Velde: Récit de ma vie. Texte établi et commenté par Anne van Loo avec la collaboration de Fabrice van de Kerckhove. Tome I: 1863-1900. Bruxelles 1992. Tome II: 1900-1913. Bruxelles 1995.

14 The Correspondence of Edward Gordon Craig and Count Harry Kessler 1903-1937. Ed. by Lindsay M. Newman. London 1995. (Bithell Series of Dissertations; 21.) [Künftiges Sigel: BW EGC/HGK.]

15 Harry Graf Kessler an Hugo von Hofmannsthal, Berlin, 16. Januar 1905. In: Hugo von Hofmannsthal/Harry Graf Kessler: Briefwechsel 1898-1929. Hg. v. Hilde Burger. Frankfurt am Main 1968, S. 77. [Künftige Sigel: HGK, HvH, BW HvH/HGK.]

I. Präparation (1868-1900)

1. Das Erbe

Herkunft, Erziehung und Ausbildung waren unzweifelhaft Faktoren in Harry Graf Kesslers Leben, die ihn zu seiner selbstgewählten Rolle als universaler Kulturbotschafter, als Vermittler zwischen den Künsten auf internationalem Parkett prädestinierten. Der Glaube an eine besondere Wirkungsmacht der Kultur im Dienste internationaler Verständigung und Versöhnung erwies sich letztlich als Movens von Kesslers Aktivitäten, wie sie sich über fünf Jahrzehnte hinweg beobachten lassen. Das hier gelebte, Spuren hinterlassende ‚europäische Denken' erklärt sich aus dem familiären Hintergrund des am 23. Mai 1868 in Paris geborenen und kosmopolitisch aufgewachsenen Kessler. Es ist zugleich das Ergebnis einer tiefgreifenden Identitätskrise, die er als Zwanzigjähriger durchlitten hat. Halt und Orientierung fand er – nach eigener Aussage – schließlich im letzten Dezennium des 19. Jahrhunderts in der Philosophie Friedrich Nietzsches. Die Lektüre von *Jenseits von Gut und Böse* (1885) bezeichnete Kessler später bekanntermaßen als Wendepunkt seines Lebens. Im ersten Band seiner Lebenserinnerungen *Gesichter und Zeiten* (1935), den er in bewußter Reminiszenz an das achte Hauptstück der Nietzscheschen Schrift mit *Völker und Vaterländer* betitelte, konstatierte er mit Pathos: „Ich überteibe nicht, wenn ich sage, daß ich durch jene Stelle vom Jüngling zum Mann wurde, einen Willen und eine Richtung fürs Leben bekam."[1]

In jener Stelle, dem Aphorismus 256, hatte Friedrich Nietzsche den Willen Europas zur Einswerdung verkündet und auf die ‚versuchsweisen Europäer der Zukunft' (Napoleon, Goethe, Beethoven, Stendhal, Heine, Schopenhauer, Wagner) hingewiesen, die den Weg zur Synthese bereits vorbereitet hatten.[2] Kesslers erstmalige Lektüre dieser Schrift erfolgte Anfang Februar

---

1 Harry Graf Kessler: Gesammelte Schriften in drei Bänden. Bd. I: Gesichter und Zeiten. Hg. v. Gerhard Schuster. Frankfurt am Main 1988, S. 214. [Künftiges Sigel: HGK, GS I.]

2 „Dank der krankhaften Entfremdung, welche der Nationalitäts-Wahnsinn zwischen die Völker Europa's gelegt hat und noch legt, Dank ebenfalls den Politikern des kurzen Blicks und der raschen Hand, die heute mit seiner Hülfe obenauf sind und gar nicht ahnen, wie sehr die auseinanderlösende Politik, welche sie treiben, nothwendig nur Zwischenakts-Politik sein kann [...] werden jetzt die unzweideutigsten Anzeichen übersehn oder willkürlich und lügenhaft umgedeutet, in denen sich ausspricht, dass

1894. In jenem Krisenjahr also, in dem nach erfolgreichem Abschluß des Jurastudiums[3] die Frage der Berufswahl definitiv geklärt werden sollte. Jener Aphorismus habe seine Entscheidung für die diplomatische Laufbahn bestätigt, ihr einen neuen Sinn und Inhalt verliehen, bekundete Kessler vierzig Jahre später.[4] Ja, mehr noch. Jenseits der sich ihm hier stellenden Aufgabe glaubte er in dieser sich bildenden „umfassenderen europäischen Nation" eine Parallele zu seinem eigenen Schicksal zu erkennen:

> Daß – und wie schmerzlich – „Europa eins werden wolle", hatte ich sozusagen am Modell in mir selber erlebt, am Kampf meines englischen und deutschen Blutes, meines englischen, deutschen und französischen Kulturbesitzes in den Hamburger Jahren. Aber mir fehlte damals das Bewußtsein, daß dieses mich zeitweise vor das Nichts stellende Ringen mehr sei als eine persönliche Tragödie auf Grund ungewöhnlicher Schicksale und Zufälle. Nietzsche öffnete mir die Augen, daß sie nur ein Einzelfall eines viel allgemeineren Geschehens sei, aus dem nur drei Wege hinausführten: der zurück in das eng und fanatisch Nationale, der über die Vernichtung des Nationalen ins restlos Internationale und schließlich der, den ich instinktiv in Hamburg eingeschlagen hatte, des gezügelten und möglichst fruchtbar zu gestaltenden Wettstreits gegensätzlicher nationaler Werte.[5]

Peter Grupp verweist zu Recht auf die Diskrepanz zwischen den entsprechenden Tagebuchnotaten und den Lebenserinnerungen, in denen Kessler rückblickend eine gradlinige Entwicklung vom Wilhelminischen Kaiserreich bis zur Weimarer Republik suggerieren möchte: ein Leben, gewidmet dem schon früh von Nietzsche vorgegebenen Ziel (der Suche nach dem „Einen

---

Europa Eins werden will. Bei allen tieferen und umfänglicheren Menschen dieses Jahrhunderts war es die eigentliche Gesammt-Richtung in der geheimnissvollen Arbeit ihrer Seele, den Weg zu jener neuen *Synthesis* vorzubereiten und versuchsweise den Europäer der Zukunft vorwegzunehmen [...] Europa ist es, das Eine Europa, dessen Seele sich durch ihre vielfältige und ungestüme Kunst hinaus, hinauf drängt und sehnt [...]" Friedrich Nietzsche: Jenseits von Gut und Böse. Zur Genealogie der Moral. Kritische Studienausgabe Bd. 5. Hg. v. Giorgio Colli u. Mazzino Montinari. München/Berlin/New York ²1988, S. 201 f. (Hervorhebungen im Original.)

3   Mit der Promotion am 28. Januar 1894.

4   „Die diplomatische Laufbahn [...] wurde etwas Größerem ein- und untergeordnet, als Teil der immer unvollkommenen, aber schon mehr als tausend Jahre funktionierenden Maschinerie zur Formung und Erhaltung einer ‚Christenheit' [...], einer sei es auch erst notdürftigen Gemeinschaft der Anschauungen und Kulturformen im gefährlichen Durcheinander europäischer Rassen, Völker und Staaten. Die Diplomatie war, so erschien sie mir jetzt, das Kernstück, das sozusagen die grobe Arbeit zu verrichten, Hindernisse fortzuräumen, Bande zu festigen, die Lockerung oder Schwächung der Gemeinschaft zu verhüten hatte und gerade hierin dem eigenen Volk unwiderlegliche Gründe für seinen Anspruch auf Geltung und Lebensraum liefern konnte." HGK, GS I, S. 214.

5   HGK, GS I, S. 215.

Europa"), unter das sich alle kulturpolitischen Bemühungen, v.a. aber das Engagement in der europäischen Friedensbewegung und jenes für die Idee eines Völkerbundes subsumieren ließe.[6] Daß Kesslers Entwicklung weitaus komplizierter, die Suche nach einer sinnvollen Lebensgestaltung durchaus qualvoll verlief, daß der Einfluß von Nietzsches Philosophie erst zu einem späteren Zeitpunkt jene behauptete Tragweite erhielt, wird aus den folgenden Ausführungen hervorgehen. Obiges Zitat erweist sich nicht nur als ein charakteristisches Zeugnis „narzistischer Selbstinszenierung"[7] (Aldo Venturelli), sondern steht auch für Kesslers Wunsch nach Sinnstiftung. Eine Sinnstiftung, die ihm im Umgang mit seinem Erbe notwendig erschien. Dies wird verständlich, wenn man sich jenes erstaunliche Tagebuchnotat vor Augen führt, in dem der Dreizehnjährige aus gegebenem Anlaß am 23. Mai 1881 seine Vita resümierte:

> It was my birthday today. I was born in Paris at the corner of the rue de Luxembourg and the rue du Mont Thabor at the 3 étage in 1868 but soon after went to Hamburg. When 4 I went to America and stopped there till I was five then I came to England and Mamma and Papa soon after (about 2 years after) settled in Paris where I was during the remarkably cold winter of 1879-1880 in which the cold amounted to 24 degrees Cent.[8]

Die wechselnden Schauplätze der frühen Kindheit sind familiär begründet. Der Vater, Adolf Wilhelm Kessler, ein angesehener hanseatischer Bürger und erfolgreicher Bankier mit internationalen Geschäftsbeziehungen, leitete zum Zeitpunkt von Kesslers Geburt als Teilhaber die Pariser Filiale des Kommissions- und Bankhauses Auffm'Ordt. Seine familiären Wurzeln liegen in der Schweiz (St. Gallen) des 13. Jahrhunderts, und mit besonderem Stolz zählte sein Sohn den Reformator Johannes Kessler zu seinen Ahnen.[9] Die Mutter, Alice Harriet Baroness Blosse-Lynch, entstammte einem alten, irischen Adelsgeschlecht. Ihr Pariser Salon, in dem sie ihren künstlerischen Neigungen nachging, war berühmt, sie selbst aufgrund ihrer Schönheit und Anmut begehrt. Ihrem Charme, den Verdiensten des Gatten um die deutsche Kolonie in Paris sowie ihrem wachsenden Wohlstand war der gesellschaftliche Aufstieg der Familie zu verdanken: 1879 erhob der deutsche Kaiser und

---

6   Vgl. Peter Grupps scharfsinnige Analyse: Harry Graf Kessler, das Auswärtige Amt und der Völkerbund. In: Neumann/Schnitzler (Hg.), Kessler, Ein Wegbereiter der Moderne, S. 281-305.

7   Aldo Venturelli: Die Enttäuschung der Macht. Zu Kesslers Nietzsche-Bild. In: Neumann/Schnitzler (Hg.), Kessler, Ein Wegbereiter der Moderne, S. 110.

8   Zit. nach: Harry Graf Kessler. Tagebuch eines Weltmannes. Ausstellungskatalog, hg. v. Gerhard Schuster u. Margot Pehle. Marbach am Neckar [2]1988, S. 23-25. (Marbacher Kataloge; 43) [Künftiges Sigel: HGK, Katalog.]

9   Vgl. HGK, GS I, S. 31 f.

preußische König Wilhelm I., der zwei Jahre zuvor auf eigenen Wunsch die Patenschaft von Kesslers Schwester Wilma übernommen hatte, Adolf Kessler in den erblichen Adelsstand. Zwei Jahre später sorgte er dafür, daß Fürst Heinrich XIV. Reuß j. L. ihn in den reußischen Grafenstand erhob. Dieser rasche Aufstieg provozierte entsprechende Mutmaßungen über Harry Graf Kesslers wahren Erzeuger. Noch 1986 kolportierte Golo Mann die Legende vom königlichen Bastard in seiner Autobiographie *Erinnerungen und Gedanken*.[10] Wilhelm I. und Kesslers Mutter lernten sich jedoch erst im Sommer 1870 in Bad Ems kennen, zwei Jahre nach Harrys Geburt. Dieses Gerücht von seiner illegitimen Abkunft bedeutete für Kessler eine langjährige psychische Belastung. Sie verstärkte, wie wir noch sehen werden, seinen Ehrgeiz, in der hohen Gesellschaft der Jahrhundertwende uneingeschränkte Respektabilität zu gewinnen.

Harry Graf Kesslers Schulzeit begann 1878 in seiner Geburtsstadt Paris mit dem Besuch einer Ganztagsschule. Da er die täglich erlebte Diskrepanz zwischen dem mondänen Elternhaus und der spartanischen Erziehungsanstalt nicht verkraftete, wechselte er im September 1880 (auf ärztlichen Rat) auf die englische Privatschule St. George's School in Ascot. Dieses Internat bei London diente als Vorschule für Eton: Seine Zöglinge aus Aristokratie und reicher Bourgeoisie verkörperten die künftige Führungselite des britischen Empire. Kesslers Integration vollzog sich nicht reibungslos. Trotz seiner im Umgang mit Mutter und Schwester gepflegten Muttersprache Englisch litt der Zwölfjährige unter seiner Außenseiterposition als ‚Deutscher' und Ausländer. Drei Monate nach seinem Eintritt unternahm er einen Suizidversuch, lernte dann aber, sich durchzusetzen. Die ein halbes Jahr später erfolgte Erhebung zum jungen Grafen und die von ihm initiierte Gründung der Schülerzeitung *St. George's Gazette* führten zur ersehnten Anerkennung. Kessler, der in den Weihnachtsferien in Paris eine kleine Presse geschenkt bekommen und den Umgang mit dem Druckhandwerk geübt hatte,[11] nahm bei diesem ab September 1881 erscheinenden Wochenblatt die führende Position des Redakteurs ein. Er gehörte ihm noch als Korrespondent an, als er im darauffolgenden Jahr an die Hamburger Gelehrtenschule des Johanneum wechselte.[12]

---

10 Vgl. Golo Mann: Erinnerungen und Gedanken. Eine Jugend in Deutschland. Frankfurt am Main 1991, S. 255 f.

11 Vgl. HGK, Tgb, Paris, 30. Dezember 1880. – DLA/A: Kessler. Vgl. HGK, GS I, S. 109 f.

12 So sandte er nach sechswöchiger Erfahrung mit dem deutschen Schulsystem einen Artikel über „the daily life in German schools" (HGK, Tgb, 29. Oktober 1882). Vgl. Grupp, Harry Graf Kessler, Biographie, S. 17. Als Mitglied des dem Johanneum angeschlossenen „Wissenschaftlichen Vereins von 1817" redigierte er dessen *Hamburger Corps-Eß- u. trink-pondent* [sic!]. Vgl. HGK, Katalog, S. 30 f.

Peter Grupp zufolge hat es für den Vater außer Frage gestanden, daß sein einziger Sohn die abschließende Gymnasial- und Berufsausbildung in Deutschland erhalten würde.[13] Und so traf der Halbwüchsige Mitte September 1882 in der Heimatstadt seines Vaters ein, um ein drittes Schulsystem kennenzulernen. Auch diese würde sich von den vorherigen grundlegend unterscheiden, und auch hieraus würde er Nutzen ziehen. In den zwei harten Pariser Jahren hatte er sich nicht nur einer ungewohnt kleinbürgerlich-demokratischen Atmosphäre, in der mittels Schulkittel dem Prinzip der Égalité gehuldigt wurde, konfrontiert gesehen. Der spezifische intellektuelle Drill, dem die französischen Schüler in Sprach- und Textanalysen unterworfen wurden, hatte die Basis für Kesslers wachsenden virtuosen Umgang mit der Sprache gelegt, wie sich dieser in detailverliebten, besessen nach präziserem Ausdruck suchenden Tagebuchnotaten beobachten läßt. Der spätere brillante Stilist nahm hier seinen Ausgng, wie Kessler selbst in seinen Memoiren betonte.[14] Ascot wiederum hatte er nach ebenfalls zwei Jahren als junger Gentleman verlassen, dem sich das englische Erziehungs- und Bildungsideal tief eingewurzelt hatte. Anders als in Frankreich legte man hier Wert auf die Harmonie von Körper und Geist, pflegte bewußt neben der intellektuellen Ausbildung die sportive in der freien Natur. An der hier gelebten Synthese von Natur, Körper, Kultur und Intellekt sollte er sich bei den späteren Erziehungsprogrammen, die er im Rahmen der Weimarer Reformbewegung entwarf, orientieren. Vor allem verinnerlichte er in Ascot die Haltung des Gentleman, die auf Höflichkeit, Zuvorkommenheit, Rücksichtnahme, Wahrung der Contenance und Verbergen von Emotionen abzielte: das Bewußtsein der eigenen Unangreifbarkeit, die auf Willensstärke basierte. Diese Haltung kultivierte Kessler bis zur Perfektion.

Auf ein anderes nationales und soziales Umfeld übertragen, mußte sie zu Irritationen und Konfrontationen führen. Im Hamburger Johanneum, dem der Vater einst selbst als Schüler angehört hatte, ergaben sich erneut Sozialisationsschwierigkeiten. Wieder galt Kessler als ‚Ausländer‘, sah sich aufgrund der besonderen Beziehungen seiner Familie zum Hof in eine Außenseiterrolle gedrängt, die er durch sein betont aristokratisches Gebaren noch unter-

---

13 Vgl. Grupp, Harry Graf Kessler, Biographie, S. 16.
14 „Am wertvollsten war wohl, daß durch den an Fanatismus grenzenden Kult, der mit der Sprache getrieben wurde, wir gedrillt waren, jedem Satz sozusagen in den Bauch zu sehen, ihn Wort für Wort zu zerlegen, bis er uns alle Geheimnisse seiner inneren Struktur offenbart hatte, und wir in der Lage waren, über sie wie über die Stücke eines anatomischen Präparates Rechenschaft abzulegen. Das wurde täglich mehrere Stunden nicht bloß an lateinischen, sondern auch an französischen Klassikern geübt und erzeugte mit der Zeit eine Klarheit des sprachlichen Denkens und Ausdrucks, die mir auch heute noch als der eigentliche Kern der französischen Kultur erscheint." HGK, GS I, S. 99.

strich. Rückblickend beschrieb er sich als „abscheuliche[n] kleine[n] Snob und Gernegroß, eitel, vergnügungssüchtig und selbstgefällig."[15] Nach zwei Jahren kam es zur entscheidenden Wende, als ihn sein Klassenlehrer Bintz beim Eintritt in die Unterprima zur Raison und Verantwortung rief, seiner spezifischen Begabung gegenüber wie auch gegenüber den Klassenkameraden: „Sie geben Ihren Mitschülern, die auf ihre Kenntnisse später für ihren Lebensunterhalt angewiesen sein werden, ein schlechtes Beispiel. [...] Wir sind hier keine Gentlemen, sondern Deutsche, die arbeiten müssen, weil wir arm sind."[16] Diese Arbeitsmoral war wohl das erstaunlichste Phänomen, dem der junge Kessler am Johanneum begegnete: blindes Bewältigen eines immensen Lernpensums, das Kultivieren eines Fleißideals, um sich mittels einer umfassenden Allgemeinbildung die bestmöglichen Voraussetzungen für den späteren Lebensweg zu verschaffen, ohne kritischem Hinterfragen Raum zu lassen. Die Parole „Deutsch sein heißt eine Sache um ihrer selbst willen tun"[17] war Kessler suspekt und hatte mit seinen Vorstellungen von Bildung wenig gemein.[18] Dennoch unterwarf er sich dem Gesetz und profitierte davon. Die Jahre am humanistischen Gymnasium fundamentierten seine stupende Kenntnis der Weltliteratur, der Philosophie und Geschichtsschreibung. Es war ein vor allem in privater, eigenständiger Lektüre erworbenes Wissen, dessen Überzeugungskraft Kessler in ersten Vorträgen und Debatten im Schülerclub *Wissenschaftlicher Verein von 1817* erprobte.

Die Hamburger Lehrjahre bis zum Abitur im Juli 1888 bedingten jedoch noch etwas anderes, Wesentlicheres: die Entscheidung für den deutschen Kulturkreis. Sie manifestierte sich zuletzt am 6. Januar 1891 in der Umstellung der Tagebuchsprache, im definitiven Wechsel von Englisch zu Deutsch. Der Kampf seines multinationalen Kulturerbes, von dem Kessler in Bezug

---

15   HGK, GS I, S. 135.

16   HGK, GS I, S. 134.

17   Dieses geflügelte Wort geht auf Richard Wagner zurück, der im 11. Kapitel seiner Schrift *Deutsche Kunst und Deutsche Politik* (1867/68) das Verhältnis zwischen humanistischer Schule und Theater behandelt. Über den Nutzen von Theateraufführungen für Schüler sagt er, einen Gedanken Carl Maria von Webers aufgreifend und ihn mit einer anderen Nuance versehend, als es das zitierte Sprichwort überliefert: „Hier kam es zum Bewußtsein und erhielt seinen bestimmten Ausdruck, was *Deutsch* sei, nämlich: die Sache, die man treibt, um ihrer selbst und der Freude an ihr willen treiben; wogegen das Nützlichkeitswesen [...] sich als undeutsch herausstellte." Richard Wagner: Dichtungen und Schriften. Bd. 8: Musikästhetik, Reformschriften 1854-1869. Hg. v. Dieter Borchmeyer. Frankfurt am Main 1983, S. 320. (Hervorhebung im Original.)

18   „Vom Ideal des humanen, die ganze Menschheit und ihre Kultur in Kopf und Herz tragenden Menschen, das die Goethezeit umflammt hatte, war nur der ungeheure Fleiß übriggeblieben, der nötig war, um den unermeßlichen Stoff aufzunehmen." HGK, GS I, S. 131.

auf *Jenseits von Gut und Böse* gesprochen hatte, wurde zugunsten des ‚Vater-
Landes' entschieden. Die Sprache war es, die mittels der Literatur (Goethe,
deutsche Romantik) siegte und bis zum Lebensende Deutschland zum zentralen Bezugspunkt seines unsteten Kosmopolitenlebens bestimmen sollte:

> Jedes deutsche Wort wurde mir in seiner Schönheit und Innigkeit, seinem Klang und
> Duft heilig. [...] Ich versuchte Verse zu machen, in denen die Wörter wie Edelsteine
> glänzen und einander, wie in einem Schmuck, sich entzünden sollten. [...] Vielleicht
> lag es an den Jahren in der Fremde daß die deutsche Sprache für mich lange etwas von
> einem vor plumpen Zugriffen zu hütenden Schatz behielt.[19]

„Jahre in der Fremde" – ein erstaunliches Urteil über die in seiner Geburtsstadt und im Heimatland der Mutter verbrachte Kindheit. In diesem Passus
spricht sich das Gefühl des Angekommenseins aus, und dies nicht nur rückblickend, mit der Wehmut des Exilierten von 1933. Man erinnere sich an
Kesslers Reaktion auf die *Künstleradresse* von 1908, als ihm siebenund-
zwanzig Künstler aus Deutschland, Frankreich und England mit einer besonderen Geste ihren Dank für sein kulturelles Engagement aussprachen.[20] Sie
war – aufgrund von Umständen, die dem Beschenkten verborgen bleiben
mußten – in englischer Sprache verfaßt, was Kessler zu dem insgeheimen
Eingeständnis einer leisen Enttäuschung veranlaßte: „Meine Freude war
groß, wäre aber noch größer gewesen, wenn die Adresse deutsch abgefaßt
gewesen wäre."[21]

Eineinhalb Jahre vor seinem Abitur wurde Kessler erstmals mit der väterlichen Frage nach Zukunftsplänen und sinnvoller Lebensgestaltung konfrontiert. Die Antwort fiel relativ spontan aus und orientierte sich bezeichnen-

---

19 HGK, GS I, S. 130.
20 Auf Initiative des englischen Malers William Rothenstein wurde Kessler am 20. De-
    zember 1908 ein altchinesisches bronzenes Opfergefäß überreicht, um ihn nach den
    Weimarer Querelen von 1906 erneut ihrer Anerkennung und Anhänglichkeit zu ver-
    sichern. Beteiligt waren: Conrad Ansorge, Richard Dehmel, Gerhart Hauptmann,
    Ludwig von Hofmann, Max Klinger, Max Liebermann, Wilhelm Trübner, Louis
    Tuaillon, Henry van de Velde, Charles Conder, A. E. R. Gill, Edward Johnston,
    Charles Ricketts, William Rothenstein, Charles Hazelwood Shannon, G. B. Shaw,
    Philip Wilson Steer, Emery Walker, Pierre Bonnard, Maurice Denis, André Gide,
    Aristide Maillol, Odilon Redon, Auguste Rodin, Théo van Rysselberghe, Paul Signac
    und Edouard Vuillard.
21 HGK, Tgb, Weimar, 20. Dezember 1908. Zit. nach: Grupp, Harry Graf Kessler, Bio-
    graphie, S. 283, Anm. 62. Zur Vorgeschichte dieser von Eric Gill verfaßten Adresse
    und dem ursprünglich von Hugo von Hofmannsthal konzipierten Text siehe Adolph
    Thiersch, „Hofmannsthal an Harry Graf Kessler", in: Neue Zürcher Zeitung, 15. Juli
    1953 (Fernausgabe Nr. 192), S. 3. Dies ist die Erstveröffentlichung von Hofmanns-
    thals Text. Der österreichische Dichter gesellte sich 1908 letztlich nicht zu den Un-
    terzeichnern.

derweise zugleich an der Reaktion, die sie auslöste: „[...] my ultimate answer was the work of a moment, what I had been brooding over for six months was decided in my mind at last in as many seconds: I first hesitatingly and then after watching the effect pretty positively said I wanted to study."[22] Präzisere Zielvorgaben existierten auch ein Jahr später nicht. Mit dem geplanten Universitätsstudium verband sich allenfalls die vage Vorstellung, das Familienvermögen später in irgendeiner Weise zu mehren und eventuell eines Tages eine Rolle in der Öffentlichkeit spielen zu können, etwa als Reichstagsabgeordneter.[23] Das Studium der Jurisprudenz, auf das sich Vater und Sohn leicht einigen konnten, kam der charakteristischen Neigung Kesslers, sich Optionen offenzuhalten und Festlegungen zu vermeiden, entgegen. Es stellte mit dem anschließenden Referendariat und Assessorexamen die unabdingbare Voraussetzung für eine Karriere im Staatsdienst dar, die der junge Graf anzustreben hatte. Denn wollte er nicht mit dem Kaufmanns- und Bankiersberuf in die Fußstapfen des geschäftstüchtigen Vaters treten und sich somit einer unliebsamen Konkurrenzsituation aussetzen, boten drei andere Berufsfelder einem Mann seines Standes angemessene Betätigung: die Armee, bestimmte Bereiche der Bürokratie sowie der diplomatische Dienst.

Der in Kesslers Memoiren rückblickend formulierte Berufswunsch Diplomatie entsprach den Intentionen des Vaters. Hätte Harry die vorgezeichnete Karriere absolviert, so hätte er den sukzessiven gesellschaftlichen Aufstieg der Familie, wie er sich innerhalb weniger Generationen „vom reformierten Pfarrer über den bürgerlichen Kaufmann und Bankier zum Grafen"[24] vollzog, mit einer Spitzenposition in der Sozialordnung des wilhelminischen Kaiserreichs gekrönt. Kessler schlug zunächst den diesen Intentionen gemäßen Weg ein. Ohne ein spezifisches, selbstformuliertes Lebensziel vor Augen zu haben, erfüllte er mit einem zügig absolvierten Jurastudium die Erwartungen seines Vaters, ging daneben aber auch eigenen Interessen nach. Nachdem eine Spanien- und Nordafrikareise das glänzend absolvierte Abitur belohnt hatte, immatrikulierte er sich im Wintersemester 1888/89 an der renommierten Bonner Königlich Preußischen Rheinischen Friedrich-Wilhelms-Universität. Ein Jahr später wechselte er nach Leipzig. Neben dem Pflichtprogramm rechtshistorischer Vorlesungen besuchte er Veranstaltungen, die ihn persönlich interessierten. In Bonn waren es diejenigen der Altphilologen Hermann Usener und Franz Bücheler, des Archäologen Reinhart Kekulé von Stradonitz und des Nationalökonomen Erwin Nasse. In Leipzig trieb er Stu-

---

22 HGK, Tgb, Hamburg, 23. Januar 1886. – DLA/A: Kessler. Zit. nach: Grupp, Harry Graf Kessler, das Auswärtige Amt, S. 282.
23 Vgl. Kesslers Brief an seine Mutter, Himmelfahrt 1888. – DLA/A: Kessler. Zit. in: Grupp, Harry Graf Kessler, das Auswärtige Amt, S. 283, Anm. 7.
24 Grupp, Harry Graf Kessler, das Auswärtige Amt, S. 284.

dien unter dem Psychologen Wilhelm Wundt und dem Nationalökonom Lujo Brentano. Daneben profitierte er von den Vorlesungen des bedeutenden Kunsthistorikers Anton Springer. Dieser hatte als Verfechter der Tatsachenforschung die Befreiung der Kunstgeschichte aus einer rein ästhetisch-philosophischen Betrachtungsweise ermöglicht. Eine Analyse der Kunstwerke hatte auf Grundlage von Fakten zu erfolgen, bestimmte charakteristische Strukturen und Formen, die spezielle Handschrift des Künstlers zu erfassen. Unter Springers Einfluß begann sich Kessler ernsthaft mit der bildenden Kunst auseinanderzusetzen und Detailstudien zu betreiben. Die Basis für die sich allmählich herausbildende Kennerschaft des künftigen Sammlers, Mäzens und *Pan*-Mitarbeiters wurde gelegt.

Harry Graf Kessler beendete seine juristische Universitätsausbildung vorerst mit dem Referendarexamen (November 1891) und der Promotion (Januar 1894).[25] Dazwischen fiel eine Weltreise (Dezember 1891 bis Juli 1892)[26] und der Militärdienst als Einjährig-Freiwilliger bei den III. Garde-Ulanen (September 1892 bis September 1893) in Potsdam. Mit seiner Ernennung zum Reserveoffizier dieses vornehmen Regiments (Oktober 1894) hatte er eine weitere wichtige Position in der Hierarchie der wilhelminischen Gesellschaft erreicht. Die Nobilitierung seiner Familie lag erst vierzehn Jahre zurück. Als Vertreter der ‚Geldaristokratie' (und vermeintlich illegitimer Sohn Kaiser Wilhelms I.) glaubte Kessler bis 1918 stets in den höchsten Kreisen um seine volle gesellschaftliche Anerkennung kämpfen zu müssen. Hieraus erklärt sich die Wahl der Universitäten wie auch die der adeligen Studentenkorporationen, der Borussen (Bonn) und Canitzer (Leipzig), denen er als Gast angehört hatte. Die hier geschlossenen Freundschaften mit Eberhard Freiherr von Bodenhausen-Degener, Kurt von Mutzenbecher, Conrad Gisbert Freiherr von Romberg, Alfred von Nostitz-Wallwitz, Lothar von Spitzemberg, Gustav Richter, Gerhard von Mutius, Hans Graf Harrach und anderen spannen ein wichtiges Beziehungsnetz, das durch die Besuche der Berliner Salons verdichtet wurde.[27]

---

25 Thema der Dissertation: Die geschichtliche Entwicklung des modernen Hochverratsbegriffs. (Note: magna cum laude; Doktorvater: Adolf Wach; Zweitgutachter: Karl Binding.)

26 Sie führte ihn über New York, wo er ein zehnwöchiges Volontariat in einer Anwaltskanzlei absolvierte, über die väterlichen Besitzungen in Kanada in den Süden der USA, nach Japan, Schanghai, Hongkong, Saigon, Singapur, Penang, Kalkutta, in den Himalaya, an den Ganges und über Ägypten zurück nach Europa. Am 25. Juli 1892 traf er wieder in Leipzig ein.

27 Diesen Verbindungen hatte er beispielsweise im September 1916 seine Ernennung zum Leiter der deutschen Kulturpropaganda in Bern zu verdanken: Sein Vorgesetzter war Conrad Freiherr von Romberg, von 1914 bis 1918 deutscher Botschafter in der Schweiz. Eberhard von Bodenhausen hatte hierbei zu seinen Gunsten interveniert.

Kessler verkehrte klassen- und kastenbewußt in standesgemäßen Zirkeln, paßte sich den Gepflogenheiten der Berliner Gesellschaft ebenso an wie denen des Offizierskorps. Seine ab Mitte der neunziger Jahre formulierte Wilhelminismuskritik konzentrierte sich auf den Kaiser und auf kulturpolitische Fragen, indem sie sich gegen die offizielle Kunstauffassung richtete. Sie verblieb jedoch in diesem Rahmen, ohne das bisherige Herrschaftssystem, in das Kessler selbst integriert war, in Frage zu stellen. Er akzeptierte die Spielregeln der Gesellschaft, ließ sich als Sechsundzwanzigjähriger im Januar 1895 bei Hofe einführen, wurde Teil des ‚tout Berlin‘, unter anderem erkauft durch das Opfer, seine Homosexualität nicht offen ausleben zu können. Kessler betrachtete das Gesellschaftstreiben als ein Schauspiel, das er fasziniert beobachtete. So notierte er am 18. Februar 1895:

> Ich stimme denen nicht bei, die die Gesellschaft hohl finden; mein Gefühl ist vielmehr das der Bewunderung für die Sicherheit und Gewandtheit, mit denen hier ungeheure Kräfte an materiellen wie an geistigen Kapitalien gelenkt und gegeneinander ausgespielt werden. [...] Ein Händedruck kann über das Schicksal von Tausenden entscheiden. Alle diese Menschen sind bloß Symbole, algebraische Zeichen, für Kräfte, über deren Verwendung in diesem oder jenem Sinne eine Ausdrucksprüfung bestimmen kann.[28]

1894 setzte eine Lebens- und Sinnkrise ein, die sich über Jahre hinzog und Kessler zu vielfältigen Fluchtaktionen veranlaßte. Seine Berufstätigkeit als Referendar am Amtsgericht Spandau (ab Oktober 1893) ließ ihn unbefriedigt.[29] Eher lässig betriebene Unterhandlungen mit dem Auswärtigen Amt, um in den diplomatischen Dienst einzutreten, schlugen Mitte April 1902 definitiv fehl.[30] Adolf Wilhelm Kessler, auf dessen Initiative die Sondierungsgespräche mit dem Auswärtigen Amt im April 1894 erfolgt waren, starb ein Jahr später, einen Tag vor Harrys siebenundzwanzigsten Geburtstag. Das Erbe sicherte dem noch immer ohne festes Lebensziel zwischen Staatsdienst, Gesellschaft, Regiment und Künstlerwelt Schweifenden bis in die 1920er Jahre hinein eine unabhängige Existenz. Über Kontakte aus den Berliner Salons fand er im Winter 1894 Zugang zu den Künstlerkreisen um die Genossenschaft *Pan*. Fünf Jahre lang engagierte sich Kessler für ihre Interessen, namentlich für die von ihnen herausgegebene Kunstzeitschrift gleichen Namens. Durch die Investition von Zeit, Geld, Verbindungen und seinem charakteristischen Enthusiasmus gewann er rasch an Einfluß, lehnte jedoch die

---

28 HGK, Tgb, Berlin, 18. Februar 1895. – DLA/A: Kessler. Zit. nach: Grupp, Harry Graf Kessler, Biographie, S. 58.

29 Vgl. Kesslers Tagebuchreflektion über die Tragik des verfehlten Lebensberufes vom 3. April 1894. Zit. in: Grupp, Harry Graf Kessler, Biographie, S. 54.

30 Siehe hierzu den bereits zitierten Aufsatz Peter Grupps über „Harry Graf Kessler, das Auswärtige Amt und der Völkerbund", S. 285 f.

Übernahme einer allzu exponierten, verantwortungsvollen Stellung (etwa als stellvertretender Vorsitzender des *Pan*) ab. Das Wirken aus dem Hintergrund wurde hier erstmals erprobt und als die ihm angenehmste Existenzform erkannt.

Mit der Liquidierung der Zeitschrift im Juni 1900 verlor der nunmehr zweiunddreißigjährige Kessler eine Aufgabe, die ihm neben seinen anderen Aktivitäten (gesellschaftliche Verpflichtungen, Reisen, publizistische Tätigkeit) ein gewisser Fixpunkt im Leben gewesen war. Wenngleich er auch bereits 1896 anläßlich der ersten Existenzkrise der Zeitschrift gegenüber seinem Freund Bodenhausen betont hatte, das Fortbestehen des *Pan* sei ihm persönlich eher eine sekundäre Frage,[31] und auch im April 1900 eine Übernahme und Leitung der Zeitschrift, um sie zu retten, abgelehnt hatte,[32] so bedeuteten diese Jahre dennoch mehr als eine „zweite Etappe der ästhetischen Lehrzeit"[33] Kesslers. Aufgabe und Organisation des *Pan* brachten es mit sich, daß Kessler sowohl mit den jungen, aufstrebenden Künstlern der vielgesichtigen Avantgarde in Kontakt kam als auch mit den bereits arrivierten Vertretern der älteren Generation. Den Umgang mit Künstlern dank des Pariser Salons seiner Mutter gewohnt, bewegte er sich hier erstmals selber aktiv auf dem kulturpolitischen Parkett und lernte, für und wider Parteien zu handeln. Das Beziehungsnetz weitete sich über Deutschlands Grenzen hinaus aus und schuf Verbindungen, die Kontinuität in Kesslers Leben gewannen. Es waren Jahre des gemeinsamen Wirkens für eine bestimmte Sache – eine Erfahrung, die bald darauf für das Projekt ‚Neues Weimar' fruchtbar werden sollte.

Mit dem Erscheinen des letzten Heftes im Juli 1900 war die Zeit des grossen *Pan* vorbei, nachdem die Zeitschrift ihr Ziel erreicht hatte: die Durchsetzung einer neuen Stilrichtung (Jugendstil) und die Etablierung einiger, fünf Jahre zuvor noch weitgehend unbekannter Dichter und bildender Künstler. Erneut stellte sich für Harry Graf Kessler nun die Frage nach seiner eigentlichen Lebensaufgabe, die ihm Erfüllung sowohl abverlangen als auch schenken würde. Andere fanden sie in ihrem künstlerischen Schaffen, Wirken im Staatsdienst oder in der freien Wirtschaft, und begründeten ihren Rückhalt in einer eigenen Familie. Kessler war auf der Suche nach einem anderen Weg, um seiner Existenz Sinn zu verleihen und sein zumindest ideelles Fortleben

---

31 Vgl. Harry Graf Kessler an Eberhard von Bodenhausen, Potsdam, 16. August 1896. – Eberhard von Bodenhausen/Harry Graf Kessler: Ein Briefwechsel 1894-1918. Ausgew. u. hg. v. Hans-Ulrich Simon. Marbach am Neckar 1978. S. 18 f. [Künftige Siegel: HGK, EvB, BW EvB/HGK.]
32 Vgl. EvB an HGK, Bussum, 6. April 1900. – BW EvB/HGK, S. 54 f.
33 Grupp, Harry Graf Kessler, Biographie, S. 63.

zu sichern.[34] Die Liquidierung des *Pan* stürzte ihn in eine Depression, aus der er sich durch zielgerichtete Tätigkeit zu befreien suchte.

So legte er – wohl auch aus Pietät seinem fünf Jahr zuvor verstorbenen Vater gegenüber – im Oktober 1900 das Assessorexamen ab und beschloß damit seine juristische Ausbildung endgültig. Die anhaltende Depression führte ihn nicht zur Wahl einer beruflichen Position, sondern zunächst zur Flucht in den Krieg. Die geplante Teilnahme als Freiwilliger an der Bekämpfung des Boxeraufstandes in China zerschlug sich jedoch (September 1900). Stattdessen begab sich Kessler am 25. Oktober 1900 auf eine dreimonatige Reise nach Griechenland und Konstantinopel. Als er Ende Januar 1901 zurückkehrte, kündigte sich mit der Anregung Elisabeth Förster-Nietzsches, den belgischen Künstler und Vertreter des Kunstgewerbes Henry van de Velde nach Weimar zu holen, eine neue Aufgabe in einem neuen Wirkungsbereich an. Die Entscheidung zwischen Diplomatie und Kulturpolitik, auf die die Frage seiner Berufswahl letztlich hinausgelaufen war, wurde Kessler im April 1902 abgenommen. Das Auswärtige Amt lehnte seine Anstellung ab,[35] stattdessen wurde der Vierunddreißigjährige ein halbes Jahr später zum ehrenamtlichen Vorsitzenden des Kuratoriums des Großherzoglichen Museums für Kunst und Kunstgewerbe berufen. Mit seiner Leitung dieses Museums ab März 1903 und dem sich allmählich entwickelnden Weimarer Kulturreformprogramm schlug Kessler schließlich den Weg ein, den ihm sein Freund Eberhard von Bodenausen gegen Ende der *Pan*-Zeit gewiesen hatte: „Aufgeben seiner Karriere und ganz hinein in die Kunst, als großer, bestimmender Kulturfaktor."[36]

---

34 Ein Jahr zuvor, am 23. Mai 1899, hatte Kessler in seinem Tagebuch reflektiert: „Gestern Papas Todestag und heute mein Geburtstag. Mein Vater, das Band das mich rückwärts mit der ganzen vergangenen Menschheit verbindet; und ich frage mich, ob ich nicht der Letzte dieser Kette sein werde, ob auch mich einmal Etwas in die Zukunft fortpflanzen wird. Diese alte, triviale Frage wird tragisch, wenn man anfängt an ihrer Bejahung zu zweifeln." Zit. nach: Grupp, Harry Graf Kessler, Biographie, S. 72.
35 Vgl. HGK, Tgb, 20. April 1902. – DLA/A: Kessler.
36 Tagebuch Eberhard von Bodenhausen, Berlin, 3. April 1900. In: Eberhard von Bodenhausen: Ein Leben für Kunst und Wirtschaft. Hg. v. Dora Freifrau v. Bodenhausen-Degener. Düsseldorf/Köln 1955, S. 142.

2. *Pan*-Zeit

2.1. Eine Zeitschrift mit Programm: *Pan* (1895-1900)

Unter den Literatur- und Kunstzeitschriften der Jahrhundertwende nimmt der *Pan* eine besondere Stellung ein, die in seinem speziellen Wesen und Programm begründet ist. Aus dem ursprünglichen Vorhaben einer Bohème-Clique des Berliner Lokals *Zum schwarzen Ferkel*, sich ein eigenes Publikationsorgan zu schaffen, ging eine exlusive und repräsentative Zeitschrift hervor, die mit ihrer kostbaren Ausstattung die Initialzündung für eine neue Blüte der Buchkunst gab.[37] Im Frühjahr 1894 hatte sich in Berlin eine *Genossenschaft Pan m.b.H.* konstituiert, die es sich zur Aufgabe machte, das ideelle und materielle Fundament für die Herausgabe einer buchhändlerisch und künstlerisch gänzlich unabhängigen Zeitschrift zu bilden.[38] Dieses ambitionierte Projekt sah vor, das Gesamtphänomen der neuen geistigen und künstlerischen Strömungen in internationaler Perspektive zu umfassen. Zugleich sollten nach Möglichkeit die beteiligten jungen Künstler gefördert und einem interessierten Publikum bekannt gemacht werden. Hierbei hatten sich Überlegungen Eberhard von Bodenhausens mit denen dreier Dichter getroffen, die sich nach der Trennung Otto Julius Bierbaums vom S. Fischer Verlag nach einer neuen Möglichkeit umsahen, „die Kunst vor den Handelsleuten zu retten".[39] Bierbaum hatte die Redaktion der renommierten Literaturzeitschrift *Freie Bühne für den Entwicklungskampf der Zeit* (*Neue deutsche Rundschau*)

---

37   Es sei auf die einschlägigen Forschungsbeiträge verwiesen: Karl H. Salzmann: *Pan*. Geschichte einer Zeitschrift. [1958.] In: Jugendstil. Hg. v. Jost Hermand. Darmstadt 1992, S. 178-208; Gisela Henze: Der *Pan*. Geschichte und Profil einer Zeitschrift der Jahrhundertwende. Freiburg 1974; Jutta Thamer: Zwischen Historismus und Jugendstil. Zur Ausstattung der Zeitschrift *Pan* (1895-1900). Frankfurt am Main/Bern/Cirencester, U.K. 1980; Catherine Krahmer: Die Zeitschrift *Pan* und das Ausland (1894-1895). In: Jahrbuch der Deutschen Schillergesellschaft, 39 (1995), S. 267-292.

38   Zu den Gründungsmitgliedern, die sich am 1. Mai 1894 in der ersten konstituierenden Sitzung versammelten, gehörten die Dichter Otto Julius Bierbaum, Richard Dehmel, Stanislaw Przybyszewski, Otto Ernst Hartleben, der Bildhauer Adolf von Hildebrand und der Kunstpublizist Julius Meier-Graefe. Eberhard von Bodenhausen wurde Vorsitzender des Aufsichtsrates. Die Eintragung in das Genossenschaftsregister des Amtsgerichts Berlin erfolgte am 19. Juni 1894.

39   Vgl. das Schreiben Bierbaums an Bodenhausen vom 13. März 1894: „Meine Scheidung von Herrn Fischer ist nun perfekt [...] Wie sich Feuer und Wasser scheidet, so scheidet sich Dichter und Handelsmann [...] Aber nun ist uns (vornehmlich Przybyszewski, Dehmel und mir) ein neuer Gedanke aufgestiegen, die Kunst vor den Handelsleuten zu retten [...]" Zit. nach: Salzmann, *Pan*, Geschichte einer Zeitschrift, S. 180.

im März 1894 nach Streitigkeiten mit seinem Verleger niedergelegt. Bodenhausen wiederum, zu dieser Zeit Referendar in Potsdam, hatte unter dem
Eindruck des Elends, in dem einige der begabtesten jungen Künstler in Berlin lebten, den Wunsch, eine Form effektiverer Unterstützung zu finden als
die privater Propaganda, um „das Verständnis für dieses Werdende in weiten
Kreisen zu wecken".[40] Es ging um mehr als um mäzenatisches Wirken.

Der Name war Programm: *Pan* stand sowohl für den Wald- und Hirten-
gott der griechischen Mythologie, für den Faun ambivalenten Wesens und
rauschhafter Lebensphilosophie, als auch für das griechische Wort für „ge-
samt". Er verwies auf die Summe der Künste, denen man sich widmen wollte. *Pan* war der Name jener Genossenschaft, die eine literarisch-künstlerische
und zeitrepräsentative Revue gleichen Namens herausbringen wollte. Dieser
Brennspiegel der zeitgenössischen Kultur sollte im eigenen „Verlag *Pan*"
erscheinen, ein *Pan*-Kunstsalon im Sommer 1895 mit einer Ausstellung Arnold Böcklinscher Werke eröffnen. Und selbstverständlich war auch ein *Pan*-
Theater Teil des Traumes von der Symbiose der Künste in „kosmischer Harmonie" (Paul Scheerbart).[41] Die Initiatoren, allen voran der Kunsthistoriker
und Schriftsteller Julius Meier-Graefe, waren damit der Vorstellungswelt des
Art Nouveau verpflichtet, wie sie sich sieben Jahre später in dem Projekt der
Darmstädter Künstlerkolonie manifestieren sollte. Auch hier war das Theater
Teil der Utopie Gesamtkunstwerk, das die Jugendstilkünstler zu realisieren
suchten. Zum einen sollte durch die gleichrangige Ergänzung aller Künste zu
einem Ganzen ihre ursprüngliche Verbundenheit wiederhergestellt werden.
Zum anderen die Einheit von Kunst und Leben geschaffen werden, indem
das Leben in seiner Gesamtheit künstlerisch gestaltet wurde. Harry Graf
Kessler wurde in beide Jugendstil-Phänomene involviert und erhielt 1900 die
Möglichkeit, an der Realisierung des Theaterprojekts der Darmstädter
Künstlerkolonie mitzuwirken. Ein Angebot, das bei ihm auf Desinteresse
stieß, wie wir sehen werden.

Das *Pan*-Projekt konnte nicht die skizzierten Ausmaße annehmen. Verwirklicht wurde das primäre Ziel: die Herausgabe einer Zeitschrift, zunächst
im genossenschaftseigenen Verlag, ab dem zweiten Jahrgang mit dem Verlag
F. Fontane & Co. in Kommission. Bis Mitte März 1895 hatte die Genossenschaft unter Literaten, bildenden Künstlern, Kunstgelehrten und Mäzenen

---

40 „[...] ich habe an eine Zeitschrift dabei gedacht, die durch Aufnahme von Artikeln,
    Reproduktionen von Bildwerken etc. die einzelnen Künstler einmal materiell unter-
    stützen, dann aber auch einen größeren Kreis ihnen gewinnen könne." Bodenhausen
    an seinen Vater, 23. Juli 1894. Zit. nach: Bodenhausen, Ein Leben für Kunst und
    Wirtschaft, S. 61.
41 Vgl. Julius Meier-Graefes Rückblick *Der Pan*. In: Pan, hg. v. Paul Cassirer, 1. Jg.,
    Heft 1, Berlin 1910, S. 2.

rund dreihundert Mitglieder gewonnen, so daß das erforderliche Mindestkapital von 100.000 Reichsmark vorlag. Unter der Redaktion von Bierbaum (Literatur) und Meier-Graefe (Kunst) erschien im April 1895 das erste Heft in spektakulärer Aufmachung.[42] Die Synthese der Künste wurde in dieser ersten Zeitschrift des deutschen Jugendstils im überschaubaren Rahmen erprobt: Buchschmuck (Rahmen, Randleisten, Vignetten, Schlußstücke) und Typographie wurden auf die kunstkritischen und literarischen Beiträge abgestimmt, Lithographie, Holzschnitt und Radierung gegenüber dem herkömmlichen industriellen Reproduktionsverfahren bevorzugt. In seiner grundsätzlichen Offenheit für den Stilpluralismus der Jahrhundertwende[43] kommt *Pan* der Rang eines Dokuments zu. Einundzwanzig Hefte spiegeln das vielfältige Spektrum der zeitgenössischen Kunst und bieten mit zahlreichen Erstveröffentlichungen eine Primärquelle der literarischen Moderne. *Pan* wurde richtungsweisend für die nachbegründeten Zeitschriften[44] und die deutsche Buchkunst, weil hier nach Jahrzehnten erstmals wieder ästhetische Forderungen der Buchgestaltung thematisiert und eine Sensibilität für Papierqualität entwickelt wurde. Es waren Impulse, die später auch für Harry Graf Kesslers Cranach-Presse (1913-1931) relevant werden sollten.

---

42 Folioformat, roter Einband, Druck auf Büttenpapier. Signet auf dem Titelblatt (ein gewaltiger Pan-Kopf) von Franz von Stuck, dem Mitbegründer der Münchner Sezession und bedeutenden Vertreter des Münchner Jugendstils. Die literarischen Beiträge stammten von Richard Dehmel, Theodor Fontane, Detlev von Liliencron, Friedrich Nietzsche, Novalis, Paul Scheerbart und Paul Verlaine, mehrfarbige Kunstbeilagen von Adolf Böcklin, Max Klinger, Max Liebermann und James Abbott McNeil Whistler.

43 In Abgrenzung zu den *Blättern für die Kunst* des Stefan George-Kreises hatte Richard Dehmel am 5. August 1895 Ida Coblenz gegenüber betont: „[...] wir wollen eine Kunst fürs Leben, und das Leben ist vielgestaltig, durchaus kein Tempel für nur Eingeweihte. [...] PAN ist [...] eine *öffentliche* Zeitschrift, keine blos für einen ‚geladenen' Kreis [...]" Richard Dehmel: Ausgewählte Briefe aus den Jahren 1883 bis 1902. Berlin 1923, S. 207 f. (Hervorhebung im Original.)

44 So für *Le Centaure* (1896), *The Savoy* (1896), *The Dial* (1897), *Die Insel* (1899). Vgl. Salzmann, *Pan*, Geschichte einer Zeitschrift, S. 205-207.

2.2. Wider die ‚Bannerträger des Ewig-Gestrigen‘:[45]
Harry Graf Kesslers Engagement für *Pan*

Obwohl Kesslers Studienfreund Eberhard von Bodenhausen zu den Initiatoren des *Pan* gehörte und seit dem 1. Mai 1894 als Aufsichtsratsvorsitzender der Genossenschaft vorstand, trat Kessler erst ein halbes Jahr später bei. Dies geschah nahezu en passant, am 1. November 1894. Es bedurfte eines Abends im Salon des Hofbildhauers Reinhold Begas, um ihn im Rahmen heftiger Diskussionen über die neuen Kunsterscheinungen wie Max Klingers *Beethoven*, *Kassandra* und *Christus im Olymp* von dem begeisterten und begeisternden Julius Meier-Graefe anwerben zu lassen. Mitte März 1895 wurde er als Mitglied offiziell registriert und bezog in der Folge die Nr. 13 der auf dreißig Exemplare limitierten Künstlerausgabe des *Pan*.[46]

Kesslers Einbindung in das Unternehmen erfolgte sukzessive. Er wurde bereits im Winter 1894/95 zu Verhandlungen mit den Malern Adolph Menzel, Hans Thoma, Max Klinger und Edvard Munch hinzugezogen. Im Juli 1895 suchte er im Auftrag der Redaktion den Dichter Paul Verlaine in Paris auf.[47] Neben der pekuniären Unterstützung waren Kesslers internationale Kontakte und Reisen für die Existenz des *Pan* von großer Bedeutung. Kessler engagierte sich, um neue Abonnenten zu finden, regte Werbekampagnen (Annoncen, Plakate) an und bemühte sich, neue Kräfte und Strömungen in der Kulturszene wahrzunehmen. Die Möglichkeit, in *Pan* eigene Beiträge zu publizieren, nutzte er in diesen fünf Jahren nur zweimal: 1895 widmete er seine erste Veröffentlichung aus aktuellem Anlaß dem Lyriker Henri de Régnier, einem der bedeutendsten Vertreter des französischen Symbolis-

---

45 So definierte Kessler am 16. August 1896 gegenüber Bodenhausen seine Intentionen, die er bei der Zeitschrift *Pan* verfolgte: „[...] worauf es mir ankommt, und worauf ich hingewirkt habe, ist, daß es in Deutschland eine vorurteilslose, geschmackvolle und *nicht* philiströse Zeitschrift gebe, die auch pekuniär in der Lage ist für wirklich künstlerische Interessen einzutreten." BW EvB/HGK, S. 18 f. (Hervorhebung im Original.)

46 Mit lose beigelegten Originalgraphiken war sie die exklusivste Ausgabe, die nur an Mitglieder zu vier Anteilscheinen à 100,- und 300,- Reichsmark Zuschlag abgegeben wurde. Das Jahresabonnement der Vorzugsausgabe auf kaiserlichem Bütten kostete 160,- Reichsmark, die Allgemeine Ausgabe auf Kupferdruckpapier 75,-. Vgl. Thamer, Zwischen Historismus und Jugendstil, S. 23.

47 Die betreffenden Tagebuchnotate (10. bis 28. Juli 1895) sind unter dem Titel „Harry Graf Kessler: Besuch bei Verlaine" im Insel-Almanach auf das Jahr 1965 (Frankfurt am Main 1964, S. 11-18) veröffentlicht.

mus.[48] 1899 erschien der erste Teil (*Die Kunst und die religiöse Menge*) von Kesslers kunsttheoretischem Essay *Kunst und Religion*;[49] auf die geplante Fortführung dieser Untersuchung verzichtete er.

Infolge seines unermüdlichen Einsatzes wuchs Kesslers Einfluß, nachdem die erste Krise des *Pan* vom Sommer 1895 überwunden war. Mitte September waren Bierbaum und Meier-Graefe ihres Amtes enthoben und mit Cäsar Flaischlen (Literatur) und Richard Graul (Kunst) gefügige neue Redakteure eingesetzt worden.[50] Am 23. November 1895 wurde Kessler in den Aufsichtsrat gewählt, von Juli 1896 an war er offizielles Mitglied der elfköpfigen

---

48 Kesslers Interesse galt Régnier als zeittypische Erscheinung der Décadence, als Künder des Weltschmerzes und des Pessimismus. Unter Bezugnahme auf die jüngst erschienene Sammlung *Poèmes 1887-1892: Poèmes anciens et romanesques, Tel qu'en songe, Augmentés de plusieurs poèmes* (Paris 1895) analysierte er die Kunstauffassung der Symbolisten und zog in Hinblick auf die spezifische Stilistik Régniers, „den Geist ganz den Sinnen, ganz dem Reiz der Klänge und dem Spiel flüchtiger Bilder hingegeben träumen zu lassen", den Vergleich zu Loris. Dies ist die erste öffentliche Äußerung Kesslers zur Dichtung des einundzwanzigjährigen Hugo von Hofmannsthal, den er erst 1898 persönlich kennenlernen sollte. Vgl. Harry Graf Kessler: Henri de Régnier. In: Pan, 1. Jg., Heft 4, Dezember-Januar (1895/1896), S. 243-249, Zitat S. 247.

49 Kunst und Religion. Die Kunst und die religiöse Menge. In: Pan, 5. Jg., Heft 3, Februar (1899), S. 163-176. (Wiederabdruck in: HGK, GS II, S. 9-47.) Unter dem Aspekt der religiösen Bedeutung der Kunst unternahm Kessler hier den Versuch, die psychologischen Mechanismen des Kunstgenusses zu entschlüsseln. Unter dem Einfluß seiner Leipziger Lehrer Anton Springer und Wilhelm Wundt suchte er im logisch-rationalen Umgang mit den Kunstwerken „die Aesthetik in einer neuen Weise an die Wissenschaft und speziell an die Psychologie anzuschließen". (HGK an EvB, 24. Juni 1900. – BW EvB/HGK, S. 60.) Den angekündigten zweiten Teil führte Kessler nicht mehr aus. Sich seiner Grenzen bewußt geworden, gestand er bei der Zusendung des ersten Teils Eberhard von Bodenhausen am 22. Dezember 1899 ein, „daß damit für mich wenigstens alle ‚Aesthetik' ein für allemal erledigt ist, und daß ich wohl nie wieder ein Wort über Kunsttheorie verlieren werde. Ich habe mich zu einer mir klaren und umfassenden Ansicht durchgeschrieben, und die muß mir nun für mein Leben genügen. [...] Mir ist, wenn ich an das Durchkneten dieser Theorie zurückdenke zumute, als ob ich von den Lemuren wieder ans helle Tageslicht gestiegen wäre." BW EvB/HGK, S. 50.

50 Meier-Graefes und Bierbaums allzu eigenmächtiges Handeln in finanziellen und programmatischen Angelegenheiten hatte zu Differenzen mit den Honoratioren des Aufsichtsrates geführt. Meier-Graefes Ankauf von Henri de Toulouse-Lautrecs Farblithographie *Mlle Marcelle Lender, en buste* (1895) entfachte schließlich erneut den Streit um den noch zulässigen Grad der ‚internationalen Tendenz' der Zeitschrift. Bodenhausen sah diese Erwerbung als Gipfel der „Fremden-Anbetung" (Brief an den Vater, 9. September 1895) an und entschloß sich nach Durchsicht der Geschäftsbücher dazu, die Amtsenthebung der beiden Vorstandsmitglieder zu betreiben.

Redaktionskommission, die die Herausgabe der Zeitschrift verantwortete.[51] Die Bedeutung dieses fünfjährigen Engagements für Kesslers weiteres Leben ist nicht zu unterschätzen. Schriftsteller, Künstler, Publizisten, Kunsthändler und Verleger erweiterten sein internationales Beziehungsnetz. Die Kontakte und Freundschaften mit Richard Dehmel, Max Liebermann (ab 1894), Auguste Rodin, Henry van de Velde (ab 1897), Hugo von Hofmannsthal, Maximilian Harden, Peter Behrens (ab 1898), Samuel Fischer, Richard Strauss, Gerhart Hauptmann (ab 1899) und vielen anderen datieren aus dieser Zeit. Daneben festigte sich Kesslers Kunstverständnis. Sein anfangs noch recht klassisch-konservativer Geschmack entwickelte sich in der täglichen Auseinandersetzung, im persönlichen Umgang mit den zeitgenössischen Künstlern und Galeristen. Regelmäßige Besuche bei den führenden Pariser Kunsthändlern Bernheim-Jeune, Paul Durand-Ruel und Ambroise Vollard ließen ihn seine persönliche Vorliebe für die französischen Impressionisten, Neo-Impressionisten und die Gruppe der Nabis entdecken. Und so war es sein Verdienst, Ende Dezember 1897 durch Zufall die Kunst der französischen Neo-Impressionisten nicht allein für den *Pan*, sondern für die deutsche Kunstszene entdeckt zu haben. Diese „Wunder des Lichts und der Poesie" – die Werke von Georges Seurat, Paul Signac, Maximilien Luce, Hippolyte Petitjean und Edmond Cross – erkannte er als das Interessanteste und Zukunftsreichste, was Frankreich in diesem Augenblick besaß.[52] Kessler sorgte dafür, daß sie in Deutschland bekannt wurden: Im September 1898 erschien ein Neo-Impressionisten-Heft des *Pan*, und auf seine Initiative hin veranstaltete die Berliner Galerie Keller & Reiner vom 22. Oktober bis 3. Dezember 1898 eine Sonderausstellung.[53]

In diesen Jahren entdeckte Kessler die Moderne für sich und begann seine einzigartige Kunstsammlung aufzubauen.[54] Er schulte sein Auge. Die Aus-

---

51 Der Redaktionskommission gehörten neben Flaischlen und Graul an: Wilhelm von Bode, Eberhard von Bodenhausen, Otto Hartleben, Karl Koepping, Alfred Lichtwark, Woldemar von Seidlitz, Ludwig von Hofmann und Max Liebermann.

52 Vgl. HGK an EvB, Paris, 29. Dezember 1897. – BW EvB/HGK, S. 40-42.

53 Zu diesem ganzen Komplex siehe Alexandre Kostka: Physiologie der Harmonie – Kessler und sein Kreis als führende Vermittler des Neoimpressionismus in Deutschland. In: Farben des Lichts. Paul Signac und der Beginn der Moderne von Matisse bis Mondrian. Ausstellungskatalog, hg. v. Erich Franz. Ostfildern 1996, S. 197-210.

54 Diese bedeutende Privatsammlung umfaßte in erster Linie zeitgenössische, besonders französische Kunstwerke, deren Entstehungsprozeß Kessler teilweise begleitete. Mit über dreißig Werken bildeten die Bilder der Neo-Impressionisten (Seurat, Signac, Luce, Cross, Petitjean, vermutlich auch Theo van Rysselberghe), der Nabis (Edouard Vuillard, Pierre Bonnard, Maurice Denis) und die Skulpturen Aristide Maillols den Schwerpunkt der Sammlung. Daneben besaß Kessler Werke von Auguste Renoir, Paul Cézanne, Vincent van Gogh, Paul Gauguin, Edvard Munch, Auguste Rodin,

einandersetzung mit der bildenden Kunst veränderte auch seinen Blick auf das Theater. Sie schärfte die Wahrnehmung für die Aufführungen, die er in den Theatern Europas besuchte, wandelte seine Ansprüche und Anforderungen an Inszenierung und Ausstattung. So ausgeprägt auch seine sprachliche Sensibilität war und er auf den Ton auf der Bühne achtete – sein Zugang zur darstellenden Kunst verlief über die bildende. Dieses Charakteristikum läßt sich über fünf Jahrzehnte hinweg an ihm beobachten. Ein Indiz hierfür ist nicht allein seine spezifische Wahrnehmung theatralischer Phänomene und Ereignisse, sondern auch ihre sprachliche Übermittlung. Kessler besaß für das Theater keine eigene Sprache und flüchtete vor dem drohenden Verstummen oftmals in Vergleiche mit Gemälden oder Skulpturen.[55] Um die Jahrhundertwende galt seine Präferenz der bildenden Kunst, was sich nach dem Ende des *Pan* in seinen Aktivitäten im Rahmen des Neuen Weimar und der Gründung des Deutschen Künstlerbundes (1903) niederschlug. Aus ebendiesem Grunde mußten die Theaterreformversuche um 1900 sein Interesse wecken, der ‚Maler-Regisseur‘ Edward Gordon Craig eine ungeheure Faszination auf ihn ausüben. Und letztlich sollte sich noch 1926 an der Begegnung Josephine Bakers mit seiner Maillolschen Skulptur *La Méditerranée* die Idee für Kesslers *Choreographisches Scherzo* entzünden.

Max Beckmann, George Grosz. Sie wurden in seinen Berliner und Weimarer Wohnungen im außergewöhnlich ästhetischen Arrangement mit den Einrichtungsgegenständen Henry van de Veldes einem ausgewählten Publikum zugänglich gemacht: „Kessler [lebte] den angemessenen Umgang mit seinen Werken gleichsam öffentlich vor." Vgl. Beatrice von Bismarck: Harry Graf Kessler und die französische Kunst um die Jahrhundertwende. In: Zeitschrift des Deutschen Vereins für Kunstwissenschaft, Bd. 42, 3 (1988), S. 47-62, hier S. 58.

55 Eklatante Beispiele finden sich in Kesslers Beschreibungen einzelner Mitglieder der Ballets Russes und in seinen programmatischen Äußerungen zur *Josephslegende*. Siehe Kapitel IV.4.2.

II. Feste des Lebens und der Kunst um 1900

Mit ihrer Anspielung auf eine zentrale Programmschrift des deutschen Jugendstils – Peter Behrens' *Feste des Lebens und der Kunst. Eine Betrachtung des Theaters als höchsten Kultursymbols* (1900) – umreißt die Kapitelüberschrift den kulturhistorischen Kontext, innerhalb dessen Harry Graf Kessler zu Beginn des 20. Jahrhunderts in die Aktivitäten der Theatermoderne involviert war. Kessler ließ sich zunächst zögerlich und sukzessive einbinden, bis er schließlich selbst ab 1903 im Rahmen des Neuen Weimar das Theater in sein kulturpolitisches Programm und Betätigungsfeld aufnahm. Eine wichtige, unabdingbare Vorstufe hierzu stellt das Experiment der Darmstädter Künstlerkolonie von 1900/01 dar. Hier fanden sich – im Vorfeld sozusagen – einige der später entscheidenden Handlungsträger des Weimarer Projekts zusammen. Einer von ihnen war Hermann Bahr, den der scharfsichtige Karl Kraus bereits im Oktober 1900 als einen „schon lange nach einem Weimar Auslugenden"[1] verhöhnt hatte – und dies, bevor der Gedanke einer thüringischen Beteiligung am „Aufstand der Provinzen" (Sembach)[2] überhaupt artikuliert worden war. In bewußter Konfrontation zur offiziellen Kunstpolitik des Kaisers waren um die Jahrhundertwende in Darmstadt, München, Weimar, Dresden und Hagen Zentren des deutschen Jugendstils entstanden, die mehr als ein reformkünstlerisches Ereignis darstellten. Sie waren Ausdruck einer von Nietzsche beeinflußten Lebensreform- und Jugendbewegung, die eine durchgreifende und umfassende Ästhetisierung der alltäglichen Lebenswelt verfolgte. Das Theater als kulturelle Praxis war dabei Teil dieses Lebens und besaß ein besonderes kulturschaffendes Potential, da es nicht nur den Weg in eine neue Kultur eröffnete, sondern diese zugleich selbst darstellte.[3]

Dieses Phänomen wird im folgenden anhand der Darmstädter Künstlerkolonie, für die Peter Behrens die zitierte Programmschrift entworfen hatte, exemplarisch dargestellt. Ich werde dieses Thema bewußt ausführlich behandeln, weil auf diese Weise Verbindungen zwischen Darmstadt, Weimar und Wien offengelegt werden, die in der theaterwissenschaftlichen Forschung

---

1 Vgl. Karl Kraus: Mittwoch, den 3. October. In: Die Fackel, II. Jahr, Nr. 55, Anfang October 1900, S. 25 f.

2 So lautet Klaus-Jürgen Sembachs prägnanter Untertitel des zweiten Kapitels in seinem Bildband *Jugendstil. Die Utopie der Versöhnung*. Köln u.a. 1996.

3 Vgl. Erika Fischer-Lichtes Kapitel „Die Revolution des Theaters als Kulturrevolution" in ihrer *Kurze[n] Geschichte des deutschen Theaters*. Tübingen/Basel 1993, S. 263-272, hier besonders S. 270-272.

bisher nicht wahrgenommen worden sind. Kapitel II und III der vorliegenden
Untersuchung sind inhaltlich eng miteinander verknüpft. Personen wie Hermann Bahr und Hugo von Hofmannsthal stehen für diese von mir postulierte
Wechselbeziehung und zeigen die Kontinuität auf, mit der bestimmte Pro-
gramme übernommen und in den einzelnen kulturellen Zentren verfolgt wurden. In diesem Kontext wird sich Harry Graf Kessler zunächst als eine Randfigur einfügen, die sich immer mehr in den Mittelpunkt meiner Ausführungen schieben wird. Der Ausgangspunkt ist der Herbst 1900. Zu diesem Zeitpunkt hatte Hermann Bahr versucht, Kessler in das Projekt der Darmstädter
Künstlerkolonie einzubeziehen, war jedoch auf Desinteresse gestoßen. Die
theaterreformerischen Vorstellungen, die Bahr in Anlehnung an Behrens
entwickelt hatte, überzeugten Kessler nicht, wie wir sehen werden. Damit
ließ der Graf die Chance, einen Part zu ergreifen, der über den bisherigen der
bloßen Wahrnehmung von Theateraufführungen und Mitteilung an Dritte
hinausging, verstreichen. Schon jetzt hätte Kessler in unmittelbaren Kontakt
mit Vertretern der Theateravantgarde treten können und nicht erst 1903, wie
es dann mit seiner ‚Entdeckung' Edward Gordon Craigs in London geschah.

Mit diesen Namen sind einige Vertreter der Theaterreformbewegung der
Jahrhundertwende benannt. Diese entstand im Zuge der Selbstreflexion des
Theaters, die in Auseinandersetzung mit den Richard Wagnerschen Ideen
vom Gesamtkunstwerk in ein neues Verständnis von Theater und dem Einsatz seiner Mittel mündete. Die Forderung nach einer radikalen Entliterarisie-
rung und Retheatralisierung des Theaters wurde von den europäischen
Avantgardisten wie Edward Gordon Craig, Adolphe Appia, Peter Behrens,
Georg Fuchs, Jacques Copeau, Vsevolod Meyerhold und Alexander Tairov
geteilt, so unterschiedliche Konzepte sie dann auch entwickeln mochten.
Diese richteten sich gegen das herkömmliche Illusionstheater, den akademischen Realismus und die Milieuschilderungen des naturalistischen Theaters,
das mit der Begründung des Théâtre Libre (1887) in Paris und der Freien
Bühne (1889) in Berlin seinen Siegeszug angetreten hatte. Entgegen der traditionellen Auffassung des Theaters als werkgerechte In-Szene-Setzung des
Dramas wird nun von den Avantgardisten die Anerkennung der Inszenierung
als autonome Kunstpraxis eingefordert, losgelöst vom Gängelband der dramatischen Literatur. Der Dramentext wird ebenso als Material begriffen wie
der Körper des Schauspielers. Das Theaterkunstwerk ist ein subjektives
Werk, das die Visionen und Träume seines Schöpfers spiegelt. Dieser muß
als individuelle Künstlerpersönlichkeit – für Craig ist es der Regisseur, für
Appia der Autor des Wort-Ton-Dramas – über die vorhandenen Mittel frei
verfügen können. Diese Mittel sind die das Theater konstituierenden Elemente (Farbe, Linie, Rhythmus, Bewegung, Wort), die die notwendige, eige-

ne theatralische Sprache schaffen.[4] Hinzu kommt die Einbeziehung anderer Formen und Gattungen wie Tanz und Akrobatik, Varieté und Jahrmarkt, wie Commedia dell'arte oder die mittelalterliche französische Farce. Die Theaterreformer gingen somit über Richard Wagners Definition vom Gesamtkunstwerk als einer bloßen Synthese der Künste hinaus.

Ein weiterer, wichtiger Programmpunkt der theaterreformerischen Überlegungen war die Eroberung und Gestaltung neuer Spielräume. In der neuen Theaterarchitektur, wie sie etwa Olbrich für die *Darmstädter Spiele 1901*, Max Littmann im Münchner Künstlertheater (1908) und Henry van de Velde im Kölner Werkbundtheater (1914) schufen, schlug sich die Forderung nach der Einheit von Schauspielern und Zuschauern, die dem Publikum einen aktiven Part an der Aufführung ermöglichte, nieder. Sie realisierte sich in der Abschaffung der Rampe, der Betonung der Proszeniumsbühne und der Konzipierung eines amphitheatralisch ansteigenden Zuschauerraums. Max Reinhardt erwies sich in diesem Zusammenhang als der experimentierfreudigste und kreativste Theatermacher im ersten Drittel des 20. Jahrhunderts. Mit seiner Verlegung der Theaterereignisse in Ausstellungs- und Festhallen, in Zirkusarenen und Sakralbauten, Parklandschaften und öffentliche Plätzen demonstrierte er, wie Erika Fischer-Lichte résümiert, daß „ein Theater, das Spieler und Zuschauer zusammenbringen will, nicht unbedingt auf besondere Theatergebäude angewiesen ist, sondern sich letztlich überall ereignen kann, wo Menschen sich versammeln. Die ganze Welt kann zum Theater werden."[5] Reinhardt war ein vehementer Verfechter der Vorstellung vom Theater als festliches Spiel. Hierin traf er sich mit Behrens und Fuchs, für die die mythisch-kultische Dimension des Theaters wieder an Bedeutung gewann. Ihre Überlegungen zum Theater als Fest schlugen sich freilich in unterschiedlichen Konzeptionen nieder, die Behrens und Fuchs bei dem Ausstellungsprojekt der Darmstädter Künstlerkolonie von 1901 zu realisieren suchten (siehe Kapitel II.2.).

---

4   Craigs bekannte Definition von 1905 lautet: „[...] die kunst des theaters ist weder die schauspielkunst noch das theaterstück, weder die szenengestaltung noch der tanz. Sie ist die gesamtheit der elemente, aus denen diese einzelnen bereiche zusammengesetzt sind. Sie besteht aus der bewegung, die der geist der schauspielkunst ist, aus den worten, die den körper des stückes bilden, aus linie und farbe, welche die seele der szenerie sind, und aus dem rhythmus, der das wesen des tanzes ist." Edward Gordon Craig: Die Kunst des Theaters. Berlin 1905. [Der erste Dialog]. In: Ders.: Über die Kunst des Theaters. Berlin 1969, S. 101. Siehe auch die Einleitung von Christopher B. Balme (Hg.) in: Das Theater von Morgen. Texte zur deutschen Theaterreform (1870-1920). Würzburg 1988, S. 11-29, besonders S. 13-15.

5   Fischer-Lichte, Kurze Geschichte des deutschen Theaters, S. 268.

1. Ein Zentrum des deutschen Jugendstils: Die Darmstädter Künstlerkolonie

Im Herbst 1900 hatte sich, vermutlich auf Anraten des gemeinsamen Freundes Hofmannsthal, Hermann Bahr an Kessler gewandt, um ihn um Unterstützung jener Theaterpläne zu bitten, die Großherzog Ernst Ludwig von Hessen und bei Rhein für die Darmstädter Künstlerkolonie hegte. Im Rahmen ihrer ersten großen Ausstellung *Ein Dokument Deutscher Kunst*, die von Mitte Mai bis Oktober des nächsten Jahres stattfinden sollte, war neben einem Wohnkomplex und anderen Gebäuden auch die Errichtung eines Theaters geplant, das sich der neuen Kunst- und Lebensauffassung des Jugendstils einzugliedern hatte. Als Experimentierbühne sollte es neue Wege der Ausstattung und des Darstellungsstils beschreiten, um die definitive Überwindung des Naturalismus auf der Bühne zu proklamieren. Für dieses konkrete Ausstellungsprojekt wie auch für die dort langfristig geplante Schauspielschule suchte Bahr Unterstützung. Hatte er sich bereits der potentiellen Mitwirkung Hofmannsthals und Clemens von Franckensteins[6] versichert, so erhoffte er sich von Kesslers weitgespanntem Beziehungsnetz die Vermittlung geeigneter Darsteller.

Bahr kam in einem ungünstigen Augenblick. Als er Kessler am 16. September 1900 in Berlin aufsuchte, packte dieser, drei Wochen vor seinem Assessorexamen, bereits im Geiste seine Bücherkiste für das chinesische Kriegsabenteuer, an dem er teilzunehmen gedachte.[7] Bahrs Ausführungen

---

6   Der Dirigent und Komponist Clemens Freiherr von Franckenstein, später Intendant der Münchner Hof- bzw. Staatsoper (1912-1918, 1924-1934), bemühte sich zu diesem Zeitpunkt vergebens darum, als Musiker Fuß zu fassen. Erst im Herbst 1902 erhielt er die Stelle des 2. Kapellmeisters in der A-Compagnie der Londoner Moody Manners Opera Company, des größten Provinztourneetheaters von Großbritannien. Das Darmstädter Angebot fand folglich sein Interesse, wie er am 6. Juli 1900 Hofmannsthal bekannte: „Der *Bahr* hat mir gestern geschrieben: Er würde vielleicht Leiter einer neuen Schauspielschule in Darmstadt u. ob er dann eventuell auf mich zählen könne, daß ich eine Stellung dort annehme. Wenn es zustande kommt daß er hingeht u. es eine Thätigkeit ist, die mir passt u. die nicht zu unangenehm ist so hätte ich Lust es zu thun. Ich glaube es könnte mir für meine Oper u. überhaupt für später sehr nutzen wenn ich zu so etwas nach Darmstadt käme u. den Herzog für mich interessiere u.s.w." Hugo von Hofmannsthal/Clemens von Franckenstein: Briefwechsel 1894 bis 1928. Hg. v. Ulrike Landfester. In: Hofmannsthal. Jahrbuch zur europäischen Moderne, 5 (1997), S. 66 f. (Hervorhebung im Original.)

7   Sie sollte Homer, Thukydides, das Neue Testament, Pascal, Shakespeares *King Henry IV* und *V*, Goethes *Faust*, Eckermann, Schopenhauer (*Die Welt als Wille und Vorstellung*, *Parerga*), Nietzsches *Zarathustra* und *Jenseits von Gut und Böse* enthalten, möglicherweise auch noch Theognis, Dante, Ekkehart und die Fioretti. „Das ist un-

vermochten ihn nicht zu überzeugen. Kessler war zu diesem Zeitpunkt weder bereit, sich aktiv in den Produktionsprozeß eines Theaters einzuschalten, noch eine Teilnahme an hochgesinnten Lebensreformprogrammen als lohnend zu erachten. Seine Suche nach dem nur ihm gemäßen Weg, der seiner Existenz Sinn verleihen konnte, führte den Zweiunddreißigjährigen zunächst auf Reisen. Erst nach seiner Rückkehr nach Deutschland Ende Januar 1901 erkannte Kessler die ihm genuine Aufgabe eines Kulturvermittlers auf internationalem Terrain auch im theatralischen Bereich.

Drei Jahre nach seiner ersten Kontaktaufnahme sollte sich Hermann Bahr erneut an Kessler wenden, um eine Kooperation vorzuschlagen – diesmal im Auftrag Max Reinhardts. Bahr rekurrierte bei diesen für das Neue Weimar bestimmten Plänen, über die in Kapitel III zu sprechen sein wird, dezidiert auf seine theaterreformerischen Überlegungen, die er gemeinsam mit Joseph Maria Olbrich für die Darmstädter Künstlerkolonie entwickelt hatte. Um das Verständnis hierfür zu erleichtern, werden im folgenden die Grundzüge des Projekts auf der Mathildenhöhe erläutert.

Das für diese Zusammenhänge früheste und interessanteste Dokument stammt von Hugo von Hofmannsthal. Zu einer Zeit intensiver Fusionsverhandlungen, die Kessler und Eberhard von Bodenhausen zur Rettung des *Pan* mit den Herausgebern des Konkurrenzunternehmens *Die Insel* führten,[8] hatte Hofmannsthal auf der Durchreise nach Paris zwei von ihnen, Alfred Walter Heymel und Rudolf Alexander Schröder, in München kennengelernt. Am 24. März 1900 berichtete er seinem Mentor Bahr von dieser Begegnung:

In München, wo ich 2 Tage war, hatte ich Gelegenheit, die beiden jungen Eigentümer der *Insel* kennenzulernen, sowie zu einem längeren Gespräch mit Peter Behrens von der Darmstädter Künstlerkolonie. Die beiden Gruppen sind nicht ohne Beziehung zueinander: die *Insel* soll den *Pan* übernehmen und das Zentralorgan für die Bestrebun-

gefähr, was noch neben der starken Wirklichkeit des Kriegs bestehen könnte." Der Liste fehle Platon, „der allerdings würde dort nicht passen." HGK, Tgb, Berlin, 14. September 1900. – DLA/A: Kessler. Zit. nach: Grupp, Harry Graf Kessler, Biographie, S. 74.

8 Inhaltliche Konflikte und finanzielle Krisen hatten die Genossenschaft *Pan* auf ihrer Genossenschaftsversammlung am 4. November 1899 zum ersten Liquidationsbeschluß bewogen. Von Januar bis Mai 1900 führte Kessler mit Julius Meier-Graefe, dem maßgeblichen Berater der *Insel*, und deren Eigentümern Alfred Walter Heymel und Rudolf Alexander Schröder Fusionsverhandlungen. Am 15. Mai 1900 erteilte der dritte Herausgeber der *Insel*, Otto Julius Bierbaum, in einem Brief Kessler die definitive Absage. Am 16. Juni 1900 liquidierte *Pan*, am 15. Juli 1900 wurde das letzte Heft ausgeliefert. Kessler hatte zuvor einen Vorschlag Bodenhausens, die Zeitschrift in Eigenregie bzw. zusammen mit dem Museumsdirektor Wilhelm von Bode weiterzuführen (EvB, 6. April 1900, S. 54 f.), abgelehnt. Vgl. BW EvB/HGK, S. 51-55, Anm. S. 152-154.

gen werden, deren Zentralstelle Darmstadt werden will. Andererseits soll mit einer
ganz neuartigen, eine Epoche bezeichnenden Ausstellung in Darmstadt 1901 auch ein
ganz neuartiges Theater verknüpft werden, wo Bierbaum an der Leitung teilnehmen
und wofür ich auch eine ausschließliche Arbeit liefern soll.[9]

Möglicherweise ist Hermann Bahr erstmals durch diesen Hofmannsthalschen
Brief von den Theaterplänen der Darmstädter Künstlerkolonie unterrichtet
worden. Erst Anfang Juni 1900 wurde er selbst von Joseph Maria Olbrich in
das Unternehmen miteinbezogen und entwickelte sich für die folgenden
sechs Monate zu einem seiner führenden Köpfe.

Worum geht es? Julius Meier-Graefe sollte es, mit einem warnenden Un-
terton, als ein „Märchen" bezeichnen, das wie in „dem idealen Reich mit dem
guten König"[10] Realität geworden sei. In der Familientradition mäzenatischer
Kunstförderung stehend und doch weit darüber hinausgehend, hatte Großherzog Ernst Ludwig von Hessen und bei Rhein im Frühjahr 1899 die Darmstädter Künstlerkolonie gegründet.[11] Anders als bei früheren Malerkolonien
wie Barbizon (seit 1847) und Worpswede (seit 1889) handelte es sich folglich nicht um eine aus eigenem Antrieb entstandene, organisch gewachsene
Künstlergemeinschaft. Die Initiative war von einem Fürsten ausgegangen,
den sowohl ideelle wie praktische Gründe dazu bewogen hatten. Der für einige Zeitgenossen idealistische, ‚märchenhafte' Aspekt der Angelegenheit
kommt in einer rückblickenden Notiz des Großherzogs deutlich zum Ausdruck:

> Ich gründete die Künstlerkolonie in dem Gedanken, daß in damaliger Zeit (in der ein
> selbständiger junger Künstler keine Möglichkeit hatte, sich frei zu entfalten) junge
> Künstler frei schalten und walten sollten, um auf freien Fuß zu gelangen. Ich sagte ih-
> nen immer: Ihr seid niemanden verantwortlich, außer der Menschheit, und die wird
> erst später sagen, was gut an Euren Gedanken ist. Also frisch drauf los und Mut, dazu
> reine Farben und klare Formen.[12]

Mit der mäzenatischen Förderung junger, aufstrebender Talente verbanden
sich konkrete Vorstellungen, Darmstadt zum Zentrum der neuen Stilkunst

---

9   HvH an Hermann Bahr, Paris, 24. März 1900. In: Hugo von Hofmannsthal: Briefe
    1890-1901. Berlin 1935, S. 299.
10 Julius Meier-Graefe: Darmstadt. In: Die Zukunft, 9. Jg., 35 (1901), Berlin, 22. Juni
    1901, S. 478.
11 Die Taten seiner Ahnen umreißt Eckhart G. Franz in dem Aufsatz „Großherzog Ernst
    Ludwigs Künstlerkolonie: Fürstliches Mäzenatentum in neuer Form – oder mehr als
    das?" In: Joseph Maria Olbrich 1867-1908. Katalog der Ausstellung zum 75. Todes-
    tag, hg. v. Bernd Krimmel. Darmstadt 1983, S. 15-21.
12 Eine Aussage aus dem Jahr 1917, zit. nach: Prinz Ludwig von Hessen: Die Darm-
    städter Künstler-Kolonie und ihr Gründer Großherzog Ernst Ludwig. Darmstadt
    1950, S. 25.

(Jugendstil) zu machen und dem heimischen Gewerbe zur ästhetischen Erweckung und zum wirtschaftlichen Aufschwung zu verhelfen. Bei der Grundsteinlegung zum Ateliergebäude Ernst-Ludwig-Haus am 24. März 1900 brachte es der einunddreißigjährige Großherzog auf die Formel: „Mein Hessenland blühe und in ihm die Kunst!"[13] Ernst Ludwigs persönliches Interesse für die neuesten Entwicklungen in Kunst und Kunstgewerbe[14] war hierbei auch deutlich politisch akzentuiert, wenn er als Verwandter des deutschen Kaisers Wilhelm II. in der Provinz ein künstlerisches Gegenbild zum offiziellen des preußisch beherrschten Reiches zu initiieren gedachte. Durch dieses kulturpolitische Signal gewann Darmstadt Modellcharakter für das, was in Weimar und anderswo folgen sollte:

> Auf kleinem Raum, aber mit Vitalität war hier ein Beginn gewagt worden, der seine Kraft aus der Isolation bezog, aus dem Gefühl heraus, nur gegen die offizielle Wertung erfolgreich sein zu können. [...] Auf berührende Weise verband sich in Darmstadt die politische Handlung mit der künstlerischen zur Einheit, eine Kraft dabei gewinnend, die beide vereinzelt nicht gehabt hätten.[15]

Der Wunsch, das Projekt einer ästhetischen Erhebung der gesamten Lebensgestaltung unverzüglich in die Tat umzusetzen, um zu Gunsten des Landes rasche Resultate erzielen zu können, erforderte ein pragmatisches Vorgehen, das vielfach Kritik provozierte. Dazu zählte die Tatsache, daß außer dem Darmstädter Bildhauer Ludwig Habich nur auswärtige junge Künstler berufen wurden. Da dem Wiener Sezessionisten Joseph Maria Olbrich als dem einzigen ausgebildeten Architekten der Gruppe die Gestaltung der Gesamtanlage anvertraut worden war, erhielt die Künstlerkolonie, so, wie sie sich mit ihrer Ausstellung *Ein Dokument Deutscher Kunst 1901* präsentierte, ein stilistisch geschlossenes und eben doch spezielles Äußeres. Eberhard von Bodenhausens Klage: „Es sollte heißen: ‚ein Denkmal Weanerischer Kunst'.

---

13 Vgl. [Anonym.:] Die Grundstein-Legung des Künstler-Hauses. In: Grossherzog Ernst Ludwig und die Ausstellung der Künstler-Kolonie in Darmstadt von Mai bis Oktober 1901. Ein Dokument Deutscher Kunst. Hg. v. Alexander Koch. Darmstadt 1901. Reprint Darmstadt 1979, S. 43-46.

14 Der Enkel Queen Victorias, interessiert an der englischen Arts-and-Crafts-Bewegung, hatte 1896 die beiden englischen Architekten Hugh M. Baillie Scott und Charles Robert Ashbee mit der Inneneinrichtung zweier Räume im Neuen Palais und 1897 Otto Eckmann mit der Ausgestaltung seines Studier- und Arbeitszimmers beauftragt. 1898 lehnte der Elsässer Rupert Carabin das Angebot des Großherzogs, in Darmstadt die Leitung einer neu zu errichtenden Kunstgewerbeschule (École des Arts décoratifs) bei einem Gehalt von 12.000 Mark ab. Der nächste Schritt war die Begründung der Künstlerkolonie. Vgl. Franz, Großherzog Ernst Ludwigs Künstlerkolonie, S. 17 f.

15 Sembach, Jugendstil, S. 167 f.

Das herrliche Wort ‚deutsch‘ muß für diesen Klitter herhalten!",[16] war nur eine Stimme im Chor derer, die hier etwas künstlich Aufgepropftes, nicht auf heimatlichem Boden Gewachsenes sahen.[17] Die Dominanz des Olbrichschen Kunstwillens auf der Mathildenhöhe ließ nicht nur, wie in Bodenhausens Fall, kunstästhetisch motivierte Kritik, sondern auch fremdenfeindliche Stimmen laut werden. Ähnliche Erfahrungen würde bald darauf der belgische Künstler Henry van de Velde in Weimar machen.

Zu den sieben Berufenen, die sich auf der Mathildenhöhe im Nordosten der Stadt zusammenfanden, zählten neben Habich zunächst der Maler Hans Christiansen, der Bildhauer und Medailleur Rudolf Bosselt, der Maler und Graphiker Paul Bürck und der Innenarchitekt Patriz Huber. Mit Peter Behrens und Joseph Maria Olbrich traten im September 1900 zwei Persönlichkeiten hinzu, die sich als stilistische Antipoden und erbitterte Konkurrenten erweisen und die Künstlergemeinschaft spalten sollten. Behrens, Mitbegründer der Münchner Sezession (1892) und der Münchner Vereinigten Werkstätten für Kunst im Handwerk (1897), stand im Begriff, einen weiteren Schritt in Richtung des Universalkünstlers, wie ihn der Jugendstil propagierte, zu unternehmen. Der einunddreißigjährige Maler, Graphiker und Designer eröffnete in Darmstadt seine autodidaktische Architektenkarriere, indem er bei seinem Wohnhaus nicht nur die Innen- sondern auch die Außenarchitektur verantwortete. Gemäß der konstruktiven Tendenz des Jugendstils war das eine folgerichtige Entwicklung, wie sie auch bei van de Velde zu beobachten ist. Im Darmstädter Umfeld liegt der Beginn von Behrens’ ein Dezennium währender, intensiver Auseinandersetzung mit der Theaterreformfrage. Auch sie war ihm eine vorwiegend architektonische Angelegenheit, wie wir noch sehen werden.

---

16 EvB an Alfred Lichtwark, Eybach, 11. Februar 1901. In: Bodenhausen, Ein Leben für Kunst und Wirtschaft, S. 122.

17 Großherzog Ernst Ludwig war sich dieses Problems durchaus bewußt, wie Alfred Lichtwark am 14. Juni 1901 in einem persönlichen Gespräch feststellen konnte: „[Die Ausstellung] ist auf alle Fälle eins der amüsantesten Experimente unserer Zeit. Als etwas anderes sieht es der Großherzog selber nicht an. Auch er ist sich klar, daß zunächst das *Fremde* nach Darmstadt gezogen ist, mit Olbrich aus Wien der dort entwickelte Secessionsstil, mit Christiansen allerlei pariserisches, mit Behrens auch ein bischen hamburgisches. Das Bodenwüchsige fehlt ganz. Hessen, im besondern Darmstadt, hat keinerlei Gedanken für die künstlerische Ausgestaltung beigetragen. Wie weit es in den kleinen Städten und Dörfern vorhanden ist, weiß ich nicht, aber in Darmstadt selbst steckt Vieles. Die nächste Aufgabe scheint mir nun, dies zu finden und zu gestalten." Alfred Lichtwark: Briefe an die Kommission für die Verwaltung der Kunsthalle. Bd. 1. Hg. v. Gustav Pauli. Hamburg 1924, S. 454. (Hervorhebung im Original.)

Der ein knappes halbes Jahr ältere Olbrich, Schüler Otto Wagners, hatte seinen Ruhm als Ausstellungsarchitekt und Jugendstilkünstler durch das Ausstellungsgebäude der Wiener Sezession (1898) begründet. Diese Arbeit brachte ihm die Einladung nach Darmstadt ein. Die zwischen ihm und Großherzog Ernst Ludwig herrschende Seelenfreundschaft ließ ihn rasch zum Star der Gruppe aufsteigen, seine Position war unanfechtbar.[18] Olbrich sah sich am Ziel seiner Wünsche, da ihm mit der Parkanlage auf der Mathildenhöhe nun jenes freie, unberührte Feld zur Gestaltung zur Verfügung stand, von dem er im Kreis seiner Wiener Sezessionsfreunde im Frühling 1898 geträumt hatte:

> Eine Stadt müssen wir erbauen, eine ganze Stadt! [...] Die Regierung soll uns [...] ein Feld geben, und da wollen wir dann eine Welt schaffen. [...] Ein leeres weites Feld; und da wollen wir dann zeigen, was wir können; in der ganzen Anlage und bis ins letzte Detail, Alles von demselben Geiste beherrscht, die Strassen und die Gärten und die Paläste und die Hütten und die Tische und die Sessel und die Leuchter und die Löffel Ausdrücke derselben Empfindung, in der Mitte aber, wie ein Tempel in einem heiligen Haine, ein Haus der Arbeit, zugleich Atelier der Künstler und Werkstätte der Handwerker, wo nun der Künstler immer das beruhigende und ordnende Handwerk, der Handwerker immer die befreiende und reinigende Kunst neben sich hätte, bis die beiden gleichsam zu einer einzigen Person verwachsen würden![19]

Es galt eine Wohnanlage zu errichten, in der die Idee der Verschmelzung von Kunst und Leben, der Transzendierung des Daseins über das Medium der Kunst, realisiert würde. Aufgabe war es, „auf Grundlage zeitgemässen Kunstempfindens, in festen unverrückbaren Formen eine Widerspiegelung moderner Kultur zu geben, und damit einen Merkstein auf dem Wege der Lebenserneuerung zu setzen."[20] Die Beteiligung der Darmstädter Künstlerkolonie an der Pariser Weltausstellung 1900 mit einem Raum im deutschen Pavillon diente nur der ersten Existenzbekundung und als Werbung für das Kommende.

---

18 „Wir wurden bald wirkliche Freunde und besprachen aber auch alles zusammen. Jede Idee, die er hatte, und jeden Plan, den er aufzeichnete, bearbeiteten wir zusammen, und wenn er zu himmelstürmend war, konnte ich ihm immer die Notwendigkeit der Realität entgegenstellen, die er auch gleich begriff. Vielen von meinen Träumen, von denen ich voll war, half er zur Realisierung, und viele kleine Wünsche, die ich hatte, vollführte er mit größter Geschwindigkeit." Erinnertes. Aufzeichnungen des letzten Großherzogs Ernst Ludwig von Hessen und bei Rhein. Hg. v. Eckhart G. Franz. Darmstadt 1983, S. 115.

19 So Olbrich „nach der Eröffnung der ersten Ausstellung der Secession", wie Hermann Bahr es überliefert in *Ein Document deutscher Kunst*. In: Hermann Bahr: Bildung. Essays. Berlin/Leipzig 1900, S. 45 f.

20 Joseph Maria Olbrich: Unsere nächste Arbeit. In: Deutsche Kunst und Dekoration, 6 (1900), S. 366.

Der Name der ersten eigenen Ausstellung war bewußt gewählt. *Ein Dokument Deutscher Kunst 1901* sollte mit dem bisher Erreichten eine Etappe markieren, Grenzen und Entwicklungsmöglichkeiten ihres Könnens aufzeigen. Und dies in einer Form, die jenseits der üblichen Leistungsschau lag. Das Ateliergebäude und sieben Wohnhäuser bildeten den Kern der Ausstellung, um den sich temporäre Zweckbauten (Katalog- und Postkartenhäuschen, Haus der Blumen, Haus der Flächenkunst, Spielhaus etc.) gruppierten. Die Häuser der Künstler Olbrich, Christiansen, Habich und Behrens waren Wohnhaus und Ausstellungsstück zugleich, Dokumentation einer individuellen Lebensweise wie auch Modell eines neuen Stils. Eingebettet in ein besonders gestaltetes Terrain mit Plantanenhain, Pergola, Bassinplatz, Restaurant, Café, Orchester und anderem sollte überprüft werden, mit wieviel Recht sich die Kunst all dieser Dinge annehmen könne: „Kein Quadratcentimeter soll Form und Farbe erhalten, die nicht von künstlerischem Geist durchdrungen sind."[21] Es ging um eine einzigartige Manifestation der Jugendstilprogrammatik, bei der sich der Kult um die Schönheit des Lebens und um das Leben in Schönheit mit dem Willen zur Material-, Form- und Zweckgerechtigkeit des Produkts verband. Die Nähe zur Kunst verlieh den handwerklichen Stücken auratischen Gehalt und damit die Möglichkeit, an der Erlösungsmacht der Kunst teilzuhaben. Olbrichs Utopie des erhöhten Daseins in Glück und widerspruchsfreier Harmonie richtete sich auf eine Existenz jenseits der Häßlichkeit und Sinnentleerung im Getriebe der werdenden Industrie- und Massengesellschaft.[22]

Die Gesamtpräsentation der Darmstädter Künstlerkolonie offenbarte jedoch die Problematik dieses Ansatzes. Der Anblick der Wohnhäuser wie auch der Einzelstücke von Textil- und Metallindustrie, Keramik und Glasbläserei, von Typographie, Buchdruck und Schmuckdesign erzeugte Überdruß. Der Kunstkritiker Richard Muther, einst Zeuge von Olbrichs Wiener Vision einer Stadt, „in der alles Kunst ist, wo nichts Unschönes, Geschmackloses, Rohes die ästhetische Sphärenmusik stört",[23] gestand die Wirkung ein: „Das Auge wird übersättigt. Man [...] verliert jede Lust, noch eine Statue, noch ein Bild zu betrachten, wenn schon die Gebrauchsgegenstände des Alltags uns

---

21 Joseph Maria Olbrich: Das „Dokument Deutscher Kunst". In: Deutsche Kunst und Dekoration, 6 (1900), S. 370.

22 Siehe hierzu Klaus Wolbert: „... wie ein Tempel in einem heiligen Haine". Olbrichs semantische Architektur und die Utopie eines ästhetisch überhöhten Lebens in Schönheit und Feierlichkeit. In: Joseph Maria Olbrich 1867-1908, S. 57-81.

23 Richard Muther: Darmstadt. I. In: Die Zeit (Wien), 27. Bd., Nr. 350, 15. Juni 1901, S. 171.

mit Kunst überfüttern."[24] die Idee der Schönheit als „Schatz der Armen" (Maeterlinck),[25] der weniger Begüterten, sollte erst in den Ausstellungen von 1908 und 1914 realisiert werden. 1901 wurde in Darmstadt eine Elitekunst präsentiert – ganz im Sinne des Hermann Bahrschen Weihespruchs über dem Portal des Ernst-Ludwig-Hauses, der den Künstler als Erwählten und Geistesaristokraten auswies: „Seine Welt zeige der Künstler, die niemals war noch jemals sein wird."[26]

2. Theaterreformbestrebungen auf der Mathildenhöhe

Den oben skizzierten programmatischen Zielsetzungen entsprechend, wurde auch das Theater zu einem frühen Zeitpunkt in die Planungen der Darmstädter Künstlerkolonie eingebunden. Es galt als höchste Form des Lebensfestes, und so kündigten die Künstler am 25. November 1899 die „stilistische Auffassung der Bühnenkunst" als Kulminationspunkt ihres Arbeitsprogramms an.[27] War dies zunächst noch in Zusammenarbeit mit dem Großherzoglichen Hoftheater in Darmstadt geplant, so wurde im folgenden Frühjahr das angemessene Terrain für diese Experimente auf der Mathildenhöhe selbst gesucht. In das Ernst-Ludwig-Haus, diesen Tempel, wo „die Arbeit als heiliger Gottesdienst" galt, plante Olbrich, neben acht großen Atelierräumen, Turn- und Fechtsälen, Gastzimmern und Bädern auch ein kleines Theater zu integrieren.[28] Georg Fuchs kündigte am 24. März 1900 in der Frankfurter Zeitung an:

> Als besonders bedeutungsvoll darf wohl die Absicht hervorgehoben werden, die *Theaterdekoration* nach wahrhaft künstlerischen Grundsätzen auszubilden. Im Gegensatz zu dem wüsten ‚Naturalismus' und zu der schalen ‚Stilhuberei' älterer Richtung, soll hier das Bühnenbild aus dem poetischen Werke heraus streng und in bedeutsamer Vereinfachung sich entfalten. Kostüme, Prospekte, Versatzstücke, Alles wird Gegenstand *schöpferischer* Durchbildung. [...] Das Künstlerhaus enthält ein *Theater*, auf

---

24 Richard Muther: Darmstadt. II. In: Die Zeit (Wien), 27. Bd., Nr. 353, 29. Juni 1901, S. 202.

25 Siehe Dolf Sternberger: Rede über die Idee der Schönheit. (1976.) In: Ders.: Über Jugendstil. Frankfurt am Main 1977, S. 11-19.

26 Zit. nach: Bernd Krimmel: Vorwort. In: Joseph Maria Olbrich 1867-1908, S. 5.

27 Vgl. Das Arbeitsprogramm der Künstler-Kolonie in Darmstadt. In: Sonderheft der Künstler-Kolonie in Darmstadt, hg. v. Alexander Koch. Darmstadt 1900, o. S. Hier zit. nach: Jutta Boehe: Jugendstil im Theater. Die Darmstädter Künstlerkolonie und Peter Behrens. Bd. 1. Phil. Diss. Wien 1968, S. 81.

28 Vgl. Olbrich, Unsere nächste Arbeit, S. 369.

welchem in *festlicher* Weise Werke zeitgenössischer Dichtung aufgeführt werden sollen, insoweit sie in Wort und Scenenführung den strengsten stilistischen Voraussetzungen entsprechen.[29]

Entgegen dieser Ankündigung stellte schließlich ein Festsaal das Zentrum des Ernst-Ludwig-Hauses dar, der 1901 jedoch nicht für Theateraufführungen oder Konzerte genutzt wurde. Im April 1900 hatte der Großherzog den Bau eines eigenen Theaters befürwortet, das zu den provisorischen Bauten der geplanten Ausstellung gehören und anschließend abgerissen werden sollte. Nicht Otto Julius Bierbaum, wie Hofmannsthal im oben zitierten Brief Hermann Bahr berichtet hatte,[30] sondern Peter Behrens war für die künstlerische Leitung des Hauses vorgesehen. Damit sollte Behrens die Möglichkeit erhalten, jene Vorstellungen und Ziele zu realisieren, die er zusammen mit seinem Freund aus Münchner Sezessionszeiten, dem Publizisten Georg Fuchs, in dieser Zeit entwickelte. Ein weiterer wichtiger und einflußreicher Gesprächspartner war Richard Dehmel, mit dem Behrens seit 1899 eine enge Freundschaft verband. Dehmel unterstützte ihn in seinen Intentionen und machte Vorschläge zur Spielplangestaltung.[31] Die szenische Realisierung seiner Dichtung *Eine Lebensmesse* war für Darmstadt geplant. Im April 1901 veröffentlichte Behrens hierzu ein Regiekonzept und den Entwurf eines kreisrunden Theaterbaus, ohne diese Pläne verwirklichen zu können.[32] In der *Lebensmesse* glaubte Behrens die erste dramatische Schöpfung zu finden, die jenem neuen Bühnenstil entsprach, den er im Sinn hatte.

Die Konzeptionen von Behrens und Fuchs, die sie in mehreren Schriften publik machten,[33] stimmten in einigen Punkten mit den Vorstellungen ande-

---

29 Georg Fuchs: Das Darmstädter Künstlerhaus. (Zur Grundsteinlegung am 24. März 1900. – Große Kunstausstellung 1901.) In: Frankfurter Zeitung und Handelsblatt, 44. Jg., Nr. 82, 24. März 1900, S. 1. (Hervorhebungen im Original.)

30 Bierbaum sollte allenfalls als Librettist einer Operette in Betracht kommen, die Bahr bei Clemens von Franckenstein in Auftrag geben wollte, wie Bahr in seinem Skizzenbuch 2 (1900) festhielt. Vgl. Hermann Bahr: Tagebücher, Skizzenbücher, Notizhefte. Bd. 2: 1890-1900, hg. v. Moritz Csáky. Wien/Köln/Weimar 1996, S. 445.

31 So etwa Maximilian Dauthendeys kleine Dramen *Glück* (1895) und *Inn* (1896). Vgl. Richard Dehmel an Peter Behrens, 22. Februar 1900. Zit. in: Boehe, Jugendstil im Theater, Bd. 1, S. 87.

32 Peter Behrens: Die Lebensmesse von Richard Dehmel als festliches Spiel. In: Die Rheinlande. Monatsschrift für deutsche Kunst, 1. Jg., 4 (1901), S. 28-31. Auszugsweise zu finden in: Balme (Hg.), Das Theater von Morgen, S. 177-181.

33 Peter Behrens: Feste des Lebens und der Kunst. Eine Betrachtung des Theaters als höchsten Kultursymbols. Leipzig 1900; Die Dekoration der Bühne. In: Deutsche Kunst und Dekoration, 6 (1900), S. 401-405; Die dekorative Bühne. Gedanken und Vorschläge, die Dekoration der Bühne betreffend. In: Darmstädter Bühne, 2. Jg., 3 (1900/01); Bühnenkunst. In: Kunst und Künstler, 5. Jg., 6 (1907), S. 236 f.;Über die Kunst auf der Bühne. In: Frankfurter Zeitung und Handelsblatt, 54. Jg., Nr. 78, Erstes

rer Avantgardisten überein, die um die Jahrhundertwende mit einem neuen Verständnis von Theater auftraten. Dazu zählte ihre Forderung nach Abschaffung der Rampe als einer architektonischen Chiffre der Trennung von Kunst (Bühne) und Leben (Publikum), ihr Wunsch, neue Spielräume zu schaffen, die die Einheit von Akteuren und Zuschauern gewährleisteten, sowie ihr Verständnis von Theater als kulturelle Praxis und Bestandteil des Lebens. Hierauf rekurriert auch der Titel jener zentralen Schrift, die Peter Behrens im Juni 1900 geschrieben und der Darmstädter Künstlerkolonie zugeeignet hatte: *Feste des Lebens und der Kunst. Eine Betrachtung des Theaters als höchsten Kultursymbols.* Behrens propagierte die Errichtung einer „Stätte für die heiligste Kunst" und für „den Kult des schönen Lebens"[34] an einem besonderen Ort. Herausgehoben aus der alltäglichen Umgebung, würde dem Theater seine mythische Dimension zurückgegeben werden und dem Vollzug kultischer Feierlichkeit dienen. Die populäre Auffassung von Theater als Fest greift hier, wobei es Behrens – anders als Fuchs – nicht um die Aufhebung des „Leidens der Individuation" im rauschhaften Gemeinschaftserlebnis ging.[35] Im Bewußtsein, in einer Zeit zu stehen, „wo wieder ein starker Wille lebt und der Glaube an die Schönheit",[36] intendierte Behrens die Feier der Einheit von Kunst und Leben, wie sie in der täglichen Arbeit als Kultur geschaffen wird. Den Menschen aus dem Alltag mit seiner selbstverschuldeten Häßlichkeit in „ein zweites, ewiges Leben" zu führen, sollte durch „eine Kunst der Geisteskultur"[37] verwirklicht werden, zelebriert auf der Reliefbühne. In seiner Überzeugung, daß es architektonischen Empfindens bedürfe, um einen neuen Bühnenstil zu entwickeln, propagierte er eine flache Bühne (mit vorspringendem Proszenium) für eine reliefartige Wirkung der szenischen Darstellung, die die Distanz zwischen Bild und Zuschauer reduzieren würde. Bei subtilem Einsatz von Licht und schlichten, farblich abgestimmten Kostümen und Dekorationen würde durch das Zusammenwirken aller schönen Künste das gewünschte „überwältigende Bild der höchsten Harmonie" erzeugt werden.[38]

Morgenblatt, 20. März 1910, S. 1-3. Georg Fuchs: Sermon wider die Litteraten in Dingen der dramatischen Dichtkunst. In: Wiener Rundschau, 15. Mai 1899; Die Schaubühne – ein Fest des Lebens. In: Wiener Rundschau, 1. September 1899; Die Schauspieler. In: Wiener Rundschau, 15. September 1899; Vom Stil der Schaubühne. In: Der Lotse (1900), S. 395-398; Zur künstlerischen Neugestaltung der Schaubühne der Zukunft. Berlin/Leipzig 1905.

34 Behrens, Die Lebensmesse von Richard Dehmel, zit. nach: Balme (Hg.), Das Theater von Morgen, S. 177.

35 Vgl. Fischer-Lichte, Kurze Geschichte des deutschen Theaters, S. 272-275.

36 Behrens, Feste des Lebens, S. 25.

37 Behrens, Feste des Lebens, S. 13.

38 Behrens, Die Dekoration der Bühne, S. 405.

Durch seine Publikationen war Behrens im öffentlichen Bewußtsein so präsent, daß die angekündigten *Darmstädter Spiele 1901* in der öffentlichen Diskussion synonym gehandelt wurden mit seinem Namen und seinen Intentionen. Doch nicht Behrens, sondern Joseph Maria Olbrich erhielt letztlich den Auftrag, das „Spielhaus" zu bauen.[39] Olbrichs Vertrauensmann hieß Hermann Bahr, als Dramatiker, Publizist und ehemals inoffizieller Berater des Burgtheaterdirektors Max Burckhard seit Jahren auf theatralischem Terrain versiert. Am 31. Mai 1900 fuhren Olbrich und Behrens für vier Tage nach Wien, um mit ihm und dem Wiener Schriftsteller Franz Blei über die Richtlinien der Darmstädter Reformbühne zu diskutieren. Bahr sah sich hier erstmals mit zwei Männern konfrontiert, die das Theater in allen seinen formalen Aspekten stets unter architektonischen Gesichtspunkten betrachteten. Dramaturgische und spielplanpolitische Fragestellungen traten hinter raumästhetischen zurück, wie Blei sich rückblickend erinnerte: „Als Bahr in jenem Sommer immer auf der Frage: Was spielen bestand, bekam er immer ach wie kluge Auseinandersetzungen über das Wie spielen zur Antwort. Wollte er darüber was Deutliches wissen, war man sofort beim Lieblingsthema: Worin spielen."[40] Olbrichs frohgemuter Ausspruch: „Haben wir nur erst die richtige Bühne, so werden die Stücke dazu schon gedichtet werden",[41] zeugte von Optimismus, ließ aber auch die Problematik erkennen, an der die *Darmstädter Spiele 1901* schließlich scheitern sollten.

Diese Wiener Konferenz markiert den Wendepunkt in den Planungen für das Theaterprojekt. Behrens, verärgert über Olbrichs Vorschlag, Bahr zum Leiter des Theaters einzusetzen, schrieb sein Manifest *Feste des Lebens und der Kunst* und kündigte Dehmel am 16. Juni 1900 hoffnungsvoll an: „Wir selbst werden der Kunst einen Tempel bauen, dadrinnen soll es heilig sein."[42] Parallel dazu arbeiteten Olbrich und Bahr Pläne aus, die über das ursprüngli-

---

39 Olbrich hatte bereits als Architekturschüler Carl von Hasenauers 1893 einen Theaterentwurf ausgearbeitet, der Elemente aus Fischer von Erlachs Michaelertrakt der Wiener Hofburg verwendete und den Einfluß seines Lehrers, eines Vertreters des Historismus, dokumentierte. Es war dieser Beitrag für die Jahresausstellung der Akademie der Bildenden Künste in Wien gewesen, der Otto Wagner Olbrichs Begabung erkennen und die Einladung zum Eintritt in sein Atelier aussprechen ließ. Siehe die Entwürfe in: Joseph Maria Olbrich 1867-1908, S. 112 f.

40 Franz Blei: Reinhardt und die Reformbühne. In: Hyperion, II. Bd., 2. Folge, 9/10 (1909), S. 136.

41 Ebd., S. 132.

42 In ihrer Dissertation von 1968 datiert Boehe dieses Briefzitat zweimal auf den 10. Juni 1900. Ich zitiere hier jedoch nach ihrem jüngeren Aufsatz „*Darmstädter Spiele 1901*. Das Theater der Darmstädter Künstlerkolonie." In: Von Morris bis zum Bauhaus. Eine Kunst gegründet auf Einfachheit. Hg. v. Gerhard Bott. Darmstadt 1977, S. 161.

che Ziel der Ausstellungsfestspiele weit hinausgingen. Behrens mußte beobachten, wie er sukzessive an den Rand gedrängt wurde. Persönliche Spannungen und die Unvereinbarkeit ihrer Vorstellungen über die Lösung theatralischer Fragen führte schließlich zum Abbruch der Zusammenarbeit. Behrens konnte jedoch für die Ausstellungseröffnung am 15. Mai 1901 die Inszenierung und Ausstattung von Georg Fuchs' Festspiel *Das Zeichen* (auf der
Freitreppe vor dem Ernst-Ludwig-Haus) übernehmen, während Olbrich und
der hessische Dichter Wilhelm Holzamer die erste Spielserie der *Darmstädter Spiele 1901* verantworteten.[43] Der von den Koloniemitgliedern geplante
Wechsel der Theaterleitung nach jeweils vier Wochen wurde nicht realisiert:
Nach Behrens' freiwilligem Verzicht führte die finanziell prekäre Situation
dazu, daß das Haus in einer zweiten Spielserie für Gastspiele (unter anderem
der Überbrettl *Buntes Theater* und *Die elf Scharfrichter*)[44] zur Verfügung
gestellt und anschließend der Baufirma J. W. Diehl in Zahlung gegeben wurde.[45]

Dazu hätte es nicht kommen müssen. Der Kölner Musikkritiker Willy
Seibert, ein entschiedener Parteigänger Behrens', warf Olbrich angesichts der
enttäuschenden Bilanz der ersten Spielserie vor, mit seinem Alleingang das
Theaterunternehmen diskreditiert zu haben. Nicht nur, weil sein Theaterbau
die Behrensschen Anregungen außer Acht gelassen hatte, sondern weil er bei
der künstlerischen Leitung nicht auf einen Erfahreneren gehört hatte. Hermann Bahr habe Olbrich mit seinem Verweis auf Hugo von Hofmannsthal
und andere Wiener Künstler einen Weg gewiesen, der den Bestrebungen der
Darmstädter Künstlerkolonie besser entsprochen hätte: dem Streben nach
einem neuen, erhebenden, das Leben voll umfassenden und steigernden Stil.
Auch auf die Gefahr hin, dieses Theaterunternehmen vollends zu einer österreichischen Angelegenheit zu machen:

> Hugo von Hofmannsthal hat durch seine ersten Werke bewiesen, dass er zu den fein-
> sten Geistern unserer Zeit gehört, viel zu gross und bedeutungsvoll, um lokal genom-
> men zu werden. Warum fing Olbrich nicht mit Hofmannsthal an? Da hätten auch die
> Gegner den Hut bis zur Erde in der Hand haben müssen. Aber Holzamer aus Heppen-
> heim?!?!⁴⁶

---

43 15. Mai bis 15. Juni 1901. Zum Spielplan siehe Boehe, *Darmstädter Spiele 1901*,
    S. 172 f., Anm. 29.
44 17. Juni bis 10. Oktober 1901. Zum Spielplan siehe Boehe, *Darmstädter Spiele 1901*,
    S. 178 f., Anm. 63.
45 Diehl verkaufte das Spielhaus am 15. Oktober 1901 an den Groß-Gerauer Turnver-
    ein. Das zur Turn- und Festhalle umfunktionierte Theater brannte am 14. April 1906
    vollständig nieder. Vgl. Boehe, *Darmstädter Spiele 1901*, S. 170 f., Anm. 27.
46 Willy Seibert: Revue. Darmstadt. In: Rheinische Musik-Zeitschrift, 2. Jg., Nr. 25, 21.
    Juni 1901, S. 248.

Seibert spielt auf einen Passus in Bahrs Aufsatz *Ein Document Deutscher Kunst* an, in dem dieser im Frühjahr 1900 die Hoffnungen auf eine wegweisende Bühnenreform eingestanden hatte, wie er sie von Darmstadt erwartete:

> Wenn nun in Darmstadt Alles gelingt, wie es besprochen und geplant ist, und also im nächsten Jahre dort etwa ein Schauspiel unseres Hofmannsthal von unserem Olbrich ausgestattet und vielleicht noch gar von irgend einem Wiener, der auf einer Wiener Bühne das Metier erlernt und von der Wiener Malerei den Geist empfangen hat, inscenirt wird, was wird das Resultat sein? Dann wird Darmstadt den Deutschen eine neue Schauspielkunst geben. Die Darmstädter werden ein Muster werden, wie es einst die Meininger gewesen sind. Überall wird man ihnen nachfolgen müssen.[47]

Bahr sah hier die Chance gegeben, die Bühnenkunst naturalistischer und historistischer Prägung zu überwinden – eine Richtung, gegen deren Dominanz er bereits 1890 mit seinem spektakulären Austritt aus der *Freien Bühne*-Redaktion protestiert hatte.[48] Ein Instrument würde geschaffen werden, das der symbolistischen Dramatik eines Hugo von Hofmannsthal, Maurice Maeterlinck oder Gabriele d'Annunzio angemessen wäre. Peter Behrens' Anregungen aufgreifend, zielten Bahrs Überlegungen auf eine Stilbühne, die mittels einer neuen Raumgestaltung und einer rein suggestiven, dem Wesen des Dramas gemäßen Dekoration (ohne plastische Bühnenaufbauten) einen neuen Darstellungsstil initiieren würde. Es war vor allem der Aspekt der neuen Ausstattungskunst, der Hermann Bahr an Behrens' Programm interessierte. Als glühender Anhänger der Wiener Sezessionisten zitierte er in seinem ersten Darmstadt-Beitrag den Eingangspassus von Behrens' Aufsatz *Die Dekoration der Bühne*[49] und frohlockte: „Einfacher gesagt: die moderne Malerei schickt sich endlich an, auch die Bühne zu betreten und sich einen neuen Styl der Schauspielkunst zu schaffen, wie sich vor zehn Jahren die moderne Lite-

---

47 Bahr, Ein Document Deutscher Kunst, S. 51 f.
48 Siehe hierzu das Bahr gewidmete Kapitel Gregor Streims in: Peter Sprengel/Gregor Streim: Berliner und Wiener Moderne. Vermittlungen und Abgrenzungen in Literatur, Theater, Publizistik. Wien/Köln/Weimar 1998, S. 45-114.
49 „[...] die Malerei kann sich rühmen, den ersten Anstoss zu der Entwickelung eines neuen, unseren Empfindungen angepassten, Styls gegeben zu haben; ihr schlossen sich an die Architektur und die Skulptur. Seit neuerer Zeit treten auch in der Dichtkunst die Bestrebungen zu Tage, auch dem Drama wieder nach langer Zeit des aufrichtigsten Naturalismus die stilistische Höhe früherer glanzvoller Zeiten zu geben. So ist es die natürliche Konsequenz, dass die bildende Kunst am heissesten den Wunsch empfindet, die Bühne mit neuem Geiste zu beleben und in ganzer Bereitwilligkeit dem grossen Ziele ihren Dienst anbietet, das Theater wieder dem Zweck entgegenzuführen, dessen Sinn die Griechen wohl verstanden hatten, den auch Goethe verlangte: des Kultus des Schönen und des vorbildlichen Geschmackes." Behrens, Die Dekoration der Bühne, S. 401.

ratur den ihren geschaffen hat."[50] Vor allem für die österreichische Theaterszene, die Dingelstedtschen Traditionen folgte, erhoffte sich Bahr hierdurch
neue Impulse:

> Die ganze Welt hat sich erneut, nur unsere Ausstattungen nicht. Kein Tapezierer traut
> sich heute mehr, ein Zimmer makartisch auszuschmücken, nur im Burgtheater wird
> das *Käthchen von Heilbronn* immer noch makartisch gespielt. Kleist und Makart!
> Aber dann wundert man sich, dass die Schauspieler keinen neuen Styl finden können,
> der doch auf diesem Hintergrunde nicht möglich ist! Geben wir ihnen Decorationen,
> die unseren Styl haben, und sie werden ihn von selbst annehmen müssen, durch die
> Macht der Umgebung bezwungen, ohne dass sich erst ein Rgisseur mit absurden Ein-
> fällen abzuquälen braucht! Welche Aufgaben für unsere Maler! Man denke sich Kleist
> von Hans Schwaiger, Grillparzer von Klimt oder Stöhr, Bauernfeld von Koloman Mo-
> ser inscenirt! Wenn wir schon immer jammern, dass wir keine Schauspieler mehr ha-
> ben, Maler haben wir doch![51]

Bahrs spontane Fürsprache für das Darmstädter Projekt dokumentiert hier
noch eine recht naive Rezeption des Behrensschen Gedankenguts. Bahr begriff jedoch bald, daß es sich um mehr als um eine zeitgemäße, künstlerische
Getaltung des Bühnenbildes handelte. Und so propagierte auch er eine stili-
sierte Bühne, die mittels einer ‚beseelten' Dekoration die Phantasie des Zuschauers zu aktivieren vermöchte. In der Dekoration sollte der emotive Wert
des Dramentextes in ihre eigene visuelle Sprache übersetzt werden; Farbe,
Linie und die Dramaturgie des Lichts sollten den genuin dramatischen Ausdruck verleihen. Oder, in Behrens' Worten: „Die Malerei sollte soweit stylis-
tisch, fast oder ganz zur Auflösung ins Ornament, behandelt werden, dass die
ganze Stimmung des Aktes durch Farbe, Linie getroffen wird."[52] So sah eine
Hamlet-Konzeption die Verwendung von bloßen Vorhängen vor (auch um
im Zuschauer jede Bezugnahme auf die Wirklichkeit auszuschließen), „sicher, dass dieses Zelt, das wir bald enger, bald weiter verschoben, bald ver-
dunkelten, bald erleuchteten, genügen müsse, um durch diesen Wechsel der
Wirkung auf das unbewusst mitschaffende Raumgefühl, durch diese Veränderungen des Lichts und der Farben den Gehalt jeder Szene optisch mitzuteilen."[53] Hier wurden Wege aufgezeigt, die von Adolphe Appia und Edward
Gordon Craig bereits beschritten worden waren.

    Joseph Maria Olbrich hatte diese Überzeugungen geteilt. Er und Bahr
hatten die *Darmstädter Spiele 1901* nur als experimentelle Übergangsphase
angesehen, auf deren Grundlage sie nicht allein die hessische Theaterland-

---

50 Bahr, Ein Document Deutscher Kunst, S. 50.
51 Ebd., S. 51.
52 Behrens, Die Dekoration der Bühne, S. 405.
53 Hermann Bahr: Fidelio. (Dezember 1904). In: Ders.: Buch der Jugend. Wien/Leipzig
    1908, S. 22.

schaft revolutionieren wollten. Innerhalb eines „Großherzoglichen Instituts
für schöne Künste",[54] das Olbrich begründen wollte, um „alles Schöne, gute
und edle aufzusuchen, zu erziehen und zur Entfaltung zu bringen",[55] sollte
unter anderem auch eine „Schule für Schauspielkunst" integriert sein. Sie
sollte die diversen konstitutiven Elemente des Theaters (Architektur, Bühnenbild, Kostüme, Beleuchtung, Tanz) unterrichten, eine neue Art von
Schauspielstil ausbilden und später die Veranstaltung „großer Spiele" in
Darmstadt, Rüdesheim und anderen Orten Hessens ermöglichen. Hermann
Bahr war für die Leitung dieser Unternehmungen vorgesehen. Die Eröffnung
der Schauspielschule war für den 1. September 1900, die des Großherzoglichen Instituts für den 1. Mai 1901 geplant, und die ersten großen Festspiele
sollten 1902 in Rüdesheim stattfinden.

Ende Juli 1900 überreichte Bahr Großherzog Ernst Ludwig ein detailliertes Programm der Vorhaben. Bahrs Darstellung des *Allgemeinen Zustands
des deutschen Theaters*,[56] die das Versagen des Brahm-Stils bei symbolisti-
scher Dramatik skizzierte und forderte, daß die Schauspielkunst sich wieder
auf sich selbst besinne, schloß sich der *Organisationsentwurf der Darmstädter Schule für Schauspielkunst* an. Hier sollte jene souveräne, von literarischen Zwängen befreite, „extremste Schauspielkunst" entwickelt werden, die
sich dann auf dem Stand der höchsten ihr möglichen Wirkungen in Verbindung mit den anderen Künsten ins Ganze einordnen würde, um so „aus allen
zusammen jene vollkomme Darstellung des Schönen [...] gewinnen [zu
können], die die Träume der Edelsten beunruhigt, von Richard Wagner bis
auf D'Annunzios *Fuoco*."[57]

Diese Theaterakademie, nach Christopher B. Balme wohl (neben der dem
Wiener Musikkonservatorium angegliederten Schauspielschule) der erste
Versuch, im deutschsprachigen Raum ein Schauspielerkonservatorium zu
errichten,[58] sollte direkt an die Darmstädter Künstlerkolonie gekoppelt werden. Unter fortwährender Beobachtung durch zwei ihrer Mitglieder galt es

---

54   In Bahrs frühen Notizen wird es noch als „Akademie der angewandten Schönheit"
     bezeichnet. Vgl. Bahr, Tagebücher, Skizzenbücher, Notizhefte, Bd. 2, S. 435 f.
55   Olbrich an Bahr, o.D. Zit. nach: Jutta Boehe: Hermann Bahr und das Theaterprojekt
     der Darmstädter Künstlerkolonie. In: „Der Herr aus Linz". Hermann-Bahr-Sym-
     posium, im Rahmen des Internationalen Brucknerfestes Linz 1984. Hg. v. Margret
     Dietrich. Linz 1987, S. 104.
56   Wiedergegeben in: Hermann Bahr: Ein Dokument. In: Ders.: Glossen. Zum Wiener
     Theater (1903-1906). Berlin 1907, S. 469-477.
57   Ebd., S. 474.
58   Vgl. seinen Kommentar in dem von ihm herausgegebenen Quellenband *Das Theater
     von Morgen. Texte zur deutschen Theaterreform (1870-1920)*, S. 164 f. Da Balme
     Bahrs *Organisationsentwurf* nicht vollständig mitteilt, zitiere ich im folgenden aus
     seiner Druckvorlage, der Erstveröffentlichung von 1974.

nicht nur, Körper und Geist der Schüler zu perfekten Instrumenten ihrer Schauspielkunst zu entwickeln, sondern auch ihr Gespür für das Wesen (die „Seele") des Kostüms und für das Raumempfinden zu sensibilisieren. Nach knapp dreimonatiger Vorarbeit stünden Ende November 1900 mit dem Festsaal und einer kleinen Bühne im Ernst-Ludwig-Haus geeignete Probenräume zur Verfügung. Dort sollten wöchentlich zwei Aufführungen von Stücken Hofmannsthals und Maeterlincks stattfinden, „im Kostüm und mit Beleuchtung, in Anwesenheit der Beiräte [der Künstlerkolonie], nach malerischen Gesichtspunkten" von den Schülern selbst inszeniert. Auf diese Weise sollten sie, korrigiert von ihrem Lehrer, „von selbst nach und nach daraufkommen, das Unerträgliche der heutigen Panorama-Aufstellungen zu empfinden, die ihnen natürliche, poetische Form aufzufinden und reliefartige Haltungen, Geberden und Gruppen anzunehmen, ohne daß man es ihnen erst besonders aufzutragen und äußerlich einzulernen braucht."[59] Bahrs Maxime, wie er sie auch Harry Graf Kessler deutlich zu machen versuchte, war ein Wort des Bildhauers Max Klinger: „[...] lehren könne man eigentlich gar nichts. Nur wecken, *herausholen.*"[60]

Dem Programm gemäß sollten auf diese Weise nach drei Jahren zwölf bis fünfzehn Schauspieler den erwünschten poetischen Stil entwickelt haben, die der „Bewältigung der höchsten Aufgaben, welche die heutige Dichtung stellt", genügen würden.[61] Neben diesem Fernziel stellte sich nun jedoch die Aufgabe, im kommenden Frühjahr die *Darmstädter Spiele 1901* während der Ausstellung zu veranstalten. Da sie trotz des von Bahr angekündigten rigiden Vorgehens nicht allein von der Schauspielschule getragen werden könnte, müßte hierfür ein Kompromiß eingegangen werden: Berufsschauspieler und Laien würden sich zu einer Art „Notvorstellung" zusammenfinden müssen. So erwog Bahr bei einer potentiellen Aufführung von Hugo von Hofmannsthals lyrischem Drama *Der Kaiser und die Hexe*[62] die bizarre Kombi-

---

59   Hermann Bahr: Organisationsentwurf der Darmstädter Schule für Schauspielkunst. Ein Schreibmaschinenmanuskript aus dem Jahre 1900, mitget. v. Gerhard Bott. In: Kunst in Hessen und am Mittelrhein, 14 (1974), S. 113 f.

60   Skizzenbuch 2 (1900). In: Bahr, Tagebücher, Skizzenbücher, Notizhefte, Bd. 2, S. 436. (Hervorhebung im Original.)

61   Bahr, Organisationsentwurf, S. 114.

62   Vgl. Bahrs Inszenierungsentwurf, der – ganz den Darmstädter Vorstellungen vom Theater als „Initiationsritus in die Höhen-Kultur" (Motz) verpflichtet – vor allem die feierliche Eröffnung und den Ausklang des theatralischen Ereignisses mit dem „Triumphgesang des Lebens über die feindlichen Mächte" ausführt. (Bahr, Organisationsentwurf, S. 115.) Daß sich dieses Werk für eine Aufführung auf der von Bahr imaginierten Reliefbühne durchaus eignen würde, bestätigt eine spätere Aussage des Dichters. Am 9. März 1908 vermerkte Harry Graf Kessler in seinem Tagebuch die Gesprächsnotiz: „Heymel sprach von *Kaiser und die Hexe*: warum Reinhardt das

nation von Josef Kainz (Kaiser) und einer „im schlimmsten Falle auch schau-
spielerisch ungebildete[n], nur eben merkwürdige[n] Person von wilder und
fataler Schönheit" (Hexe), im Verein mit „unbedeutenden Leuten", die „bei
gehörigem Drill" die übrigen Rollen ausführen könnten.[63]

Parallel zum Aufbau der Schauspielschule plante Hermann Bahr also, die
Vorbereitungen der Festspiele von 1901 voranzutreiben. Erst im November
1900 würde anhand des gesammelten ‚Darstellermaterials' das konkrete Programm festgelegt werden können. Die bis dahin erfolgte Wahl der besten
Eleven und engagierten Gäste würde darüber entscheiden, ob bei den einge-
ladenen Dichtern Hofmannsthal, Dehmel und d'Annunzio ein Festspiel,
Ballett oder eine Pantomime in Auftrag gegeben werden sollte. Hugo von
Hofmannsthal hatte sich bereit erklärt, eine enge Beziehung zu dem Unternehmen einzugehen. Neben dem bereits im März 1900 entworfenen Ballettlibretto *Der Triumph der Zeit*[64] stellte er ein Festspiel in Aussicht und wollte
die Entwicklungen an der geplanten Schauspielschule beobachten.[65] Neben

---

nicht aufführe? Hofmannsthal: ‚Das wäre fast unmöglich; denn *der Kaiser und die
Hexe* ist sozusagen blos zweidimensional, und ein Stück muss dreidimensional sein:
ihm fehlt sozusagen die Dritte Dimension. Es ist eine abstrakte, moralistische Voraussetzung: die ‚Sünde'. Aber was ist ‚Sünde'? Wir glauben nicht mehr an Sünde; sie
lässt sich nur verwenden, wenn man sie in Etwas ganz persönliches auflöst. Damit
das Stück die dritte Dimension bekäme, müsste man die ‚Sünde' in ein subtiles,
höchstpersönliches Schicksal auflösen; also die Vorgeschichte geben, die Frage beantworten: Wie kommt der Kaiser eigentlich zu der Hexe? Ich habe nach den Mün-
chener Tagen (mit mir [HGK] im vorigen Jahr) auch ein vollkommenes Scenario dafür ausgearbeitet.'" HGK, Tgb, Berlin, 9. März 1908. – DLA/A: Kessler.

63 Bahr, Organisationsentwurf, S. 115. – Bahr war es mit diesem Besetzungsvorschlag
durchaus ernst und wollte den Berliner Kunstschriftsteller und Kritiker Franz Servaes, seit einem Jahr Feuilletonredakteur bei der Wiener Neuen Freien Presse, nach
alten Kontakten befragen: „Servaes fragen, ob nicht in Berliner Bohème ein merk-
würdiges Weib". Bahr, Tagebücher, Skizzenbücher, Notizhefte, Bd. 2, S. 460.

64 Die ersten zwei Akte („Das gläserne Herz" und „Das Zwischenspiel") bot Hofmannsthal im November 1900 Richard Strauss zur Komposition an. Im Juli 1901
wurde der dritte Akt („Stunde der Erinnerung") ergänzt. Nach Strauss' zeitbedingtem
Verzicht übergab Hofmannsthal sein Libretto Anfang März 1901 Alexander Zemlinsky. Ihre Bemühungen, das im Februar 1904 vollendete Werk bei Gustav Mahler
an der Wiener Hofoper unterzubringen, blieben ebenso erfolglos wie der spätere Versuch Zemlinskys, die Ballets Russes für eine Produktion zu gewinnen (1912). Die
szenische Uraufführung des mit *Ein Tanzpoem* betitelten Werks fand schließlich am
19. Januar 1992 am Zürcher Opernhaus statt. Vgl. die Quellendokumentation des
Zemlinsky-Experten Antony Beaumont: Alexander Zemlinsky: *Der Triumph der Zeit
– Drei Ballettstücke – Ein Tanzpoem*. Dokumentation und Kommentar. In: Über Musiktheater. Eine Festschrift. Hg. v. Stefan G. Harpner unter Mitarb. v. Birgit Gotzes.
München 1992, S. 13-31.

65 Angesichts der Tatsache, daß die für Hofmannsthals Engagement relevanten Quellen
seit langem publiziert sind, läßt sich nicht nachvollziehen, wie Elisabeth Motz in ih-

ihm wünschte Bahr, die Komponisten Ernst von Dohnany und Clemens von Franckenstein für die musikalische Mitwirkung, den Wiener Maler Koloman Moser für den Ausstattungsbereich heranzuziehen.

Neben der Ausbildung künstlerischer Kräfte war ihm auch die Erziehung des Publikums wichtig, da es, „durch den Naturalismus verdorben", unfraglich Widerstand leisten würde.[66] Um es zum Verständnis und zum Empfinden der stilisierten Rede vorzubereiten, plante Bahr etwa zwei Vorträge pro Monat, die „Sinn und Wesen dramatischer Darstellungen und die besonderen Absichten unserer Feste" vermitteln sollten. Verbunden mit dem Vortrag eines Lieds, Gedichts oder auch eines Platon-Dialogs durch Eleonora Duse, sollten die Vorträge einen immer edleren Ton annehmen „und so nach und nach das in den Deutschen fast ganz erloschene Gefühl für die Schönheit und Macht der Redekunst wieder [...] erwecken."[67] Beginnend im September, würde sich in den Folgemonaten ein Elitepublikum von achtzig bis hundert Personen ausbilden. Es würde für den höheren Genuß der Festspiele 1901 empfänglich sein, bereit, den „heiligen Hain" des großen Gartens zu betreten und die Häßlichkeit des Alltäglichen abzustreifen, um im Theatersaal selbst durch Raumgestaltung und Musik allmählich in die feiertägliche Stimmung des nunmehr anstehenden Schauspiels einzutauchen.

Bahrs Konzept der Öffentlichkeitsarbeit sah neben Vortragsabenden, Vorlesungen für die akademische Jugend und Festbanketten (für Künstlergäste) auch die Publikation von Quartalsheften (*Mitteilungen des/der Darmstädter Kreises/Gruppe*) vor. An die „Mitstrebenden in Europa" gerichtet, würden sie (mit Auszügen aus Sitzungsprotokollen und Reiseberichten sowie Originalbeiträgen) regelmäßig über ihre Grundsätze, Absichten und Fortschritte informieren. Eine doppelte Spiegelung würde damit erreicht: Mittels der Berichte über inner- und außerschulische Veranstaltungen sowie des Reisejournals in Briefen, das Bahr (als Leiter der Schauspielschule und der Fest-

---

rem sonst so verdienstvollen Aufsatz „Pathos und Pose. Peter Behrens' Theaterreform" (in: Peter Behrens. „Wer aber will sagen, was Schönheit sei?" Ausstellungskatalog, hg. v. H.-G. Pfeifer. Düsseldorf 1990, S. 38-51) zu der erstaunlichen Behauptung kommt, Behrens sei zu Beginn der Reform-Diskussion gemeinsam mit Olbrich und Bahr (!) nach Wien gereist, wo er „vergeblich versuchte, Hofmannsthal zur Mitarbeit bei den Darmstädter Festspielen zu bewegen." (S. 44.) Dies ist umso erstaunlicher, als die von ihr angegebene Quelle, Gisela Moellers Beitrag „Peter Behrens und das Junge Wien" (in: Akten des XXV. Internationalen Kongresses für Kunstgeschichte. Bd. 8: Wien und die Architektur des 20. Jahrhunderts. Hg. v. Hermann Fillitz u. Martina Pippal. Wien/Köln/Graz 1986, S. 77-81) keinerlei Anhaltspunkt für diese Behauptung aufweist.

66 Skizzenbuch 2 (1900). In: Bahr, Tagebücher, Skizzenbücher, Notizhefte, Bd. 2, S. 441.
67 Bahr, Organisationsentwurf, S. 116.

spiele 1901) auf seinen Engagementsreisen durch die deutschen Lande zu führen hatte, würde angesichts der täglichen Bewertung der gesamten deutschen Kultur gemäß den idealen Forderungen der Darmstädter Künstlerkolonie das gegenwärtige deutsche Geistesleben dokumentiert werden.[68]

Diese Pläne setzte Hermann Bahr Harry Graf Kessler auseinander, als er ihn am 16. September 1900 in Berlin aufsuchte. Für die Wahl der professionellen Schauspieler verfügte Bahr über genügend Kontakte und wollte sich auch mit dem italienischen Schauspieler Ermete Novelli beraten. Kessler hingegen sollte ihm helfen, für die Schauspielschule und die *Darmstädter Spiele 1901* „Menschen zu finden", die für das neue Konzept in Betracht kämen: ‚unverbildete' Menschen, Laien, denen es ein Bedürfnis sei, Verse von Hofmannsthal oder Maeterlinck laut vorzutragen, und die ihrem Äußeren nach für die Verkörperung der jeweiligen Dramenfigur in Frage kämen. Kessler lehnte ein persönliches Engagement in diesem Theaterprojekt ab. Wie er sich Bahr gegenüber geäußert hat, ist nicht bekannt. Ungeachtet der Sympathien, die er für die Idee eines ‚Theater der Mahler' und den didaktischen Aspekt (Erziehung des Publikums) haben mußte, dürfte er angesichts der Art, *wie* dieser neue Schauspielstil entwickelt werden sollte, doch skeptisch gewesen sein. Er glaubte nicht an die Möglichkeit, ihn aus der spezifischen Lebensatmosphäre der Darmstädter Künstlerkolonie heraus gleichsam organisch wachsen zu lassen. Dies läßt sich aus seiner ablehnenden Haltung gegenüber Peter Behrens' Theaterreformideen, die dieser ihm vor Ort am 1. September 1901 entwickelte, ablesen. Mit dem Wunsch, die Darsteller mögen nicht schauspielern, sondern wie im ‚gewöhnlichen' Leben agieren, *nachdem* sich dieses (durch die Kunst geläuterte) Leben zu ihnen erhoben habe, sei nichts gewonnen: „In Wirklichkeit verbannt aber Behrens hiermit nicht die Schauspielerei aus dem Theater, sondern trägt sie nur ins Leben hinein."[69]

Ein Engagement Kesslers erübrigte sich ohnehin. Zeitdruck, finanzielle Gründe und persönlicher Ehrgeiz eines der Beteiligten brachten das ambitionierte Projekt zu Fall. Von Oktober 1900 an zeichnete sich ab, daß Joseph Maria Olbrich trotz fehlender theaterpraktischer Erfahrung die Realisierung der *Darmstädter Spiele 1901* in seinem Spielhaus ohne die Einbeziehung Hermann Bahrs verfolgte. Von seinem Standpunkt des Universalkünstlers aus war dies nur folgerichtig, wie er es auch seinem Freund im Herbst zu erklären suchte:

---

68 Vgl. Bahr, Organisationsentwurf, S. 116, sowie die aufschlußreichen Notizen in Skizzenbuch 2 (1900), S. 440–445.

69 HGK, Tgb, Darmstadt, 1. September 1901. – DLA/A: Kessler.

Darmstädter Spiele 1901 heißt meine letzte Arbeit, die darin besteht: Erstens in einem netten kleinen provisorischen Holzbau, der mit Juthe tapeziert wird, des abends den Leuten auf künstlerischem Untergrund Interesse an modernen Scenen beizubringen, zweitens, das Bild, und die Musik zu pflegen, drittens Vorträge zu hören und endlich Tanz zu sehen. Alles in kleinem Maßstabe. Ich habe für die zweimonatliche Spielzeit 36.000 Mark bewilligt erhalten. Und dafür probe ich nun für unser großes Unternehmen. Das Ding, was heuer entsteht, ist das Modell vom Zukünftigen, nur einfacher[,] provisorischer. Wenn Sie sagen, daß ohne Sie das Ding gemacht wird, so hat das nichts wahres, denn ich kann Sie doch nicht jede Woche versichern, daß für die grossen Spiele nur allein Sie in Betracht kommen. Und nun hören Sie folgendes. Ich muß weiter denken, als an das große Theater. Ich muß an die ganze Kunst, an das ‚große Schöne‘ beständig denken, und mir ein Feld ebnen, worin das Theater mir ein großer Teil ist.[70]

Mit dieser Entwicklung der Verhältnisse wurde die Chance, die ihnen der theaterbegeisterte Großherzog geboten hatte, verspielt. Anstelle Bahrs gewann Olbrich als „literarischen Secretär" und Dramaturgen den jungen hessischen Dichter Wilhelm Holzamer, der bisher noch nie für das Theater gearbeitet hatte. Seine kleinen *Spiele* (in Regie und Ausstattung Olbrichs) bestritten den Hauptteil des Spielplans der ersten Aufführungsserie; auf abendfüllende Stücke war bewußt verzichtet worden.[71] Der künstlerische wie finanzielle Mißerfolg der *Darmstädter Spiele 1901* führte dazu, daß weder das Großherzogliche Institut für schöne Künste begründet noch die großen Festspiele unter Bahrs Leitung initiiert wurden.[72] Peter Behrens war also nicht der einzige gewesen, den Olbrich, „von der Größe der Unkunst unter den Berufenen" zutiefst überzeugt, in seinem furiosen Kampf gegen die „Drohnen" im eigenen Nest[73] zu überwinden suchte.

---

70 Olbrich an Bahr, o.D. Zit. nach: Boehe, Hermann Bahr und das Theaterprojekt der Darmstädter Künstlerkolonie, 1987, S. 106 f.

71 Auf die Realisierung der *Darmstädter Spiele 1901* kann hier nicht näher eingegangen werden. Es sei nachdrücklich auf den bereits zitierten, aufschlußreichen Beitrag Jutta Boehes, *‚Darmstädter Spiele 1901‘. Das Theater der Darmstädter Künstlerkolonie* (1977), hingewiesen, der neben den gewünschten Details eine Fülle von Theaterentwürfen, Grundrissen, Bühnenbildskizzen und Figurinen mitteilt.

72 Seiner Mutter gegenüber hatte Bahr bereits am 21. Dezember 1900 seinen Rückzug mit Finanzierungsschwierigkeiten begründet, die Differenzen mit Olbrich verschweigend: „Nach Darmstadt gehe ich vorläufig nicht; der Großherzog muß erst das Geld suchen, um die Sachen in dem großen Stile zu führen, wie ich es will." Zit. nach: [Zand, Helene/Mayerhofer, Lukas/Moser, Lottelis:] Zur äußeren Biographie Hermann Bahrs in den Jahren 1890-1900. In: Bahr, Tagebücher, Skizzenbücher, Notizhefte, Bd. 2, S. XXVIII.

73 Vgl. Olbrichs Brief an Bahr, 29. März 1901. Zit. in: Boehe, Jugendstil im Theater, Bd. 2, S. 48, Anm. 378.

3.   Darmstädter Lehren

Kesslers Desinteresse an den Darmstädter Theaterreformbestrebungen, das durch das Ausscheiden Hofmannsthals verstärkt wurde, läßt sich auch an seinem späten Besuch der Mathildenhöhe ablesen. In Begleitung Henry van de Veldes sah er sich die Ausstellung just zu dem Zeitpunkt an, als das Spielhaus aufgrund der Premierenvorbereitungen zu Ernst Elias Niebergalls beliebter Lokalposse *Der Datterich* keine Vorstellungen bot. Nicht des Theaters, sondern der Kunst wegen kam er am 31. August 1901. Er folgte einer Einladung von Peter Behrens, der ihm am 27. Juni mitgeteilt hatte: „Leider ließen sich meine Pläne für ein Theater in diesem Jahre zur Zeit unserer Ausstellung nicht verwirklichen. Leider und auch gottlob. Das von Olbrich's unberufener Hand geschaffene Milieu hätte keinen Accord zusammenklingen lassen."[74]

Ein Blick auf die Verbindung zwischen Behrens und Kessler enthüllt einige interessante Details. Ihr Kontakt geht auf das gemeinsame Wirken an der Kunstzeitschrift *Pan* zurück, für die Behrens seit 1898 regelmäßig graphische Beiträge geliefert hatte. Mitte Februar 1898 war Kessler von Otto Julius Bierbaum um Intervention zugunsten seines Singspiels *Lobetanz* (Musik: Ludwig Thuille) gebeten worden, für das Behrens die Ausstattung entworfen hatte. Gemeinsam mit Alfred von Nostitz sollte Kessler bei dem Generalintendanten der Sächsischen Hoftheater, Nikolaus Graf Seebach, dahin wirken, daß es in Dresden zur Aufführung käme.[75] Neunzehn Jahre später unterstützte Peter Behrens den Leiter der deutschen Kulturpropaganda in der Schweiz, Graf Kessler, in seinem Ringen um das Ansehen des deutschen Reichs bei den neutralen Staaten: Die von Behrens organisierte und architektonisch gestaltete Werkbundausstellung in Bern (Sommer 1917) umfaßte auch eine Freilichtbühne.[76]

Angesichts der Tatsache, daß es Behrens (infolge der Spannungen mit Olbrich) von Darmstadt fortdrängte, erscheint eine Spekulation plausibel und reizvoll: die des Behrensschen Frontenwechsels von ‚Darm-Athen' zu ‚Ilm-Athen'. Jürgen Krause hat 1984 in seinem instruktiven Beitrag zur Nietz-

---

74 Peter Behrens an Harry Graf Kessler, Darmstadt, 27. Juni 1901. – DLA/A: Kessler.

75 Ein Erfolg ihrer Mission ist nicht nachzuweisen. Weder der *Deutsche Bühnen-Spielplan* noch der *Neue Theater-Almanach* registrieren für die Spielzeiten 1898/99 bis 1914/15 eine Dresdner Aufführung von *Lobetanz*, das unter der Leitung von Felix Mottl am 6. Februar 1898 am Hoftheater in Karlsruhe uraufgeführt worden war.

76 Vgl. Tilmann Buddensieg: Architektur als freie Kunst. In: Peter Behrens – Umbautes Licht. Das Verwaltungsgebäude der Hoechst AG. Hg. v. Bernhard Buderath. München 1990, S. 61 f. Siehe Kapitel V.1.

sche-Ikonographie auf den potentiellen Wert einer Konkurrenzsituation zwischen van de Velde und Behrens bei der bildnerischen Umsetzung der Nietzscheschen Gedankenwelt hingewiesen.[77] Diese Spekulationen können auf den Theaterbereich ausgeweitet werden, da Behrens nach dem Scheitern seiner Darmstädter Pläne noch immer nach einem geeigneten Forum suchte. Möglicherweise hätten durch ihn die Weimarer Theaterprojekte von Anfang an eine schärfere Kontur, einen stärkeren Zug bekommen, weniger abhängig von zufälligen Begegnungen und Hoffnungen. Doch sie hätten kaum Kesslers Vorstellungen und Wünschen entsprochen. Angesichts seiner klaren Favorisierung des belgischen Jugendstilkünstlers, der ebenfalls darauf hoffte, in absehbarer Zeit einen Theaterbau realisieren zu können, wäre das Wirken am selben Ort schwierig geworden.[78] Peter Behrens erhielt dafür im Spätsommer 1901 in Berlin die Möglichkeit, sich mit dem Umbau von Arnims Festsälen (Unter den Linden 44) zur geeigneten Spielstätte von Max Reinhardts Kabarett Schall und Rauch erstmals als Theaterarchitekt zu profilieren. Dieses Theater, das sich ein Jahr später unter dem Namen Kleines Theater zur Schauspielbühne wandelte, zählte selbstverständlich auch Harry Graf Kessler zu seinen Besuchern.

Der gemeinsame Darmstädter Besuch sollte nicht nur für Henry van de Veldes künstlerische Entwicklung von Bedeutung sein.[79] Neue berufliche Perspektiven zeichneten sich ab, als er und Kessler am 31. August 1901 diese letzte Station ihrer kleinen Deutschland-Reise erreichten. Kesslers vernich-

---

77 Vgl. Jürgen Krause: „Märtyrer" und „Prophet". Studien zum Nietzsche-Kult in der bildenden Kunst der Jahrhundertwende. Berlin/New York 1984, S. 82-86, 88.

78 In gewisser Weise ergab sich wenige Jahre später dennoch eine Verbindung zwischen Peter Behrens und einem Weimarer Theaterprojekt Henry van de Veldes: 1906 suchte Behrens, zu dieser Zeit Direktor der Düsseldorfer Kunstgewerbeschule, Kontakt zu dem Schauspielhaus, das van de Velde für Louise Dumont in Weimar hätte errichten sollen. Am 2. Oktober 1906 versicherte Behrens Gustav Lindemann sein volles Interesse für die künstlerischen Intentionen des Düsseldorfer Schauspielhauses und entwarf für Shakespeares *Hamlet*, Ibsens *Kronprätendenten* und Schillers *Wilhelm Tell* Bühnenbilder, von denen nur der *Tell*-Entwurf in veränderter Form realisiert wurde. Vgl. Motz, Pathos und Pose, S. 45 f.

79 Van de Velde zeigte sich von der Ausstellung und der hier demonstrierten Fehlentwicklung degoutiert. Er schwor seinem ‚Dämon', der Linie, ab, wie Kesslers Tagebuchnotiz vom 2. September 1901 dokumentiert: „De deux ans, je ne ferai plus d'ornement. Je suis vraiment content d'avoir vu ça. On voit ce qu'il ne faut plus faire. Je vais encore me simplifier. Je ne chercherai plus que la forme." Zit. nach: Alexandre Kostka: Der Dilettant und sein Künstler. Die Beziehung Harry Graf Kessler – Henry van de Velde. In: Henry van de Velde. Ein europäischer Künstler seiner Zeit. Ausstellungskatalog, hg. v. Klaus-Jürgen Sembach u. Birgit Schulte. Köln 1992, S. 260.

tendes Urteil über „das lächerliche Darmstädter Fiasko"[80] ist vor dem Hintergrund zu sehen, daß sie gerade aus Weimar kamen, wo sie mit Elisabeth Förster-Nietzsche, der Herrin des Nietzsche-Archivs, über ähnliche künstlerische Bestrebungen beraten hatten. Wenngleich es sich zu diesem Zeitpunkt nur darum handeln konnte, van de Velde in seiner prekären finanziellen Situation einen neuen Wirkungsbereich zu erschließen und die Existenz seiner fünfköpfigen Familie zu sichern,[81] so zielten die Überlegungen doch auf Größeres. Und die Möglichkeiten waren gegeben. Am 7. Januar 1901 war der erst vierundzwanzigjährige Wilhelm Ernst seinem Großvater Carl Alexander auf den Thron des Großherzogtums Sachsen-Weimar-Eisenach gefolgt. Musisch wenig begabt, sah er sich doch der Tradition seines Fürstenhauses verpflichtet, die Künste zu pflegen. Entsprechend hoffnungsvoll notierte Kessler im Zuge der Sondierungsgespräche Anfang November als mögliches Motiv für eine Berufung van de Veldes nach Weimar: „Beim Grossherzog der Versuch, Etwas zu thun, das seine Regierung für das Land in einer glänzenden Weise einleitet."[82]

Darmstadt blieb anfänglich der Referenzpunkt für die Bestrebungen des Neuen Weimar: in ihren Augen ein Scheitern, aus dem sie lernen wollten. Als Harry Graf Kessler zu Weihnachten 1901 dem gemeinsamen Freund Eberhard von Bodenhausen van de Veldes Berufung zum künstlerischen Berater für Industrie und Kunsthandwerk des Großherzogtums mitteilte, glaubte er sich in der Wahl des Ortes bestätigt. In Weimar sei man „in einer sehr breiten und schönen Auffassung fürstlichen Mäzenatentums" darauf eingegangen, dem Künstler das Schaffen in größter Freiheit und Existenzsicherung zu ermöglichen, unter der einzigen Auflage, den Weimarischen Industriellen mit Rat und Tat zur Seite zu stehen.[83] Julius Meier-Graefe, der einst mit unverhohlener Skepsis über die Eröffnung der Darmstädter Ausstellung berichtet hatte, sollte im Mai des folgenden Jahres vergebens vor solchen Hoffnungen warnen: Der nach Ende der Ausstellung (*Ein Dokument Deutscher Kunst 1901*) erfolgte Kassensturz provozierte ihn zu einem Abgesang auf das fürstliche Mäzenatentum, das er zu Beginn des 20. Jahrhunderts als unzeit-

---

80   Vgl. HGK an EvB, Berlin, 6. September 1901. – BW EvB/HGK, S. 62.
81   Zu van de Veldes Firmengründungen und Konkursen (1897-1901) siehe den Beitrag von Thomas Föhl: Henry van de Velde und Eberhard von Bodenhausen. Wirtschaftliche Grundlagen der gemeinsamen Arbeit. In: Sembach/Schulte (Hg.), Henry van de Velde, Ein europäischer Künstler seiner Zeit, S. 169-205.
82   HGK, Tgb, Weimar, 4. November 1901. Zit. nach: Thomas Föhl: Kunstpolitik und Lebensentwurf. Das Neue Weimar im Spiegel der Beziehungen zwischen Henry van de Velde und Harry Graf Kessler. In: Bothe/Föhl (Hg.), Aufstieg und Fall der Moderne, S. 67, Anm. 32.
83   HGK an EvB, Paris, Weihnachten 1901. – BW EvB/HGK, S. 65.

gemäße Erscheinung betrachtete.[84] In Weimar lagen die Dinge freilich ein
wenig anders. Diese Stadt besaß aufgrund ihrer Vergangenheit, in der sie
durch das Wirken einiger Geistesgrößen geadelt und ihrer Provinzialität enthoben worden war, andere Voraussetzungen und Anforderungen als das
diesbezüglich gesichtslose Darmstadt. Hier bestand nicht die Gefahr, daß
„die Laune plötzlich Etwas aus dem Boden stampfen" wollte,[85] daß ein Fürst
„in großmüthiger Gebelaune beschloß, seine Residenz zu einem Darm-Athen
zu machen".[86] ‚Ilm-Athen' existierte bereits im Bewußtsein der Zeitgenossen.
Es galt folglich, an die Vergangenheit anzuknüpfen und neue Akzente zu
setzen – für Kessler eine herrliche Herausforderung. Der Beginn einer neuen
Ära durch die unlängst erfolgte Inthronisierung eines jungen Fürsten, den
Bodenhausen und er aus Bonner Corpszeiten kannten, ließ ihn die kühnsten
Hoffnungen hegen. Die Aussicht, daß van de Velde die künstlerische Ent-
wicklung des großherzoglichen Industriezweiges in die Hand gegeben wird
und damit zugleich „die Erziehung des ganzen Volkes", verführte Kessler zu
Visionen, in denen sich das Verhältnis von Politik und Kunst verkehrte:
„Hinter Vandevelde stellt sich, im Dienst seiner Arbeit, die ganze Macht des
Großherzogs *und* des Staats. So Etwas ist, glaube ich, seit den Berufungen
von Philosophen[-]Gesetzgebern durch antike Stadtherrscher nicht dagewe-
sen."[87]
  Die Vorstellung, durch das gemeinsame Wirken ihrer jungen Generation
den Aufbruch Weimars in die Moderne in die Wege leiten zu können, war
verführerisch. Und Kessler mochte sich auch nicht angesprochen fühlen von
Meier-Graefes Kassandra-Ruf: „Künstler, hütet Euch vor der Privatschatul-
le!"[88] Er achtete von Anfang an auf Wahrung seiner Unabhängigkeit, lehnte
Hofanstellung und Titel ab und übernahm die Leitung des neu zu formieren-
den Museums für Kunst und Kunstgewerbe mit Bedacht ehrenamtlich. Auch
schien er sich der Grenzen der finanziellen Unterstützung durch Staat und
Großherzog bewußt zu sein, so daß die Inanspruchnahme privater Geldgeber
stets einkalkuliert wurde. Daß sich dennoch die Hoffnungen nicht zur Gänze
erfüllen sollten, lag unter anderem an der Person des fürstlichen Protektors.
Wilhelm Ernst besaß nicht das Format des mit Kessler gleichaltrigen Ernst
Ludwig, der mit der Darmstädter Künstlerkolonie seinen eigenen künstlerischen und kulturpolitischen Interessen Gestalt verliehen hatte. Die Annahme,

---

84 Siehe Julius Meier-Graefe: Darm-Athen. In: Die Zukunft, 10. Jg., 39 (1902), 3. Mai
    1902, S. 195-201.
85 HGK an EvB, 6. September 1901. – BW EvB/HGK, S. 62.
86 Meier-Graefe, Darm-Athen, S. 195.
87 HGK an EvB, Weihnachten 1901. – BW EvB/HGK, S. 66. (Hervorhebung im Origi-
    nal.)
88 Meier-Graefe, Darm-Athen, S. 198.

den acht Jahre jüngeren Weimarer Großherzog ihren Intentionen gemäß instrumentalisieren zu können, sollte sich als Irrtum erweisen. Die Zeiten, wo Künstler und Fürstenhäuser fruchtbringend kooperierten, neigten sich dem Ende zu. Und so erwies sich Julius Meier-Graefe als ein Mann des 20. Jahrhunderts, als er mit Scharfblick den heilsamen Schock des Darmstädter Scheiterns konstatierte und dem zeitgenössischen Künstler zurief: „Steh auf Deinen eigenen Beinen und sieh Dich um!"[89]

---

89 Ebd., S. 200.

III. Gefechte eines Abwesenden: Das Neue Weimar (1902-1914)

Die Geschichte und spezifische Ausformung des sogenannten Neuen (oder auch Dritten) Weimar, mit der die thüringische Residenzstadt am ‚Aufstand der Provinzen' teilnahm, ist in den letzten Jahren vielfach untersucht und dargestellt worden. Zuletzt gab die Ernennung und Feier Weimars als „Kulturstadt Europas 1999" Anlaß, sich erschöpfend mit jenen Visionen und Vorgängen zu beschäftigen, mit denen sich Harry Graf Kessler und seine Weggefährten zu Beginn des letzten Jahrhunderts in die Kulturgeschichte der Stadt eingeschrieben haben. Insbesondere die von den Kunstsammlungen zu Weimar veranstaltete Ausstellung *Aufstieg und Fall der Moderne* suchte mit ihrer Rekonstruktion der Ausstellungsprogramme Kesslers Tätigkeit als ehrenamtlichen Leiter des Großherzoglichen Museums für Kunst und Kunstgewerbe plastisch vor Augen zu führen.[1]

Es ist notwendig, sich an dieser Stelle die Grundzüge und Entwicklungsstadien des Neuen Weimar in Erinnerung zu rufen. Vor dem Hintergrund dessen, was sein Programm – so es denn eines gab – ausmachte, gilt es schließlich zu untersuchen, in welchem Ausmaß das Theater in diese Überlegungen miteinbezogen wurde. Wir werden sehen, daß auch der Kampf um die theatralische Moderne Teil jener „kulturellen Hegemoniekämpfe" (Ulbricht)[2] war, mit denen man vor Ort um das Profil Weimars zu Beginn des 20. Jahrhunderts rang. Denn Kessler war selbstverständlich nicht der einzige gewesen, der seine Überlegungen mit dem besonderen Symbolgehalt dieser Stadt verband und befand: „Und schön, daß es wieder Weimar wäre, das an der Spitze marschierte."[3] Die „Kessler-Partei" (Lichtwark) lieferte nur einen Beitrag zum zeitgenössischen Weimar-Diskurs. Auch die Heimatkunstbewegung um Adolf Bartels, Friedrich Lienhard und Ernst Wachler sowie die an einer Neuklassik interessierten Schriftsteller und Dramatiker wie Paul Ernst entwickelten Konzepte für die Gestaltung eines „Dritten Weimar".

---

1   Siehe den bereits zitierten umfangreichen, wissenschaftlich aufbereiteten Katalog *Aufstieg und Fall der Moderne*, hg. v. Rolf Bothe u. Thomas Föhl. Ostfildern-Ruit 1999.
2   Vgl. Ulbricht, Die Geburt der Deutschen aus dem Geist der Tragödie, S. 138.
3   HGK an EvB, Weihnachten 1901. – BW EvB/HGK, S. 62.

1. Der Traum von einer neuen kulturellen Blüte

Die von Thomas Föhl jüngst formulierte Frage nach den Motiven Kesslers, sich (der ersten nüchternen Einschätzung der Verhältnisse zum Trotz[4]) in Weimar zu engagieren,[5] ist einfach zu beantworten. Als es im Winter 1901 darum ging, Henry van de Velde eine neue Lebens- und Arbeitsperspektive zu verschaffen, war Kessler dreiunddreißig Jahre alt, finanziell unabhängig und ohne berufliche Bindung. Er war erstmals bereit, sich zu exponieren, öffentlich zu wirken und erachtete es an dieser Stelle als lohnend. Einzig Weimar konnte ihm, dem Goethe-Verehrer und mit dem Nietzsche-Archiv seit sechs Jahren eng Verbundenen, eine Herausforderung sein. Diese Stadt hatte in ihrem ‚Goldenen Zeitalter' eine kulturelle Blüte erlebt und war zum Begriff und Muster geworden. An der Weimarer Klassik maßen sich die Nachfolgenden. Sie pflegten das Erbe durch seine Institutionalisierung[6] oder

---

4   Am 24. Januar 1902 notierte Kessler im Tagebuch: „Charakteristikum der kleinen Stadt und des kleinen Hofes: Alles ist von Intriguen und Aigriertheit untergraben. Grund: Alle Leute haben Nichts zu thun und haben *unendlich viel Zeit.* [...] Allen bieten sich die Intrigue und der Klatsch als die am leichtesten zu erreichende *Beschäftigung.* Daher knistert und knattert es immerfort im Untergrund von springenden Minen, oder richtiger von Lustfeuerwerk, mit dem man sich die Zeit vertreibt. Ein Studium hier lehrt Einen die *kleinen* Seiten der menschlichen Seele besser kennen als irgendwo anders: Reinkulturen des menschlichen Schimmelpilzes. Besondres Charakteristikum: es *kommt immer Nichts darauf an,* ob eine Intrigue so oder so verläuft. In der Welt wird weder im einen noch im andren Falle Etwas Anders. Das *wissen* die Intriganten; daher grössere Gewissenlosigkeit als z.B. in Berlin. Künstlerisch interessant, dieses Kleine überall bis ins Grosse zurückzuverfolgen, aus dem es durch eine Art von Metamorphose wird. Willenschemie. Die ernsthafte Frage ist, ob sich diese Kleinheitsprodukte wieder zu etwas Grossem verschmelzen lassen, und in welcher Retorte?" (Hervorhebungen im Original.) DLA/A: Kessler. Zit. nach: Föhl, Kunst und Lebensentwurf, S. 67.
5   „Es bleibt auch weiter rätselhaft, warum Kessler sich selbst kurz danach auf das Weimarer Abenteuer einläßt, denn auch eine Fülle späterer Aussagen in bezug auf die Verhältnisse der kleinen Residenz bleiben in der Analyse hinter der ersten Einschätzung nicht zurück." Föhl, Kunstpolitik und Lebensentwurf, ebd.
6   Weimar war Sitz der 1859 in Dresden gegründeten Deutschen Schillerstiftung. 1864 folgte die Gründung der Deutschen Shakespeare-Gesellschaft, 1885 die der Goethe-Gesellschaft. Mit dem Tod des letzten Goethe-Enkels Walther Wolfgang von Goethe ging 1885 das Wohnhaus am Frauenplan in den Besitz des Großherzogtums über und wurde zum Goethe-Nationalmuseum umgewandelt. Der handschriftliche Nachlaß des Dichters wurde Großherzogin Sophie anvertraut, was zur Gründung des Goethe-Archivs führte. 1889 wurde es mit der Übergabe des Schiller-Nachlasses zum Goethe- und Schiller-Archiv erweitert.

versuchten eine Wiederbelebung des kulturellen Lebens mit neuen Akzenten. Unter Carl Alexanders Regentschaft bedeutete dies neben der Traditionspflege und Förderung der bildenden Kunst eine besondere Akzentuierung des Musiklebens. So ist das ‚Silberne Zeitalter' maßgeblich geprägt vom Wirken Franz Liszts, der zunächst als „Hofkapellmeister in außerordentlichen Diensten" (ab 1842), dann als Leiter der Hofkapelle und des Musiktheaters (1848-1858) Weimar zu europäischer Ausstrahlung verhalf. Seine Bemühungen um die Gestaltung eines anspruchsvollen Spielplans und die Durchsetzung zeitgenössischer Musik wie der Werke Richard Wagners, Hector Berlioz' oder der eigenen blieben nicht erfolglos. Man denke an die Uraufführung des *Lohengrin* am 28. August 1850 oder die der zweiten Fassung von Berlioz' *Benvenuto Cellini* am 20. März 1852 im Hoftheater. Und selbst in seinen letzten Lebensjahren war Liszts Anziehungskraft ungebrochen, wirkte er in den Monaten, die er jährlich auf seinem Alterssitz in Weimar verbrachte, wie ein Komet, der „einen Schweif wirklicher und metaphysischer Talente" hinter sich her zog.[7]

Im Zentrum von Liszts Tätigkeit am Weimarer Hoftheater hatte die Förderung und musterhafte Aufführung von Richard Wagners Musiktheaterprojekten gestanden. Er traf damit das Interesse des ihm befreundeten Großherzogs, der nach dem Tod seines Vaters Carl Friedrich im Juli 1853 Liszt angekündigt hatte: „Le Verbe doit se faire action maintenant."[8] Wir wissen von Wagners Wunsch, das „Weimarische Wunder",[9] die fruchtbringende Verbindung eines kleinen deutschen Fürsten (Carl August) mit einem Genie (Johann Wolfgang Goethe), zu wiederholen. Wagner hatte im Rahmen seiner Überlegungen zur Realisierung seiner Festspielidee dem großstädtischen Kulturbetrieb bekanntermaßen eine Absage erteilt. Eine Aufführung der Tetralogie *Der Ring des Nibelungen* erschien ihm nur in gänzlicher Abgeschiedenheit möglich, in einer „schönen Einöde" fernab von den Segnungen der städtischen Zivilisation, wo sich die Freunde seiner Kunst aus wirklichem Interesse zusammenfänden: „Als solche Einöde könnte ich höchstens Weimar, gewiß aber keine größere Stadt ansehen."[10] Der 1856/57 entstandene Plan, im Weimarer Park am Stern ein Festspielhaus zu errichten, scheiterte

---

7   So Carl Alexander an Michelangelo Caetani, Herzog von Sermoneta, in einem Brief vom 10. April 1876. Zit. nach: Angelika Pöthe: Carl Alexander. Mäzen in Weimars ‚Silberner Zeit'. Köln/Weimar/Wien 1998, S. 256.

8   „Das Wort muß jetzt Tat werden." Franz Liszt an Fürstin Carolyne Sayn-Wittgenstein, 18. Juli 1853. – Franz Liszt's Briefe an die Fürstin Carolyne Sayn-Wittgenstein, Bd. IV, hg. v. La Mara. Leipzig ²1900, S. 160. [Künftiges Sigel: FL.]

9   Wagner, Deutsche Kunst und Deutsche Politik (1867/68), Dichtungen und Schriften, Bd. 8, S. 255.

10 Richard Wagner an FL, 30. August 1852. Zit. nach: Lore Lucas: Die Festspiel-Idee Richard Wagners. Regensburg 1973, S. 39. [Künftiges Sigel: RW.]

jedoch ebenso wie die Bemühungen, den steckbrieflich gesuchten Revolutionär Richard Wagner nach Weimar zu berufen, an staatspolitischen und anderen Zwängen. Nicht Carl August und Weimar, sondern der Wittelsbacher Ludwig II. und Bayreuth ermöglichten schließlich dem Komponisten die Realisierung seines Lebenstraums. Harry Graf Kessler war sich dieser Vergangenheit bewußt. Und sie spielte für die Entscheidung, Weimar zu einem kulturellen Zentrum des beginnenden 20. Jahrhunderts zu erheben, eine wesentliche Rolle. So kam die Idee, an diesem Ort das Dumontsche ‚Mustertheater' zu errichten, Weimar somit zum ‚Bayreuth des Schauspiels' zu wandeln, nicht von ungefähr. Kessler, der es aufgrund seines konzilianten Wesens vermochte, in *beiden* Lagern, in Wahnfried[11] wie in der Villa Silberblick, zu verkehren, mochte auch um die Schwierigkeiten wissen, mit denen seine Vorgänger hier zu kämpfen hatten. Denn auch Franz Liszt hatte Widerstände erfahren und Konflikte und Verteilungskämpfe angesichts knapper Kassen mit dem Generalintendanten Franz von Dingelstedt auszutragen gehabt, vor denen ihn auch die Freundschaft mit dem Großherzog nicht bewahren konnte. Liszts Plan, mittels einer „Goethe-Stiftung" Weimar wieder zur Kunstmetropole zu machen, seinen Ruf eines „Neu-Athen" zu festigen und einen „zentralisierenden Einfluß auf dem Gebiete der Literatur und der Künste"[12] zu sichern, scheiterte. 1858 hatte er schließlich den Rücktritt eingereicht, 1861 die Stadt enttäuscht verlassen – zehn Jahre, nachdem ihm Richard Wagner unter dem Eindruck kunstfeindlicher Zeiten besorgt geschrieben hatte:

> Mit trauriger Aufrichtigkeit sage ich Dir, daß ich Deine Bemühungen um Weimar selbst dennoch für – fruchtlos halten muß. [...] Dir zur Seite sehe ich nur die Stupidität, die Borniertheit, die Gemeinheit und – den leeren Dünkel eifersüchtiger Hofdiener, die auf jeden Erfolg des Genies mit so traurigem Recht neidisch sind![13]

---

11   Cosima Wagner war eine der wenigen Frauen, denen Kessler aufrichtige Bewunderung entgegenbrachte. Ihre Persönlichkeit beeindruckte ihn, trotz ihres Geschlechts, und es war vor allem ihre Erziehung, die er hierfür verantwortlich machte: „Intelligente Bemerkungen über Goethe und seine staatsmännische Thätigkeit. Man fühlt bei Cosima überhaupt den Zusammenhang mit Weimar; dieses wird ihre Gesinnung und ihren geistigen Habitus neben Frankreich stark mitbestimmt haben; Weimar und Paris die beiden Quellen ihrer eigenartigen geistigen Kultur, durch die sie für Wagner und Nietzsche solche Bedeutung gehabt hat; dazu mystische Vorlieben, für Meister Ekkhard namentlich, von dem sie heute mit Begeisterung sprach." HGK, Tgb, Berlin, 10. Februar 1901. – DLA/A: Kessler.

12   FL an Carl Alexander, 3. Februar 1860. Zit. nach: Weimar im Urteil der Welt. Hg. v. Herbert Greiner-Mai u.a. Berlin/Weimar 1977, S. 233.

13   RW an FL, Albisbrunn, 20. November 1851. – Franz Liszt/Richard Wagner: Briefwechsel. Hg. u. eingel. v. Hanjo Kesting. Frankfurt am Main 1988, S. 197 f.

Weimar konnte für Kessler folglich nur die größte Herausforderung darstellen. Eine ähnlich reizvolle Aufgabe auf kulturpolitischem Terrain sollte sich ihm in seinem Leben nur noch einmal bieten: im Ersten Weltkrieg, als ihm von 1916 bis 1918 die Leitung der deutschen Kulturpropaganda in der Schweiz übertragen wurde. Dort würde er größeres diplomatisches Geschick beweisen müssen, als er in den wenigen Jahren seiner offiziellen Weimarer Tätigkeit an den Tag gelegt hatte. Das Trauma seines Scheiterns zeitigte zumindest in dieser Hinsicht positive Auswirkungen.

Doch Kessler war in der kleinen, knapp 30.000 Einwohner zählenden thüringischen Residenzstadt[14] selbstverständlich nicht angetreten, um zu scheitern. Nach der Berufung Henry van de Veldes zum künstlerischen Berater des Großherzogs, die am 21. Dezember 1901 erfolgt war, wurde verstärkt nach einer Möglichkeit gesucht, auch ihn an Weimar zu binden. Und dies nicht nur, weil er nach Bodenhausens erfolgreicher Abwicklung der Henry van de Velde G.m.b.H. Kunstwerkstätten die Betreuung des geschäftsuntüchtigen Künstlers übernommen hatte. Das Nietzsche-Archiv spielte bei diesen Überlegungen eine wichtige Rolle. Elisabeth Förster-Nietzsche, die den Anstoß zur Berufung van de Veldes gegeben und zu ihrer Durchsetzung maßgeblich beigetragen hatte, strebte danach, das Nietzsche-Archiv zum intellektuellen und künstlerischen Mittelpunkt eines Neuen Weimar zu machen.[15] Die bekannte Konkurrenzsituation mit Bayreuth sollte Früchte tragen. Förster-Nietzsche betrachtete sich als die progressiver eingestellte Rivalin Cosima Wagners[16] und nahm die ihr angetragene Rolle der Protektorin alles Modernen gerne an. Die junge Intellektuellengeneration übertrug ihre Verehrung für den Philosophen bedenkenlos auf seine Schwester, die ihn bis zum Tod gepflegt hatte und die Sichtung und Veröffentlichung der nachgelasse-

---

14 Nach Jürgen John und Volker Wahl waren im Jahr 1900 28.489 Menschen in Weimar ansässig; 1910 zählte die Stadt bereits 34.582 Einwohner. Vgl. dies.: Jena und Weimar der 1880er und 1930er Jahre. In: Zwischen Konvention und Avantgarde. Doppelstadt Jena – Weimar. Hg. v. Jürgen John u. Volker Wahl. Weimar/Köln/Wien 1995, S. 369-380, hier S. 369.

15 Siehe hierzu Krause, „Märtyrer" und „Prophet", S. 89-153. Siehe auch den Beitrag von Frank Simon-Ritz und Justus H. Ulbricht: „Heimstätte des Zarathustrawerkes". Personen, Gremien und Aktivitäten des Nietzsche-Archivs in Weimar 1896-1945. In: Wilderotter/Dorrmann (Hg.), Wege nach Weimar, S. 155-176.

16 Jürgen Krause zitiert eine Passage aus Das Leben Friedrich Nietzsches (Bd. 2, S. 889), in der Förster-Nietzsche auf die einstigen Verdienste Cosima Wagners abhebt: „Frau Cosima zeigte sich damals in vielen Dingen dem deutschen Geschmack überlegen. Wenn sie heute nicht mehr für den Hort des guten Geschmacks gelten kann, so liegt das nur daran, daß Bayreuth in seiner damaligen Geschmacksrichtung stehen geblieben ist und sich gegen die artistische Weiterentwicklung Deutschlands verschlossen hat." Krause, „Märtyrer" und „Prophet", S. 106 f.

nen Manuskripte verantwortete. Daß die als „griechische Antigone" (Gabriele d'Annunzio), „Priesterin des Nietzsche-Tempels" (Edvard Munch) oder „Schwester des heißgeliebten Helden" (Thomas Mann) Angesprochene[17] hierbei Manipulationen vornahm und ein eigenes Nietzsche-Bild schuf, blieb den Zeitgenossen lange verborgen. Auch der junge Graf Kessler anerkannte ihre Position bedingungslos und blieb Förster-Nietzsche über Jahrzehnte verbunden, trotz seiner zunehmend kritischen Haltung und politischer Differenzen. Er bestätigte und unterstützte sie – auch finanziell – in ihrer Arbeit, entwarf Pläne, trat dem Vorstand der 1908 gegründeten Stiftung Nietzsche-Archiv bei.[18] Von besonderem Wert war Kessler Förster-Nietzsche als Vermittler zu den tonangebenden Kreisen, die sie zur Verbreitung und Steuerung des Nietzsche-Kults benötigte. Dies tat er zunächst als Mitarbeiter des *Pan*, wobei er die Beziehung zum Nietzsche-Archiv, dessen Aura und intellektuelles Prestige für die eigene Legitimation nutzte.[19] Mit dem Beginn der gemeinsamen Arbeit in Weimar wurde dann dem Archiv jene Funktion zugewiesen, die seine Begründerin wünschte. Henry van de Velde hatte ihr zwei Monate nach dem ihn tief beeindruckenden Erlebnis der kleinen Pilgerfahrt nach Röcken (zu Nietzsches Grabstätte) und Weimar bekannt: „Chez vous – au Nietzsche-Archiv – c'est le foyer rayonnant des plus profondes pensées et la source où l'on viendra prendre des forces."[20] Seine Vorstellung vom Archiv als geistige Kraftquelle setzte van de Velde um, als er im Frühjahr 1902 mit dem innenarchitektonischen Umbau der 1897 bezogenen Villa Silberblick begann. Mit diesem Weimarer Erstauftrag an den belgischen Jugendstilkünstler vollzog das Nietzsche-Archiv offiziell den Anschluß an die künstlerische Avantgarde, wie Alexandre Kostka betont.[21] Mit der feierlichen Wiedereröffnung am 15. Oktober 1903, bei der Kessler die monumentale Nietzsche-Herme Max Klingers dem Archiv als Dauerleihgabe stiftete, erhielt der sich formierende Zirkel des Neuen Weimar einen zentralen Bezugs-

---

17 Zit. nach: Roswitha Wollkopf: Das Nietzsche-Archiv im Spiegel der Beziehungen Elisabeth Förster-Nietzsches zu Harry Graf Kessler. In: Jahrbuch der Deutschen Schillergesellschaft, 34 (1990), S. 129.

18 Siehe hierzu Wollkopfs zitierten Aufsatz „Das Nietzsche-Archiv im Spiegel der Beziehungen Elisabeth Förster-Nietzsches zu Harry Graf Kessler" (Jahrbuch der Deutschen Schillergesellschaft, 34 (1990), S. 125-167), der auch Korrespondenzstücke aus den Jahren 1901 und 1928 mitteilt. [Künftiges Sigel: BW EFN/HGK.]

19 Vgl. den Katalogbeitrag von Alexandre Kostka: „Darin irrt Nietzsche. Der Große Stil [ist] nicht notwendig hart." Harry Graf Kessler, Friedrich Nietzsche und die Kunst in Weimar. In: Bothe/Föhl (Hg.), Aufstieg und Fall der Moderne, S. 42-58, hier S. 44-47.

20 Henry van de Velde an Elisabeth Förster-Nietzsche, 20. Oktober 1901. Zit. nach: Kostka, „Darin irrt Nietzsche", S. 49, Anm. 47. [Künftige Sigel: vdV, EFN.]

21 Vgl. Kostka, „Darin irrt Nietzsche", S. 48.

punkt und Zufluchtsort. Als Sterbehaus des Philosophen war es zugleich Kultstätte und somit das notwendige Komplement zu jenem Ort, der als Ausdruck raffinierten, modernen Lebens gleichfalls der Zusammenkunft eines elitären, internationalen Kreises von Künstlern, Schriftstellern und Intellektuellen diente: Kesslers nahe gelegene, ebenfalls von van de Velde eingerichtete private Räumlichkeiten in der Cranachstraße 3 (Oktober 1902) beziehungsweise 15 (ab Sommer 1903).[22] Kesslers Freunde und Gäste fanden selbstverständlichen Zugang zum Nietzsche-Archiv. Dem Grafen, für den Förster-Nietzsche schwärmte, verdankte die Archiv-Herrin die Bekanntschaft mit Richard Dehmel, Hugo von Hofmannsthal oder auch Edward Gordon Craig, der ein Jahr nach ihrer ersten Begegnung mit dem Wunsch an sie herantrat, innerhalb der geplanten englischen Werkausgabe Nietzsches die Übersetzung von *Die Geburt der Tragödie* übernehmen zu dürfen.[23]

---

22 Nach wie vor lesenswert ist Helene von Nostitz' elegische Schilderung der besonderen Atmosphäre, die in der Cranachstraße 15 herrschte. Wie sehr diese von Kesslers Persönlichkeit geprägt wurde, vermittelt der abschließende Passus: „Der Drang, überall das Wesentliche zu begreifen und zu verschmelzen, schuf um Harry Kessler diese Atmosphäre voller Spannung und Bewegung, in der Glut und Kühle, Nähe und Ferne, Reinheit und Farbenglanz, Verzicht und Umfassen und alles Widersprechende, was diese Welt ausmacht, enthalten waren." Helene von Nostitz: Aus dem alten Europa. Menschen und Städte. Hg. v. Oswalt von Nostitz. Frankfurt am Main/Leipzig 1993, S. 100-104, Zitat S. 104.

23 Kessler hatte ihr „den sehr geniale[n] englische[n] Theater Regisseur" am 2. Juli 1904 brieflich mit den Worten angekündigt: „Er ist ein sehr netter, gut ausschauender, intelligenter Mensch, abgesehen davon daß er auch daneben ein Genie ist." – Stiftung Weimarer Klassik/Goethe- und Schiller-Archiv 72/393,4. [Künftiges Sigel: GSA.] Die Verbindung Craigs mit dem englischen Buchprojekt mag überraschen, bedenkt man seine schwachen Deutschkenntnisse, die ja eines der Haupthinderungsgründe für ein Engagement an Reinhardts Bühnen war. Details wären hierzu noch zu eruieren. Im Nachlaß Förster-Nietzsches sind eingegangene Briefe des englischen Theaterreformers nicht überliefert. Da sich auch in der Korrespondenz zwischen Craig und Kessler keine Hinweise auf dieses Projekt finden lassen, sei das Antwortschreiben (Konzept) Elisabeth Förster-Nietzsches an Craig vom 26. Oktober 1905 zitiert. Nach ihrem Dank für die Zusendung der deutschen Ausgabe seines Buches *Die Kunst des Theaters* (mit einem Vorwort von Kessler, Berlin/Leipzig 1905) fuhr sie fort: „Sie haben mich nun in dem letzten Brief darum gebeten die Uebersetzung der Geb. der Trag. zu machen. Wenn Sie sich noch einen Gelehrten, + zwar einen classischen Philol. der im griech. Altertum vorzügl. Bescheid weiss, zu Hilfe nehmen so könnte ich mir für die Geb. der Trag. keinen besseren Uebersetzer wünschen. Sie werden mit Ihrer hohen künstlerischen Empfindung die artistischen Probleme, die dieses Buch enthält, besser nachempfinden können, + die richtigeren Worte dafür finden als dies ein Philol. der nur seine Gelehrsamkeit + Wissenschaft kennt, empfinden kann. Ich gebe Ihnen also sehr gern die Erlaubniss zu einer solchen Uebersetzung, wenn Sie einer solchen noch bedürfen, + werde es bestimmt durchsetzen, dass Ihnen die ‚Geburt der Trag.‘ übertragen wird, wenn jetzt eine grosse engl. Ausg. der

Hier in Weimar sollte der Ausgangspunkt für die Herausbildung des von
Nietzsche verkündeten ‚höheren‘, ‚neuen‘ Menschen liegen. Die Visionen,
mit denen Kessler und Henry van de Velde in Weimar antraten, galten nicht
allein einer ästhetischen Reform. Sie zielten ab auf eine ‚Reformierung des
Menschen‘ und seiner Lebensweise, die sie durch die Kultur (und Kunst im
besonderen) zu realisieren hofften. Das, was Kessler am 27. September 1901
Elisabeth Förster-Nietzsche bekannt hatte, sollte lange Zeit Gültigkeit haben:
„[...] denn wie Ihr Bruder so denke auch ich, daß alle Kultur und alles Streben überhaupt auf der Welt nur das eine letzte Ziel haben kann, *Menschen* in
größter innerer und äußerer Vollendung hervorzubringen.“[24] Kessler verband
seine Nietzsche-Rezeption mit der Mission van de Veldes, die er nach Kräften zu unterstützen suchte: die Propagierung des „neuen Stils“.[25] Ihr Anliegen war es, die moderne, technisch gewandelte Welt künstlerisch neu zu gestalten, eine Synthese von Kunst und Leben herbeizuführen und so zur
Selbsterziehung zum „höheren Menschen“ beizutragen. Das war das Fernziel. Um in dieser Richtung etwas bewegen zu können, suchte Kessler für
sich ein großes und aussichtsreiches Wirkungsfeld.

Nachdem er am 20. April 1902 die definitive Absage des Auswärtigen
Amts erhalten hatte und eine Karriere im diplomatischen Dienst nicht mehr
möglich schien, intensivierte Kessler seine Verhandlungen mit dem Weimarer Hof. Anfang des Jahres war er als aussichtsreicher Kandidat für den Di-
rektorenposten der Großherzoglichen Kunstschule gehandelt worden, den
dann doch der Maler und Grafiker Hans Olde erhielt. Mit Olde, der wie van
de Velde am 1. April 1902 seinen Dienst antrat, und dem 1903 an die Kunstschule berufenen Maler Ludwig von Hofmann waren zwei weitere Mitstreiter
des Neuen Weimar gewonnen. Das Angebot einer Jenaer Professur schlug
Kessler aus. Er strebte nach einer höheren Machtposition, um die gemeinsamen Visionen umsetzen zu können. Im Interesse einer „fest zu fundierenden
künstlerischen Kultur im Großherzogtum“ wünschte er für sich „eine Art
Oberleitung, die Alles was für diese Kultur geschieht, mit einander *in Verbindung setzt* und dem *allgemeinen Ziel dienstbar macht.*“[26] Die dem
Staatsminister Rothe gegenüber skizzierten Aufgabenfelder sollten organi-

Werke meines Bruders zu Stande kommt.“ – GSA 72/725d. Vgl. auch den Brief Elisabeth Förster-Nietzsches an Kessler vom 28. Oktober 1905. – DLA/A: Kessler.

24   HGK an EFN, Berlin, 27. September 1901. – BW EFN/HGK, S. 150. (Hervorhebung
im Original.)

25   Vgl. Peter Grupp: Geteilte Illusionen. Die Beziehung zwischen Harry Graf Kessler
und Henry van de Velde. In: Wilderotter/Dorrmann (Hg.), Wege nach Weimar,
S. 195-204, hier S. 197-201.

26   HGK an EvB, Berlin, 6. April 1902. – BW EvB/HGK, S. 67 f. (Hervorhebungen im
Original.)

satorische, administrative und akademische Tätigkeiten umfassen (Reform des Kunstunterrichts, Leitung der Museen, Vorträge).[27]

Die Schaffung einer „Generalintendanz der Künste", wie van de Velde sie bezeichnete, und die wohl auch das Theater umfassen sollte,[28] wurde Kessler nicht ermöglicht. Stattdessen übernahm er im Oktober 1902 den ehrenamtlichen Vorsitz des Kuratoriums der sogenannten Permanenten Kunstausstellung am Karlsplatz. Die 1880 durch den Flügeladjutanten Großherzog Carl Alexanders, Aimé von Palézieux-Falconnet, gegründete Privatsammlung sollte in Staatsbesitz übergehen und zum „Großherzoglichen Museum für Kunst und Kunstgewerbe" umgewandelt werden. Dieses Museum, das Kessler am 24. März 1903 offiziell übergeben wurde, bildete bis zu seiner Demission am 3. Juli 1906 das Zentrum seiner Aktivitäten und Pläne, die den engen Weimarer Rahmen bald sprengten. Andere, neue Vorlieben und Vorhaben wie etwa die Veränderung der bestehenden Theaterverhältnisse oder die Realisierung der *Großherzog-Wilhelm-Ernst-Ausgabe Deutscher Klassiker* (eine wichtige Vorstufe auf dem Weg zur eigenen Cranach-Presse, die ab 1913 arbeitete)[29] waren nur Nebengefechte. Kesslers Engagement galt primär der bildenden Kunst. In Konkurrenz zu Darmstadt, Krefeld und Hagen sollte Weimar nicht nur eine Begegnungsstätte der europäischen Elite werden, son-

---

27 Vgl. ebd., S. 68.

28 „Mir schwebte die Schaffung einer Generalintendanz der Künste vor, die im Museum, im Theater, in der Akademie und auch in dem unter meiner Leitung stehenden Seminar den Werkstätten eine analoge künstlerische und kulturelle Politik verfolgen sollte. [...] Nur eine dominierende Generalintendanz der Künste konnte meiner Meinung nach die divergierenden und teilweise sich widersprechenden Tendenzen zusammenfassen und eine neue Ära verwirklichen." Henry van de Velde: Geschichte meines Lebens. Hg. u. übertr. v. Hans Curjel. München 1962, S. 224. Es sei dahingestellt, wer von ihnen – Kessler oder van de Velde – der Urheber dieses Gedankens gewesen ist. Peter Grupp betonte jüngst zu Recht, daß van de Veldes Einfluß auf die Ausbildung der Kesslerschen Konzeptionen schwer zu überschätzen sei. Kessler war sich der Bedeutung dieses Kontakts bewußt, wie sein Brief vom 30. Oktober 1905 dokumentiert, in dem er ihm seinen Dank aussprach für „tout ce que vous avez contribué au développement de mon ‚Moi'". (Zit. nach: Grupp, Geteilte Illusionen, S. 197.) Aus diesem Grund hatte Kessler auch des öfteren Schwierigkeiten, eine Idee als genuin von ihm stammend auszuweisen, wie etwa seine Auseinandersetzungen mit Elisabeth Förster-Nietzsche bezüglich des Nietzsche-Denkmal-Projekts dokumentieren (siehe Kapitel III.3). Die Frage des Urheberrechts ist in diesem Zusammenhang für uns nur von Interesse, weil das Theater *nicht* in Kesslers referiertem Gespräch mit Staatsminister Rothe, sondern nur in van de Veldes Memoiren erwähnt wird. Und diese Lebenserinnerungen des Künstlers sind faktologisch bekanntlich nicht die zuverlässigste Quelle.

29 Siehe hierzu den jüngsten Beitrag von Renate Müller-Krumbach: Die Cranach-Presse Harry Graf Kesslers – Tabuzone mitten in Weimar. In: Bothe/Föhl (Hg.), Aufstieg und Fall der Moderne, S. 236-241.

dern durch eine gezielte, international ausgerichtete Ausstellungspolitik[30] und die Begründung des Deutschen Künstlerbundes (15./16. Dezember 1903)[31] eine herausragende Position innerhalb der Sezessionsbewegung gewinnen. Kessler baute sich bewußt eine Stellung in Opposition zur reaktionären Kulturpolitik des Reiches auf. Seine Aktivitäten wurden von Berlin aus mit Mißtrauen beobachtet. Anfang Februar 1905 glaubte er jedoch den Erfolg ihrer Bemühungen konstatieren zu können: „Ich sehe, daß wir heute schon in England und Frankreich den gleichen starken Rückhalt besitzen wie in Deutschland. Wir halten die Welt der Kunst in unserer Hand. Um keinen Preis dürfen wir den wunderbaren Angelpunkt, den Weimar bedeutet, verlieren."[32]

Kesslers Traum, in Weimar das Leben eines Renaissancehofes zu initiieren, realisierte sich für drei, vier reiche Jahre. Die Unterstützung, die er dabei von zwei Frauen aus der unmittelbaren Umgebung des Großherzogs erfuhr, war von wesentlicher Bedeutung. Sowohl Erbgroßherzogin Pauline, die Mutter Wilhelm Ernsts, als auch dessen junge Gattin Großherzogin Caroline nahmen regen Anteil an den Aktivitäten. Als Kessler im ersten Winter Pläne für den hoffnungsvollen, produktiven Neubeginn schmiedete, schrieb er Anfang Dezember 1902 van de Velde von einer „Quinzaine aritistique", die „mindestens so viel wie Darmstadt wert [wäre], und wäre so viel künstlerischer! [...] Bedenken Sie doch was zwanzig Köpfe der geistigen Elite geben könnten, wenn man sie acht Tage in Weimar, im Belvedere vereint, damit sie sich allein dem Schönen widmen können."[33] Kurz darauf berichtete er ihm begeistert von dem lebhaftesten Interesse, das er in Paris für ihre Weimarer Bestrebungen gefunden habe. Maurice Denis, Odilon Redon und Edouard Vuillard seien nicht nur daran interessiert auszustellen, sondern wollten ebenso wie André Gide persönlich erscheinen, wenn sie der Großherzogin vorgestellt werden würden.[34] „Wir könnten aus Weimar 15 Tage lang einen Hof der Renaissance machen. Und das ist doch genau das, was man wollte."[35]

---

30 Siehe die detaillierte Auflistung „Ausstellungen im Großherzoglichen Museum für Kunst und Kunstgewerbe von 1903 bis 1906 unter der Leitung von Harry Graf Kessler" im Ausstellungskatalog *Aufstieg und Fall der Moderne*, S. 90-97.

31 Siehe Martina Wehlte-Höschele: Der Deutsche Künstlerbund im Spektrum von Kunst und Kunstpolitik des Wilhelminischen Kaiserreiches. Heidelberg 1993.

32 HGK an vdV, 7. Februar 1905. Zit. nach: van de Velde, Geschichte meines Lebens, S. 284. Datierung nach Grupp, Geteilte Illusionen, S. 204, Anm. 30.

33 HGK an vdV, 7. Dezember 1902. Zit. nach: Kostka, Der Dilettant und sein Künstler, S. 262 f.

34 Vgl. HGK an vdV, Caux sur Territet, 27. Dezember 1902. – DLA/A: Kessler. Kopien der Bestände der BRA, Bruxelles: FS X 504/75.

35 Ebd. Zit. nach: Kostka, Der Dilettant und sein Künstler, S. 263.

Die Begegnungen ereigneten sich in lockerer Folge als hier angekündigt. Gide, Gerhart Hauptmann, Hofmannsthal und Dehmel kamen, hielten Vorträge oder lasen aus den neuesten Werken. Maler wie Théo van Rysselberghe, Pierre Bonnard, Maurice Denis, Edvard Munch oder Max Klinger bestätigten die Anziehungskraft dieses neuen kulturellen Zentrums, das im Aufbau begriffen war, und ergänzten temporär den festen Kreis um Kessler, van de Velde, Hans Olde, Ludwig von Hofmann und Elisabeth Förster-Nietzsche.[36] Es wurde nach Möglichkeiten gesucht, die Freunde Eberhard von Bodenhausen, Alfred Walter Heymel und Hugo von Hofmannsthal mit einer Festanstellung nach Weimar zu holen. Sie hätten die ‚Partei der Modernen‘ verstärkt und der Sache ebenso gedient wie das geplante Publikationsorgan des Nietzsche-Archivs, das neben der Propagierung des Nietzscheschen Gedankenguts auch die Interessen des Neuen Weimar vertreten hätte.[37] Wenngleich letzteres auch nicht gelang – Bodenhausens Wort von 1897 hatte in diesem Kreis seine Verkörperung und Bestätigung gefunden: „Das sind die modernen Menschen und Hofmannsthal hat Recht, wenn er sagt, daß die Gemeinde über die ganze Welt hin zusammenhält und daß man immer wieder die gleichen Kreise berührt.“[38]

Mit einer atemberaubenden Betriebsamkeit hatte Harry Graf Kessler im Herbst 1902 begonnen, jene einzigartige Stellung anzustreben, die ihm vom

---

36 Daß es Kessler und van de Velde mit der Elite ernst meinten und nicht jeden Zeitgenossen willkommen heißen würden, beweist ein kostbares Dokument vom 2. Februar 1902. In diesem Brief berichtet van de Velde Kessler schuldbewußt von einem Diner bei einem seiner Berliner Mäzene, dem Bankier Julius Stern, wo er den Schriftsteller Otto Julius Bierbaum, einst ungeliebter Mitkämpfer beim *Pan*, getroffen hatte: „Il n'est pas curieux que j'y aie exprimé mon *enthousiasme* pour *le beau pays* dans lequel je pourrai faire vivre les miens et vivre moi-même. J'y aurai parlé avec émotion de ce que j'y veux tenter! Donc, après le diner Bierbaum m'exprimait cette pensée qu'en somme, il pourrait bien *s'installer à Weimar*. Comme j'avais exprimé que le décor était beau, etc.... Je ne pouvais ni songer à dire le contraire, ni à le décourager. Pourtant songeant au danger de sa présence à W. je lui ai dit que *vous seul* pouviez le conseiller dans cette affaire. Au reste, l'émotion est grand parmi les artistes et je sens qu'ils me considèrent avec un interet significatif! Rosenhagen m'a formellement déclaré qu'il désire aller à W. et d'autres ont posé leur candidature... Il faudra vraiment être prudent et il reste de ce diner une leçon pour moi: Je ne parlerai plus des beautés de W.“ vdV an HGK, Berlin, Dimanche Soir [2. Februar 1902]. – DLA/A: Kessler. (Hervorhebungen im Original.)
37 Das Herausgeberkomitee sollte aus Förster-Nietzsche, Max von Münchhausen und Kessler bestehen. Bodenhausen, Hofmannsthal, Dehmel und Raoul Richter sollten zur Mitwirkung eingeladen werden. Förster-Nietzsche gab diesen Plan rasch wieder auf. Vgl. HGK an EFN, 24., 31. Oktober und 12. November 1902 (GSA 72/393,3). Siehe auch Wollkopf, Das Nietzsche-Archiv im Spiegel der Beziehungen, S. 130 f.
38 EvB an seine Verlobte Mädi, Brüssel, 25. September 1897. Zit. nach: Föhl, Henry van de Velde und Eberhard von Bodenhausen, S. 180, Anm. 54.

Staat verwehrt worden war. Mitte November 1905 schien sie ihm greifbar. Es war die des „Princeps Juventutis", wie das berühmt gewordene Tagebuchnotat ausführt:

> Mir überlegt, welche Wirkungsmittel ich in Deutschland habe: d. Deutsche Künstlerbund, meine Stellung in Weimar inclusive d. Prestiges trotz des grossherzoglichen Schwachsinns, die Verbindung zu der Reinhardtschen Bühne, meine intimen Beziehungen zum Nietzsche Archiv, zu Hofmannsthal, zu van de Velde, meine nahen Verbindungen mit Dehmel, Liliencron, Klinger, Liebermann, Ansorge, Gerhard [sic!] Hauptmann, ausserdem mit den beiden einflussreichsten Zeitschriften Zukunft und Neue Rundschau, und ganz nach der anderen Seite zur Berliner Gesellschaft, Harrachs, Richters, Sascha Schlippenbach, dem Regiment und schliesslich mein persönliches Prestige. Die Bilanz ist ziemlich überraschend, und wohl einzig. Niemand anders in Deutschland hat eine so starke, nach so vielen Seiten reichende Stellung. Diese ausnutzen im Dienste einer Erneuerung Deutscher Kultur: mirage oder Möglichkeit? Sicherlich könnte Einer mit solchen Mitteln Princeps Juventutis sein. Lohnt die Mühe?[39]

Eine rhetorische Frage, und dies in zweierlei Hinsicht: Einerseits war die Erneuerung der deutschen Kultur, die Kessler hier kokett anspricht, von Anfang an das Ziel der Vertreter des Neuen Weimar gewesen. Andererseits glaubte er sich zu einem Zeitpunkt auf der Höhe seiner Macht, als sich der Widerstand seiner einflußreichen Gegner immer mehr formierte und nur ein Anlaß gesucht wurde, um ihn zu Fall zu bringen. Kesslers von zunehmender Hybris geprägte kulturpolitischen Pläne und Vorstellungen hatten sich in rascher Folge entwickelt und über die Landesgrenzen hinausgegriffen. Seine erschreckende Bereitschaft um 1906, Widersacher – es läßt sich kaum weniger drastisch formulieren – über die Klinge springen zu lassen,[40] führt eindrücklich vor Augen, wie sicher er sich fühlte, mehr aber noch, wie ernst es ihm mit der Realisierung seiner Kulturutopie war. Und doch hatte er sie nicht ernst genug genommen.

Das Scheitern des ehrgeizigen Weimarer Projekts wurde nicht ausschließlich durch den Widerstand konservativer, ignoranter und intriganter Kräfte vor Ort oder durch die vermeintliche Mediokrität und Indolenz des Großherzogs verursacht. Kessler selbst hat mit seiner mangelnden Ortspräsenz entschieden dazu beigetragen. Thomas Föhls Rechnung zufolge mochte

---

39 HGK, Tgb, Berlin, 15. November 1905. – DLA/A: Kessler. Zit. nach: Föhl, Kunstpolitik und Lebensentwurf, S. 77.

40 Es sei an Kesslers Auseinandersetzungen mit Carl Ruland (November 1905) im Zusammenhang mit der Jahresausstellung des Deutschen Künstlerbundes 1906 sowie an die mit Hermann Behmer und Aimé von Palézieux im Rahmen des sogenannten Rodin-Skandals (Frühjahr 1906) erinnert. In allen drei Fällen konnte Kesslers Wunsch nach Duellforderung abgewendet werden. Die näheren Umstände werden weiter unten ausgeführt.

er in den drei Jahren seiner offiziellen Tätigkeit als Leiter des Museums für Kunst und Kunstgewerbe insgesamt etwa acht, neun Monate in Weimar gewesen sein; 1904 kaum acht Wochen, 1905 rund zweieinhalb Monate.[41] Auf diese Weise konnte er oftmals erst zur Vernissage anreisen oder mußte selbst sie versäumen. Henry van de Velde oblag in diesen Zeiten der Abwesenheit die Erfüllung und Überwachung von Aufgaben, die eigentlich dem Museumsdirektor angestanden hätten. Neben dem Museumssekretär Arthur von Payern betreute er eine Vielzahl der Ausstellungen, sorgte für Arrangement und Hängung, führte Hofmitglieder und Gäste durch die Räume. Van de Veldes Tapferkeit hatte Grenzen. Er, dem Kessler am 15. Oktober 1902 seine volle Unterstützung zugesagt und beteuert hatte: „Je viendrai à Weimar, je viendrai certainement, je viendrai surtout s'il y a batailles, intrigues, dangers pour l'œuvre que vous devez y réaliser",[42] mußte sich von ihm im Stich gelassen fühlen. Dies bezeugen nicht nur seine Briefe und Berichte an Kessler, in denen er ihn zur Rückkehr beschwor, zum gemeinsamen Wirken aufrief und um Unterstützung seiner eigenen Kämpfe bat. Auch die Korrespondenz mit Eberhard von Bodenhausen dokumentiert die Gefahr, die sich schon frühzeitig abzeichnete. Van de Veldes Klagen über die Weimarer Verhältnisse und Kesslers Abwesenheit begegnete Bodenhausen nicht nur mit Mitgefühl. Es schwang auch Bitterkeit und Enttäuschung mit, wenn er darüber nachdachte, welches Profil Weimar hätte annehmen können, und was trotz des Potentials verspielt wurde.[43] Bodenhausen hat es nie verwinden können, daß es ihm aus finanziellen Gründen nicht möglich gewesen war, sich als Kunsthistoriker in der Weimarer Szene zu etablieren.[44] Es ist müßig Speku-

---

41 Vgl. Föhl, Kunstpolitik und Lebensentwurf, S. 73 u. 77.

42 HGK an vdV, 15. Oktober 1902. Zit. nach: Kostka, Der Dilettant und sein Künstler, S. 261.

43 Am 8. Oktober 1905 antwortete Bodenhausen auf van de Veldes jüngsten Brief: „Er ist mir tief zu Herzen gegangen und ich fühle mit Dir bis in die Tiefe hinab, was dieser elende Kampf eines jeden Tages und eines großen Lebens für Dich bedeuten muß. Ich trage um so schwerer an diesem Mitfühlen, als ich durch die Macht der Verhältnisse mich gezwungen sehe, untätig zuzuschauen, wie Du Deinen Kampf kämpfst. Es hätte ja auch anders kommen können. Die Dinge hätten sich ja auch so entwickeln können, daß ich mit Dir gearbeitet hätte. Dann wäre sicherlich vieles anders gekommen in Weimar und wenn schließlich auch meine Kraft nicht ausgereicht hätte, der widrigen Verhältnisse Herr zu werden, so hätte sie doch immer nach der Richtung wirken können, Dir einen Punkt der Anlehnung und das Gefühl einer Gemeinschaft im Kampf zu verschaffen." Zit. nach: Bodenhausen, Ein Leben für Kunst und Wirtschaft, S. 215 f.

44 Nach seinem unter persönlichen Opfern durchgeführten Heidelberger Studium der Kunstgeschichte sah sich Bodenhausen gezwungen, eine (zunehmend glänzende) Karriere in der Industrie einzuschlagen, um seiner sechsköpfigen Familie einen angemessenen Lebensstandard bieten zu können. Kesslers Pläne, ihn als Museumsdi-

lationen anzustellen, welchen Wert er als treibende Kraft und Integrationsfigur vor Ort gehabt hätte. Dennoch läßt sich angesichts dessen, was er zuvor für den *Pan* und für van de Velde in Deutschland getan hatte, abschätzen, daß er vor allem jene Stabilität und Ruhe eingebracht hätte, die von Kessler nicht zu erwarten war. Ein konzentriertes, ruhig zupackendes Handeln, eine gelassene Unbeirrbarkeit und Souveränität im Umgang mit Entscheidungsträgern und Widersachern wäre hier notwendig gewesen. Eine solche Haltung hätte zudem dazu beigetragen, den nervösen Aktionismus, mit dem Kessler nicht allein Weimar ins internationale Gespräch brachte, sondern auch die eigene Kraft zersplitterte, zu verankern. Eberhard von Bodenhausen verfolgte diese Entwicklung mit zunehmender Sorge und Unverständnis. So bat er bereits Ende September 1904 van de Velde, Einfluß auf den Freund auszuüben, um ihn „un peu plus sesshaft" zu machen. Er war von Julius Meier-Graefe auf die Gefahr aufmerksam gemacht worden, in der sie in Weimar schwebten:

> J'ai vue Meier-Graefe l'autre jour à Munich et il m'a confié [...] quelle impression pénible il avait eu à Weimar du peu de centralisation et d'importance que Kessler avait su mettre dans sa position. Il a eu le sentiment que au fonds tout cela route sans direction véritable et cette impression lui a été confirmée par Prozor à St. Petersbourg qui lui a dit, qu'il n'avait plus aucun espoir en Kessler qui était toujours absent, et qui n'avait pas du tout le sens de garder les personnes en main et sous vue et direction, avec lesquels il doit vraiment compter. J'espère sincèrement que cette impression n'est pas tout à fait juste; mais il est à regretter que des vues pareilles aient pu naître.[45]

Meier-Graefe und der Ibsen-Übersetzer Maurice Graf Prozor täuschten sich nicht. Mit dem Tod der Erbgroßherzogin Pauline (1904), mehr aber noch mit dem der Großherzogin Caroline (1905) fehlt den Initiatoren des Neuen Weimar ein wichtiger Rückhalt. Einen Tag nach dem Tod der jungen Frau prognostizierte der erschütterte Kessler: „Was wir verloren haben, wird sich nie ermessen lassen. Ich glaube, eine große Zukunft, goldene Jahre deutscher Kultur. Wenn je ein begabtes Wesen, eine groß und kühn denkende Frau, wie Goethe sagte, auf einem deutschen Thron gesessen hat, so die verstorbene Weimarer Großherzogin."[46]

---

rektor, Privatsekretär des Großherzogs oder Direktor eines in Bad Berka zu begründenden Instituts (Wilhelm-Ernst-Schule) in ihre Szene einzubinden, erwiesen sich als nicht realisierbar. Zehn Jahre lang kämpfte Bodenhausen um Existenzsicherung und Aufstieg, bis er 1910 dem Direktorium der Krupp AG in Essen beitreten konnte. Bodenhausen war eine außergewöhnliche Persönlichkeit, die mehrfach für hohe öffentliche und politische Ämter vorgeschlagen wurde – zuletzt für das des Reichskanzlers (Dezember 1917 und März 1918).

45 EvB an vdV, Eybach, 25. September 1904. – DLA/A: Bodenhausen/57.6259.
46 HGK an HvH, Weimar, 18. Januar 1905. – BW HvH/HGK, S. 77.

Die Gegner formierten sich. Wie sehr sie die ‚Partei der Modernen' als Bedrohung empfanden, illustriert sehr eindrucksvoll die Korrespondenz zwischen dem Ehepaar Vignau und dem Dramatiker Ernst von Wildenbruch. Hippolyt von Vignau, seit 1895 Intendant beziehungsweise seit 1897 Generalintendant des Großherzoglichen Hoftheaters und der Hofkapelle, unterrichtete den Nationaldichter nicht erst anläßlich des Dumontschen Theaterprojekts von der Gefahr, die Weimar als ‚Hort des deutschen Idealismus' drohte. Die Publizität, die das Neue Weimar genoß, mußte ihn empören und verletzen, da damit auch sein langjähriges Wirken als unbedeutend abgetan wurde.[47] Was er als ‚minderwertige Gesellschaft' bezeichnete, dafür hatte seine Gattin Margarethe Ende Januar 1904 drastischere Worte: „Es ist eine Heuschreckenschaar hier eingefallen, die jedes grüne Blättchen abnagen wird, Nichts ist dieser pietätlosen, fremdländischen Bande heilig u. wenn man sie nicht mit Pech und Schwefel heraustreibt, so wird Weimar kahl gefressen, es bleibt ein öder, wüster Ort wo keine Blume mehr sprießt!"[48] Ihrem Aufruf zum Kampf gegen das „Heer von ‚Übermenschen'" folgte Wildenbruch willig und mit Erfolg, wie wir sehen werden.

Harry Graf Kesslers Sturz folgte im Frühsommer 1906. Auslöser war der berühmte Rodin-Skandal: Auseinandersetzungen um die Schenkung von vierzehn Aquarellskizzen Auguste Rodins und ihre Widmung an Wilhelm Ernst, Ehrenhändel und undiplomatisches Verhalten Kesslers machten es unumgänglich, daß der Graf am 3. Juli 1906 seinen Rücktritt erklärte.[49] Der

---

47 Am 16. September 1904 schrieb er aus Salzburg: „Haben Sie, lieber Herr von Wildenbruch, in N. 37 der ‚Woche' einen Artikel mit Illustrationen gelesen, betitelt ‚Das neue Weimar', in welchem für die um das Nietzsche-Archiv sich gruppierenden neuen Männer der Anspruch erhoben wird, daß sie ein neues glänzendes Övre aus dem Schutt und Moder des todten Weimar emporblühen lassen? Es werden zu dieser Reklame auch die Namen von Leuten genannt, die nur einen *vorübergehenden* Besuch in Weimar gemacht haben wie Rich. Dehmel, Liliencron, Ansorge u.s.w. Man spricht unverhohlen aus, daß seit Anna Amalie und Goethe erst jetzt seit wenigen Jahren durch die ‚neuen Kulturschaffer' eine bessere Befruchtung des alten abgestorbenen, einem Friedhof vergleichbaren, Weimar stattgefunden habe. Es wird doch Alles auf den Kopf gestellt, wenn man die Zeiten Carl Alexanders und seiner Freunde und Kunst-Förderer für Nichts erachtet und *jetzt* das goldene Zeitalter unter Wilhelm Ernst mit den dekadenten Künstlern und Schriftstellern (van de Velde, Johannes Schlaf etc) ankündigt." GSA 94/271,2. (Hervorhebungen im Original.) Der angesprochene Artikel stammt von Max Hausen: Das neue Weimar. In: Die Woche (Berlin), 6. Jg., Nr. 37, 10. September 1904, S. 1641-1645.

48 Margarethe von Vignau an Ernst von Wildenbruch, Weimar, 26. Januar 1904. – GSA 94/272,1.

49 Siehe hierzu Volker Wahl: Die Jenaer Ehrenpromotion von Auguste Rodin und der ‚Rodin-Skandal' zu Weimar 1905/06. In: Ders.: Jena als Kunststadt. Begegnungen mit der modernen Kunst in der thüringischen Universitätsstadt zwischen 1900 und

Anlaß war banal genug, um von Kessler mißachtet, von seinen Gegnern jedoch entschlossen genutzt zu werden. Der Maler Hermann Behmer, Professor an der Weimarer Kunstschule und Vater des bekannten Illustrators Marcus Behmer, hatte mit einer Leserzuschrift an die Weimarische Landeszeitung *Deutschland* den Stein ins Rollen gebracht.[50] In diesem am 17. Februar
1906 veröffentlichten Leserbrief empörte sich Behmer über die vierzehn
aquarellierten Aktzeichnungen, die Auguste Rodin dem Großherzog Ende
Mai 1905 geschenkt hatte. Sie hatten Rodins innigen Dank für die Anerkennung seiner Arbeit bezeugt, nachdem Kessler im Sommer 1904 im
Karlsplatz-Museum eine größere Ausstellung seiner Werke veranstaltet[51] und
eine Aktion der Jenaer Universität zur Verleihung der Ehrendoktorwürde an
Rodin (9. Mai 1905) unterstützt hatte. Jene Aquarellskizzen, die Großherzog
Wilhelm Ernst mit „lebhafter Genugtuung" angenommen hatte,[52] stellte
Kessler nun ab dem 5. Januar 1906 im Museum für Kunst und Kunstgewerbe
aus. Behmers Kritik war nicht künstlerischer, sondern inhaltlicher Art. Er
warnte weibliche Besucher vor der Betrachtung solcher ‚Obszönitäten' und
griff unter anderem Kessler als Aussteller dieser „ekelhaften Zeichnungen"
an, indem er ausrief: „Pfui und tausendmal Pfui über den Urheber und seine
Helfershelfer, die solche Abscheulichkeiten uns vor Augen stellen."[53] Behmers öffentliche Empörung löste nicht nur eine nationale Presseschlacht um
Rodins Kunst und die ‚Beleidigung' des Großherzogs (durch diese Schenkung) aus, sondern auch interne Auseinandersetzungen am großherzoglichen
Hof. Aimé von Palézieux-Falconnet, der seit drei Jahren klagte, Kessler würde mit der inhaltlichen und formalen Umgestaltung des Museums am
Karlsplatz sein Lebenswerk zerstören, nutzte die Chance, seinem Widersacher zu schaden. Kessler wurde unterstellt, die Schenkung des Künstlers ohne Wissen des Großherzogs angenommen zu haben. Bei der ersten Sitzung
des Museumskuratoriums, bei der der Fall am 20. Februar 1906 diskutiert
wurde, befand sich Kessler in der Defensive. Weder konnte er durch den ab-

---

1933. Leipzig 1988, S. 56-77; Renate Müller-Krumbach: Kessler und die Tradition.
Aspekte zur Abdankung 1906. In: Neumann/Schnitzler (Hg.), Kessler: Ein Wegbe-
reiter der Moderne, S. 205-223. Siehe ebenfalls die sensible Analyse in Grupp, Harry
Graf Kessler, Biographie, S. 121-128.

50   Siehe unter Rubrik „Eingesandt". In: Deutschland. Weimarische Landeszeitung, 17.
     Februar 1906.
51   Rodin. 16 Skulpturen, 32 Zeichnungen, 50 Photographien. Großherzogliches Muse-
     um für Kunst und Kunstgewerbe, 6. Juli bis 15. August 1904.
52   Dankschreiben vom 9. Juni 1905. Zit. nach: Thomas Föhl: Ein Museum der Moder-
     ne. Harry Graf Kessler und das Neue Weimar. In: Manet bis van Gogh. Hugo von
     Tschudi und der Kampf um die Moderne. Ausstellungskatalog, hg. v. Johann Georg
     Prinz von Hohenzollern u. Peter-Klaus Schuster. München/New York 1996, S. 299.
53   Ebd. Zit. nach: Föhl, Kunstpolitik und Lebensentwurf, S. 84.

wesenden Großherzog entlastet werden noch jene Dokumente vorlegen, die sein korrektes Vorgehen belegten. Kurz darauf schaltete sich Kessler jedoch aktiv in das Intrigenspiel ein, indem er das wiedergefundene Dankschreiben Wilhelm Ernsts zurückhielt und seine Gegner sich weiter in ihr Ränkespiel verstricken ließ. Ihre Desavouierung war dann umso größer. Die geforderte Ehrenerklärung respektive Entschuldigung erhielt Kessler nur von Kabinettsekretär Egloffstein. Palézieux hingegen machte Kesslers Ansuchen, das im Fall einer Ablehnung eine Duellforderung in Aussicht stellte, publik. Indem Palézieux diese privaten Ehrenhändel Staatsminister Rothe bekanntgab und auf den offiziellen Dienstweg brachte, verstieß er gegen den Ehrenkodex der Offiziere. Dies war *ein* Grund dafür, daß Kessler Palézieux bis zu seinem Tod am 10. Februar 1907 mit unversöhnlichem Haß verfolgte. Denn auch noch nach seiner Demission ließ Kessler die Sache nicht auf sich beruhen. Er nutzte seine Beziehungen zur Presse, namentlich zu Maximilian Harden und der Wochenzeitung *Die Zukunft*,[54] um seinen Gegner weiter zu attackieren und eine Untersuchung vor dem Ehrengericht seines Potsdamer Regiments zu initiieren. Palézieux' früher Tod – möglicherweise Selbstmord – verhinderte die Verhandlung, die mit der Aberkennung seines Offiziersranges hätte enden können. Kessler fühlte sich dadurch um den Sieg betrogen, wie ein Brief an Hugo von Hofmannsthal belegt: „Mir ist der Mann entgangen, das ist was für mich übrigbleibt, eine Leere und eine Art von Unglauben an die Wirklichkeit seines Verschwindens [...] Ich hätte mich lieber mit ihm geschossen, was reinlicher gewesen wäre als dieser Vorstadt Schauer Dramen Schluß."[55]

Der Grund für Kesslers anhaltenden Haß und die Verfolgung seiner Rachegelüste ist nicht nur darin zu suchen, daß Palézieux gegen den militärischen Ehrenkodex verstoßen hatte. Mit der Affäre um die Schenkung und Ausstellung der Rodin-Blätter hatte Palézieux es auch erreicht, daß Kessler, obwohl er rechtlich gesehen rehabilitiert worden war, definitiv in die Ungnade des Großherzogs fiel. Diese wurde ihm offen demonstriert, als Wilhelm Ernst nach seiner Rückkehr von einer Indienreise am 12. Juni 1906 die Dritte Ausstellung des Deutschen Künstlerbundes im Großherzoglichen Museum besuchte und dem Veranstalter Kessler ostentativ den Handschlag verweigerte.[56] Am 3. Juli reichte Kessler sein Abschiedsgesuch ein, das am 13. desselben Monats angenommen wurde. Nach Kesslers Demission übernahm Palézieux die Leitung des Museums am Karlsplatz, löste das Museumskura-

54 Vgl. Maximilian Harden: Weimar. In: Die Zukunft, 15. Jg., Nr. 13, 29. Dezember 1906, S. 505-510, sowie ders.: Weimar. In: Die Zukunft, 15. Jg., Nr. 17, 26. Januar 1907, S. 153-156.
55 HGK an HvH, London, 17. Februar 1907. – BW HvH/HGK, S. 147.
56 Vgl. van de Velde, Geschichte meines Lebens, S. 289.

torium auf, vertrieb das Büro des Deutschen Künstlerbundes aus seinem Haus und reorganisierte das Museum in seinem Sinne.

Kesslers Scheitern in Weimar ist den schweren taktischen Fehlern zuzuschreiben, die er im Umgang mit dem großherzoglichen Hof und verdienten Kulturbeamten begangen hat. Seine Überzeugung, das Richtige zu wollen und zu tun, ließ ihn unbekümmert über Bestehendes hinweggehen und Widerstände rücksichtslos brechen. Mit seinem elitären Überlegenheitsgefühl stieß er nicht nur Großherzog Wilhelm Ernst des öfteren vor den Kopf, wenn er ihm deutlich zu verstehen gab, daß er die aktuellen Kunstströmungen nicht richtig einzuschätzen vermochte.[57] Auch Fachleute wie Carl Ruland, den Direktor des Großherzoglichen Museums und des Goethe-Nationalmuseums, machte er sich durch undiplomatisches Vorgehen zum Feind. Über Rulands Rücktritt vom 8. April 1906, den Kessler provoziert hatte, sollte der Graf mittelbar schließlich selber zu Fall kommen.[58] Neben dem Rodin-Skandal waren es die Auseinandersetzungen mit Ruland und seiner Umgebung, die zur stetigen Verschlechterung des Klimas um Kessler beitrugen und ihn zu seiner Demission zwangen. Gegen Rulands Willen hatte es Kessler durchgesetzt, daß die Dritte Ausstellung des Deutschen Künstlerbundes, die er als dessen Vizepräsident organisierte, aus Platzgründen im Großherzoglichen Museum stattfand (7. Juni bis 15. September 1906). Zu diesem Zweck mußte der gesamte Museumsbestand ausgeräumt und im Reithaus an der Ilm untergebracht werden, was in konservativer Hinsicht nicht unbedenklich war. Rulands Widerstand war jedoch vor allem kunstpolitisch begründet gewesen. Er warnte vor den Signalen, die eine solche Veranstaltung nach Berlin ausstrahlen würde: die Identifizierung des großherzoglichen Hauses mit der Sezessionskunst, die Sanktionierung jener Moderne, die der Kaiser mißbilligte. An diese Überlegung knüpft sich Kesslers schwerstwiegende Fehleinschätzung. Er glaubte, mit der Realisierung seiner Aktionen das Großherzogtum in bewußte Frontstellung zur Berliner Kulturpolitik bringen zu können. Ohne zu sehen, daß Wilhelm Ernst und seine Hofbeamten einen solchen Konflikt immer scheuen würden. Im Frühjahr 1906 hatte er letztlich den Bogen überspannt und sah sich gezwungen, sein Ehrenamt als Leiter des Museums für

---

57 So brüskierte Kessler ihn am 10. November 1905, indem er Wilhelm Ernsts Aussage, der Neo-Impressionismus sei ja nun tot und somit auch bald der Deutsche Künstlerbund, als Scherz auffaßte und in Gelächter ausbrach, was den Großherzog „ganz aus der Fassung brachte, er wurde rot, stotterte und gieng [sic!] dann weiter." HGK, Tgb, Weimar, 10. November 1905. – DLA/A: Kessler. Zit. nach: Föhl, Kunstpolitik und Lebensentwurf, S. 85.

58 Siehe hierzu im Detail den in Anm. 49 erwähnten Aufsatz von Renate Müller-Krumbach (1997): „Kessler und die Tradition. Aspekte zur Abdankung 1906."

Kunst und Kunstgewerbe aufzugeben, nachdem er die Basis seiner Stellung – das Wohlwollen des Großherzogs – verloren hatte.

Die Aktivitäten des Neuen Weimar verlagerten sich in die Privatsphäre der Beteiligten. Im Empfinden des „Glück[s], nach einem gefährlichen Abenteuer wieder *frei* zu sein",[59] hatte Kessler zunächst die Freunde beschworen, an ihrem Ziel, das nur in Weimar erreichbar sei, festzuhalten:

> Im *Zusammenhalten* unseres Kreises, [...] in dem immer schärferen und klareren *Herausarbeiten* unserer Charaktere und Bedürfnisse[,] bis *wir wenigstens* in Deutschland eine Kultur haben, die mit unsren Instinkten, unsrer Zeit und unsrer Schaffensfähigkeit zusammenstimmt, darin sehe ich das Glück und die Aufgabe der nächsten Jahre.[60]

Noch immer glaubte er, daß ein zwei- bis dreimaliges Zusammentreffen pro Jahr von bedeutenden Künstlern und Dichtern „in dieser Weimarer Atmosphäre, so wie es nirgends anders geschehen kann", das Aufblühen einer „deutschen raffinierten Kultur" ermöglichen würde,[61] frei von lästiger Rücksichtnahme auf den Hof. Dies wäre für ihn die einzig denkbare Vergeltung am Großherzog, das wirkliche Brandmal, das er „dem Minderwertigen" aufzudrücken wünschte, dem „seine eigene That verbietet, mitzuwirken."[62]

Der Kreis hielt zusammen, dennoch verlor sich die Intensität seines gemeinsamen Wirkens und Wollens. Kessler selbst verlagerte seine Aktivitäten zunehmend nach Berlin und ins Ausland, suchte engen Kontakt zu Hofmannsthal, Aristide Maillol und zur europäischen Theaterszene. Das Projekt des Nietzsche-Denkmals (1910-1913) sollte der letzte Versuch werden, dem Neuen Weimar, das in Vergessenheit zu sinken drohte, einen neuen Impuls zu geben. Es richtete sich an die internationale Nietzsche-Gemeinde, somit an Interessierte und Wissende. Dies erklärt, warum sich Kessler mit großem Elan an diesem Projekt beteiligte, nachdem er zweieinhalb Jahre zuvor die einst geplante ästhetische Erziehung der Weimarer Gesellschaft als aussichtslos aufgeben und bekannt hatte: „J'ai perdu toutes mes illusions."[63]

---

59 HGK, Tgb, 13. Juli 1907. – DLA/A: Kessler. Zit. nach: HGK, Katalog, S. 201. (Hervorhebung im Original.)
60 HGK an HvH, Paris, 17. Juli 1906. – BW HvH/HGK, S. 122 f. (Hervorhebungen im Original.)
61 HGK an EFN, 13. Juli 1906. – BW EFN/HGK, S. 131.
62 HGK an HvH, 17. Juli 1906. – BW HvH/HGK, S. 122.
63 HGK an vdV, 5. August 1908. Zit. nach: Grupp, Geteilte Illusionen, S. 201.

2.   Der Kampf um die theatralische Moderne

2.1. Wiener Ambitionen: Reinhardt, Bahr und Hofmannsthal in Weimar

Zwei Jahre nach dem fehlgeschlagenen Darmstädter Experiment wurde Harry Graf Kessler erneut in ein Theaterprojekt Hermann Bahrs miteinbezogen, das erstmals mit seinen eigenen Plänen harmonierte. Bahr hatte im Sommer 1902 ein weiteres Mal versucht, in einem der modernen kulturellen Zentren Deutschlands Fuß zu fassen und so der ihn erstickenden Atmosphäre Wiens zu entfliehen.[64] Der Dauerfehde mit Karl Kraus müde, enttäuscht und ein wenig zermürbt von der Fruchtlosigkeit seines Kampfes gegen das kunstfeindliche Klima vor Ort, suchte er ein Terrain, das seinen organisatorischen und publizistischen Einsatz lohnte. Nachdem sich sein Wunsch, in Berlin das Bunte Theater von Ernst von Wolzogen zu übernehmen, nicht erfüllen ließ, trat er im Frühjahr 1903 mit Max Reinhardt in Verbindung. Diese Annäherung kam nicht von ungefähr. Das zehntägige Gastspiel des Kleinen Theaters im Wiener Deutschen Volkstheater brachte Bahr zu der Überzeugung, daß sich hier erfüllt hatte, was Olbrich und er sich drei Jahre zuvor von der Darmstädter Künstlerkolonie erhofft hatten: „Diese deutsche Schauspielkunst, die ich verwegen damals verhieß, hier ist sie: im ‚Kleinen Theater' ist sie erbracht."[65]

Am 12. Mai 1903 erfuhr Bahr erstmals von Reinhardts Wunsch, gemeinsam mit ihm in Wien ein Theater zu leiten, was bald als ‚Doppeltheaterprojekt Berlin – Wien' diskutiert wurde.[66] Diese Idee erwuchs

---

64   Den Warnungen seines Freundes Josef Redlich, nichts zu überstürzen und vielmehr abzuwarten, bis sich in Wien selbst Ähnliches ergäbe, entgegnete Bahr am 22. August 1902: „Natürlich überlege ich sehr, da ich doch hier ‚Sicheres' aufgebe... Aber mir wird die Luft hier zu dick. Ich kann solche aussichtslose und von Europa ausgeschlossene Pensionistenexistenz nicht mehr vertragen." Dichter und Gelehrter. Hermann Bahr und Josef Redlich in ihren Briefen 1896-1934. Hg. v. Fritz Fellner. Salzburg 1980, S. 7.

65   Und weiter: „Hier wird jedes Stück aus der Form des Dichters erst in die des Schauspielers umgefühlt. Hier wirkt auch die geringe Kraft, weil sie im Ganzen steht und sich vom Ganzen gehalten fühlt. Hier malt nicht irgend ein Maler ein Panorama hin, in welchem die Schauspieler dann verwundert auf- und abspazieren, sondern die Dekoration spielt sozusagen mit, der Maler nimmt den Ton des Schauspielers auf, drückt ihn durch seine Kunst aus und was wir sehen, was wir hören, stimmt alles wunderbar ein." Hermann Bahr: Kleines Theater. (Zum Gastspiele im Deutschen Volkstheater vom 1. bis 10. Mai 1903.) In: Ders.: Glossen. Zum Wiener Theater (1903-1906). Berlin 1907, S. 236-244, Zitat S. 244.

66   Vgl. Hermann Bahr: Tagebücher, Skizzenbücher, Notizhefte. Bd. 3: 1901-1903. Hg. v. Moritz Csáky. Wien/Köln/Weimar 1997, S. 310 ff.

allmählich zum Plan eines Städtebundtheaters. Die nach Plänen Otto Wagners in Berlin, Wien, München (Leitung: Franz Blei) und Hamburg (Leitung: Felix Hollaender) zu errichtenden Bühnenhäuser sollten zu einem Konzern mit einem gemeinsamen Spielplan (bei Austausch der Inszenierungen) zusammengeschlossen werden. Im Juli 1903 brachte Hermann Bahr Salzburg ins Spiel: Hier sollte der ehemalige Burgtheaterdirektor Max Burckhard, den Bahr zunächst noch als Dramaturgen an sein Wiener Haus binden wollte,[67] die Leitung des Theaters übernehmen. Diese Salzburger Idee entwickelte sich zu Reinhardts Lieblingsgedanken. Bis Mitte Dezember wurden hierfür Pläne geschmiedet, nachdem das Doppeltheater-Projekt trotz fortgeschrittener Vorbereitungen vorerst geplatzt war.[68] Ende August 1903 hatte Bahr vorgeschlagen, im Sommer nächsten Jahres für sechs Wochen das Salzburger Theater zu pachten. Eine knappe Pogrammskizze verzeichnet die Namen Eleonora Duse und Isadora Duncan sowie Reinhardts Erfolgsproduktionen *Nachtasyl* (Gorki) und *Elektra* (Hofmannsthal).[69] Die monatelangen Diskussionen nahmen am 14. Dezember 1903 schließlich eine unerwartete Wendung, wie wir einer Bahrschen Notiz entnehmen können:

> Im Neuen Theater mit Reinhardt, Holländer, Kahane: *Klassisches Theater, Romantisches Theater, Shakespeare-Spiele* für Salzburg durchgesprochen, bis wir uns auf Ibsen-Spiele (nemlich des letzten Ibsen, Rosmersholm – Wenn wir Todten erwachen) einigen, aber für eine mittlere Deutsche Stadt, zunächst Weimar.[70]

Die Vermutung liegt nahe, daß es Bahr gewesen ist, der diese überraschende Ortswahl vorgeschlagen hatte. Über seinen Freund Hugo von Hofmannsthal wird er über die Entwicklungen des Neuen Weimar laufend unterrichtet sein. Wie sehr diese ihn interessieren mußten, gerade nachdem sich seine eigenen Darmstädter Visionen nicht hatten realisieren lassen, dokumentiert eine unscheinbare Tagebuchnotiz vom 5. April 1903. An diesem Tag hatte er der depressiven Eleonora Duse eine neue Aufgabe vor Augen geführt, die sie nach ihrer Trennung von Gabriele d'Annunzio zu erfüllen hätte: „[...] das

---

67 Der schwerkranke Burckhard soll für diesen Gedanken eine wahre Passion gehabt haben, wie Hermann Bahr am 18. Juni 1903 Josef Redlich berichtete. Vgl. Fellner (Hg.), Dichter und Gelehrter, S. 15.

68 Nach Zand und Mayerhofer dürften die unzureichende Finanzierung und das mangelnde Engagement Reinhardts, der mit dem Aufbau des Kleinen und Neuen Theaters in Berlin beschäftigt war, hierfür der Grund gewesen sein. Vgl. den Brief Arthur Kahanes an Hermann Bahr vom 18. Oktober 1903, in dem er ihr Bedauern über die vorläufige Aufschiebung des Wiener Projekts ausdrückte. Zit. in: Helene Zand/Lukas Mayerhofer: Hermann Bahr in den Jahren 1901 bis 1903. In: Bahr, Tagebücher, Skizzenbücher, Notizhefte, Bd. 3, S. XXIII f.

69 Vgl. Bahr, Skizzenbuch 2, 24. August 1903. – Ebd., S. 375.

70 Ebd., S. 417.

Höchste vollbringen, wonach unsere ganze Epoche drängt: faire revivre l'antiquité."[71] Sein Vorschlag zielte nicht auf eine Aufführung eines Dramas der griechischen Antike, sondern auf öffentliche Lesungen von Homer und Platon. Diese Idee hatte bekanntlich bereits zu seinen Darmstädter Programmpunkten gehört, und hierauf bezieht sich die bemerkenswerte Eintragung:

> Wir sind auf das Thema gekommen durch die Bemerkung Isadorens [Duncan], sie sei immer durch die Anwesenheit der anderen Schauspieler neben der Duse auf der Bühne verletzt, presque jalouse, und möchte sie auf einer ganz leeren Bühne allein sich bewegen sehen. Ich denke an Darmstadt, denke an Keßler – Weimar, denke an meinen alten Salzburger Plan.[72]

Kessler und das Neue Weimar waren also in Bahrs Bewußtsein präsent, stellten einen Projektionsort dar, noch ehe sich infolge des Wiener Reinhardt-Gastspiels neue berufliche Perspektiven für Bahr abzeichneten.

Harry Graf Kessler wurde von Hofmannsthal über die geplanten *Ibsen-Spiele* informiert, um sich vor Ort für sie einzusetzen. Er tat es gern, und nicht allein wegen der Aussicht, mit dem zunehmend prestigeträchtigen Theater Reinhardts einen weiteren Attraktionspunkt für sein Weimar der Moderne zu gewinnen. Dieses Projekt schien Kessler ein zusätzliches geeignetes Mittel zu sein, um seinem Freund Hofmannsthal den Weg zum Weimarer Intendantensessel zu ebnen. Kesslers Ambitionen hatten sich nicht darauf beschränkt, Dichter wie André Gide, Gerhart Hauptmann, Rainer Maria Rilke und Richard Dehmel für Lesungen und Vorträge zu gewinnen. Den jungen Wiener Dramatiker wünschte er dauerhaft an die Residenzstadt zu binden. In seinem Bemühen, Freunde auf strategisch wichtige Posten zu platzieren, spielte auch das Großherzogliche Hoftheater eine große Rolle. In deutlicher Fehleinschätzung der Machtverhältnisse am Weimarer Hof und seiner eigenen Einflußmöglichkeiten auf den jungen Großherzog hielt es Kessler für möglich, mittels einer konzertierten Aktion den Sturz des seit sechs Jahren amtierenden Generalintendanten Hippolyt von Vignau herbeizuführen. Vignau hatte sich, wie erwähnt, als erbitterter Gegner des Neuen Weimar erwiesen. Er verteidigte Weimars Ruf und die, wie er meinte, aus der Vergangenheit erwachsene Verpflichtung, ein ‚Hort des Idealismus' zu sein. In seinem Dreispartenhaus bemühte sich Vignau, mit Klassikerpflege, Gebrauchsdramatik und einigen wenigen Vertretern der Moderne einen abwechslungsreichen Spielplan zu gestalten.[73] Seit Jahren kämpfte er mit niedrigen Besucher-

---

71 Ebd., S. 282.
72 Ebd.
73 Siehe Adolf Bartels: Chronik des Weimarischen Hoftheaters 1817-1907. Festschrift zur Einweihung des neuen Hoftheater-Gebäudes 11. Januar 1908. Weimar 1908.

zahlen und finanziellen Defiziten. Ein Neubau des feuerpolizeilich kaum mehr zulässigen Hoftheaters, der seit 1892 immer wieder gefordert wurde, erschien gerade nach dem verheerenden Brand des neueröffneten Iroquois-Theater in Chicago dringlich. Dieser hatte am 31. Dezember 1903 mehr als 690 Todesopfer gefordert und nicht nur in Weimar eine Überprüfung der Sicherheitsvorkehrungen in den Theatern ausgelöst. Die nunmehr wieder aktuelle Hoftheaterbaufrage trug wesentlich zur Verschärfung der Diskussionen um ein zweites Theater in Weimar bei, wie es Louise Dumont und Gustav Lindemann im Winter 1903/04 planten. Für beide Projekte erhoffte sich Henry van de Velde den Bauauftrag. Vignau empfand jede Aktivität der Modernen auf theatralischem Gebiet als Bedrohung seiner eigenen Position und Intentionen. Und dies zu Recht. Kessler hielt Vignaus Position letztlich für unhaltbar, wenn sich seine Gegnerschaft hinsichtlich ihrer Bestrebungen, die nach Kesslers Willen auch die Bestrebungen des Großherzogs sein sollten, immer deutlicher manifestieren würde. Mit Ungeduld erwartete er diesen Augenblick, wie er Hofmannsthal am 24. Dezember 1903 bekannte: „Wir müssen sehen, daß wir *schnell* die Stelle für *Sie* freimachen. Weimar nimmt jetzt einen solchen Anlauf, wird in Kurzem so viel bedeuten, daß am Theater nur ein Dichter ersten Ranges dort am Platz ist."[74]

Ende August 1903 hatte er Hofmannsthal erstmals diese Perspektive eröffnet, als der Neunundzwanzigjährige Kesslers Einladung nach Weimar folgte und vor Erbgroßherzogin Pauline aus dem *Kleinen Welttheater* las. Hofmannsthal hatte auf Kesslers überraschenden Vorschlag einer Weimarer Intendanz zunächst zurückhaltend reagiert.[75] Doch als Kessler vier Wochen später den für Hofmannsthal so wichtigen Kontakt zu Edward Gordon Craig herstellte und Realisierungen durch den Bühnenbildner und -reformator greifbar schienen, wie Hofmannsthal sie in seinem Essay *Die Bühne als Traumbild* (1903) imaginierte, wuchs sein Interesse an einem gemeinsamen Wirken in dieser Stadt. Hieran entzündeten sich Kesslers Visionen. Er wollte Craig nach Weimar holen und suchte ausgerechnet ihn, den Verfechter der *Kunst* des Theaters und Feind von Freilichtaufführungen, für die Inszenierung einer Pastorale zu gewinnen, die Hofmannsthal für den Park von Belvedere schreiben wollte.[76] War dieser Gedanke auch nicht mehr als eine Spiele-

---

74 HGK an HvH, Berlin, 24. Dezember 1903. – BW HvH/HGK, S. 61. (Hervorhebungen im Original.)

75 „Nachher sprach ich mit Hofmannsthal darüber, ob er nicht hier Intendant werden möchte. Er antwortete nicht positiv, schien aber nicht abgeneigt." HGK, Tgb, Weimar, 26. August 1903. – DLA/A: Kessler.

76 Vgl. HGK, Tgb, London, 29. September u. 7. Dezember 1903. – DLA/A: Kessler. Siehe auch Kesslers Brief an Hofmannsthal vom 24. Dezember 1903. – BW HvH/HGK, S. 62.

rei, der bald darauf aus finanziellen Gründen fallen gelassen wurde,[77] so hätten sich bei Erfolg ihrer Vignau-Intrige größere Projekte realisieren lassen. Craigs Interesse für Henry van de Veldes Theatermodelle und Entwürfe, die er im Juli 1904 vor Ort kennenlernte, ist hierfür nur *ein* Indiz.

Im September 1903 hatte Kessler den Gedanken einer Hofmannsthalschen Intendanz noch mit Gelassenheit behandelt und seiner Schwester mitgeteilt, dies ließe sich wohl in einer Reihe von Jahren verwirklichen, wolle man den alten Mann (Vignau) nicht vergiften.[78] Gegen Ende des Jahres schien die Angelegenheit jedoch dringlich und auch realisierbar zu sein. 1903 formierten sich die Aktivitäten des Neuen Weimar zunehmend und steuerten auf einen Kulminationspunkt zu, der gegen Jahresende erreicht wurde. Gestaltungs- und Einflußmöglichkeiten auf verschiedenen Ebenen zeichneten sich ab, Heterogenes fügte sich allmählich zu einem geschlossenen Erscheinungsbild. Van de Veldes Kunstgewerbliches Seminar wuchs, Kesslers Ausstellungen brachten Ansehen und Aufregung mit sich, das Nietzsche-Archiv war jüngst glanzvoll wiedereröffnet worden, die Entwürfe für einen Neubau des Museums für Kunst und Kunstgewerbe schritten voran, der Deutsche Künstlerbund wurde im Zuge der Auseinandersetzung um die Weltausstellung in St. Louis begründet – all dies rückte Weimar in den Mittelpunkt des Kunstinteresses und festigte Kesslers Ruf und Gewicht in der Szene. Parallel dazu liefen drei Aktionen, die die bestehenden Theaterverhältnisse in Weimar verändert hätten und die Kessler in der Forschung zuweilen in den Ruf eines ‚Theaterreformators'[79] brachte: Die *Ibsen-Spiele*

---

77   Am 24. Dezember 1903 hatte Kessler Hofmannsthal über den Stand der Verhandlungen unterrichtet: „Es wäre eine sehr herbe Enttäuschung, wenn aus der Sache Nichts würde. *Ich glaube aber auch*, daß wir sie *klein* und *ohne* Gordon Craig machen müssen. Craig meinte, seine Inszenierung für ein Stück koste etwa 1000 £, seine eigene Arbeit während eines Monats 250 £, so daß die Sache doch etwa 30.000 M kosten würde. Ich glaube kaum, daß der Erbgroßherzog [sic!] soviel hergeben wird." BW HvH/HGK, S. 62. (Hervorhebungen im Original.) Zur Zusammenarbeit zwischen Craig, Hofmannsthal und Kessler siehe Kapitel IV.1.

78   Am 3. September 1903 schrieb Kessler an Wilma Marquise de Brion: „[...] I have a sort of distant hope of attaching Hofmannsthal to Weimar, I mean making him come to live here. I should like him to be Intendant of the Gr. Ducal theatre. He has most interesting ideas about the staging, the mise en scène, of pieces and great talent en détail also, I think, by the way he talks. But there is an old man we shall have to poison, before this can be realised. However, I hope que ça se fera within a reasonable number of years. [...]" DLA/A: Kessler.

79   Jüngst etwa bei Thomas Neumann, der den Zusammenhang zwischen Adolf Bartels' Nationalbühnengedanken und jenen Diskussionen um Kessler, „der neben anderen kulturpolitischen Innovationen auch eine Reform des Theaterwesens anstrebte", skizziert. Vgl. Thomas Neumann: Völkisch-nationale Hebbelrezeption. Adolf Bartels und die Weimarer Nationalfestspiele. Bielefeld 1997, S. 100.

1904 von Reinhardt und Bahr, das Dumontsche Festspieltheater sowie die
Frage der Weimarer Hoftheaterintendanz waren jene Projekte, die ab November 1903 zeitgleich diskutiert wurden. Diese Zusammenhänge muß man
sich vergegenwärtigen, will man Hofmannsthals Interesse an der Leitung eines Theaters verstehen.

Hofmannsthal hat zu diesem Zeitpunkt den Gedanken einer Intendanz
durchaus ernst genommen, so sehr auch die Vorstellung, der so ganz in der
österreichisch-ungarischen Donaumonarchie verwurzelte Dichter könnte ge-
willt sein, sein kleines Rodauner Fuchsschlössel zu verlassen und ins thüringische Weimar zu ziehen, überraschen mag. Drei Briefe aus der Korrespondenz mit dem herzkranken Hermann Bahr geben näheren Aufschluß über
seine Motive. Am 20. Januar 1904 unterrichtete Hofmannsthal Bahr über
seine aktuellen Arbeitspläne, die er in Venedig überdachte: das Trauerspiel
Das gerettete Venedig galt es endlich fertigzustellen, daneben beschäftigten
ihn *Die Bacchen, Ödipus auf Kolonos* und das Mysterium *Jedermann*. Er
bekannte seine Verbundenheit mit dem Theater Max Reinhardts, der drei
Monate zuvor seine *Elektra* uraufgeführt hatte, und proklamierte: „Ich hab'
eine so große Lust, [...] vieles Schöne für das Theater zu machen: nur fühle
ich, wie sehr ich von der realen Bühne abhänge, wie sehr ich es notwendig
hätte, daß es mehr Schauspieler gäbe, wie die Eysoldt eine ist."[80] Weimar
hätte nicht allein eine geographische Nähe zu dem bedeutet, was Hofmannsthal an Berlin interessierte: sein Verlagshaus S. Fischer und jene
Theater von Reinhardt und Otto Brahm, die ihm Uraufführungsmöglichkei-
ten boten. Mit einer eigenen Bühne hätte sich der knapp Dreißigjährige in der
Lage gesehen, seine Vorstellungen von Regie und Schauspielkunst, wie er
sie bald kontinuierlich mit Reinhardt diskutieren sollte, zu verwirklichen.
Aus diesem Grund hatte Kessler ihn auf das Weimarer Hoftheater aufmerksam gemacht.[81] Den größten Reiz scheint auf Hofmannsthal zu diesem Zeitpunkt jedoch der Aspekt der Spielplangestaltung ausgeübt zu haben. Ein
Brief vom 17. Februar 1904 dokumentiert, daß er sich in Weimar an Karl
Leberecht Immermann orientieren wollte. Unter dem Lektüreeindruck von
Richard Fellners materialreicher *Geschichte einer Deutschen Musterbühne*,[82]
die Immermanns Leitung des Düsseldorfer Stadttheaters von 1834 bis 1837
ausführlich darstellt, teilte Hofmannsthal Bahr begeistert mit: „Diesem Menschen muß ich in Weimar nachstreben, freilich mit welchem anderen, wunderbar bereicherten Material: Euripides und die Altersstücke von Ibsen, Cal-

---

80 HvH an Hermann Bahr, Venedig, 20. Januar 1904. – Hofmannsthal: Briefe 1900-
    1909. Wien 1937, S. 136.
81 Siehe Anm. 75 u. 78.
82 Richard Fellner: Geschichte einer Deutschen Musterbühne. Karl Immermanns Lei-
    tung des Stadttheaters zu Düsseldorf. Stuttgart 1888.

deron und Wedekind, Maeterlinck, *Hannele* ..."[83] Der Versuch, einen Spielplan der Weltliteratur aufzubauen, ist freilich nur ein Aspekt der Intentionen
und Maßnahmen, mit denen Immermann das zeitgenössische deutsche
Theaterwesen zu reformieren gesucht hatte.[84] Seine an Goethes Weimarer
Direktion orientierte straffe, systematische Organisation zielte auf ein litera-
risch anspruchsvolles Theater, das sich von einer „Bewegungs- Arm u. Fuß-
anstalt [sic!] zur Redeanstalt" wandeln sollte.[85] Immermanns Kampf galt dem
Virtuosentum und der Repertoireverflachung. Die Ausbildung eines Ensem-
bles, das mittels Jahreskontrakten und strenger Disziplinierung systematisch
aufgebaut wurde, wie auch die sorgfältige Vorbereitung, Einstudierung und
Aufführung der Stücke kennzeichnen dieses Experiment, das in der kleinen
Provinzstadt letztlich finanziell scheitern mußte. Als ‚Musterbühne' blieb
Immermanns Düsseldorfer Stadttheater im Gedächtnis und erwies sich im
Weimarer Theaterstreit von 1904 als wichtiger Referenzpunkt. Dieser Aspekt
muß betont werden, um einer Legende entschieden entgegenzutreten, die seit
Jahren in der Forschung kolportiert wird: jene, der österreichische Dichter
Hugo von Hofmannsthal habe die Direktion des Dumontschen Theaters in
Weimar angestrebt.[86] Die vor- und nachstehenden Ausführungen verdeutli-
chen, daß der Grund für dieses Mißverständnis zum einen in der Parallelität
der Ereignisse zu finden ist, zum anderen darin, daß beide Parteien für ihre
potentielle Direktionszeit eine ähnliche Spielplanpolitik ankündigten und der

---

83   HvH an Hermann Bahr, Rodaun, 17. Februar 1904. – Hofmannsthal, Briefe 1900-
     1909, S. 102 f.

84   Siehe hierzu die Dissertation von Soichiro Itoda: Theorie und Praxis des literarischen
     Theaters bei Karl Leberecht Immermann in Düsseldorf 1834-1837. Heidelberg 1990.

85   Karl Leberecht Immermann: Briefe. Bd. 2: 1832-1840. Hg. v. Peter Hasubek. Mün-
     chen/Wien 1979, S. 441.

86   Die Verwirrung in der Forschung beginnt mit Joseph Gregor, der 1947 den Gedanken
     einer Hofmannsthalschen Intendanz für abwegig hielt. (Vgl. Joseph Gregor (Hg.):
     Meister und Meisterbriefe um Hermann Bahr. Wien 1947, S. 221, Anm. 36.) 1972
     hat Karl August Kutzbach die von Hofmannsthal (am 17. Februar 1904 Hermann
     Bahr gegenüber) bekundete Sehnsucht nach einem eigenen Theater auf das Dumont-
     sche Projekt bezogen und darüber spekuliert, was sich aus dieser Konstellation erge-
     ben hätte: das nicht ganz unproblematische gemeinsame Wirken eines „Neuromanti-
     kers" (Hofmannsthal) un eines „Neuklassikers" (Paul Ernst) an ein und demselben
     Theater. (Vgl. Karl August Kutzbach (Hg.): Die neuklassische Bewegung um 1905.
     Paul Ernst in Düsseldorf. Emsdetten 1972, S. 31*.) Und noch 1993 hat der bedeuten-
     de Hofmannsthal-Experte Werner Volke bei der Edition des Briefwechsels zwischen
     Hofmannsthal und Alfred Walter Heymel diese beiden Projekte, das Weimarer
     Hoftheater und das Dumontsche Sommertheater, verwechselt. (Vgl. Hugo von Hof-
     mannsthal/Alfred Walter Heymel: Briefwechsel, Teil I (1900 bis 1908). Hg. v. Wer-
     ner Volke. In: Hofmannsthal. Jahrbuch zur europäischen Moderne, 1 (1993), S. 49,
     Anm. 47. [Künftiges Sigel: BW HvH/AWH I.]

Name Immermann als Leitfigur zu fungieren schien. Hofmannsthal ist es
nicht um die Intendanz jenes Theaters gegangen, das Louise Dumont und
Gustav Lindemann zu derselben Zeit in Weimar in Planung hatten. Wie im
folgenden Kapitel ausgeführt wird, befand sich Dumont im Winter 1903/04
nach zehn Jahren vergeblicher Bemühungen und Hoffnungen endlich am
Ziel ihrer Träume: der Errichtung eines eigenen Theaters. Angesichts der
Tatsache, daß sie und Lindemann ihr Privatvermögen und ihre langjährige
theaterpraktische Erfahrung in dieses Unternehmen investierten, erscheint der
Gedanke, sie würden die Leitung ihres Hauses einem jungen, in diesen Dingen völlig unerfahrenen Wiener Dramatiker überlassen wollen, absurd. So
weltfremd war selbst Hofmannsthal nicht, daß er sich für derlei Ambitionen
reelle Chancen ausrechnen mochte. Er spekulierte allein auf den Intendan-
tenposten des Großherzoglichen Hoftheaters, für den in Kesslers Freundes-
kreis auch Gerhart Hauptmann und, im Juni 1905, sogar Alfred Walter Heymel[87] als potentielle Kandidaten gehandelt wurden.

Es wird Hugo von Hofmannsthal bewußt gewesen sein, daß nicht allein
die Frage des Repertoires über Erfolg oder Scheitern einer Theaterleitung
entschied. In seiner Sorge um die realen Bühnenverhältnisse, denen er letztlich nicht gewachsen sein könnte, suchte und fand er Rückhalt bei dem erfah-
renen Bühnenpraktiker Hermann Bahr. „Shakespeare war erst, sein Garrick
später"[88] — mit diesem Ausspruch Friedrich Ludwig Schröders versicherte
Bahr ihn seiner Unterstützung, um gegebenenfalls erneut die graue Eminenz
zu spielen wie in jenen Jahren, als sein Freund Max Burckhard das Wiener
Burgtheater leitete (1890-1898). Wie Kessler stand auch Bahr auf dem
Standpunkt, daß das Theater „schließlich immer das ist, wozu die Dichter es
machen."[89] Folglich ermutigte Bahr den jungen Hofmannsthal: „Trachten Sie

---

87 Zu diesem Zeitpunkt hatte Hofmannsthal das Interesse an dem Posten längst verloren.
    Da Heymel eine Aufgabe im Umfeld des Neuen Weimar suchte, die ihn zugleich mit
    dem Hof in Verbindung bringen würde, kam erneut die Generalintendanz des Groß-
    herzoglichen Hoftheaters und der Hofkapelle ins Spiel. Heymel war jedoch selbstkri-
    tisch genug, um sich hierfür als ungeeignet einzuschätzen. Er bekundete vielmehr
    Interesse an der Direktion des Großherzoglichen Museums oder des Kupferstichkabi-
    netts. Bei einer Theaterleitung sähe er sich auf Hofmannsthals Unterstützung ange-
    wiesen, die dieser ihm zugesichert hatte, nicht aber vor Ort würde leisten können. So
    entgegnete er Hofmannsthal am 19. Juni 1905: „Sieh mal, das mit dem Intendanten
    ist nicht so einfach. Vor allem fühle ich mich dem Posten absolut nicht gewachsen,
    da ich von Geschäften im Allgemeinen und diesem Geschäft im Besonderen so gut
    wie nichts verstehe. [...] Alsdann – Du willst selber nicht nach Weimar – wie denkst
    Du Dir Deine Beihülfe, die mir wärest Du am Platze von unschätzbarem Werte sein
    müßtest?" BW HvH/AWH I, S. 49.
88 Bahr an HvH, Schloß Marbach am Bodensee, 22. Januar 1904. In: Gregor (Hg.),
    Meister und Meisterbriefe um Hermann Bahr, S. 165.
89 Ebd.

Weimar zu bekommen, einen tüchtigen Regisseur will ich Ihnen besorgen, lassen Sie mich dann noch ein paar Jahre halbwegs gesund in Ihrer Nähe sein, und Sie würden staunen, was das deutsche Theater leisten kann."[90] Solcherart beruhigt, träumte Hofmannsthal von seinem eigenen Haus, für das er sich unter anderem „ein unglaubliches Stück" von Frank Wedekind bestellen wollte: „Wenn ich einmal ein Theater habe, – ich werde Weimar bekommen, ich fühle jetzt, ich muß es bekommen – [...]"[91]

Die Art und Weise, wie Hofmannsthal und seine Freunde das Schicksal des Weimarer Hoftheaters in ihre Hände zu bekommen und zu gestalten suchten, zeugt von einer erstaunlichen Naivität. Kesslers Rechnung ging nicht auf. Die Ära Vignau währte vier weitere Jahre, bis sich der Generalintendant aus Gesundheitsgründen zum Rücktritt entschließen konnte. An seine Stelle trat am 19. Oktober 1908 der erst vierunddreißigjährige Carl Baily N. von Schirach, Vater des späteren Reichsjugendführers der NSDAP Baldur von Schirach.[92] Kesslers Strategie, das *Ibsen-Spiele*-Projekt für seine Zwecke zu benutzen, erwies sich als untauglich. Noch ehe Bahr eine offizielle Anfrage an die Großherzogliche Generalintendanz um Überlassung des Hoftheaters im Sommer nächsten Jahres richten konnte, erreichte ihn am 2. Januar 1904 ein ablehnender Bescheid Vignaus.[93] Der Generalintendant war von Kessler über den Gastspielplan informiert worden und hatte ausweichend reagiert. Nachdem er sich schon früher einem Gastspiel des Reinhardtschen Kleinen Theaters wie auch des Neuen Theaters in seinem Haus widersetzt

---

90 Ebd.
91 HvH an Bahr, Rodaun, 17. Februar 1904. – Hofmannsthal, Briefe 1900-1909, S. 102.
92 Schirach führte die Geschäfte der Generalintendanz bis Jahresende interimistisch und wurde am 1. Januar 1909 offiziell zum Generalintendanten des Hoftheaters und der Hofkapelle ernannt. Er hatte diese Stellung bis zum 31. Dezember 1918 inne. Von 1933 bis 1943 leitete der mit dem ‚Ehrenzeichen der 1000 ältesten Thüringischen NSDAP-Mitglieder' Ausgezeichnete das Hessische Landestheater (ab 1935: Deutsches Theater) in Wiesbaden. Siehe die Akten der Großherzoglichen Generalintendanz des Hoftheaters und der Hofkapelle zu Weimar, Akte 127 (Thüringisches Hauptstaatsarchiv, Weimar, Bestand: Generalintendanz des Deutschen Nationaltheaters Weimar). [Künftiges Sigel: THStA.]
93 „Durch Herrn Grafen Harry Kessler wurde mir mitgetheilt, dass sie [sic!] im Verein mit Herrn Direktor Reinhardt und einem auserlesenen Ensemble während des kommenden Sommers die Aufführung der letzten Werke Ibsens planen und dass Sie einstweilen darüber informiert sein möchten, ob Ihnen eventuell zur Verwirklichung Ihrer künstlerischen Absichten das Hoftheater in Weimar in den Monaten Juni oder Juli zur Verfügung gestellt werden könnte. Ich habe Herrn Grafen Kessler die directe Beantwortung Ihrer vorläufigen Anfrage zugesagt, welche dahin lautet, dass Ihnen auf einen offiziellen bezüglichen Antrag bei der Grossherzoglichen Generalintendanz eine bejahende Antwort nicht in Aussicht gestellt werden kann." Zit. nach: Bahr, Tagebücher, Skizzenbücher, Notizhefte, Bd. 3, S. XXV.

hatte, sollte er hier erneut zu einer klaren Stellungnahme gegen die der Moderne verpflichteten Theatermacher provoziert werden. Die gewünschte Desavouierung fand jedoch nicht statt: Vignaus Schreiben hatte eine direkte Konfrontation unmöglich gemacht. Für Hermann Bahr muß diese Absage eine herbe Enttäuschung gewesen sein. Er hatte nach seiner Rückkehr in Wien sofort begonnen, für die *Ibsen-Spiele* Vorkehrungen zu treffen, etwa mit der an den Direktor der Wiener Hofoper (Gustav Mahler) gerichteten Bitte, die Sopranistin Marie Gutheil-Schoder für die Rolle der Irene in *Wenn wir Toten erwachen* freizugeben.[94] Die Weimarer Festspiele von 1904 hatten nicht nur eine Vorstufe zu den geplanten Salzburger Festspielen von 1905 sein sollen. Sie hätten auch Bahrs Bindung an die deutsche Theaterszene verstärkt und ihm somit den ersehnten Weg aus der Wiener Isolation gewiesen.[95] Doch wurden die Pläne infolge von Vignaus Absage nicht aufgegeben. Als 1906 das Projekt der Salzburger Festspiele wiederaufgegriffen wurde, war Kessler für Bahr und Reinhardt erneut ein wichtiger Mittelsmann und suchte für das Salzburger Festspielhaus, das Henry van de Velde bauen sollte, die Finanzierung zu sichern. Die Festspiele sollten jährlich von Mitte Juni bis Mitte August stattfinden. Für die Leitung des Schauspiels waren Max Reinhardt, Agnes Sorma und Hermann Bahr vorgesehen, für die der Oper ebenfalls Bahr und seine Gattin Anna Bahr-Mildenburg. Der Plan ließ sich zu diesem Zeitpunkt nicht verwirklichen. Erst 1920 wurden die Salzburger Festspiele mittels einer drei Jahre zuvor gegründeten Festspielhaus-Gemeinde, der Reinhardt, Bahr, Hugo von Hofmannsthal und Richard Strauss angehörten, institutionalisiert. Harry Graf Kessler war hieran nicht mehr beteiligt. Sein Engagement, dem Bahr am 9. Dezember 1906 ein schönes Zeugnis ausstellte, war nur mit dem Vorkriegsprojekt verbunden gewesen: „Vorderhand ist es freilich nur ein Plan, aber Graf Keßler rennt bereits herum, sucht Geld und hofft es zu finden, was ich freilich noch nicht recht glaube, aber schön wär's."[96]

---

94 Am 18. Dezember 1903 notierte er: „Bei Mahler, von dem ich die Gutheil-Schoder für die Irene will, was er abschlägt, äußerlich mit Hinweis auf sein Repertoire, innerlich wol weil er an kein Gelingen des Experiments glaubt." Ebd., S. 418.

95 Am 31. Dezember 1903 hatte Bahr in seinem Glauben an die Realisierbarkeit ihrer Pläne notiert: „Olbrich in Darmstadt, Hugo vielleicht bald in Weimar, Schnitzler mit seiner Wirkung schon längst mehr in Berlin, ich vielleicht draußen einmal an einer großen Revue schaffend, während hier alles im Sumpf erstickt." Ebd., S. 425.

96 Hermann Bahr, Brieftagebuch für Anna Bahr-Mildenburg, 9. Dezember 1906. Zit. nach: Gregor (Hg.), Meister und Meisterbriefe um Hermann Bahr, S. 196.

2.2. Ein ‚Bayreuth des Schauspiels' in Weimar?

Der Historiker Justus H. Ulbricht bezeichnet das Scheitern jenes Projektes, das im Winter 1903/04 in der Öffentlichkeit unter dem Schlagwort ‚Bayreuth des Schauspiels' heftigst diskutiert wurde, als „erste wichtige Niederlage Kesslers und seiner Gefährten im Kampf um die Deutungsmacht des Weimarer Erbes."[97] Louise Dumont und Gustav Lindemann gerieten mit ihrem Plan, in Weimar einen einfachen Theaterbau zu errichten, in dem während der Sommermonate auserlesene Sprechtheaterproduktionen erarbeitet, aufgeführt und anschließend auf Gastspielreisen auch in anderen Städten präsentiert werden sollten, in eine Auseinandersetzung, deren Ausmaß sie nicht vorausgesehen hatten. Wie Lindemann später erinnerte, sei das Schlagwort ‚Bayreuth des Schauspiels' nicht von ihnen als Kampflosung proklamiert und in die sich hieran entzündende, hochemotional geführte Debatte geworfen worden.[98] An einem ideologisch besetzten Ort wie Weimar kann es jedoch nicht überraschen, daß das, was die Initiatoren in Analogie zum Bayreuther Modell rein theaterpraktisch intendierten, in der öffentlichen Wahrnehmung primär als Diskussionsbeitrag zum Thema kulturelle Wiedergeburt der deutschen Nation begriffen wurde. Dies dokumentiert sich eindrucksvoll in den Presseberichten, die vier Monate lang zeitweise fast täglich den Stand der Dinge mitteilten. Begibt man sich auf die Suche nach der ‚offiziellen' Bezeichnung des Dumont-Lindemannschen Projekts, so begegnet man in der Weimarischen Zeitung, der Weimarischen Landeszeitung Deutschland, der Jenaischen Zeitung oder den Münchner Neuesten Nachrichten und ihren diversen Korrespondentenberichten den erstaunlichsten Formulierungen. Wortschöpfungen wie „deutschnationales Festschauspielhaus", „Mustertheater der Modernen", „Dumontsches Zukunftstheater" und ähnliches mehr, mit denen hier operiert wurde, dokumentieren in ihrer Unschärfe mehr als die Hilflosigkeit der Presse, die in den Wogen der Auseinandersetzungen der verfeindeten Lager Kurs zu halten suchte.

Es war der Berliner Baupolizei zu verdanken, daß die aktuellen Auseinandersetzungen um eine Reformierung der Weimarer Theaterszene um diesen wichtigen Diskussionspunkt bereichert werden konnten. Denn hätte sie Dumonts Plan, in Berlin ein eigenes Theater zu errichten, nicht im Februar 1903 zu Fall gebracht, wäre die thüringische Residenzstadt nicht in den Blickpunkt des Interesses geraten. Im Januar dieses Jahres hatte Harry Graf Kessler von dem Berliner Vorhaben der Dumont erfahren. Unverzüglich ver-

---

97   Ulbricht, Die Geburt der Deutschen aus dem Geist der Tragödie, S. 137.
98   Gustav Lindemann: Aus dem Werden des Düsseldorfer Schauspielhauses. [1928.] In: Das festliche Haus. Das Düsseldorfer Schauspielhaus Dumont-Lindemann. Spiegel und Ausdruck der Zeit. Hg. v. Kurt Loup. Köln/Berlin 1955, S. 27.

suchte er über private Kontakte die Schauspielerin zu bewegen, Henry van de Velde den Bauauftrag zu erteilen oder ihn zumindest als Innenarchitekten zu wählen. Bezeichnenderweise informierte Kessler den Künstler selbst erst einen Tag später, nachdem er diese Initiative über Eberhard und Dora von Bodenhausen gestartet hatte.[99]

Die einundvierzigjährige Schauspielerin Louise Dumont, Ensemblemitglied des Deutschen Theaters und insbesondere für ihre Ibsenschen Frauenfiguren berühmt, bemühte sich zum vierten Mal um die Übernahme einer Direktion. Zuvor hatten sich ihre Hoffnungen auf die Gründung einer deutschen Privatbühne in St. Petersburg (1894/95, gemeinsam mit dem Wiener Adolf Klein) und auf die Pacht des Berliner Theaters des Westens (1897/98) zerschlagen. Zum Ende der Spielzeit 1902/03 hatte sich Dumont aus dem Gesellschaftsvertrag des Kleinen Theaters in Berlin zurückgezogen, das sie im Juli 1901 gemeinsam mit Max Reinhardt, Friedrich Kayßler und Berthold Held als Künstlervereinigung ‚Schall und Rauch' gegründet hatte. Nachdem Reinhardt zum 1. Januar 1903 aus dem Ensemble des Deutschen Theaters ausgeschieden war und dem Schall und Rauch nun offiziell angehören konnte, hatte sich seine Position in der Leitung des Theaters zu einer dominierenden und unanfechtbaren gestaltet. Dumont vermochte diese Entwicklung nicht länger mitzutragen. Unter Kapitalverlust zog sie sich zurück und verzichtete zum Spielzeitende 1902/03 auch auf eine Engagementverlängerung bei Otto Brahm am Deutschen Theater. Ihre Vorstellungen von einem weihevoll-festlichen Theater wollte sie in einem eigenen, neu zu errichtenden Schauspielhaus am Schiffbauerdamm realisieren, um das sie sich zu Beginn des Jahres 1903 bemühte.[100]

Sobald dieser Plan bekannt wurde, gewannen die Vorbereitungen an Eigendynamik. Paul Ernst, seit seiner Abkehr vom Naturalismus um die Entwicklung eines Konzepts der ‚neuklassischen Tragödie' bemüht, bot sich Dumont bereits Ende Februar 1903 als Dramaturg und Herausgeber einer kritischen Theaterzeitschrift im Sinne von Lessings *Hamburgischer Dramaturgie* an.[101] Harry Graf Kessler, der Dumont im Januar 1899 bei einer Lesung von Richard Dehmel persönlich kennengelernt hatte, vermittelte den Kontakt zwischen der angehenden Prinzipalin und Henry van de Velde. Mit der ihm eigenen Energie suchte er die Zusammenarbeit dieser beiden Künstler zu forcieren. Aus London sandte er dem Architekten Briefe mit Skizzen

---

99   Vgl. HGK an vdV, Berlin, 31. Januar 1903. – DLA/A: Kessler/Kopien der Bestände der BRA, Bruxelles: FS X 504/80.

100 Vgl. HGK an EvB, Berlin, 30. Januar 1903. – BW EvB/HGK, S. 164, Anm. 140.

101 Vgl. Paul Ernst an Louise Dumont, Lichterfelde, 21. Februar 1903. Theatermuseum der Landeshauptstadt Düsseldorf, Nachlaß: Schauspielhaus Düsseldorf II 3939. [Künftiges Sigel: TMD/SHD.]

bequemer Orchestersessel, zu denen ihn die amerikanischen Reisesessel auf
der jüngsten Überfahrt von Hamburg nach London angeregt hatten,[102] erklärte architektonische Besonderheiten englischer, speziell Londoner Theater, und drängte immer wieder, Dumont zu kontaktieren.[103] Kesslers Engagement zielte nicht auf die schlichte Einholung eines Bauauftrags. Er erkannte in diesem Projekt eine besondere Herausforderung. Die zeitgenössische Theaterarchitektur stelle eine Aufgabe, die er nur von van de Velde
gelöst sehen wolle, bekannte er in einem Brief vom 11. Februar 1903. Aus
diesem wichtigen Dokument geht hervor, daß er sich von van de Velde eine
Fortführung und Weiterentwicklung dessen erhoffte, was in den englischen
Theatern bereits angedeutet worden war. An die Schilderung eines Zuschauerraums englischen Stils, der tiefliegendes Parkett sowie Balkon und Ränge
ohne Säulen und Sichtbehinderungen aufweist, schloß Kessler die Frage von
Rhythmus, Form und Material an. Für die Gesetze des Neuen Stils van de
Veldescher Prägung war sie bekanntlich von elementarer Bedeutung. Kessler
führte aus, daß es möglich sein sollte, in der Neigung der Galerien sowie in
der Krümmung des Balkons und seinem Verhältnis zur Gesamtform des
Saales architektonische Elemente von starkem, mitreißendem Rhythmus zu
finden. Die Theatersessel sollten nicht vereinzelt nebeneinanderstehen, sondern wirkliche, strahlenförmige Reihen bilden. Die angeführte Reminiszenz
ist für Kessler signifikant: „C'est à dire en recréant cet élément du théâtre
antique, dont celuici tirait presque toute sa beauté."[104] Wie im späteren Fall
des Nietzsche-Stadion-Projekts von 1911 wollte Kessler Geist und Kultur der
griechischen Antike in zeitgenössische Form und Materialität transformieren.
Für 1903 bedeutete das, in einem Theaterbau die Schönheit von Stahlkon-
struktionen zu feiern. Nach den alten Steintheatern hätten die Engländer mit
ihrer Verwendung dieses harten Werkstoffs den Weg gewiesen, erinnerte
Kessler.[105] Durch die Verbindung mit den alten künstlerischen Formeln sei
der prächtige Stahlkörper jedoch verpfuscht worden – als umhüllte ein zer-
schlissener Harlekin-Mantel die stolzen Gliedmaßen des jungen Siegfried:

---

102 Vgl. HGK an vdV, London, 8. Februar 1903 (Zweiter Brief). – DLA/A: Kess-
    ler/Kopien der Bestände der BRA, Bruxelles: FS X 504/83.
103 Vgl. HGK an vdV, London, 11. Februar 1903 (2 Briefe). – DLA/A: Kessler/Kopien
    der Bestände der BRA, Bruxelles: FS X 504/84 und 85.
104 HGK an vdV, London, 11. Februar 1903 (Erster Brief). – DLA/A: Kessler/Kopien
    der Bestände der BRA, Bruxelles: FS X 504/84.
105 „Ce qui est si intéressant dans ces théâtres anglais, c'est que c'est bien quelque chose
    de fondamentalement *nouveau*; le théâtre de *fer* succédant au théâtre de pierre de
    l'Antiquité et des temps modernes, du 17ème et du 18ème siècle." Ebd. (Hervorhe-
    bungen im Original.)

Voilà pourquoi je voudrais tant, que ce fût *vous* qui soyez le premier à dégager les possibilités *artistiques* de ce monument nouveau et si immensément important pour notre civilisation de cabotins. A Londres, ce sont les vieux moyens et les vieilles formules artistiques du théâtre de pierre défunt qu'on gâche son l'admirable corps de fer. Toute cette vieille defargue, c'est le manteau troué d'Arlequin sur les membres merveilleux et fiers du jeune Siegfried.[106]

Van de Velde empfing in diesen Kesslerschen Briefen Anregungen, die er in seinen Entwürfen für Dumont und Lindemann in der Tat fruchtbar machen würde.

Man wußte um van de Veldes Herzenswunsch, ein Theater zu bauen. Seit seinem Dienstantritt in Weimar schien dies am ehesten mit dem Neubau des dortigen Hoftheaters realisierbar zu sein. Bereits am 31. Mai 1902 wurde er von seinem Freund Eberhard von Bodenhausen auf Gerüchte angesprochen, die besagten, ihm sei in Weimar die Errichtung eines neuen Theaters anvertraut worden.[107] Bodenhausen war auch derjenige, der auf van de Veldes Bitte hin versuchte, in dieser Richtung auf seinen ehemaligen Corpsbruder Wilhelm Ernst einzuwirken.[108] Neben dieser Option hoffte der belgische Architekt auf ein auswärtiges Projekt wie das der Dumont in Berlin. Wieviel ihm ein solcher Auftrag bedeutete, läßt ein einziger Satz erkennen, in dem van de Velde zu dieser Zeit seine Furcht vor zerstörten Hoffnungen bekannte. Am 24. Januar 1903 berichtete er Elisabeth Förster-Nietzsche von einem Bankett, das sechs Tage zuvor von Berliner Literaten und Journalisten im Hôtel de Rome zu Ehren des symbolistischen Dramatikers Maurice Maeterlinck gegeben worden war. Diese Veranstaltung, deren Peinlichkeit Kessler in einer ausführlichen Tagebuchnotiz glanz- und genußvoll schildert, endete schließlich mit einem Skandal: Als Fritz Engel, Theaterkritiker des Berliner Tageblatts, begann, zwischen den Menügängen Eis und Käse „lange, witzlose" Klapphornverse auf *Monna Vanna* vorzutragen, verließen Henry van de Velde und zwanzig andere Gäste demonstrativ den Saal.[109] Van de Velde

---

106 Ebd.

107 „J'ai vaguement entendu dire qu'on vous avait confié un nouveau théâtre à bâtir à Weimar, mais c'est si beau cette idée que j'ose à peine encore y croire." EvB an vdV, E[ybach], 31. Mai 1902. – DLA/A: Bodenhausen/57.6259.

108 Am 17. Juni 1902 bat van de Velde Eberhard von Bodenhausen vor dessen bevorstehender Begegnung mit dem Großherzog in Bonn: „[...] Vous lui diriez mon intense désir de faire à Weimar le Théâtre. *S'il en construit jamais un nouveau.*" Inwieweit dieses Thema tatsächlich angesprochen wurde, geht aus Bodenhausens Bericht über die indifferente Begegnung nicht hervor. Vgl. seinen Brief vom 23. Juni 1902 aus Bonn. – DLA/A: Bodenhausen/57.6389 bzw. 57.6259. (Hervorhebungen im Original.)

109 Kessler blieb selbstverständlich sitzen, um das Ende dieses „grotesk komischen Schauspiels" mitzuerleben. Dieser Abend, für ihn „aristophanesk" und an *Ubu roi*

bekannte sich zu seinem Protest, fürchtete aber auch, wie er Förster-
Nietzsche schrieb, daß die Veranstalter dieses Abends, denen er eine Lehre
hatte erteilen wollen, es ihm niemals verzeihen würden – und sie seien genau
diejenigen, von denen es abhinge, daß ihm die Errichtung eines Theaters anvertraut würde.[110]

Diese Sorge konnte sich nicht konkret auf Louise Dumonts Berliner
Theaterprojekt beziehen, da van de Velde erst vierzehn Tage nach dem
Maeterlinck-Bankett durch Kessler von Dumonts Plan erfuhr. Einen Monat
später mußte er dem Grafen mitteilen, daß in beiden Fällen kaum Hoffnung
bestand: Die Vorbehalte der Berliner Baupolizei würden es Dumont unmöglich machen, ihr Projekt auszuführen, und der Weimarer Großherzog denke
an nichts anderes mehr als an seine bevorstehende Hochzeit mit Caroline
Prinzessin Reuß ä. L.[111] Die Frage des Weimarer Hoftheaters blieb also ungeklärt, und in Berlin zog sich die Angelegenheit noch eine Weile hin, bis
Dumont ihren Plan im April 1903 endgültig aufgab.[112]

Im Sommer 1903 zog sich Louise Dumont aus Berlin, nicht jedoch endgültig von der Bühne zurück, wie sie es nach den Enttäuschungen des ersten
halben Jahres ursprünglich vorgehabt hatte. Sie ließ sich von Gustav Lindemann, dem einunddreißigjährigen, ehrgeizigen Direktor der ‚Internationalen
Tournée‘, als Gaststar verpflichten. Die zwölfköpfige Gastspieltruppe war
von Lindemann erstmals für die Spielzeit 1900/01 als ‚Tournée des Ibsen-
Theaters‘ zusammengestellt worden. In Konkurrenz zu Carl Heines einstma-
ligem Ibsen-Theater (nun ‚Dr. Heine-Ensemble‘) präsentierte es zunächst nur
Ibsen-Produktionen in Deutschland und anderen europäischen Ländern. Als
Heine in der nächsten Spielzeit als Regisseur an das Deutsche Schauspiel-

---

erinnernd, führte im übrigen dazu, daß er, Georg Simmel, Max Liebermann, van de
Velde und andere Freunde ihren Plan der Gründung eines „Sezessions-Clubs" nach
englischem Vorbild vorangetrieben: die wenigen Kulturmenschen, die unter den Bar-
baren lebten, müßten sich organisieren. Vgl. HGK, Tgb, Berlin, 18. Januar 1903. –
DLA/A: Kessler.

110 „La leçon infligée ainsi était dire et les organisateurs de cette soirée, qui sont préci-
sement ceux qui penchaient à me confier la construction d'un théâtre ne me pardon-
neront jamais." vdV an EFN, Weimar, 24. Januar 1903. – GSA 72/653,1.

111 Vgl. vdV an HGK, Weimar, 23. Februar 1903. – DLA/A: Kessler.

112 Am 7. April 1903 informierte Harry Graf Kessler den sich augenblicklich in Neapel
aufhaltenden Henry van de Velde darüber, daß in Hinblick auf die Berliner Baupolizei nun augenscheinlich eine erneute Anstrengung unternommen werde, um die bestehenden Probleme zu lösen. Man könnte den Vorsatz, das Theater von den Nach-
bargebäuden zu lösen, verstärken und so mehr Terrain gewinnen. Eine Besprechung
mit Louise Dumont sei nach van de Veldes Rückkehr (14. April) folglich wün-
schenswert. Vgl. DLA/A: Kessler/Kopien der Bestände der BRA, Bruxelles: FS X
504/89. Wie dieses Theater am Schiffbauerdamm konkret aussehen sollte, ist noch zu
eruieren.

haus in Hamburg ging, war Lindemann konkurrenzlos. Er übernahm drei Schauspieler aus dem aufgelösten Heine-Ensemble, unter ihnen den dreiundzwanzigjährigen Leopold Jessner, der für eine Spielzeit als Regisseur und Schauspieler verpflichtet wurde. Die Truppe gewann an Profil und führte ab der Spielzeit 1902/03 infolge der Erweiterung ihres Repertoires den unprogrammatischen Namen ‚Internationale Tournée Gustav Lindemann'. Aus dem Repertoire dieser Spielzeit, das als Novitäten Maeterlincks *Monna Vanna*, Gabriele d'Annunzios *Todte Stadt* und *La Gioconda* sowie Ibsens *Baumeister Solness* und *Klein Eyolf* aufgewiesen hatte, wurde für die nun beginnende vierte Spielzeit 1903/04 nur letzteres übernommen.[113] Ende November 1903 erfuhr neben *Klein Eyolf* auch *Gespenster* seine Weimarer Erstaufführung.

Das dreitägige Gastspiel mußte im schäbigen Theatersaal des Etablissements Tivoli am nördlichen Zentrumsrand der Stadt gegeben werden. Es war nicht zu erwarten gewesen, daß Hippolyt von Vignau sein Haus hierfür zur Verfügung stellen würde, zumal dort am zweiten Gastspieltag die Premiere von Paul Quensels „Kleinstadt-Komödie" *Das Alter* anstand.[114] Unter schlechten Rahmenbedingungen wurde den Weimarer Bürgern neben *Gespenster* (25. November) und *Klein Eyolf* (26. November) ein weiteres Stück des norwegischen Dramatikers geboten, das seit längerem nicht im Großherzoglichen Hoftheater gespielt worden war: *Rosmersholm* (27. November). Das Weimarer Hoftheater, dem Adolf Bartels 1908 rückblickend bescheinigte, mit einigen Stücken von Ibsen, Hauptmann und Sudermann „dem Weimarer Publikum jedenfalls eine Orientierung über die Moderne"[115] geboten zu haben, hatte *Rosmersholm* zuletzt am 7. Dezember 1898 gegeben. *Gespenster* sollte erst drei Jahre später, am 2. Oktober 1906, anläßlich einer Gedenkfeier für den zu diesem Zeitpunkt jüngst verstorbenen Henrik Ibsen einstudiert und aufgeführt werden.[116] Bedenkt man, daß die generell letzte

---

113 Vgl. die Jahrgänge 12 bis 15 des *Neuen Theater-Almanachs*. Theatergeschichtliches Jahr- und Adressen-Buch. Hg. v. d. Genossenschaft Deutscher Bühnen-Angehöriger. Berlin 1901-1904.

114 Die Ironie der Geschichte wollte es, daß dieses als zweitklassig empfundene Tivoli während des Neubaus des Großherzoglichen Hoftheaters von Anfang März bis Ende November 1907 vom Hoftheater als Interimsbühne genutzt werden mußte, selbstverständlich nach entsprechenden Umbaumaßnahmen. Vgl. THStA 3261: Akten des Großherzogl. Sächs. Hofmarschallamts Weimar. Betreffend: Die Einrichtung des *Tivoli*-Etablissements hier zu Hoftheaterzwecken.

115 Bartels, Chronik des Weimarischen Hoftheaters 1817-1907, S. XXX.

116 Vor dem Gastspiel der Internationalen Tournée Gustav Lindemann waren im Großherzoglichen Hoftheater von Henrik Ibsen nur *Die Frau vom Meer*, *Nora* und *Stützen der Gesellschaft* (mit 14 Vorstellungen von 1878 bis 1904 das erfolgreichste Ibsen-Stück im Repertoire) gespielt worden. Im Herbst 1905 folgten vier Aufführungen von

Ibsen-Vorstellung beinahe zwei Jahre zurücklag – am 20. Januar 1902 war
Nora mit dem Gast Agnes Sorma gegeben worden –, so besaß die spöttische
Bemerkung der Weimarischen Zeitung, das Gastspiel von Lindemanns Trup-
pe hätten „nun eine handvoll Leute als ein Bedürfnis empfunden, angeblich,
weil das Großherzogliche Hoftheater zu Weimar den Ansprüchen des Publi-
kums nach dieser Seite hin zu wenig Rechnung trage",[117] einen wahren Kern.
Mit der Thematisierung dieser Defizit-Frage eröffnete die Weimarische Zei-
tung am 7. Januar 1904 die Presseschlacht um das Dumont-Lindemannsche
Theaterprojekt. Die frühzeitig ausgelösten Auseinandersetzungen sollten die
Initiatoren im Verlauf des nächsten Vierteljahres zu der Überzeugung kommen lassen, daß Weimar für das geplante Unternehmen nicht der geeignete
Ort sein würde. Wie kam es dazu?

Die Memoiren Henry van de Veldes überliefern eine schlichte Erklärung
für Louise Dumonts Motivation, in Weimar ein Theater zu gründen: „Sie
hatte die Absicht, sich unserer Bewegung des ‚neuen Weimar' anzuschließen
und durch künstlerisch außergewöhnliche Aufführungen ihrerseits einen
Beitrag zu leisten."[118] Die Entscheidungsfindung war in Wirklichkeit kom-
plexer. Dumont und Lindemann waren sich im Zuge ihrer Zusammenarbeit in
der Internationalen Tournée nicht nur privat nähergekommen, sondern hatten
sich auch zur Errichtung eines eigenen, festen Theaters entschlossen. Otto
Brües spricht von einem „Studienhaus", das als Basis für ihr Tournéeunter-
nehmen dienen sollte.[119] Ein kleines, intimes Theater abseits der Reichshauptstadt würde ideale Voraussetzungen bieten, um die Produktionen in
Ruhe vorzubereiten, aufzuführen und anschließend auf Gastspielreisen zu
nehmen. Die Standortwahl fiel auf Weimar. Sie ging nach van de Veldes eigenem Bekunden auf seinen, van de Veldes, Vorschlag zurück.[120] Harry Graf
Kesslers Rolle ist in dieser Angelegenheit jedoch nicht zu unterschätzen, ob-
gleich er im weiteren Verlauf der Dinge in Weimar kaum anwesend sein
sollte. Seine Fürsprache und sein begeistertes Umwerben dürften bei Dumont, die in unternehmerischen Belangen mittlerweile vorsichtig geworden

---

Der Volksfeind. Vgl. Bartels, Chronik des Weimarischen Hoftheaters 1817-1907,
      S. 193-306.
117 [Anonym.:] Ein zweites Theater in Weimar? In: Weimarische Zeitung, 94. Jg., Nr. 5,
      7. Januar 1904, S. 2.
118 Van de Velde, Geschichte meines Lebens, S. 256.
119 Otto Brües: Louise Dumont. Umriß von Leben und Werk. Emsdetten 1956, S. 61.
120 „Aus dem Umstand, daß Fräulein Dumont sich behufs der Errichtung des Theaters an
      mich gewandt hat und daß sie mich betreffs der Wahl einer Stadt um Rat gefragt hat,
      geht als natürliche Folge hervor, daß ich an erster Stelle *Weimar* vorschlug." Henry
      van de Velde an Oberhofmarschall Palézieux, 22. Dezember 1903. Zit. in: [An-
      onym.:] Ein zweites Theater in Weimar. In: Weimarische Zeitung, 94. Jg., Nr. 16, 20.
      Januar 1904, S. 2. (Hervorhebung im Original.)

war, von Gewicht gewesen sein. An ihn, den sie bereits im Mai 1901 hinsichtlich eines Theaterneubaus für das Schall und Rauch kontaktiert hatte,[121] hatte sich Dumont Mitte November 1903 gewandt, um ihr Gastspiel mit der Internationalen Tournée anzukündigen. Sie bat ihn und van de Velde zur Besprechung eines Projekts, „das vielleicht den einmal von Ihnen angeregten Gedanken verwirklichen könnte."[122] Aus diesem Satz ableiten zu wollen, von Kessler sei die Idee eines Weimarer Festspieltheaters ausgegangen, wäre irrig. Zweifelsohne wird er bei dem Projektgespräch die bisherigen, noch „zu lose[n], zu unbestimmt[en]" Überlegungen[123] aufgegriffen und in Analogie zu Bayreuth oder den Richard-Wagner-Festspielen des Münchner Prinzregententheaters präzisere Vorschläge gemacht haben. Das Postskriptum des Briefes läßt jedoch erkennen, daß Dumont auf Kesslers und van de Veldes Wunsch eines Bauauftrages anspielte: „[...] ich möchte zur Erklärung nur noch hinzufügen, daß ich nicht direct an Herrn v. d. V. schreibe um nicht vielleicht später unerfüllbare Hoffnungen in ihm zu erwecken, handelt es sich doch um seinen Lieblingsgedanken."[124] Daß Dumonts Vorsicht zu Recht geboten war, sollte sich nicht nur infolge der sich immer ambitionierter gestaltenden Entwürfe des Architekten bestätigen. Dem späteren Fall des Nietzsche-Denkmal-Projekts von 1911 vergleichbar, wo sich das ursprünglich intendierte kleine Mausoleum zu einer gigantischen Kultstätte mit Tempel und Sportanlage entwickelte, entsprachen van de Veldes vier Theaterentwürfe kaum den Vorstellungen von einem schlichten Studio, das Dumont und Lindemann für ihre Zwecke genügt hätte. Die Initiatoren vermochten ebenfalls nicht abzuschätzen, auf welche Resonanz ihr Plan in Weimar stoßen würde.

Die Weimarische Zeitung machte die Sache am 7. Januar 1904 publik, ohne Namen zu nennen. Auf diese Weise provozierte sie eine Stellungnahme Henry van de Veldes und die Offenlegung eines Projekts, das sich noch im schwebenden Verfahren befand. Der hieraus entstehende Schaden sollte sich als irreparabel erweisen.[125] Die Weimarische Zeitung rief das jüngst erfolgte

---

121 Am 1. Mai 1901 hatte Dumont Kessler als einen in „enger Beziehung zu aller Kunst im echten und hohen Sinne" Stehenden eingeladen, durch Zeichnung von Anteilscheinen (à 50.000 Mark) der GmbH des Schall und Rauch beizutreten. Ein Kapital von etwa 1.200.000 Mark sei nötig, um ein neues Theater bauen zu können, das mit allen modernen Erfordernissen und einer neuen Bühne ausgestattet ist. Wie Kesslers Antwort ausfiel, ist nicht bekannt. Vgl. Louise Dumont an Harry Graf Kessler, [Berlin], 1. Mai 1901. – DLA/A: Kessler.

122 Louise Dumont an Harry Graf Kessler, 18. November 1903. – DLA/A: Kessler.

123 Ebd.

124 Ebd.

125 Louise Dumont verurteilte später die frühzeitige Veröffentlichung ihres Theaterplans, die eine Vielzahl gehässiger und persönlicher Angriffe nach sich zog und sie schließlich zur Aufgabe ihres Plans bewog. Dieser Vorgang scheint fatalerweise durch die

Ibsen-Gastspiel der Internationalen Tournée in Erinnerung und gab an, aus der Frage nach dem Bedürfnis eines zeitgemäßen Repertoires sei die einer Theatergründung erwachsen:

> Manche wollen wissen, daß bereits ein Bauplatz ausersehen und der Architekt be-
> stimmt sei, kurz: man hat sich in einem ganz kleinen Kreise von Männern mit dem
> Gedanken vertraut gemacht, Weimar in ein Dorado der modernen Kunst – hier im
> Sinne jener Kunst gebraucht, die auf der ganzen Linie ihre Lebensfähigkeit noch zu
> erweisen hat – zu verwandeln.[126]

Hier wird unverkennbar auf die Vertreter des Neuen Weimar angespielt. Ihren Bestrebungen gegenüber war die Weimarische Zeitung grundsätzlich
kritisch eingestellt und sprach dem zitierten Kreis nicht nur in diesem Fall
jegliche Repräsentanz für Weimar ab. Als ,Amtliches Nachrichtenblatt für
das Großherzogtum Sachsen' fühlte sie sich zudem verpflichtet, die Interessen des Hoftheaters zu vertreten, die sie hier berührt sah. Aus diesem Grund
bot die Weimarische Zeitung ihre Spalten als Forum einer Diskussion an, die
nun aus aktuellem Anlaß wiederaufgegriffen wurde: die Verbesserung der
herrschenden Theaterverhältnisse in Weimar und Thüringen. Mit diesem
Thema waren mehrere Fragestellungen verknüpft, über die seit der Jahrhundertwende engagiert gestritten wurde. ,Bayreuth des Schauspiels' und
,Nationaltheater' waren die wohlbekannten Schlagworte, die die Weimarische Zeitung unverzüglich ins Feld führte, um an alten Wunden zu rühren:
„Nicht zum Bayreuth des Schauspiels will man Weimar erheben, sondern
man will ein Theater ,gründen', welches schlechthin die Moderne pflegt."[127]
Entgegen diesem Vorhaben sei jedoch die Erfüllung einer anderen Aufgabe

---

Indiskretion eines Mannes ausgelöst worden zu sein, der dem Kreis um Dumont na-
hestand: Wilhelm von Scholz. Dieser in Weimar lebende Schriftsteller und Dramatiker lernte während des Gastspiels der Internationalen Tournée Paul Ernst kennen und
sollte sich unter dessen Einfluß (neben Ernst und Samuel Lublinski) zum dritten
Hauptvertreter der Neuklassik entwickeln. Die Weimarische Zeitung berief sich am
20. Januar 1904 im Hinblick auf ihre Erstinformation über das Dumontsche Theaterprojekt als Quelle auf die Notiz eines Berliner Blattes, „welche besagte, daß im Anschluß an das Gastspiel von Luise [sic!] Dumont das Projekt einer Theatergründung
in Weimar aufgetaucht sei, und zwar solle dieses Theater das ,moderne' Drama pflegen". Es handelt sich hierbei um eine von „Dr. von Scholz" gezeichnete Mitteilung in
Der Tag, der „sehr bald einige Besprechungen in der *Weimarischen Zeitung* gefolgt
waren." Mit diesem Argument dementierte am 19. April 1904 Generalintendant
Vignau die Gerüchte, er sei der Initiator einer Pressekampagne, die (über die Weimarische Zeitung) das Projekt hätte zu Fall bringen wollen. Vgl. Deutschland. Weimarische Landeszeitung, 56. Jg., Nr. 108, Zweites Blatt, 19. April 1904, S. 2.

126 [Anonym.:] Ein zweites Theater in Weimar? In: Weimarische Zeitung, 94. Jg., Nr. 5,
     7. Januar 1904, S. 2.

127 Ebd.

erforderlich: Auch in Weimar sei die weittragende Bedeutung der Frage eines Nationaltheaters längst erkannt worden. Die ruhmvolle Tradition der Stadt erfordere „eine Tat von nationaler Bedeutung", die Weimar nicht schuldig bleiben würde: „Ein zweites Bayreuth, ein Bayreuth des Schauspiels zu werden, darin liegen die großen national-künstlerischen Aufgaben Weimars."[128] Diese Stellungnahme deutet hinreichend an, auf welcher Ebene sich die öffentliche Auseinandersetzung mit dem zweiten Weimarer Theater abspielen würde. Als mit der Gegendarstellung Henry van de Veldes, die die Weimarische Zeitung am 20. Januar 1904 veröffentlichte, nun offensichtlich auch von seiten der Theatergründer von ‚Mustertheater' und ‚Bayreuth für dramatische Literatur' die Rede war, wuchs die Verwirrung. Ein Definitionskampf entbrannte um die ideologische Besetzung dieser Begriffe, mit denen die verschiedenen Parteien jeweils andere Hoffnungen und Erwartungen verknüpften.

Justus H. Ulbricht verortet die Diskussionen um eine „dominierende deutsche Zentralbühne mit nationalpädagogischer Wirkungsabsicht" im Zentrum der „Selbstverständigungsdebatten über die nationale Identität Deutschlands", die seit der Reichsgründung und verstärkt ab 1900 insbesondere von Bildungsbürgern geführt wurden: „Im Zentrum des Interesses stand dabei ein sich als ‚unpolitisch' verstehendes, national exklusives Leitbild einer ‚ganzheitlichen' deutschen Kultur, für das gerade die Klassikerstadt Weimar der wesentliche Bezugspunkt blieb."[129] Friedrich Lienhard, Adolf Bartels und Ernst Wachler waren diejenigen Vertreter der Heimatkunstbewegung, die sich als antiavantgardistische Reformbewegung verstand und für eine deutsch-nationale Kultur kämpfte. Wachler bezog sich emphatisch auf Richard Wagner als Vorbild und suchte mit seinem Harzer Bergtheater in Thale ab Juli 1903 seine Vorstellungen von einem gesamtdeutschen Nationaltheater zu verwirklichen. Adolf Bartels plante ein „Bayreuth für das Schauspiel, das besonders der deutschen Jugend gewidmet sein soll",[130] und initiierte 1909 die ersten *Nationalfestspiele für die deutsche Jugend* mit einer Aufführung von Schillers *Wilhelm Tell*. Sie sollten dazu dienen, mittels der Aura der Klassikerstadt und der „heil'gen Kraft des Volkstums", die zersplitterte Gesellschaft in Deutschland ästhetisch zu versöhnen und zu vereinen.[131] Die Vertreter solcher Intentionen, die „innere wie äussere Wiedergeburt unseres Schauspiels aus dem Geiste des deutschen Volkstums"[132] zu bewirken, sahen

---

128 Ebd.
129 Ulbricht, Die Geburt der Deutschen aus dem Geist der Tragödie, S. 128.
130 Zit. nach: Ebd., S. 132.
131 Vgl. ebd., S. 134.
132 Deutsche Volksbühne (1900). Zit. nach: Ulbricht, Die Geburt der Deutschen aus dem Geist der Tragödie, S. 129.

sich nun mit dem Gegenentwurf von Dumont und Lindemann konfrontiert, den sie nicht billigen konnten.

Wie sah nun das Modell eines „Bayreuth für dramatische Literatur" aus, von dem Henry van de Velde in einem Schreiben an Oberhofmarschall Palézieux sprach?[133] Näheren Aufschluß gibt jene Eingabe, die Louise Dumont zu Beginn des Jahres 1904 an Großherzog Wilhelm Ernst zwecks kostenloser Überlassung eines Bauplatzes richtete.[134] Neben den diversen Verlautbarungen ihrer Mitstreiter wie etwa die van de Veldes, der als Hauptbeteiligter in Weimar Rede und Antwort stehen mußte, während Dumont und Lindemann ihre Tournee in Finnland und Rußland fortsetzten, muß diese Eingabe Dumonts als offizielle Programmschrift angesehen werden. Da sie nicht unmittelbar in den späten Novembertagen von 1903, in denen sich die Berliner Theatermacher mit den Vertretern des Neuen Weimar über das Projekt verständigten, aufgesetzt worden ist, sind in diesem Text Spuren der öffentlichen Auseinandersetzung wahrzunehmen. Sensibel werden hier bestimmte, in der Presse zuvor wiederholt geäußerte Kritik beachtet und widerlegt, um den Gegnern geringere Angriffsflächen zu bieten.

Louise Dumont vermeidet es in ihrer Eingabe, mit dem Schlagwort ‚Bayreuth des Schauspiels' die Entscheidungsträger bei Hofe umstandslos über ihre Intentionen in Kenntnis zu setzen. Stattdessen knüpft sie klugerweise an die jüngsten Entwicklungen und Bestrebungen des Neuen Weimar an, mit denen sie sich im Einvernehmen behauptet, und beschreibt umständlich den Festspielcharakter des geplanten Unternehmens:

Angeregt durch den lebhaften Gang der Erneuerung, den Kunst und Kunstgewerbe im Verlauf der letzten Zeit genommen haben und deren jüngstes Glied augenblicklich die Schöpfung des deutschen Künstlerbundes ist, hat im Verkehr mit den führenden Kräften dieser Bewegung die Schauspielerin Louise Dumont im Verein mit dem Direktor Lindemann in Berlin den Entschluss gefasst, für die Sommerzeit ein Bühnenunternehmen ins Leben zu rufen, das sich die Aufgabe setzt, in eigenartigen Aufführungen die hervorragendsten dramatischen Werke der Vergangenheit und Gegenwart

---

133 Henry van de Velde hatte der Weimarischen Zeitung (zur Richtigstellung ihrer Erstmitteilung betreffend des geplanten zweiten Theaters in Weimar) jenen Brief überlassen, mit dem er sich als designierter Architekt am 22. Dezember 1903 erstmals mit dem Großherzoglichen Oberhofmarschall in Verbindung gesetzt hatte. Siehe Anm. 120.

134 Ich zitiere im folgenden aus der achtseitigen maschinenschriftlichen Durchschrift, die das Theatermuseum der Landeshauptstadt Düsseldorf verwahrt (TMD/SHD VII 17 714). Da sie nicht datiert ist, muß zur zeitlichen Eingrenzung das Antwortschreiben von Kabinettsekretär Hermann Freiherr von Egloffstein herangezogen werden. Dessen Empfangsbestätigung datiert vom 16. Februar 1904 und kündigt die Erfüllung von Dumonts Bitte an. Vgl. TMD/SHD VII 17233.

vor einem aus ganz Deutschland und aus dem Ausland geladenen Publikum mit den besten deutschen Schauspielkräften darzustellen.[135]

Dumont und Lindemann hatten einen Ort gesucht, in dem sie das, was in der künstlerischen Absicht „gegen gewisse Berliner Sensationalismen gerichtet war",[136] verwirklichen konnten. Die Entscheidung für Weimar wird in der Eingabe als folgerichtig aufgefaßt und entspricht dem Arbeitsethos der Künstler. Wie im Fall Düsseldorfs waren für die Wahl dieser Stadt ihre Vergangenheit wie auch ihre gegenwärtigen Perspektiven von ausschlaggebender Bedeutung: „Die geistige Höhe, in die Goethe die deutsche Schauspielkunst emporgehoben hat, weist uns zuerst nach Weimar [...] In Weimar beheimatet würde das Unternehmen damit von selbst schon eine gewisse Gewähr dafür bieten, dass es möglichst im Geiste der grossen Traditionen Weimars geführt wird."[137] Mit diesem Bekenntnis suchte man jene kritischen Stimmen zu beruhigen, die befürchteten, das ‚Dumontsche Zukunftstheater' würde die aus der ruhmvollen Tradition auferlegten Aufgaben mit Füßen treten. Zugleich betonte Dumont das kreative Umfeld, das auf dem Gebiet der bildenden Kunst und des Kunstgewerbes durch die Vertreter des Neuen Weimar entstanden war. Die Wahl Weimars als Sitz des Mitte Dezember 1903 gegründeten Deutschen Künstlerbundes sei der jüngste Beweis für die Kraft und Attraktivität dieses Ortes. Damit biete sich den Theaterunternehmern ein günstiger Boden für die gemeinsame Arbeit „mit den voranstrebenden Elementen der neuzeitlichen Kunst".[138]

Daß dieses Argument keine Phrase war, beweist die künstlerische Zusammenarbeit, die das Düsseldorfer Schauspielhaus ab 1905 mit Künstlerkreisen sowie mit den Lehrern und Schülern der Düsseldorfer Kunstgewerbeschule und Kunstakademie pflegte: unter ihnen waren der Direktor der Kunstgewerbeschule Peter Behrens, sein Schüler Claus Cito und der blutjunge Akademieschüler August Macke.[139] In Weimar hätte eine ähnlich fruchtbare Zusammenarbeit erzielt werden können.

---

135 Louise Dumont an Wilhelm Ernst, o.O., o.D. – TMD/SHD VII 17714, Bl. 1 f.
136 Brües, Louise Dumont, S. 61.
137 Louise Dumont an Wilhelm Ernst, o.O., o.D. – TMD/SHD VII 17714, Bl. 3.
138 Ebd.
139 Wie oben bereits erwähnt, machte Behrens für *Hamlet*, *Die Kronprätendenten* und *Wilhelm Tell* Entwürfe, von denen nur der *Tell*-Entwurf in modifizierter Form realisiert wurde. Behrens' Schüler Claus Cito stattete Wildes *Salome* (1905), *Gespenster* (1905) und Hofmannsthals *Elektra* (1906) aus. Zusammen mit Cito und Carl Koester entwarf August Macke Bühnenbildentwürfe für Shakespeares *Macbeth* (1906), daneben liegen von ihm Arbeiten zu einem *Orestie*-Projekt von Aischylos (1906) vor. Gustav Wunderwald führte die Ausstattungsentwürfe Edvard Munchs für Leonid Andrejews *Leben des Menschen* (1908) aus. Vgl. Winrich Meiszies: „Vorbühne des Westens". Das Schauspielhaus Düsseldorf unter Louise Dumont und Gustav Linde-

Die konkrete Organisation sah im Einzelnen vor, einen Festspielbetrieb „im Mittelpunkt des Reichs" (van de Velde) zu initiieren:

> Wir erstreben eine Schauspiel-Bühne, die durch ihre künstlerischen Darbietungen Besucher aus allen Gegenden in ähnlicher Weise anzieht, wie Bayreuth und das Prin[z]regententheater in München durch wagnersche Musikdramen, wie die Oberammergauer durch Vorstellungen religiösen Charakters, oder wie das Théâtre d'Orange bei Arles in der Provence durch antike und andere Dramen.[140]

Dumont betonte stets, daß dies nur im Einvernehmen mit der Hoftheaterleitung möglich sein würde. Die Gefahr einer Interessenzersplitterung zuungunsten des Hoftheaters war eines der Hauptargumente gewesen, das die Gegner des Projekts wiederholt angeführt hatten. Das projektierte zweite Theater besaß eine gefährliche Attraktivität. Die Stadt Weimar würde (durch den verstärkten Touristenzustrom) sein Nutznießer sein, ohne selbst für seine Errichtung und den weiteren Unterhalt ein finanzielles Risiko eingehen zu müssen. Der Generalintendant des Hoftheaters Vignau fürchtete jedoch für sein Haus nicht nur finanzielle Einbußen durch die Abwanderung eines Teils des Stammpublikums und wachsende Unzufriedenheit mit der künstlerischen Qualität der Hoftheaterproduktionen. Ebenso mußte er damit rechnen, daß infolge dieses neuen Schauspielhauses der erforderliche Neubau des Hoftheaters nicht genehmigt oder auf unbestimmte Zeit verschoben werden würde. Um einer solchen Konkurrenzsituation vorzubeugen, planten Dumont und Lindemann eine Spielzeit von Anfang Juni bis Ende August. Sie würde folglich in die Theaterferien des Großherzoglichen Hoftheaters fallen und dem „Unterpersonal" (Billeteure, Bühnenarbeiter, Choristen, Statisten etc.) die Möglichkeit bieten, sich hier ein Zubrot zu verdienen, falls die Generalintendanz dies gestatten würde.[141] Mit dem Festspielcharakter des Sommertheaters waren auch hohe Eintrittspreise verbunden, die eindeutig auf Heranziehung eines exklusiven, auswärtigen Publikums abzielten, nicht auf Abwerbung der Hoftheaterabonnenten.[142] Ebenso verstanden die Initiatoren ihren Repertoireentwurf – zumindest hinsichtlich der zeitgenössischen – Dramatik nicht als Konkurrenz zum Hoftheaterspielplan, sondern als dessen Ergänzung:

---

mann zwischen 1905 und 1914. In: Der westdeutsche Impuls 1900-1914. Kunst und Umweltgestaltung im Industriegebiet. Bd. 1: Düsseldorf. Ausstellungskatalog, hg. v. Wolfgang Schepers u. Stephan von Wiese. Düsseldorf 1984, S. 234-236.

140 Louise Dumont an Wilhelm Ernst, o.O., o.D. – TMD/SHD VII 17714, Bl. 6.

141 Vgl. ebd., Bl. 7 f.

142 Der niedrigste Preis sollte mindestens doppelt so hoch sein wie der teuerste Platz im Großherzoglichen Hoftheater. Auch mit dem Verzicht auf Stehplätze wollte man der Sorge um finanzielle Einbußen des Hoftheaters begegnen. Vgl. ebd., Bl. 5.

Wir werden Alles das zu bringen suchen, was die alte und die neue Zeit Gutes geschaffen haben. Wir rechnen mit den Werken von Goethe, Schiller, Kleist, Hebbel,
Shakespeare, ebenso, wie mit denen von Aeschylos, Eurypides, Sophokles, wollen
aber eben so nachdrücklich die hervorragenden Dichter der Gegenwart zu Worte
kommen und jüngeren auftretenden Talenten jede Förderung angedeihen lassen.[143]

Mit der Betonung des klassischen Kanons der Weltliteratur suchte man jener
Fehlinformation entgegenzuwirken, die die schwere Polemik in der Pressekampagne ausgelöst hatte. Die Weimarische Zeitung hatte bekanntlich in
ihrer Erstinformation gegen die Gründung eines Theaters polemisiert, „welches schlechthin die Moderne pflegt."[144] Das Projekt trug nachfolgend das
Etikett ‚Mustertheater der Modernen' oder ‚Theater der Zukunft'. Der Name
des designierten Architekten schien dafür ebenso ein Garant zu sein wie die
zeitgenössischen Dramatiker, die van de Velde in seiner ersten Stellungnahme am 20. Januar 1904 genannt hatte: Ibsen, Hauptmann, Hofmannsthal. Für
konservative Gegner des Neuen Weimar zeichnete sich hier ein Schreckens-
szenario ab, wie es die Gattin des Generalintendanten, Margarethe von Vignau, eindrücklich formulierte. Am 26. Januar 1904 rief sie (nach einem Besuch Elisabeth Förster-Nietzsches) den befreundeten Dramatiker Ernst von
Wildenbruch auf zu retten, was zu retten ist, denn: „Diese Übermenschen
wollen ein Theater bauen, für Ibsen, Hauptmann, Hofmannsthal und zu glei-
cher Zeit sollen Vorträge über Nietzsche in einem Nebensaal gehalten werden."[145] Einem solcherart ausgerichteten Theater wurde keine Überlebenschance prognostiziert, wie auch der preußische Gesandte Kaiser Wilhelm II.
aus Weimar berichtete.[146] Weimar sei der denkbar ungeeignetste Boden für
„einseitige oder gar extreme Pflege neuzeitlicher Bestrebungen".[147] Mindestens ebensolche Skepsis wurde Louise Dumont als hinreichender Attraktionspunkt des Unternehmens entgegengebracht. Man zweifelte, ob ihr Name

---

143 Ebd., Bl. 6 f.
144 Ein zweites Theater in Weimar? In: Weimarische Zeitung, 94. Jg., Nr. 5, 7. Januar
     1904, S. 2.
145 Margarethe von Vignau an Ernst von Wildenbruch, Weimar, 26. Januar 1904. – GSA
     94/272,1. Wildenbruch unterstützte ihren Kampf gegen das Dumontsche Theater-
     projekt mit einem einflußreichen Artikel, den er am 20. Februar 1904 in der Berliner
     „Modernen illustrierten Zeitschrift" Die Woche veröffentlichte: „Brauchen wir ein
     Baireuth [sic!] des Schauspiels?" Antwort von Ernst von Wildenbruch. In: Die Wo-
     che, 6. Jg., Nr. 8, 20. Februar 1904, S. 319-322.
146 „Kommt der Weimarer Musterbau zu Stande, so dürften Louise Dumont und ihre
     Truppe, nach meinem Ermessen, die Meisterwerke Ibsen's, Maeterlinck's und von
     Hofmannsthal's bald vor leeren Bänken zur Darstellung bringen." Diese Mitteilung
     kann nur aus dem Jahr 1904 stammen und ist folglich auf den 30. Januar 1904 zu da-
     tieren, nicht, wie im Marbacher Katalog angegeben, auf den 30. Januar 1905. – HGK,
     Katalog, S. 172 f.
147 Ein zweites Theater in Weimar?, Weimarische Zeitung, 7. Januar 1904, S. 2.

und Ruf ausreichen würden, um das Große, das sie vorhatte, verwirklichen
zu können: die besten deutschen Schauspielkräfte für eine gemeinsame Arbeit nach Weimar zu ziehen und ein internationales Publikum für ihre
hochambitionierten Produktionen zu interessieren. Die Weimarische Zeitung
formulierte am 30. Januar 1904 dezidiert, daß „Luise [sic!] Dumont hinsichtlich ihrer künstlerischen Fähigkeiten und der von ihr gepflegten Kunstrich-
tung die denkbar ungeeignetste Persönlichkeit wäre als geistige Leiterin eines
Unternehmens, das den Verpflichtungen Rechnung zu tragen hätte, die die
Tradition Weimar auferlegt.“[148] In derselben Ausgabe bekannte die Zeitung,
daß ihre Artikel in mehr als sechzig der bedeutendsten deutschen Tagesblät-
ter übernommen worden seien, „die wiederum die Stellungnahme der Weimarischen Zeitung vollkommen zu der ihren“ gemacht hätten: daß es
„schlechthin ausgeschlossen sei, ein Theaterprojekt wie das Dumont-van de
Veldesche und Genossen zu realisieren, ohne die künstlerischen Interessen
Weimars zu schädigen.“[149] Damit bekannte sich die Weimarische Zeitung
unter ihrem Chefredakteur Geissler indirekt zu ihrer Diffamierungskampagne
und dem Versuch einer Steuerung der öffentlichen Meinung.

Die Weimarische Landeszeitung Deutschland erreichte als meistgelesene
Tageszeitung der Stadt einen größeren Adressatenkreis vor Ort. Sie (wie
auch andere, auswärtige Presseorgane) versuchte mit regelmäßigen Berichten
und Stellungnahmen sachliche Aufklärungsarbeit zu leisten und trat ab dem
24. Januar 1904 spät, aber konsequent für den geplanten Theaterbau ein. Die
Stimmung war günstig. Das Großherzogliche Zivilkabinett stellte am 16. Februar 1904 die kostenlose Überlassung eines Bauplatzes in Aussicht, der
Gemeinderat der Stadt, der Verkehrs- und Verschönerungsverein und andere
begrüßten das Vorhaben. Dennoch erzielte die von Hippolyt von Vignau ge-
steuerte Pressekampagne die gewünschte Wirkung. Dumont hielt dem psychischen Druck nicht stand und zog am 5. April 1904 ihr Projekt offiziell
zurück. Die Auseinandersetzungen der vergangenen Wochen und Monate
ließen das unabdingbare Einvernehmen mit der Hoftheaterleitung als unrealis-
tisch erscheinen und hatten zu schwere persönliche Angriffe auf die beteiligten Personen mit sich gebracht, als daß hier an eine ruhige, konzentrierte
Arbeit zu denken gewesen wäre.[150]

---

148 Als Argument wurde hinzugefügt, daß die Leistungen der Künstlerin in klassischen
     Rollen „wie bekannt schlechthin unzulängliche“ seien. Vgl. [Anonym.:] Beiträge zur
     Idee eines Festspielhauses in Weimar. Folge II. In: Beilage zur Weimarischen Zei-
     tung, 94. Jg., Nr. 25, 30. Januar 1904, S. 1.
149 Ebd.
150 Vgl. Louise Dumont an Wilhelm Ernst, Osterode, 5. April 1904 (Abschrift). –
     TMD/SHD VII 17714. Dieser Absagebrief folgt wortwörtlich jenen Vorschlägen, die
     zuvor Maximilian Harden auf Dumonts Bitte hin für eine Begründung ihrer Ent-

Dumont teilte Großherzog Wilhelm Ernst diesen Entschluß mit, ohne zuvor ihren Architekten darüber informiert zu haben. Van de Velde, der vier Tage zuvor im Prellerhaus seine Entwürfe und Modelle für das Theater[151] auszustellen begonnen hatte, war konsterniert. Ein zweites Mal mußte er sich im Sommer desselben Jahres verraten fühlen, als der Bau des Dumont-Lindemannschen Theaters, das nun in Düsseldorf als ständige Bühne errichtet werden sollte, nicht ihm, sondern Bernhard Sehring übertragen wurde.[152] Ein Jahr später verlor er die letzte Hoffnung auf einen Weimarer Theaterbauauftrag. Vignau erreichte es, daß nicht der verhaßte Vertreter des Neuen Weimar, sondern die Münchner Firma Heilmann & Littmann mit dem Neubau des Großherzoglichen Hoftheaters betraut wurde. Für van de Velde bedeutete dies einen geringeren Verlust als den des Dumontschen Projektes, da er – wie auch Harry Graf Kessler – grundsätzlich gegen den Abriß des alten Hoftheaters aus der Intendantenära Goethes war. Zur gleichen Zeit zeichnete sich eine neue Chance ab, den alten Traum zu verwirklichen: Mit Max Reinhardts Interesse für seine Dumontschen Theaterentwürfe schien die Aussicht gegeben, daß van de Velde den Auftrag für den Umbau des (neben dem Deutschen Theater gelegenen) Tanzlokals Embergs Salon erhalten würde.[153]

---

scheidung gemacht hatte. Vgl. Maximilian Harden an Louise Dumont, [Berlin,] Gründonnerstag 1904 [31. März 1904]. – TMD/SHD I 664.

151 Siehe hierzu den Aufsatz von Ulrich Schulze: Formen für Reformen. Henry van de Veldes Theaterarchitektur. In: Sembach/Schulte (Hg.), Henry van de Velde, Ein europäischer Künstler seiner Zeit, S. 341-357, der auf den Seiten 343-348 das Weimarer Theaterprojekt behandelt. Schulze stellt die vier verschiedenen Modelle detailliert vor und illustriert anhand von van de Veldes Skizzen und Grundrissen, wie sich der Architekt die einzelnen Lösungen vorstellte: als (dreistöckiges) Amphitheater, als Hoftheater, als „Sommertheater" nach dem Bayreuther Modell und als ein rechteckiges Amphitheater mit Logen.

152 Das Düsseldorfer Schauspielhaus eröffnete am 28. Oktober 1905 mit Friedrich Hebbels *Judith*. Die Ära Dumont-Lindemann währte bis zu Dumonts Tod am 16. Mai 1932.

153 Siehe Kapitel IV.2, S. 142.

3.   Das Nietzsche-Denkmal-Projekt (1910-1913)

Dieses im Titel angesprochene ambitionierte Vorhaben stellte Kesslers letztes öffentliches Engagement in Weimar vor dem Ersten Weltkrieg dar. Es war der Endpunkt seiner Bemühungen um Fundamentierung des Neuen Weimar mit seinem kosmopolitisch ausgerichteten Nietzscheanismus. Nachdem mit Kesslers Demission im Juli 1906 und dem damit verbundenen Rückzug aus dem Museum für Kunst und Kunstgewerbe den Initiatoren des Neuen Weimar ein wichtiges Forum für ihre Arbeit verloren gegangen war, wurde es zunehmend stiller um sie. Kessler hatte Elisabeth Förster-Nietzsche kurz nach seinem Sturz beteuert, daß sie alle sich vom nächsten Jahr an um sie und das Archiv wie um eine Zwingburg scharen würden, „der nur noch wohl legitimierte Mitkämpfer sich nähern dürfen."[154] Die Realität sah anders aus, wie Alexandre Kostka pointiert formuliert: „Es melden sich jedoch weder Angreifer noch Verteidiger. Es gilt nicht Angriffen standzuhalten, sondern der wachsenden Gleichgültigkeit."[155] Dies dokumentiert bereits ein Jahr später ein Brief Förster-Nietzsches, in dem sie Kessler gestand, dem Ehepaar Dehmel in seinem Wunsch nach Zuzug nicht hatte zureden zu können – Weimar scheine „in tiefem Schlaf zu liegen, jenseits von Gutem und Bösem, von Beidem hört man nichts."[156] Ihre Klage, sie könnten über das Gefühl einer tiefen Enttäuschung in Hinsicht auf Weimar niemals hinwegkommen, korrespondiert Henry van de Veldes deprimiertes Eingeständnis vom 22. August 1910: „Je pense à toutes les illusions que nous avons porté en terre [...]. Nous nous aiderons l'un l'autre à supporter à porter le poids de tant d'ingratitude et de tant d'injustice."[157]

Es galt dem Gefühl der wachsenden Isolierung entgegenzuwirken. Dieser notwendig neue Impuls sollte von einem Denkmal für Friedrich Nietzsche ausgehen. Harry Graf Kessler entwickelte hier eine gewaltige, letztlich nicht realisierbare Vision, in der seine bisher einzeln bewährten Interessenssphären zusammengeführt werden sollten. Nach dem Scheitern des Dumontschen Vorhabens, in Weimar ein ‚Bayreuth des Schauspiels' zu institutionalisieren, bedeutete die Errichtung eines „Nietzsche-Festspielhügels über Weimar" (Krause) den erneuten Versuch, die Konkurrenzsituation mit Bayreuth gekonnt auszuspielen. Es ging um nichts Geringeres als um die „Metamorphose des Bayreuther Mythos vom Gesamtkunstwerk unter Einschluß der Massen-

---

154 HGK an EFN, 6. Oktober 1906. – BW EFN/HGK, S. 131.
155 Kostka, „Darin irrt Nietzsche", S. 55.
156 EFN an HGK, Weimar, 30. September 1907. – GSA 72/798.
157 Zit. nach: Kostka, „Darin irrt Nietzsche", S. 55, Anm. 103.

bewegungen des 20. Jahrhunderts".[158] Tausende sollten sich in einem öffentlichen Raum zusammenfinden, in dem sich in Nietzscheanischer Totalität Kunst, Tanz, Theater und sportliche Wettkämpfe zu einer Einheit verbinden sollten. Eingebettet in die Natur, wurde der Bau eines gigantischen Festspielforums intendiert, von dem aus André Gide oder George Bernard Shaw die Nietzscheaner zur Völkerverständigung hätten aufrufen können. In einer speziellen Verknüpfung von totem Kultbau und lebendiger Kampfspielstätte hätten Kessler und sein kosmopolitischer Kreis eine Alternative zu den ab 1909 vom Deutschen Schillerbund in Weimar alljährlich veranstalteten *Nationalfestspielen für die deutsche Jugend* geboten, die ganz im Zeichen der Heimatkunst und des Chauvinismus standen.

Diese Entwicklung ins Monumentale, der auch der designierte Architekt Henry van de Velde nur schwer folgen konnte, war ursprünglich nicht geplant. Die Initiatorin des Projekts, Elisabeth Förster-Nietzsche, hatte bescheidenere Dimensionen vor Augen, als sie deshalb Ende Dezember 1910 an van de Velde herantrat. Der seit langem wiederholt geäußerte Wunsch der Nietzsche-Verehrer nach einer ‚Wallfahrtsstätte' sollte in Hinblick auf den 70. Geburtstag des Philosophen (15. Oktober 1914) mit einem ihm würdigen Denkmal erfüllt werden. Zu Beginn der Diskussionen zwischen Förster-Nietzsche und van de Velde wurde ein Gedanke erwogen, der mit herkömmlichen Denkmalvorstellungen (wie z.B. einer Porträtstatue auf freiem Platz) wenig gemein hatte. Der belgische Architekt, der 1903 die Villa Silberblick (Nietzsches Sterbehaus und Sitz des Nietzsche-Archivs gleichermaßen) umgebaut hatte, brachte den Gedanken eines Archivbaus auf, der zugleich Monumentfunktion erfüllen sollte. Ein Vorschlag, dem Förster-Nietzsche nicht abgeneigt war, sofern nur das Sterbehaus unangetastet bliebe: „Ich meinte also, daß nur folgendes in dem Gebäude sein müßte, was Sie sich als Archiv und Denkmal vorstellen: ein großer Saal in der Mitte, mit Kunstwerken und der ganzen Bibliothek von Nietzsche, ein Arbeitsraum für den Archivar [...]"[159] Besonders der Aspekt einer Sammelstätte von Kunstwerken, die durch Nietzsches Persönlichkeit angeregt worden waren, schien es der Archivherrin angetan zu haben, wie aus einem Brief an Harry Graf Kessler hervorgeht.[160] Die Aussicht auf ein solches Pantheon würde somit nicht nur zur

---

158　Krause, „Märtyrer" und „Prophet", S. 203.

159　EFN an vdV, 9. Januar 1911. Zit. nach: Günther Stamm: Monumental Architecture and Ideology: Henry van de Velde's and Harry Graf Kessler's Project for a Nietzsche Monument at Weimar, 1910-1914. In: Gentse Bijdragen tot de Kunstgeschiedenis, 23 (1973-75), S. 304.

160　Um keinerlei gekränkte Eitelkeit derjenigen Künstler aufkommen zu lassen, die beim Bau nicht beteiligt werden sollten, schlug Förster-Nietzsche am 18. Februar 1911 Kessler vor: „Wenn wir aber sagen: es soll ein denkmal-artiger *Raum* geschaffen

Unterstützung des Projekts selbst (in pekuniärer Hinsicht) anreizen, sondern auch den Wettbewerb um immer neue, sich gegenseitig überbietende Kultwerke anfeuern.[161]

Anfang Februar 1911 erreichte auch Harry Graf Kessler die Einladung zum Beitritt in das Denkmalskomitee, der er „mit Freuden" folgte. Seit sechzehn Jahren der Schwester des Philosophen eng verbunden und seit Mai 1908 Vorstandsmitglied der Stiftung Nietzsche-Archiv, nahm er bei diesem Unternehmen bald jene herausragende Position ein, die er für sich selbst erwartete. Er übernahm den Vorsitz des am 12. März 1911 gegründeten ‚Arbeitsausschusses für die Errichtung des Nietzsche-Denkmals in Weimar', kümmerte sich um die finanziellen Belange und war um Propagierung bemüht. Bereits in seinem ersten Antwortschreiben vom 3. Februar hatte er Elisabeth Förster-Nietzsche auf das mangelnde internationale Profil des potentiellen Komitees aufmerksam gemacht.[162] Seinen Vorstellungen gemäß betonte denn auch der Werbebrief vom April 1911 den Einfluß Nietzsches auf das europäische Geistesleben der letzten dreißig Jahre[163] und forderte Persönlichkeiten zum Beitritt auf, „welche als Führer auf den verschiedenen Gebieten des modernen Lebens[,] dem Vorwärtsstreben unserer Kultur tätig ergeben[,]

---

werden worin die auf Nietzsche bezüglichen Kunstwerke aufgestellt werden sollen, so ist jede Kränkung vermieden u. viele Künstler freuen sich im Stillen u. sagen: ‚Ach da komme ich auch mal hinein' [...] was jetzt *gesagt* wird u. was dann daraus entsteht kann etwas ganz anderes sein. Darauf kommt es *jetzt* nicht an, sondern nur, daß d. Denkmalsgedanke populär wird." GSA 72/798. (Hervorhebungen im Original.)

161   Zu den Bemühungen Förster-Nietzsches und des Archivs um ein offizielles Nietzsche-Bild auch in künstlerischer Hinsicht siehe Krause, „Märtyrer" und „Prophet", Kapitel 3. u. 4.

162   "[...] In der Liste fallen mir einige Lücken auf. 1) warum fehlt Richard M. Meyer? Ich bedaure das. Ferner 2) Warum Shaw!? Überhaupt steht kein einziger Engländer drauf. Ich würde Shaw, George Moore, Yeats, den Professor Gilbert Murray in Cambridge, Will. Rothenstein, den Professor Walter Raleigh in Bedford, Granville Barker, Arth. Eric Gill, außerdem in Frankreich Rodin, Maillol, Maurice Denis, Anatole France (?), Bergson, Charles Maurras, Maurice Barrès vorschlagen. Natürlich müßten sich alle *von vornherein* auf Vandevelde festlegen. Bei den Engländern und bei der Mehrzahl der genannten Franzosen halte ich das auch für ohne jede Schwierigkeit erreichbar. [...]" HGK an EFN, Berlin, 3. Februar 1911. (Erster Brief.) – GSA 72/393. (Hervorhebungen im Original.)

163   „Nietzsche repräsentiert im modernen Europa Deutschland; und in Deutschland wiederum das Europäische, Allgemeinmenschliche in der deutschen Kultur. So scheint es berechtigt, anzustreben, dass diese Zeit, deren Atmosphäre er in so hohem Masse mitgeschaffen hat, ihm aus dieser Atmosphäre heraus ein künstlerisches Denkmal setzt, das Empfindungen für ihn in ihrer eigenen Sprache zum Ausdruck bringt." Werbebrief des Nietzsche[-]Denkmal[-]Komitees, Berlin im April 1911. – DLA/A: Kessler.

den Bahnbrecher Nietzsche zu ehren besonders berufen sind."[164] Maximilian Harden, Herausgeber der wirkungsmächtigsten Wochenzeitschrift des Wilhelminischen Reichs, *Die Zukunft*, stellte sich Kessler uneingeschränkt zur Verfügung.[165] Der Widerstand, auf den der Graf bei seinen persönlichen Gesprächen im Ausland zuweilen stieß, richtete sich nicht gegen den ausführenden Architekten, sondern gegen Nietzsche selbst: Er sei ein Synonym „for violence", eine Haltung, die man nicht unterstützen könne.[166] Dank Kesslers Engagement verzeichnete die eindrucksvolle Liste des internationalen Honoratiorenkomitees schließlich dennoch nicht nur die Namen Richard Dehmel, Gerhart Hauptmann, Ludwig von Hofmann, Hugo von Hofmannsthal, Max Liebermann, Walther Rathenau, Max Reinhardt, Richard Strauss und Hugo von Tschudi, sondern auch – neben anderen – Gabriele d'Annunzio, Edward Gordon Craig, André Gide, Dmitri Mereschkowsky, Edvard Munch, George Bernard Shaw, Émile Verhaeren und – post mortem – Gustav Mahler.[167]

Auch jene kulturellen Veranstaltungen, die der Geldbeschaffung dienen sollten, waren auf internationaler Ebene geplant. So schlug Kessler vor, neben der Anwerbung von 1.000-Mark-Subskribenten und der Herausgabe faksimilierter Nietzsche-Manuskripte (*Ecce homo*, *Also sprach Zarathustra*) Konzerte, Vorträge und Theatervorstellungen zu geben: „[...] z.B. grosse Vorstellungen von Reinhardt im Stadion in Berlin; von Strauss mit d'Annunzio in Paris, von Mahler in Wien etc."[168] Dieser Gedanke kam nicht von un-

---

164 Ebd.

165 „Kann ich für den (wirklich bezwingenden) Denkmalsplan Etwas thun: verfügen Sie bitte, über mich." Maximilian Harden an Harry Graf Kessler, Grunewald, 7. August 1911. – DLA/A: Kessler.

166 Mit diesem Argument begründeten der Altphilologe Gilbert Murray und der Maler Roger Fry ihre Ablehnung. Vgl. HGK, Tgb, London, 9. Januar 1912 bzw. London, 10. Januar 1912. – DLA/A: Kessler.

167 Die Witwe des am 18. Mai 1911 verstorbenen Komponisten übermittelte Förster-Nietzsche am 15. Juni 1911 aus dem Kurhaus Semmering dieses Vermächtnis: „Einer der letzten Wünsche meines Mannes – Gustav Mahler – war der mit im Comité zur Errichtung eines Nietzschedenkmals zu sein. Das Schicksal hat es anders gewollt. Ich erfülle seinen Wunsch, indem ich Ihnen das mittheile – machen Sie damit, was Sie wollen – oder können." GSA 72/2595a. Das Konvolut mit Beitrittserklärungen und Absagen (wie z.B. die Georg Simmels) ist zu finden unter GSA 72/2595a; eine undatierte, gedruckte Liste *Zusagen für das Comité* in DLA/A: Kessler (als Beilage zugeordnet zum Schreiben Förster-Nietzsches vom 24. Mai 1911).

168 HGK, Tgb, Weimar, 8. Februar 1911. – DLA/A: Kessler. Günther Stamm erwähnt auch eine potentielle Einbindung der Ballets Russes, ohne hierfür Belege anzugeben: "In order to raise the necessary funds, brilliant *soirées* with Diaghilew's *Russian Ballet* were planned for Moscow, Vienna, Berlin, Paris and London." Stamm, Monumental Architecture, S. 308. (Hervorhebung im Original.) Diese Angabe habe ich nicht verifizieren können.

gefähr und zielte nicht nur – zu Propagandazwecken – auf den Reiz des Sensationellen. Mit Richard Strauss und Gustav Mahler wählte Kessler zwei Komponisten, die mit ihren symphonischen Werken in herausragender Weise zur Popularisierung Nietzsches und seiner Schriften beigetragen hatten.[169] Für unseren Zusammenhang ist jedoch etwas anderes von Bedeutung, was von der Forschung bisher nicht wahrgenommen wurde: Kesslers Interesse für das Massenpublikum. Max Reinhardts Großraumtheater im Zirkus Schumann oder auch die Uraufführung von Gustav Mahlers Achter Symphonie, der sogenannten *Symphonie der Tausend*, in der Münchner Musikfesthalle (September 1910), waren zeittypische Phänomene. Es waren künstlerische Großereignisse, deren Auftreten Harry Graf Kessler (als Verfechter einer Kultur für die Elite) mit Skepsis, Abscheu, aber auch wachsender Faszination verfolgte. Dies läßt sich exemplarisch im ersten Planungsjahr des Nietzsche-Denkmal-Projekts beobachten.

So notierte Kessler Anfang Februar 1911 von Sophokles/Hofmannsthals *König Ödipus* im (5.125 Plätze umfassenden) Zirkus Schumann noch als ersten Eindruck: „Penetranter Pferdegeruch", und kritisierte die mangelnde Anmut der Darsteller, die zudem nicht in der Lage seien, Mimik und Gebärde auf den Riesenraum abzustimmen.[170] Mitte April entsetzte ihn Ferdinand Bonns „schamlose" Inszenierung von Shakespeares *Richard III.* (im Zirkus Busch) mit ihren Reiterschlachten und der Werbeszene (Richard – Anna) vor fünfhundert Bühnendarstellern so sehr, daß er erstmals versuchte, eine Vorstellung auszuzischen.[171] Sieben Monate später konstatierte er nach der letzten Vorstellung der *Orestie* im Zirkus Schumann, Reinhardt habe seit dem *König Ödipus* viel gelernt.[172] Eine Woche später zeigte er sich dort beeindruckt von der Uraufführung von Hofmannsthals *Jedermann*.[173] Nichts jedoch ließ sich mit jener Faszination vergleichen, die Karl Vollmoellers Große Pantomime *The Miracle* in der Londoner Olympia Hall auf ihn ausübte. Einen Tag vor der Jahreswende erstmals gesehen, erschien ihm diese Produktion als Gipfelpunkt von Reinhardts Massenregie in einem Raum, der zehntausend Plätze umfaßte. Bei drei Vorstellungsbesuchen suchte sich Kessler über das ausgewogene Verhältnis von Raum und Gebärde klarzuwerden und sin-

---

169 Man denke an Strauss' Tondichtung *Also sprach Zarathustra* (1896) oder an Mahlers Dritte Symphonie (1895/96), die ursprünglich den Titel *Die fröhliche Wissenschaft – Ein Sommermorgentraum* trug. Es waren Kompositionen, die Kessler schätzte, namentlich die Dritte mit „Zarathustras Mitternachtslied". Vgl. HGK, Tgb, Berlin, 11. Dezember 1911. – DLA/A: Kessler.
170 Vgl. HGK, Tgb, Berlin, 6. Februar 1911. – DLA/A: Kessler.
171 Vgl. HGK, Tgb, Berlin, 15. April 1911. – DLA/A: Kessler.
172 Vgl. HGK, Tgb, Berlin, 24. November 1911. – DLA/A: Kessler.
173 Vgl. HGK, Tgb, Berlin, 1. Dezember 1911. – DLA/A: Kessler.

nierte über die „Wohltat der Wortlosigkeit" dieser Kunstgattung.[174] Seine Eindrücke korrespondierten dem Erlebnis der Ballets Russes, mit denen er seit Juni 1911 in intensiver Verbindung stand. Kessler sollte die Denkanstöße, die Max Reinhardts *Miracle*-Produktion ihm bot, nicht nur für jenes Ballett fruchtbar machen, das Serge de Diaghilev bei ihm, Hugo von Hofmannsthal und Richard Strauss in Auftrag gegeben hatte.[175] Ende Dezember 1911 mußten sie ihn ebenso in Hinblick auf das ehrgeizige Denkmal-Projekt interessieren, bei dem der Nietzsche-Kult im elitären Kreis eines Tempels und in einem die Massen vereinigenden Stadion zelebriert werden sollte.

Anfang Februar 1911 war diese Zielsetzung noch nicht gegeben. Angeregt von Reinhardts erstem Antikenprojekt plante Kessler zunächst nur künstlerische Großveranstaltungen, deren Erlös dem Nietzsche-Monument zugute kommen sollte. So sprach er drei Tage nach dem ersten Konzeptionsgespräch, bei dem sich der Architekt, Elisabeth Förster-Nietzsche und er auf den Bau eines kleinen Tempels am Abhang unterhalb des Nietzsche-Archivs geeinigt hatten,[176] Hugo von Hofmannsthal an. Kessler wünschte sich von ihm und Richard Strauss eine „antike Pantomime mit Wettkämpfen", die Max Reinhardt im Berliner Stadion inszenieren sollte. Hofmannsthal schlug hierfür den Atalanta-Stoff vor.[177] Strauss erklärte sich bereit, zugunsten des Denkmal-Projekts in Paris ein Konzert zu dirigieren. Die Eröffnungsfeierlichkeiten des Théâtre des Champs-Elysées, mit dessen Entwurf Henry van de Velde im Dezember 1910 beauftragt worden war, würde hierfür möglicherweise den spektakulären Rahmen bieten.[178] Auch Brüssel[179] und New York (Metropolitan Opera House)[180] wurden für Benefizveranstaltungen in Erwägung gezogen. All dies waren Pläne, die nicht verwirklicht wurden.

Mitte April 1911 entwickelte Harry Graf Kessler ein neues Konzept, mit dem er dieses Denkmal von den unzähligen anderen, wie sie etwa für Goethe

---

174 Vgl. HGK, Tgb, London, 30. Dezember 1911., 3. u. 4. Januar 1912; siehe auch 6. Januar 1912. – DLA/A: Kessler.
175 Siehe hierzu Kapitel IV.4.2.
176 Vgl. HGK, Tgb, Weimar, 8. Februar 1911. – DLA/A: Kessler.
177 Vgl. HGK, Tgb, Berlin, 11. Februar 1911. – DLA/A: Kessler.
178 Vgl. HGK, Tgb, Berlin, 21. März 1911. – DLA/A: Kessler. Gabriel Astrucs Opernhaus wurde, nachdem der französische Architekt Auguste Perret den Belgier verdrängt hatte, am 31. März 1913 mit der Generalprobe von Hector Berlioz' *Benvenuto Cellini* eröffnet; am 1. April folgte Carl Maria von Webers Oper *Der Freischütz*.
179 Am 28. Februar 1911 notierte Harry Graf Kessler im Tagebuch, er habe (den belgischen Kritiker und Förderer der künstlerischen Avantgarde) Octave Maus wegen einer „Nietzschedenkmal-Aufführung" in Brüssel geschrieben. Näheres wäre zu eruieren. – DLA/A: Kessler.
180 Den Kontakt suchte Gräfin Bernstorff herzustellen. Vgl. HGK, Tgb, München, 31. Juli 1911. – DLA/A: Kessler.

oder Bismarck existierten, wesentlich zu unterscheiden gedachte. Der geplante Tempel sollte mit Leben erfüllt und um ein Stadion ergänzt werden. Auf diese Weise würde aus dem Totenmonument etwas lebendig in die Gegenwart Eingreifendes gestaltet werden. Das Tempelinnere, geschmückt mit zwölf Inschrifttafeln Eric Gills (Nietzsche-Sprüche), einer Nietzsche-Herme und sechs Reliefs von Max Klinger, sollte Raum für 200 bis 250 Personen bieten. Hier sollte mittels Musik und Tanz (Ruth St. Denis[181]) das dionysische Prinzip von Nietzsches Weltanschauung zum Ausdruck kommen. Das Apollinische hingegen würde zum einen in einer Statue Aristide Maillols, für die später Waslaw Nijinski Modell stehen sollte, manifest werden, zum anderen in einem Stadionbau, in dem jährlich „Fußrennen, Turnspiele, Wettkämpfe jeder Art, kurz die Schönheit und Kraft des Körpers[,] die Nietzsche als erster moderner Philosoph wieder mit den höchsten, geistigen Dingen in Verbindung gebracht hat, sich offenbaren können."[182] Kessler sah eine der schönsten und majestätischsten Anlagen seit der Antike vor sich, die nicht nur das Interesse der Sportvereine auf sich ziehen sollte, sondern auch als „geradezu idealer, fast griechischer Rahmen für Festspiele, Oedipus und Ä."[183] dastehen würde.[184]

Wenn Kessler von einem „colline sacrée" spricht, der hier errichtet werden soll,[185] so sind die Parallelen zum Bayreuther Festspielhügel und auch zu Peter Behrens' Konzept der Feste des Lebens und der Kunst[186] evident. Kess-

---

181 Harry Graf Kessler hatte die amerikanische Tänzerin im Oktober 1906 für seinen Kreis ‚entdeckt' und Kooperationen mit Hugo von Hofmannsthal und Max Reinhardt zu vermitteln versucht. Siehe Kapitel IV.2.

182 HGK an HvH, Berlin, 16. April 1911. – BW HvH/HGK, S. 324.

183 Ebd.

184 Es ist zu vermuten, daß Kessler mit diesen Überlegungen auch das Interesse Max Reinhardts gewonnen hätte. Reinhardt sollte im Oktober 1934 in Hinblick auf seine geplanten Kalifornischen Festspiele eine ähnliche Verbindung von Theater und Sport ziehen: „[...] wir haben gesehen, daß wir gerade die *Massen* für uns haben – und was sehr wichtig ist – auch die *Jugend*. [...] Es muß so weit kommen, daß wir einen ähnlichen Andrang haben wie die großen sportlichen Veranstaltungen! Die Zeit ist hier reif dafür und es könnte zweifellos hier etwas entstehen, was dem alten Griechenland gleichkommt, wo nicht nur die Olympischen Spiele, sondern auch die antiken Schauspiele der großen Dichter Gemeingut des ganzen Volkes waren!" Reinhardt an Einar Nilson, 18. Oktober 1934. Zit. nach: Max Reinhardt: Leben für das Theater. Briefe, Reden, Aufsätze, Interviews, Gespräche, Auszüge aus Regiebüchern. Hg. v. Hugo Fetting. Berlin 1989, S. 284. (Hervorhebungen im Original.)

185 „Je jette un pont entre la culture du corps et celle de l'esprit sur cette colline qui devrait être une ‚colline sacrée' une fois que nous y aurons établi notre temple et nos jeux." HGK an vdV, 14. April 1911. Zit. nach: van de Velde, Récit de ma vie, Tome II, S. 353, Anm. 2.

186 Behrens, der mit seinem Darmstädter Wohnhaus (1900/01) den architektonischen *Zarathustrastil* kreierte, imaginierte in seinem Manifest eine heilige Stätte zur Feier

lers Entwurf eines *Temenos*, eines mit Mauern abgegrenzten heiligen Tempelbezirks, sah vor, den Nietzsche-Jünger über eine Feststraße durch eine Art Hain zu einem Tempel hinaufzuführen. Der Natur als Quelle geistiger Erneuerung kommt in der Gesamtstruktur des Monuments eine große Bedeutung zu. Nietzsches Sehnsucht nach Kontemplation an einsamen Naturschauplätzen gemäß, würde Kesslers Nietzsche-Verehrer auf seinem Weg zum Heiligtum sukzessiv in die Welt des Meisters eintauchen. Nach diesem kathartischen Erlebnis auf dem Plateau angelangt, würde auch er, wie Behrens' Erwählte, ausrufen können: „Wir sind geweiht und vorbereitet für die grosse Kunst der Weltanschauung!"[187] Aristide Maillols heroische Apollo-Statue vor dem Tempel sollte zunächst dem Bismarckturm (1901) auf dem Südhang des Ettersbergs korrespondieren, um so Bismarcks politischen Genius mit Nietzsches Philosophie in Einklang zu bringen.[188] Später jedoch wurde Weimar selbst als zentraler Bezugspunkt in die Konzeption des Festspielareals integriert. Der Blick Apollos (wie auch der des Besuchers) würde auf das weite Weimarer Tal fallen: Weimar, das Symbol von Deutschlands glanzvoller kultureller Vergangenheit, verbände sich mit einer vielversprechenden Zukunft, die durch die Pflege des Nietzsche-Kults garantiert werden würde. Es ist unübersehbar, daß die von den Nietzscheanern beschworene Wahlverwandtschaft des Philosophen mit den Größen der Vergangenheit auf diese

---

ihrer Kultur, als Sinnbild ihres Überschusses an Kraft: „Am Saum eines Haines, auf dem Rücken eines Berges soll sich dies festliche Haus erheben. So farbenleuchtend, als wolle es sagen: Meine Mauern bedürfen des Sonnenscheines nicht! – Seine Säulen sind umkränzt, und von sieben Masten wehen lange weisse Fahnen. Auf der hohen Empore stehen Tubenbläser in glühenden Gewändern und lassen ihre langgezogenen Rufe weit über Land und die Wälder ertönen. [...] Wir sind geweiht und vorbereitet für die grosse Kunst der Weltanschauung! Und nun entrolle sich das Spiel des Lebens: Wir selber spielen es, das schöne Spiel unsrer ernsten Freude!" Behrens, Feste des Lebens und der Kunst, S. 11-13.

187 Ebd., S. 13. Eine Lektüre Kesslers von *Feste des Lebens und der Kunst* läßt sich anhand der vorliegenden Quellen nicht nachweisen. Sie erscheint jedoch angesichts seiner persönlichen Beziehungen zum Autor (und auch seines Interesses für die Buchdruckkunst) mehr als wahrscheinlich.

188 „Kessler points out in his sketch [vom 5. April 1911] that the sun would disappear in the late hours of the afternoon directly behind the Bismarckturm. It is not difficult to understand the implied irrational qualities of the design. One imagines the Nietzsche disciple, being ‚purified' in the *bois sacré* and, while listening to a musical performance, experiencing the dramatic sunset which would mark the contours of the Bismarckturm [...] and then play upon Maillol's heroic nude and finally penetrate into the interior of the temple. The cornerstones upon which the new nation should be erected according to the *Weimarer Kreis* and to other significant segments of Germany's Imperial society are thus dramatically identified." Stamm, Monumental Architecture, S. 310. (Hervorhebungen im Original.)

Weise manifest werden sollte.[189] Nach fünf Jahren sah sich Harry Graf
Kessler endlich in der Lage, mit diesem Monument in unmittelbarer Nähe
zum Nietzsche-Archiv Elisabeth Förster-Nietzsche den äußeren Rahmen zu
schaffen für jene Aufgabe, die er ihr kurz nach seiner Demission im Sommer
1906 zugewiesen hatte: „Sie müssen jetzt die Verwalterin des *ganzen* Weimarischen Erbes werden".[190]

Henry van de Veldes schwierige Aufgabe bestand nicht nur darin, das
Festspielareal so auszurichten, daß eine wesentliche Forderung Kesslers erfüllt würde: „la vue la plus mystérieuse possible".[191] Es galt, Nietzsches Persönlichkeit und philosophische Botschaft in eine ausdrucksstarke Architek-
turformel zu transponieren: „d'exprimer Zarathustra."[192] Kesslers Tagebücher, die Korrespondenz und die Entwürfe des Architekten zeugen von van
de Veldes nahezu verzweifeltem Ringen um die Lösung dieser Aufgabe.
Kessler schien Unmögliches zu verlangen, wenn er ausführte:

> [...] un monument *leger*, *planant*, pour ainsi dire sur la hauteur devant le stade massif,
> un monument presque aérien, [...] mais nerveux et fort et même de Nietzsche, avec
> son ossature formidable, bismarkienne, sous les plans exquisement délicats et grecs du
> front et de la bouche.[193]

Der Graf scheute keine Anstrengungen, um van de Velde den richtigen Weg
zu weisen. Er stellte ihm seine Maillol-Statue *Le Cycliste* (1907) zur Verfügung, um ihm die gewünschte Vorstellung von Heldentum und Heiterkeit zu
vermitteln, wie sie in dem Tempelbau zum Ausdruck kommen sollte. Er ließ
ihm Material über die Stadien von Athen und Stockholm zukommen und besuchte mit ihm die Baustelle des Stadions im Berliner Grunewald.[194] Van de
Veld, mit dem Bau des Pariser Théâtre des Champs-Elysées stark belastet,
stellte jedoch die Notwendigkeit einer Verbindung der Kultstätte mit einem
Stadion in Frage. Er wünschte eine Rückkehr zur ersten, schlichteren Konzeption des Monuments, zumal sich die Widerstände von außen verstärkten.

Es war schließlich Elisabeth Förster-Nietzsche selbst, die das ambitionierte Denkmalprojekt zu Fall brachte. Ihre zwischen Begeisterung und
Angst vor der eigenen Courage schwankende Haltung spiegelt drei Krisen-

---

189 So hatte Eberhard von Bodenhausen bereits am 24. Oktober 1895 Alfred Lichtwark
   gegenüber bekannt: „Wir brauchen Nietzsche; er ist wirklich unser Goethe, und für
   mich ist er mehr." Bodenhausen, Ein Leben für Kunst und Wirtschaft, S. 117.
190 HGK an EFN, Berlin, 13. August 1906. – GSA 72/393. (Hervorhebung im Original.)
191 HGK an vdV, 21. August 1911. Zit. nach: Stamm, Monumental Architecture, S. 320.
192 HGK an vdV, 12. Dezember 1911. Zit. nach: Stamm, Monumental Architecture,
   S. 322.
193 HGK an vdV, 12. Dezember 1911. Zit. nach: van de Velde, Récit de ma vie, Tome II,
   S. 357. (Hervorhebungen im Original.)
194 Vgl. HGK, Tgb, Berlin, 11. Dezember 1911. – DLA/A: Kessler.

momente in den konkreten Planungen, welche sich von 1911 bis 1913 erstreckten. Mit Formierung des Arbeitsausschusses im März 1911 hatte sie sich von dem Unternehmen offiziell zurückgezogen. Die Verantwortung lag seitdem in den Händen Kesslers, von dem sich Förster-Nietzsche hinsichtlich der Qualität des projektierten Nietzsche-Stadions nur schwer überzeugen ließ. Sie verwahrte sich gegen die Verbindung eines Sportplatzes und ,Tingel-Tangels' (einer „music-hall mit tanzenden Weiblein") mit dem Namen ihres Bruders.[195] Ein knappes halbes Jahr später, Anfang Oktober 1911, veranlaßte sie der Besuch einer Delegation chauvinistischer Projektgegner zu der Bitte, die Pläne ad acta zu legen. Ihr war ein Brief ihres Bruders präsentiert worden, in dem sie lesen mußte:

> Die Nachäfferei des Griechentums durch dieses reiche, müßiggängerische Gesindel aus ganz Europa ist mir ein Greuel. Die Leute ahnen nicht, aus welchen tiefen religiösen und politischen Vorstellungen die griechischen Feste hervorgegangen sind. Ich flüchte vor diesem hohlen Lärm sensationsgieriger Darsteller und Zuschauer in die Einsamkeit und Stille.[196]

Förster-Nietzsche glaubte folglich im Sinne ihres Bruders zu handeln, wenn sie gegen die Stadion-Pläne opponierte.[197] Harry Graf Kessler mußte erkennen, daß Förster-Nietzsche seine Intentionen noch immer mißverstand. Wortreich hatte er ihr im Frühjahr verständlich zu machen gesucht, daß allein diese Konzeption in der Lage sei, ihren Bruder, „der ein moderner Grieche war,"[198] in einzigartiger Weise zu ehren. Ein Mißbrauch des Stadions durch das ,Eindringen der Menge' sei ausgeschlossen, da die gesamte Anlage zur ausschließlichen Verfügung der Stiftung verbliebe. Kessler hing an der Vorstellung einer neuhellenischen Seligkeit, die sich ein- oder zweimal im Jahr bei feierlichen Anlässen auf diesem Areal entfalten würde:

> Was sich ergeben würde, wären ein Park mit schattigen feierlichen Alleen, die zum Tempel hinaufführen würden, hinter dem sich das erhaben einfache, steinerne Stadion in tiefer Stille, ausser an den ein oder zwei Wettkampf Tagen, daliegen würde; eine Anlage, die in ihrer Verklärung von Körper und Geist die Gesinnung, die Geste Ihres Bruders, sein Ringen um eine immer höhere Gesundheit beider, grandios verkörpern würde. Ich kenne solche Anlagen in Ruinen aus Griechenland, lebendig in Jahren, und

---

195 EFN an HGK, Weimar, 19. April 1911. – BW EFN/HGK, S. 134. Siehe auch EFN an HGK, Weimar, 21. April 1911. – GSA 72/798.
196 Zit. nach: van de Velde, Geschichte meines Lebens, S. 351.
197 Am 2. Oktober 1911 bekannte sie Henry van de Velde: „Es geht mir zu sehr wider alle Empfindungen, daß der große Einsame mit solchem Lärm und Massen verherrlicht werden soll." Zit. nach: Stamm, Monumental Architecture, S. 321 f.
198 HGK an EFN, Berlin, 20. April 1911. (Erster Brief.) – GSA 72/393.

kann nur sagen, dass Nichts in mir zu tieferen, im mehreren Sinne religiösere Gefühle ausgelöst hat.[199]

Elisabeth Förster-Nietzsches Angst vor den Folgen des Nietzsche-Kults als Ersatzreligion[200] blieb unüberwindbar. Hinzu kam die Sorge um die finanzielle Absicherung des Nietzsche-Archivs, das sie als *ihr* Nietzsche-Denkmal ansah. Am 3. Oktober 1913 klagte sie Henry van de Velde: „Einer Phantasterei jagt er [Kessler] nach, und es kommt ihm nicht in den Sinn, daß ich mich zwanzig Jahre mit Sorgen und Ängsten geplagt habe, und er mir wohl zur Erreichung meiner Wünsche etwas zu Hilfe kommen könnte!"[201] Ende Dezember 1913 einigten sich Förster-Nietzsche, Kessler und der zwischen ihnen vermittelnde Eberhard von Bodenhausen, welches der Projekte Priorität habe. Erst nach der dauernden Sicherstellung der Stiftung Nietzsche-Archiv und der Überführung des Philosophen nach Weimar, dessen Grabstätte wiederum van de Velde gestalten sollte, würde man sich auf das Monument konzentrieren können.[202] Das Nietzsche-Denkmal-Projekt ging also nicht allein, wie in der Forschung öfters behauptet, in den „nationalistischen Wogen, die der Beginn des Ersten Weltkriegs überall in Europa aufwühlte,[203] unter. Henry van de Velde, zermürbt von den jahrelangen Auseinandersetzungen um dieses Projekt, verzichtete selbst auf eine Realisierung seines Entwurfs, der am 9. Juni 1912 vom Komitee zur Ausführung angenommen worden war. Eine erneute Annäherung Förster-Nietzsches Anfang 1914 wies er ab.[204]

Das gescheiterte Unternehmen wurde van de Velde Ende März 1918 noch einmal in Erinnerung gebracht. Charlotte Dürckheim richtete an ihn eine Anfrage zwecks Nutzung des Grundstücks, das im August 1911 auf den Ratstannen erworben worden war. Sie führt in erschreckender Weise vor Augen, was aus Kesslers ambitioniertem Vorhaben der Feier des schönen Körpers, der Erweckung des Übermenschen im Zuge des Ersten Weltkriegs geworden war: „Glauben Sie nicht, daß das Konsortium dieser Terrainbesitzer, statt

---

199 HGK an EFN, Berlin, 20. April 1911. (Zweiter Brief.) – GSA 72/393.
200 „Wie man in die Nähe einer christlichen Kirche ein Hospital setzte, so soll man in die Nähe der Gedächtnisstätte Ihres Bruders ein Monument für Jugend, Kraft und Schönheit bringen. Wenn die jungen Leute *hier* kämpfen und wettstreiten, so wird auf ihre Jugendfreude ein Licht aus der Höhe des Geistes fallen, wie es seit Griechenland nicht der Fall war." HGK an EFN, Berlin, 15. April 1911. – GSA 72/393. (Hervorhebung im Original.)
201 Zit. nach: van de Velde, Geschichte meines Lebens, S. 353.
202 Vgl. das Protokoll vom 21. Dezember 1913. Zit. in: Stamm, Monumental Architecture, S. 333.
203 Simon-Ritz/Ulbricht, „Heimstätte des Zarathustrawerkes", S. 158.
204 Am 9. Februar 1914 berichtete er seiner Frau Maria, „qu'il allait lui répondre qu'il voulait désormais rester en dehors de tout projet." Zit. nach: van de Velde, Récit de ma vie, Tome II, S. 362 f., Anm. 2.

dem toten Nietzsche ein totes Denkmal zu errichten, nicht lieber jetzt den Lebenden ein lebenspendendes Denkmal der Dankbarkeit errichten helfen möchte? *Kriegerheimstätten* bedeuten Leben...“[205]

---

[205] Zit. nach: Stamm, Monumental Architecture, S. 333. (Hervorhebung im Original.)

IV. Berlin – Paris – London:
Harry Graf Kesslers Katalysator-Funktion
in der europäischen Theaterszene (1903-1914)

Im Sommer 1906 hatte Harry Graf Kesslers erzwungene Aufgabe seines Weimarer Direktorenpostens und das Scheitern seines Weimarer Kulturprojekts für ihn einen Schock bedeutet. Die Enttäuschungen und Verletzungen, die ihm von feindlich gesinnten Mitgliedern des großherzoglichen Hofs zugefügt worden waren, bewirkten eine Verbitterung, die erst nach langer Zeit wich. Darüber konnte auch die furiose Energie, mit der sich Kessler in neue Pläne stürzte und nun privatim die Weimarer Position auszubauen suchte, nicht hinwegtäuschen. Die neue Situation kam Kesslers Engagement für das zeitgenössische Theater jedoch zugute. Die Unruhe, die den Grafen in den nächsten Jahren bis zum Ausbruch des Ersten Weltkriegs durch Europa trieb, ließ ihn Eindrücke gewinnen und Kontakte knüpfen, die für künftige Projekte von Wert sein würden. Der Fokus von Kesslers Bemühungen ist hierbei eindeutig: Es ist Hugo von Hofmannsthal. Auch künftig sollte jene Tendenz, die sich in den drei Weimarer Jahren abgezeichnet hatte, beibehalten werden. War es einst darum gegangen, Hofmannsthal dauerhaft an die Residenzstadt zu binden, etwa durch die Übernahme der Hoftheaterintendanz und die gemeinsame Arbeit mit Craig vor Ort, so stellte sich Harry Graf Kessler nun für die nächsten sieben, acht Jahre in einem größeren, internationalen Rahmen bewußt in den Dienst des Dramatikers. Parallel hierzu ging er eine zweite Herausforderung ein, die sich zeitweise mit der ersten berührte und ebensoviel Energie erforderte: Sie hieß Edward Gordon Craig. Kesslers anfänglich enthusiastische Propagierung des Craigschen Genies in Wort und Tat, seine geduldigen, über Jahre hinweg erfolgenden Vermittlungsbemühungen bei der Einholung internationaler Inszenierungsaufträge, und nicht zuletzt seine direkten finanziellen Unterstützungsmaßnahmen ließen ihn in Craigs Leben einen besonderen Stellenwert einnehmen. Kessler erfüllte zuweilen mehr als die herkömmliche Rolle eines Mäzens. Craig sollte ihm diese Förderung, auch wenn sie im Laufe ihrer vierunddreißigjährigen Verbindung nicht kontinuierlich, sondern punktuell erfolgte, nie vergessen. Das dokumentiert zuletzt eine Karteikarte aus dem *Card Index* der Tochter Ellen Gordon Craig. Sie, die ihren Vater in seinen letzten acht Lebensjahren in Vence betreut hatte, hatte kurz vor ihrem eigenen Tod einen kleinen Schlagwortkatalog angelegt, der Craigs besondere Vorlieben, Aktivitäten und Einstellungen zu bestimmten Dingen und Personen festhielt. Unter den Eintragungen, die von „acting" bis „weather" reichen, findet sich als dreiundzwanzigste auch eine Notiz über Harry Graf Kessler. Er sei derjenige Mann gewesen, an den sich ihr Vater immer erinnert habe: „[...] ‚he was the only man who helped me – he never failed me!'"[1]

Doch es war Hugo von Hofmannsthal, der bis 1914 im Zentrum von Kesslers Interesse stand. Kessler verband mit dem sechs Jahre Jüngeren nicht nur eine Arbeitsbeziehung wie mit Craig, sondern eine persönliche Freundschaft, die über theaterbedingte gemeinsame Interessen hinausging. Zweieinhalb Monate nach seinem Weimarer Rücktritt beschwor Kessler den Wiener Dichter erneut, an den gemeinsamen Plänen festzuhalten, und kündigte sein ‚Programm' für die nächsten Jahre an. Es umfaßte drei Ziele: den Kreis des Neuen Weimar zu erhalten, einige eigene literarische Arbeiten (wie etwa ein Buch über moderne Kunst) auszuführen und – dies war der wichtigste Punkt – Henry van de Velde und ihm, Hofmannsthal, weiterhin förderlich zu sein. Letzteres habe, wie Kessler bekannte, stets Priorität: „[...] so stehe ich natürlich Dir *jederzeit* und *wo du willst* zur Verfügung."[2] Das war mehr als eine Floskel. Kessler war ein spezifisch kreativer Altruismus zu eigen, den er nun, Ende September 1906, zu seinem Lebensinhalt erklärte. Hofmannsthal gegenüber definierte Kessler ihre Beziehung wie folgt:

> Meine Person überschätzest du sehr, aber sei dem so, ich bin dir ein point de vue in der Welt, die du um dich aufbaust. Mir bist du, möchte ich sagen, mehr: Etwas, das mir das Leben und mein Leben rechtfertigt. Du, Vandevelde sind mir *der* Inhalt meines Lebens, etwa wie es dir deine Dichtungen sind, das was mir die Möglichkeit am Leben mitzuschaffen öffnet.[3]

Im Sinne dieses Selbstverständnisses intensivierte Kessler ab 1906 sein Engagement. Er bemühte sich verstärkt, zu bestimmten deutschen und internationalen Theatern persönliche Kontakte zu knüpfen und bestehende Beziehungen auszubauen. Dies geschah unter klaren Konditionen: in realistischer Einschätzung seiner eigenen Grenzen und im Verzicht auf seinen persönlichen Ehrgeiz.[4] Daß Kessler einmal der „verborgene Helfer"[5] Hofmannsthals

---

1   The Last Eight Years 1958-1966. Letters from Ellen Gordon Craig. Ed. and with an introduction by Edward Craig. Andoversford, Gloucestershire 1983, S. 45.

2   HGK an HvH, Berlin, 26. September 1906. – BW HvH/HGK, S. 127. (Hervorhebungen im Original.)

3   Ebd., S. 126. (Hervorhebung im Original.)

4   „Was nun das Zusammenwirken unter diesen durch unsere beiderseitigen Anlagen gegebenen Verhältnisse anbelangt, so liegt es auf der Hand, daß ich immer *der* sein muß, der dir hilft, soweit es in meinen Kräften steht, ausnahmsweise nur du deine Kräfte zugunsten meiner Ziele ablenken darfst." Ebd. (Hervorhebung im Original.)

sein und um die Anerkennung seiner Mitarbeiterschaft bei einigen dramatischen Werken des Dichters streiten würde, war nicht abzusehen. Noch ging es nur um Vermittlungsdienste bei Theaterintendanten, Regisseuren, Übersetzern und Künstlern zugunsten des Hofmannsthalschen Werks. Der erste Weg hatte bekanntlich bereits im Herbst 1903 nach London zu Edward Gordon Craig geführt. Dort hatte Kesslers genuine Tätigkeit als „artistic Mercury" (L. M. Newman)[6] eingesetzt, die im folgenden thematisiert wird.

So wird zunächst Kesslers Engagement für Craig, das mit dem für Hofmannsthal verquickt ist, zur Sprache kommen. Zugleich wird das Theater Max Reinhardts mit in den Blick genommen. Es war der Zielpunkt von Kesslers diversen Vermittlungsbemühungen, auch als er sich von seiner Fixierung auf Hofmannsthal zu lösen begann. Im Zusammenhang mit dieser wachsenden Emanzipierung wird Kesslers Position in Reinhardts Theaterimperium zu skizzieren sein. Hierdurch ergibt sich wiederum der Brückenschlag zur internationalen Theaterlandschaft, den Bühnen von Paris und London. Zuletzt wird der Kernpunkt von Kesslers Tätigkeit in diesem Bereich, die Zusammenarbeit mit Hugo von Hofmannsthal, ausgeführt.

1.   Edward Gordon Craig

Es ist für Harry Graf Kessler bezeichnend, daß am Anfang und Ende seiner Beziehung zu Edward Gordon Craig das künstlerische Werk stand. Als Kessler Mitte April 1903 in London auf den einunddreißigjährigen Bühnenbildner, Regisseur und Theaterreformer aufmerksam wurde, geschah dies nicht durch eine Inszenierung, sondern durch eine Exlibris-Ausstellung, bei der Craigs Exponate (als die „besten und eigenartigsten") Kesslers Interesse erregten.[7] Und auch das letzte Projekt, das zehn Monate vor Kesslers Tod im Jahr 1937 diskutiert wurde, hatte den bildenden Künstler in Craig angesprochen. Nach dem Höhepunkt ihrer künstlerischen Zusammenarbeit, den 1929/30 fertiggestellten *Hamlet*-Drucken der Cranach-Presse, ging es nun um die Illustration einer Shakespeare-Gesamtausgabe, zu der Craig einen

5   So lautete bekanntlich der erste Widmungsentwurf Hugo von Hofmannsthals für die Buchausgabe von *Der Rosenkavalier*. Vgl. den Brief von HvH an HGK, Rodaun, 5. Juli 1910. – BW HvH/HGK, S. 296.

6   Lindsay M. Newman: Reinhardt and Craig? In: Max Reinhardt. The Oxford Symposium. Ed. by Margaret Jacobs and John Warren. Oxford 1986, S. 8.

7   Vgl. HGK, Tgb, London, 16. April 1903. – DLA/A: Kessler.

Holzschnitt pro Band liefern sollte.[8] Diese Ereignisse und Daten markieren nicht nur die Zeitspanne der Kessler-Craigschen Verbindung. Sie verweisen auch darauf, daß die Basis ihrer Beziehung die bildende Kunst war. Craigs Verständnis von Farbe, Licht und Schatten auf der Bühne war es, was Kessler besonders ansprechen mußte. Zugleich erklärt es möglicherweise auch einen Umstand, der bei all dem, was Kessler für seinen Protegé (namentlich in den ersten Jahren) tat, seltsam anmuten muß. Denn angesichts der Tatsache, daß Kessler lange Zeit beharrlich versucht hatte, ihm Inszenierungsmöglichkeiten zu verschaffen, verwundert es, daß er nach 1903 die seltenen Gelegenheiten, Craigs Ideen auf der Bühne realisiert zu sehen, ungenutzt ließ. Selbstverständlich konnte er Gründe dafür angeben, warum er sich nicht in den Zug nach Florenz, Moskau oder Kopenhagen setzte, um sich *Rosmersholm* am Teatro della Pergola (5. Dezember 1906), *Hamlet* am Moskauer Künstlertheater (5. Januar 1912) oder *Die Kronprätendenten* am Königlichen Theater in Kopenhagen (14. November 1926) anzusehen.[9] Es hätte eine Investition an Zeit und Geld erfordert, die der alles andere als immobile Graf im Fall seines Freundes Hofmannsthal jedoch nie gescheut hatte. Kessler verzichtete damit auf rare Erlebnisse. Sie hätten ihn nicht nur über die künstlerische Entwicklung des von ihm bewunderten Theatermannes orientiert, sondern wären ihm auch eine Bestätigung seines Engagements gewesen. Letzteres war freilich überflüssig. Die theaterhistorische Bedeutung Edward Gordon Craigs, den Kessler 1903 für Deutschland ‚entdeckt' hatte, war ihm seit langem bewußt, wie eine Tagebuchnotiz vom September 1922 bezeugt. Denn als Kessler ihn nach dem Ersten Weltkrieg erstmals in Rapallo wiedersah, konstatierte er, betroffen von der Untätigkeit, zu der er Craig verdammt sah:

> Es ist fast tragisch, diesen zweifellos genialen Mann, von dessen Visionen und Ideen seit zwanzig Jahren das Theater aller Länder, von Rußland über Deutschland und Frankreich bis Amerika, lebt, ohne praktische Tätigkeit wie einen Verbannten auf einer Insel zu sehen, während Festspielhäuser, internationale Theaterausstellungen, Umwälzungen des dramatischen Schaffens aus seinem Kapital heraus unternommen werden.[10]

Als Craig vier Jahre später in Kopenhagen seine letzte Inszenierung zu Lebzeiten (Hendrik Ibsens *Kronprätendenten* am Königlichen Theater in Kopen-

8   Vgl. HGK, Tgb, Paris, 19. Januar 1937. – PB 1996, S. 810.
9   Zum Zeitpunkt der Premiere von *Rosmersholm* befand sich Kessler in Berlin und widmete sich zum einen Hofmannsthals einwöchigem Besuch, zum anderen seiner neuen Entdeckung, der Tänzerin Ruth St. Denis. Anfang Januar 1912 war er in Paris mit den Ballets Russes beschäftigt, im November 1925 hielt er sich nach schwerer Krankheit zur Genesung in Italien auf.
10 HGK, Tgb, Rapallo, 21. September 1922. – PB 1996, S. 357.

hagen) realisierte, war es Kessler aufgrund eines krankheitsbedingten Erholungsaufenthaltes in Italien unmöglich, sie zu sehen – wenn er es denn gewollt hätte.

Die vorstehenden Überlegungen führen uns zu der Frage, ob Kesslers Interesse an Craigs Theaterarbeit Grenzen hatte. Lindsay M. Newman, die ausgewiesene Kennerin der Materie, kommt in ihrer kritischen Analyse der Korrespondenz dieser beiden Männer zu dem Schluß, daß Kesslers Interesse an Craig von seinen persönlichen Ambitionen bestimmt und beschränkt wurde.[11] Newman rekurriert dabei auf Kesslers eigene Einteilung seiner zwischenmenschlichen Beziehungen, wie sie René Schickele überliefert hat. Anfang Januar 1918 hatte der Graf Annette Kolb gegenüber freimütig bekannt, er teile die Menschen, mit denen er verkehre, in drei Klassen ein: in solche, die er liebe, in solche, denen er vertraue, und in solche, die er benütze.[12] Zweifelsohne sind hier Grundzüge von Kesslers Haltung gegenüber seinen Zeitgenossen benannt, die für sein ganzes Leben Gültigkeit hatten. Dennoch sollte man bei der Bewertung und Zitation dieser Selbsteinschätzung nicht außer Acht lassen, in welcher Situation sie geäußert wurde. Das letzte Jahr des Ersten Weltkriegs hatte begonnen, und Kessler bewegte sich in seiner Funktion als Leiter der deutschen Kulturpropaganda in der Schweiz zwischen den Fronten, indem er sich zwischen seiner Liebe zur Kultur und der selbstbewußten Erfüllung seines Propagandaauftrags aufrieb.[13] Seine Beziehung zu Craig war komplexerer Natur als die zitierte holzschnittartige Einteilung nahelegt, wie ja auch Craig selbst nicht nur ‚Opfer‘ sondern auch Nutznießer seiner Protektion war. Die Frage nach den persönlichen Motiven für Kesslers Engagement scheint grundsätzlich irrelevant zu sein, da die Fakten für sich sprechen und einen spannenderen Diskussionsstoff bieten. Sie muß dennoch kurz thematisiert werden, weil sie ein bezeichnendes Licht auf Kesslers Umgang mit Craigs Arbeit wirft.

Kessler hatte es Craigs Imaginationskraft und künstlerischem Potential zu verdanken, daß die zwei Editionen der Cranach-Presse von William Shakespeares *Hamlet* (1911-1930) zu einem Meilenstein der Druckkunst des 20. Jahrhunderts wurden. Hier ist Kesslers Ehrgeiz evident, wie meine Ausführungen in Kapitel VI zeigen werden. Zuvor hatte Kessler in seiner Amtszeit als Leiter des Großherzoglichen Museums für Kunst und Kunstgewerbe in Weimar mit Craigs Bühnenbild- und Kostümentwürfen eine Kollektivaus-

---

11 Vgl. BW EGC/HGK, S. 223.
12 Vgl. René Schickele: Tagebücher. In: Ders.: Werke in drei Bänden. Bd. 3. Hg. v. Hermann Kesten unter Mitarb. v. Anna Schickele. Köln/Berlin 1959, S. 1016 f.
13 Nähere Ausführungen folgen in Kapitel V.

stellung des New English Art Club (1904)[14] und eine Einzelausstellung (1905)[15] bestücken können, die verhaltene Resonanz hervorrief. Und 1903 hatte es zunächst so ausgesehen, als hätte Kessler mit seinem Kontakt zu Craig Hofmannsthals Wunsch nach einem ‚Stagedesigner‘ erfüllt. Es wäre jedoch zu hoch gegriffen, wollte man als Ziel von Kesslers Ehrgeiz die definitive Lösung der deutschen Theaterreformfrage (durch Edward Gordon Craig) angeben. Es hatte sich bereits im Fall der Darmstädter Künstlerkolonie (1901) gezeigt, daß solch ein konzentriertes, in Detailfragen vertieftes Interesse, aus dem sich ein entsprechend strategisches Vorgehen ergeben würde, bei Kessler nicht vorlag. Die Analyse seiner ersten Äußerungen zu Craigs Theaterarbeiten wird dies bestätigen. Kessler war kein theoretischer Kopf, der zielgerichtet vorging, sondern ein Ästhet, der aus der Anschauung heraus urteilte und handelte. Auch in Craigs Fall begnügte er sich mit seiner Rolle als Kommunikator und Initiator von Einzelaktionen, die er insbesondere an Reinhardts Bühnen verwirklicht sehen wollte. Es ist bezeichnend genug, daß Kessler im Winter 1903, als er sich im Vollbesitz seiner Macht am Weimarer Hof glaubte, nicht dem genuinen Theatermann Edward Gordon Craig, sondern dem Literaten Hugo von Hofmannsthal die Intendanz des Großherzoglichen Hoftheaters zu verschaffen suchte.

Es bleibt der Eindruck einer Diskrepanz. Kessler kommt einerseits das Verdienst zu, im Frühjahr 1903 Edward Gordon Craig für das deutsche Theater ‚entdeckt‘ zu haben, nachdem ihn der englische Maler William Rothenstein auf seinen begabten Freund aufmerksam gemacht hatte. Andererseits lassen Kesslers Äußerungen und Aktionen Zweifel aufkommen, ob sein Verständnis von Craigs theatralischer Arbeit über das intuitive Erfassen, daß hier etwas Besonderes vorlag, hinausging. Hier beginnt der Mythos von Kessler als ‚Trendforscher‘ und Visionär, als derjenige, der stets zum richtigen Zeitpunkt am richtigen Ort war und sich durch zielgerichtetes Vorgehen auszeichnete, zu bröckeln. Das Bild des Mannes von Welt, der souverän sein

---

14   Die Ausstellung „Jung-Englische Kunst: Gemälde, Graphik, Glas, Metall“ lief vom 11. Mai bis 15. Juni 1904 im Museum am Karlsplatz. Der von der Weimarischen Landeszeitung *Deutschland* geäußerte Respekt vor Craigs Arbeit offenbart zugleich eine gewisse Rat- und Verständnislosigkeit: „Craig hätte als Theaterzeichner bedeutsam gewirkt. Die vielen Zauber- und Ausstattungsdramen englischer Bühnen mögen wohl derartige mit ursprünglicher Kraft entworfene Kostüme erfordern.“ Die Kritik schließt mit einem Lob auf die „ganze, mit viel Mühe und feinem Geschmack zusammengebrachte Ausstellung“, die den Weimarer Künstlern „Mitstrebende“ vor Augen führe, doch: „Vorbildlich, begeisternd wird sie schwerlich wirken.“ Eg.: Jung-Englische Kunst im Museum am Karlsplatz. In: Deutschland, Weimarische Landeszeitung, 56. Jg., Nr. 134, Zweites Blatt, 15. Mai 1904, S. 1.

15   Edward Gordon Craigs Entwürfe für Theater-Dekorationen und Kostüme. 30. April bis 15. Juni 1905.

Kunst- und Menschen-„Material" beherrscht wie kein zweiter, der „spielend aus ihm [d.h. dem Material] herausholen [konnte], was es nur immer hergab",[16] wie René Schickele es zeichnet, ist hier nicht zutreffend. Über eine solche Souveränität verfügte Kessler nur im Bereich seiner Privatpresse, nicht auf theatralischem Terrain. Diesen Herrschaftsanspruch, der einen Mann wie Serge de Diaghilev auszeichnete, strebte Kessler gar nicht an, zumal sich eine so eigenwillige und schwierige Persönlichkeit wie Edward Gordon Craig dem stets widersetzt hätte.

Kesslers historische Tat, Craig für ein spezielles Hofmannsthal-Projekt nach Weimar und damit nach Deutschland zu locken, basiert – überspitzt formuliert – auf einem Mißverständnis. Kessler hielt ihn für den richtigen Mann, um ein Festspiel, das Hofmannsthal für den Schloßpark von Belvedere plante, in Szene zu setzen. Diesen Entschluß hatten einige Londoner Theatererlebnisse herbeigeführt. Am 17. April 1903 hatte Kessler eine Aufführung von Hendrik Ibsens Drama *The Vikings* im Imperial Theatre gesehen. Sie beeindruckte ihn nachhaltig, trotz der „enervierenden" Dunkelheit auf der Bühne und Ellen Terrys „unmöglichem" Spiel (als Hjoerdis).[17] Die Grundideen dieses „höchst merkwürdige[n] Versuch[s] der Bühnenreform" bezeichnete er als sehr wertvoll: die Verwendung von Oberlicht anstelle des alten Rampenlichts, die Reduzierung der Dekoration auf das Nötigste, der konzentrierte Einsatz von Requisiten und farbigem Licht. Der oft „unmotivierte" Wechsel des Lichts störte ihn allerdings. Kessler war fasziniert von dem Effekt dieser stilisierten Bühne, bei der die Phantasie des Zuschauers „freies Feld" hatte:

> Die Bühne ist ringsum wie mit Tüchern drapiert, die hinter wechselnden Beleuchtungseffekten und farbigen Lichtschleiern fast unsichtbar bleiben. Man hat den Eindruck, in einer Art von unendlichem Raum hineinzusehen. Die ganze Aufmerksamkeit konzentriert sich aber auf die *Handlung*, die hell und nach der Stimmung wechselnd beleuchtet inmitten dieser sozusagen sideralen Unendlichkeit vor sich geht.[18]

Fünf Wochen später erlebte Kessler in demselben Theater die Premiere von Shakespeares Komödie *Much Ado About Nothing*. Welche Eindrücke er von dieser letzten Craigschen Inszenierung in England gewann, ist nicht dokumentiert.[19] Zweieinhalb Monate nach der Aufführung von *The Vikings* kam

---

16 René Schickele: Graf Harry Keßler. Dezember 1924. In: Ders., Werke in drei Bänden, Bd. 3, S. 912.

17 Vgl. HGK, Tgb, London, 17. April 1903. – DLA/A: Kessler.

18 Ebd. (Hervorhebung im Original.) Zur Inszenierung siehe Denis Bablet: Edward Gordon Craig. Köln/Berlin 1965, S. 76-83.

19 Vgl. HGK, Tgb, London, 23. Mai 1903. – DLA/A: Kessler. Inszenierungseindrücke sind in dieser bloß dokumentierenden Notiz nicht zu finden. Edward Anthony Craig bemerkt in der Biographie seines Vaters, daß Kessler von dieser Inszenierung höchst

es schließlich im Londoner Botanischen Garten zu jenem Schlüsselereignis, das für Weimar Folgen haben sollte: das Erlebnis der Freilichtinszenierungen von John Miltons *Comus*, Ben Jonsons *Have and Cry after buy it* und John Fletchers *Faithful Shepherders*.[20] Kessler war von dem Naturtheater und der Lichtregie begeistert:

> Garkeine Bühne, sondern ein Stück des Parkes selbst, das durch versteckte Scheinwerfer je nach den Bedürfnissen des Stückes erweitert oder verkleinert wird. Manchmal, wie wo in Comus die Wasserfee herangefahren kommt, wird durch die Beleuchtung ganz ferner Baumgruppen und Wasserflächen die Bühne ins Landschaftsmässige erweitert, ein andres Mal, bei der grossen Szene mit der von den Waldgeschöpfen gefangenen Jungfrau ins Spelunkenmässige, dickichtartige verengert. Die Nacht war wunderbar, mondhell und mild, und die Aufführung wirklich feenhaft; ein artistischer Genuss wie ich ihn so rein und ohne Beimischung noch nie empfunden habe. Sonst muss die Kraft der Dichtung oder der Musik Einen unter die platte, riechende Umgebung hinausheben; hier, in Duft und Mondschein, *fehlt* jede Störung; nicht die Konversation, im Gegenteil; hier tritt in unmittelbarem Gegensatz zur Natur, *ohne Zwischenglied* (wie die „Bühne", das „Theater") [Lücke], aber die Künstlichkeit ist trotzdem (oder gerade deshalb?) weit *weniger* fühlbar, ja man fühlt sie eigentlich garnicht, es gehört *keine* Anstrengung der Phantasie dazu, um mitzugehen. Dies eine sehr wichtige Beobachtung, die für die ganze *Theater*frage von grosser Bedeutung ist. Vielleicht ist der „Rahmen", die künstliche Ablösung und Distanz Setzung von der Wirklichkeit dort nicht nötig?[21]

Kessler hatte in London Anregungen empfangen, die er bald darauf in seiner neuen Wirkungsstätte Weimar umzusetzen suchte. Als Ende August 1903 im Verlauf von Hugo von Hofmannsthals erstem Weimarer Aufenthalt der Plan entwickelt wurde, im Schloßpark von Belvedere ein Stück aufzuführen, das Hofmannsthal inspiriert in das Tiefurter Parkgelände hineindichtete,[22] war es für die Beteiligten naheliegend, an Craig als Regisseur zu denken. Kesslers Schilderungen von den Aufführungen im Londoner Botanischen Garten und von den zwei Craig-Inszenierungen, die er im Frühjahr im Imperial Theatre gesehen hatte, mußten Hofmannsthals Wunsch nach einer Zusammenarbeit bestärken. Sie war ihm, wie er am 2. Oktober 1903 nach Kesslers erstem

---

beeindruckt gewesen sei und ihm die letzte Szene sehr klar beschrieben hätte. (Vgl. Edward Anthony Craig: Gordon Craig. The Story of his Life. London 1968, S. 374, Anm. 27.) Einer anderen Aussage Edward Craigs muß widersprochen werden: „Kessler had seen *Acis and Galatea* and *The Masque of Love* [...]" (Ebd., S. 178.) Das ist nicht möglich, da sich Kessler zu den fraglichen Aufführungszeiten in Berlin respektive Paris befand.

20   *Comus* und *Have and Cry after buy it* sah Kessler am 1. Juli 1903, *Faithful Shepherders* am 11. Juli 1903. Vgl. seine entsprechenden Tagebuchnotate. – DLA/A: Kessler.

21   HGK, Tgb, London, 1. Juli 1903. – DLA/A: Kessler. (Hervorhebungen im Original.)

22   Vgl. HGK, Tgb, Weimar, 30. August 1903. – DLA/A: Kessler.

vielversprechenden Gespräch mit Craig bekundete, „die wichtigste Sache von der Welt."[23] Dieses Stück, das in den Quellen als „Pastorale",[24] „Masque"[25] oder „Festspiel"[26] bezeichnet wird, sollte ursprünglich auf Wunsch und Anregung der Erbgroßherzogin Pauline im Gartentheater von Schloß Belvedere aufgeführt werden. Hofmannsthal mißfiel jedoch das wieder instand gesetzte Theater. Er vermißte hier alle Vorzüge, die die Natur vor dem Theater auszeichne: die wirkliche Ferne, das Geheimnisvolle und den Charme der Landschaft.[27] Kurz darauf hatte Kessler im Belvederer Park die ideale Stelle gefunden: „[...] ein enges, langes Wiesenthal mit üppiger Vegetation und den fabelhaftesten Pinien außerhalb Italiens, das für einen masque, eine faithful shepherdess, das absolute Ideal ist."[28] Drei Wochen später unterbreitete Kessler in London Edward Gordon Craig den Vorschlag, dieses Stück in Weimar zu inszenieren. Craig reagierte mit Skepsis: Spiele im Freien erinnerten ihn immer an den wirklichen Hund auf der Bühne, um dessentwillen Goethe von der Leitung des Weimarer Hoftheaters zurückgetreten sei.[29] Er würde es vorziehen, mit Händels *Acis und Galathea* zu kommen.[30]

Kessler lernte in diesem persönlichen Gespräch erstmals Craigs Vorstellungen von der Kunst des Theaters und des omnipotenten Regisseurs kennen. Er wurde hier mit Überzeugungen konfrontiert, die ihm neu waren: die Verfügbarkeit des Textes als bloßes Material für den Regisseur, der der wirkliche Künstler sei, die absolute Kontrolle über jeden Bereich der Produktion haben müsse und das einheitliche Werk auf der Bühne verantworte. Auch bei der zweiten Projektbesprechung am 7. Dezember 1903 betonte Craig, daß er Freilichtaufführungen ablehnte, weil sie aufgrund der Unberechenbarkeit der Effekte keine Kunst darstellten.[31] Dennoch erklärte er sich bereit, die Inszenierung zu übernehmen – und die war letzlich immer eine Kostenfrage. Die-

---

23 HvH an HGK, Rodaun, 6. Oktober 1903. – BW HvH/HGK, S. 55.

24 HGK, Tgb, Weimar, 30. August 1903. – DLA/A: Kessler.

25 HGK an HvH, 8. September 1903. – BW HvH/HGK, S. 54.

26 HvH an HGK, Rodaun, 6. Oktober [1903]. – BW HvH/HGK, S. 55.

27 Vgl. HGK, Tgb, Weimar, 27. August 1903. – DLA/A: Kessler.

28 HGK an HvH, Berlin, 8. September 1903. – BW HvH/HGK, S. 54.

29 Vgl. HGK, Tgb, London, 29. September 1903. – DLA/A: Kessler. Craig bezieht sich auf das Gastspiel des Schauspielers Karsten und seines Pudels vom Theater an der Wien mit Ignaz Franz Castellis Drama *Der Hund des Aubry de Mont-Didier oder Der Wald bei Bondy*, das am 12. und 14. April 1817 im Weimarer Hoftheater stattgefunden hatte. Großherzog Carl August hatte es entgegen Goethes Ablehnung bewilligt und somit Goethes Rücktritt provoziert.

30 Aus Kesslers Tagebuchnotiz geht nicht klar hervor, ob Craig eine Neuinszenierung meinte oder aber ein Gastspiel seiner erfolgreichen Produktion, die die Purcell Operatic Society erstmals am 10. März 1902 am Great Queen Street Theatre in London aufgeführt hatte. Vgl. ebd.

31 Vgl. HGK, Tgb, London, 7. Dezember 1903. – DLA/A: Kessler.

ses Hofmannsthal-Projekt kam infolge des unerwarteten Todes von Erbgroßherzogin Pauline Mitte Mai 1904 nicht zustande. Es hatte sich jedoch eine
andere Perspektive eröffnet, so daß Craig Ende August 1904 nach Berlin
zog. Otto Brahm hatte ihn auf Hofmannsthals Initiative mit der Ausstattung
des Trauerspiels *Das gerettete Venedig* beauftragt, das am 21. Januar 1905
am Lessingtheater uraufgeführt werden sollte. Mit dieser Produktion setzte
eine Kette letztlich erfolgloser Bemühungen ein, Craig die Möglichkeit zu
geben, an den deutschen Theatern seine Vorstellungen zu realisieren. Harry
Graf Kessler spielte dabei eine wichtige Rolle. Er versuchte nicht nur, zwischen dem Engländer und den betreffenden Intendanten wie Brahm und
Reinhardt zu vermitteln. Er sorgte auch dafür, daß Craig außerhalb des
Theaters Foren geschaffen wurden, auf denen er seine Ideen publik machen
konnte. Sichtbaren Niederschlag fand Kesslers Engagement beispielsweise in
seiner Beteiligung an Craigs erster Einzelausstellung in Deutschland, bei der
der Künstler siebenunddreißig Bühnenbildentwürfe, Fotografien und Zeichnungen zeigte (1904/05).[32] Für den begleitenden Katalog hatte Kessler ein
Vorwort geschrieben, in dem er die Intentionen seines Protegés erstmals zu-
sammenfaßte.[33] Dieses Vorwort wurde unverändert in Craigs erstes, einfluß-
reiches Buch übernommen, das im Juni 1905 auf den deutschen Markt kam:
Die Kunst des Theaters. Kesslers Vermittlung hatte es Craig zu verdanken,
daß er 1906 und 1907 beim Insel-Verlag ein Mappenwerk über Isadora Duncan (*Isadora Duncan: sechs Bewegungsstudien*) und Holzschnitte zu Hofmannsthals lyrischem Drama *Der weiße Fächer* veröffentlichen konnte. Daneben hatte Kessler Craig den wichtigen Zugang zur Presse eröffnet, indem
er ein Interview mit Emil Heilbut, dem Herausgeber der renommierten Zeitschrift *Kunst und Künstler*, arrangierte.[34] Aufgrund der regen Ausstellungs-
und Öffentlichkeitsarbeit, die Craig in Deutschland und Österreich konsequent verfolgte, waren Ende 1905, so resümiert Lindsay M. Newman, Craigs
Theorien und Entwürfe jedem bekannt, der sich auch nur entfernt für das
Theater interessierte.[35]

---

32 Die Ausstellung lief vom 3. Dezember 1904 bis zum 15. Januar in der kleinen Kunst-
    galerie der Innendekorateure Friedmann & Weber in Berlin.
33 Harry Graf Kessler: Edward Gordon Craig's Entwürfe für Theater-Dekorationen und
    Kostüme. In: Katalog über verschied. Entwürfe für Scenen und Kostüme für das
    Theater und einige Zeichnungen englischer Landscenen von Edward Gordon Craig.
    Berlin 1904, S. [1 ff.]
34 Vgl. Lindsay M. Newman: Gordon Craig in Germany. In: German Life and Letters,
    40. Jg., 1 (1986), S. 13 f.
35 Craigs Vorsatz vom Jahresanfang hatte sich also ausgezahlt: „Repeat & repeat same
    thing in all papers. Repeat and REECHO." Zit. nach: Newman, Gordon Craig in
    Germany, S. 18.

Die interessantesten Aspekte von Kesslers Förderung betreffen jedoch die Theaterarbeit selbst. Nach dem Scheitern der Zusammenarbeit am Lessingtheater im Winter 1904 suchte Kessler Craig mit Reinhardt „zu verheiraten", wie er Hofmannsthal am 19. Dezember 1904 ankündigte.[36] Dieser Schritt war notwendig geworden, nachdem der Konflikt zwischen Otto Brahm und Craig um die Ausstattung für *Das gerettete Venedig* infolge ihrer antagonistischen Auffassungen zum Bruch geführt hatte.[37] Kessler ging zu Recht davon aus, daß Max Reinhardt Craigs Arbeit mehr Verständnis entgegenbringen würde als der naturalistisch orientierte Brahm, der den englischen Bühnenbildner „weder versteht noch schätzt".[38] In den nachfolgenden fünf Jahren wurden fünf Anläufe unternommen, eine Kooperation zwischen Reinhardt und Craig zu verwirklichen. Sie scheiterten nicht nur an Craigs berüchtigten Honorarforderungen, sondern, wie Lindsay M. Newman hervorhebt, an den kontrastierenden Persönlichkeiten der beiden Männer. Newman hat in ihrem instruktiven Aufsatz „Reinhardt and Craig?"[39] das Auf und Ab dieser Beziehung sensibel nachgezeichnet und analysiert. Die Projekte, die zwischen 1905 und 1910 verhandelt wurden, bezogen sich auf George Bernard Shaws *Caesar and Cleopatra* (1905), Shakespeares *King Lear* (1906 und 1908), die *Orestie* von Aischylos (1906 und 1908) und Sophokles' *König Ödipus* in der Bearbeitung von Hofmannsthal (1910). Craigs eigene Stückvorschläge (*Hamlet, Macbeth, The Tempest, Jedermann*, ein Drama von Maurice Maeterlinck) stießen hingegen auf keine Resonanz. Die größte Aussicht auf Realisierung hatte das erste Projekt: Shaws *Caesar and Cleopatra*. Dieser Plan war bereits Ende Dezember 1904 aufgekommen, wurde dann jedoch infolge von Craigs spektakulärem Bruch mit Otto Brahm, dessen Theater er in einem öffentlichen Brief als „Geschäftsbude" bezeichnet hatte,[40] auf unbestimmte Zeit verschoben. Mitte Oktober 1905 erhielt Kessler für Craig den Auftrag, *Caesar and Cleopatra* zu inszenieren, das als nächste Premiere am Neuen

---

36 Vgl. HGK an HvH, Berlin, 19. Dezember 1904. – BW HvH/HGK, S. 70 f.

37 Für die Aufführung sind nur zwei Szenenentwürfe von Craig verwendet worden (II. Aufzug, 1. Szene und 3. Aufzug); die anderen Entwürfe lieferte der Dekorationsmaler des Lessingtheaters Impekoven. Zu diesem Konflikt zwischen stilisierter und historisch-lokalkoloristischer Bühnenbildästhetik siehe den Aufsatz von Georg Streim: Der Streit um Bühnenbild und Stage Design. Otto Brahm, Edward Gordon Craig, Hugo von Hofmannsthal und die Inszenierung des *Geretteten Venedig* von 1905. In: Jahrbuch des Freien Deutschen Hochstift (1997), S. 274-298. Wichtige Dokumente finden sich in: Sprengel/Streim, Berliner und Wiener Moderne, S. 670-679.

38 HGK an HvH, Berlin, 19. Dezember 1904. – BW HvH/HGK, S. 70.

39 Newman, Reinhardt and Craig?, S. 6-15 u. 183-185.

40 Offener Brief Edward Gordon Craigs vom 10. Januar 1905. (Berliner Tageblatt, 10. Januar 1905). Wiedergegeben in: Sprengel/Streim, Berliner und Wiener Moderne, S. 678 f.

Theater herauskommen sollte. Eine erfolgreiche Zusammenarbeit mit Reinhardt sollte Craigs Engagement für *König Ödipus* und *Orestie* nach sich ziehen.[41] Kessler, der im folgenden zwischen Reinhardt und Craig vermittelte, empfahl letzterem nachdrücklich, dieses Angebot anzunehmen, obwohl er um Craigs Aversion gegen das Stück wußte:

> I have always thought and told you, that the one thing necessary to start you off on a brilliant career of success in Germany, was to show something somewhere. Now, whatever you may think of Shaw's piece, it gives *you* an opportunity, at any rate. Dresden[42] is by no means sure. And I fear you are mistaken, if you think, that waiting *improves* your chances. It does just the reserve.[43]

Craig folgte Kesslers Empfehlung, entwarf in einem großen Inspirationsschub die ersten Bühnenbilder[44] und ließ sich von Kessler Reinhardts Zusicherung größter künstlerischer Freiheit aushandeln. Neben der problematischen Honorarfrage (2.000 Mark statt der geforderten 10.000) bildete die Sprachbarriere den entscheidenden Konfliktpunkt. Craigs schlechte Deutschkenntnisse stellten stets das zentrale Problem dar, wenn es um einen Inszenierungsauftrag ging. Sie hatten Konsequenzen für die Art der Zusammenarbeit, die bei der Probenarbeit verwirklicht werden sollte. Ein Brief Kesslers vom 13. Dezember 1905 dokumentiert, wie weit Reinhardt Craig entgegenkommen wollte, um das zu realisieren, was sie beide sich wünschten: eine perfekte Produktion, die Craigs Ideen vollständig umsetzen würde.[45] Reinhardt würde in den folgenden Jahren ähnliche Konzessionen nicht mehr machen. In ihrer gemeinsamen Überzeugung, daß es auf der Bühne nur einen Menschen geben könne, der das Sagen hat, machte Reinhardt den Vorschlag, die Proben von einem Assistenten leiten zu lassen, den Craig zuvor im Gespräch und mittels Regieskizzen über seine Intentionen genauestens instruiert hätte. In den Pausen sollte Craig, der die Proben verfolgen würde, seine Kritik äußern und auf diese Weise die Inszenierung in die gewünschte Richtung lenken. Reinhardt, der dieses umständliche Verfahren im Fall der *Orestie*

---

41 Vgl. BW EGC/HGK, S. 53, Anm. 66.
42 Craig hoffte auf der Dritten Deutschen Kunstgewerbe-Ausstellung, die am 12. Mai 1906 eröffnet werden sollte, ein Über-Marionetten-Theater schaffen zu können. Vgl. Newman, Gordon Craig in Germany, S. 24.
43 HGK an EGC, Berlin, 20. Oktober 1905. – BW EGC/HGK, S. 52. (Hervorhebungen im Original.)
44 Am 26. November 1905 schrieb er an Kessler: „I am enjoying myself designing scene after scene for *Caesar & Cleopatra* – they rush out like stream & I am obliged to put them down on paper though so many must be destroyed – To be pent up too long is not good for the 1st work which is produced when one begins again." BW EGC/ HGK, S. 55.
45 Vgl. HGK an EGC, 13. Dezember 1905. – BW EGC/HGK, S. 57.

selbst durchführen wollte, sicherte Craig die präzise Übermittlung seiner Ideen (an Schauspieler und Statisten) zu. Kompetenzstreitigkeiten seien ausgeschlossen, wie Kessler versicherte: „He says, he would obey you, exactly as he obeys the AUTHOR of a piece. And this he does, I know by experience, *absolutely.*"[46] Der Vertrag, der schließlich ausgehandelt wurde, fixierte eine modifizierte Fassung dieses Vorschlags. Craig hatte es abgelehnt, Proben beizuwohnen, bei denen er nicht als Regisseur aktiv fungieren konnte. Er stimmte jedoch zu, sein Konzept aufs Papier zu bringen, das laut §1 des Kontrakts größtmögliche Beachtung finden sollte.[47] Daß Craig diese Kompromißlösung letztlich doch nicht akzeptieren konnte, demonstriert seine Ablehnung dieses Vertrags: er sandte ihn am 3. Januar 1906 ununterschrieben zurück. Er, der in *Die Kunst des Theaters* die vollkommene Kontrolle über die Bühne gefordert hatte, um jenes einheitliche Kunstwerk kreieren zu können, das durch eine einzige Instanz geschaffen wird, fühlte sich mit diesem Vertrag Hände und Füße gebunden.[48] Obwohl Craig mit seiner Absage riskierte, Kesslers weitere Unterstützung zu verlieren,[49] war er sich sicher, den richtigen Schritt getan zu haben. Er glaubte dem Theater am besten dienen zu können, wenn er sich von den kommerziellen Bühnen zurückzog und weiterhin lernte:

> I want time to study the Theatre. I do not want to waste time producing plays – [...] I know *something* about my art after 20 years study – I want to know more – I want to know enough to be of use to those who can *do* more – I want to leave behind me the seeds of the art – for it does not yet exist –.[50]

Nichtsdestotrotz verhandelte Craig ein halbes Jahr später erneut mit den Reinhardt-Brüdern: Max Reinhardt hatte ihm am 12. Juni 1906 angeboten,

---

46 Ebd., S. 57. (Hervorhebungen im Original.)

47 „Mr Gordon Craig agrees to prepare the scene and costume designs for Bernard Shaw's *Caesar and Cleopatra*. His wishes in respect of the placing and movements of the actors, notably in crowd scenes, are assured the greatest possible consideration." Zit. nach Newmans englischer Übersetzung in: Newman, Reinhardt and Craig?, S. 9.

48 Am 3. Januar 1906 notierte Craig in seinem Tagebuch: „wrote & declined to sign Reinhardts contract – Caesar & Cleopatra. 2000 marks (ie £ 100) & bound hand & foot –". Zit. nach: BW EGC/HGK, S. 61, Anm. 2.

49 Am 13. Dezember 1905 hatte Kessler ihm nach ausführlicher Darlegung von Reinhardts Angebot abschließend angedroht: „I repeat, that I hope earnestly you will see your way to agreeing to this proposal. I feel, that if this scheme with Reinhardt comes to nought, my force in your service is spent. I have given too much of my thought and nerve power to it, to be capable of raising a similar loan on myself again, if this is to be lost; [...]" BW EGC/HGK, S. 57.

50 Edward Gordon Craig: Daybook I, S. 151. Zit. nach: Newman, Reinhardt and Craig?, S. 11. (Hervorhebungen im Original.)

King Lear zu inszenieren. Kessler wurde zu den Verhandlungen, die bald
darauf an den Honorarforderungen und Produktionskosten scheiterten,[51]
nicht hinzugezogen. Er hatte offensichtlich seine Drohung, Craig im Falle
eines Scheiterns des Shaw-Projekts nicht mehr zur Verfügung zu stehen,
wahrgemacht.[52] Vier Monate später spielte er jedoch erneut den Vermittler
zwischen Reinhardt und ihm, als es um die Inszenierung der *Orestie* ging.
Auch diesmal konnte keine Einigung erzielt werden, obwohl Craig seine Honorarforderungen auf 3.000 Mark reduziert hatte.[53] Vier Jahre später, am 17.
April 1910, trat Kessler zum letzten Mal an Craig heran, um ihm ein Angebot
von Reinhardt zu unterbreiten.[54] In einem enthusiastischen Brief sprach er
die Einladung aus, die Inszenierung von Sophokles' *König Ödipus* zu übernehmen. Dieses Stück, das Hugo von Hofmannsthal neu übersetzt und bearbeitet hatte, wollte Max Reinhardt im Sommer in der Neuen Musikfesthalle
in München produzieren.[55] Craig wurde nicht nur die Ausstattung, sondern
auch die Licht- und Personenregie angetragen, falls er letzteres wünsche.[56]
Wie es scheint, hat Craig auch dieses Mal die Chance einer Kooperation an
der Honorarfrage scheitern lassen: Er akzeptierte das Angebot von 2.000
Mark für die Ausstattung, forderte jedoch zusätzliche 3.000 Mark für seinen
Aufenthalt in München und die Regiemitarbeit. Reinhardt verzichtete und
brachte die Produktion am 25. September 1910 mit den Kostümen von Ernst
Stern und den Bühnenbildern von Franz Geiger heraus. Die Gründe für das
abermalige Fehlschlagen sind nicht allein in der Honorarforderung zu suchen, die für Craig paradoxerweise immer einen Selbstschutz darstellte.
Craig griff ungern fremde Ideen auf und behandelte sie eher spielerisch, bis
die fraglichen Vorhaben im Sande verliefen. Dieser Haltung fiel auch *König
Ödipus* zum Opfer, an dem Kessler unendlich viel lag. Er, der so durchdrungen war von griechischer Kultur, betrachtete dieses Projekt als seine eigene,
persönliche Angelegenheit. Sein Brief vom 17. April 1910, in dem er Craig

---

51   Vgl. Newman, Reinhardt and Craig?, S. 11 f.
52   Vgl. Anm. 49.
53   Vgl. Craigs Tagebucheintragung vom 10. Oktober 1906, die seine Forderungen do-
     kumentieren: vollständige Kontrolle, Namensnennung und Kennzeichnung seiner
     Arbeit auf allen Plakaten und Programmen nach seinen Wünschen, 3.000 Mark Gage
     und ein „Souvenir" mit Künstlerzeichnungen, Bühnenbildentwürfen und einem Vor-
     wort von ihm selbst, das an den Vorstellungstagen zu verkaufen wäre. Zit. in: New-
     man, Reinhardt and Craig?, S. 184, Anm. 42.
54   An dem *King Lear*-Projekt vom Sommer 1908, das diesmal auf Craigs Initiative in
     Gang gesetzt worden war, war Kessler wiederum nicht beteiligt gewesen. Reinhardt
     hatte fünf Wochen vor der Premiere den Kontrakt mit Craig, der diesmal nur die Aus-
     stattung liefern sollte, gelöst. Vgl. Newman, Reinhardt and Craig?, S. 12.
55   Die Premiere fand am 25. September 1910 statt.
56   Vgl. HGK an EGC, Weimar, 17. April 1910. – BW EGC/HGK, S. 66.

die Einladung übermittelte, dokumentiert das sehr nachdrücklich: Er beinhaltet Bühnenbildskizzen und detaillierte Erläuterungen, wie Reinhardt, Hofmannsthal und er selbst sich die Sache vorstellten.[57] Kesslers potentielle persönliche Beteiligung an der Inszenierung hatte sich früh abgezeichnet. Im März hatte Hofmannsthal ihn als ,Experten' der griechischen Antike um Mitarbeit gebeten:

> In einer gewissen Richtung kannst gerade Du Max [Reinhardt] in dieser Sache gewiß sehr kostbar unterstützen: wenn Du ihm Anregungen für die wenigen aber sehr bedeutenden Geberden [sic!] giebst, die der Chor wechselweise annehmen muß, sei es aus Deiner Phantasie heraus, sei es aus Deiner Erinnerung an besonders prägnante antike Bildwerke.[58]

In Kenntnis dieser Umstände wird es verständlich, warum der Streit um Craigs Beteiligung am *König Ödipus* und die fast zeitgleichen Auseinandersetzungen um Kesslers Anteil am *Rosenkavalier* die intime Freundschaft zwischen Kessler und Hofmannsthal nachhaltig beeinträchtigten. Diese unguten Erfahrungen sollten sich summieren, bis ein erstaunlich illoyaler Akt Hofmannsthals in der Entstehungszeit der *Josephslegende* den innerlich, wenngleich auch nicht äußerlich vollzogenen Bruch besiegelte.[59] In jedem dieser Fälle empfand sich Kessler als gleichberechtigter Partner in einem theatralischen Projekt nicht anerkannt, sondern auf seine herkömmliche Rolle als Zwischenträger und Ermöglicher reduziert. Beim *Ödipus*-Projekt fühlte er sich durch Hofmannsthals mangelndes Engagement für Craigs Verbleib in der Produktion zutiefst verletzt. Er, der für den Dichter seit Jahren alles Erdenkliche getan hatte, sah sich von seinem Freund in einer ähnlichen, ihn selbst betreffenden Situation im Stich gelassen. Hofmannsthal hatte gewußt, wie „bitter ernst" es ihm mit diesem Projekt gewesen war, „wie wesentlich mir ihre Verwirklichung sowohl in deinem Interesse wie im Interesse unserer ganzen künstlerischen Kultur schien".[60] Reinhardts unnachgiebige Haltung gegenüber Craig habe Kessler nur „sachlich" bedauert, Hofmannsthals Verhalten jedoch habe etwas in seinem „Weltbild" verändert.[61] Hofmannsthal sah hier die realen Verhältnisse verkehrt und rückte sie in seinem schneidenden Antwortschreiben zurecht: Es habe sich nicht um Kesslers, sondern um *seine* beziehungsweise *ihre* Angelegenheit gehandelt, in die Craig als „ein

---

57 Die Skizzen sind faksimiliert wiedergegeben in Lindsay M. Newmans Beitrag: „Etwas sehr Schönes, ganz Neues". Vorschläge des Grafen Harry Graf Kessler für Max Reinhardts Inszenierung von Hofmannsthals *König Ödipus*. In: Hofmannsthal-Blätter, 35/36 (1987), S. 114-120.
58 HvH an HGK, [März 1910]. – BW HvH/HGK, S. 284.
59 Siehe Kapitel IV.4.2.2, S. 166-170.
60 HGK an HvH, Paris, 4. November 1910. – BW HvH/HGK, S. 306.
61 HGK an HvH, Paris, 10. November 1910. – BW HvH/HGK, S. 311.

Dritter als (unbrauchbarer) Mitwirkender verstrickt war".[62] Es spricht für
Kesslers Loyalität und Treue, daß er auch später noch Craig Max Reinhardt
gegenüber für sein Verhalten in der *Ödipus*-Sache verteidigte.[63]

Damit gab Harry Graf Kessler seine ‚fixe Idee', Craig und Reinhardt in
einer Produktion zusammenzuspannen, auf und setzte sich bei anderen zu
Craigs Gunsten ein. So hatte er der amerikanischen Tänzerin Ruth St. Denis
bereits Mitte November 1906 empfohlen, mit Craig „eine Sache zu machen".[64] Sechs Jahre später führte er ihn in den Kreis der Ballets Russes ein,
gab ihm Gelegenheit, vor Diaghilev, Nijinski, Léon Bakst und anderen seine
Ideen zu erläutern. Die reelle Chance, für diese berühmte Compagnie zu arbeiten, nutzte Craig jedoch nicht: Vor Igor Stravinskys Drängen auf Zusammenarbeit[65] wich er ebenso zurück, wie er an Diaghilevs Einladung, ein
Tanztheaterprojekt zu realisieren, kaum wirkliches Interesse zeigte.[66] Dankbar hingegen war er für den vermittelten Kontakt zu Elisabeth Comtesse
Greffulhe. Sie wurde im Juni 1912 seine (kurzzeitige) Gönnerin für das Projekt der *Matthäus-Passion*, die er im Pariser Grand Palais inszenieren wollte.
Auch dieser Plan wurde nicht verwirklicht.[67] Letzten Endes blieb es Kessler
selbst vorbehalten, Edward Gordon Craig zur Vollendung eines künstlerischen Unternehmens zu bewegen, wenngleich es ihn auch einen achtzehnjäh-
rigen Kampf kostete: der *Hamlet*-Druck seiner Cranach-Presse.[68] Er ist nicht
als eine rein bibliophile Angelegenheit zu verstehen. Craig gelang es hier,
durch ein anderes Medium seine Visionen klarer zu zeigen, als es in der
Moskauer Produktion von 1912, die Kompromisse erfordert hatte, möglich
gewesen war.[69] Dieser Druck entlohnte Kessler 1929 für seine jahrelangen

---

62 HvH an HGK, 9. November 1910. – BW HvH/HGK, S. 309.
63 Vgl. HGK, Tgb, London, 14. Januar 1912. – DLA/A: Kessler.
64 Es sollte eine Tanzproduktion sein, die für Reinhardts Kammerspiele bestimmt war.
    Vgl. HGK, Tgb, Berlin, 16. November 1906. – DLA/A: Kessler.
65 Stravinsky empfand einen Grad an Verwandtschaft in ihrem Bestreben, auf der Büh-
    ne bzw. in der Musik alles auf die einfachsten, suggestivsten Elemente zurückführen
    zu wollen; Craigs Reduzierung auf Licht und nackte räumliche Maße entspreche sei-
    ner Konzentration auf den Rhythmus. Den Berührungspunkt ihrer Künste sah Stra-
    vinsky in ebendiesem Rhythmus: auf ihm müsse die Gebärde aufgebaut sein, die
    weiter sei als das Wort. Vgl. HGK, Tgb, Paris, 23. Mai 1912. – DLA/A: Kessler.
66 Das projektierte Ballett mit dem Titel *Cupid and Psyche*, das Craig von Ralph Vaug-
    han Williams komponieren lassen wollte, fand nicht Diaghilevs Interesse. Siehe BW
    EGC/HGK, S. 78 u. 104-106.
67 Siehe hierzu Thomas Spieckermann: „The world lacks and needs a Belief". Untersu-
    chungen zur metaphysischen Ästhetik der Theaterprojekte Edward Gordon Craigs
    von 1905 bis 1918. Trier 1998, S. 309-329.
68 Siehe Kapitel VI.2.2.
69 Vgl. Newman, Gordon Craig in Germany, S. 22.

Bemühungen um Inszenierungsaufträge, die Craig in seiner nahezu paranoiden Angst vor dem Scheitern *in* der Realisation stets hatte platzen lassen.

2. Max Reinhardt

Max Reinhardts Theater blieb Kesslers künstlerische Heimat bis zum Ausbruch des Ersten Weltkriegs. Er verfolgte Reinhardts Entwicklung sowie das Wachsen seines Theaterimperiums von Anfang an: Das Schall und Rauch, das sich aus der Überbrettl-Bewegung zur ,seriösen' Schauspielbühne des Kleinen Theaters entwickelte, kannte er bereits zu Gründungszeiten; Louise Dumont hatte ihn, wie erwähnt, im Mai 1901 als Anteilszeichner zu gewinnen gesucht.[70] Die Produktionen, die Kessler ab 1903 am Kleinen Theater und am Neuen Theater (dem späteren Theater am Schiffbauerdamm bzw. heutigen Berliner Ensemble) sah, mußten gerade in Hinblick auf seine wachsende Freundschaft mit Hugo von Hofmannsthal sein Interesse wecken. Richard Vallentins Inszenierungen von Wedekinds *Erdgeist*[71] und Gorkis *Nachtasyl,*[72] welche dem Kleinen Theater den künstlerischen und wirtschaftlichen Durchbruch brachten, beeindruckten Kessler ebensosehr wie Reinhardts Inszenierung von Maurice Maeterlincks *Pelleas und Melisande,* das am 3. April 1903 am Neuen Theater Premiere hatte. Reinhardts Regie wurde von aufgeschosseneren Teilen der Kritik als eine erste Möglichkeit gefeiert, die symbolistische Dramatik in angemessener Form auf die Bühne zu bringen: in der ungewöhnlichen Integration von schauspielerischer Darstellung, Musik und einer aussagekräftigen Ausstattung, wie sie hier Lovis Corinth und Leo Impekoven geschaffen hatten.[73] Letzterer Aspekt wird auch Harry Graf Kessler besonders angesprochen haben, der sechs Tage nach der Premiere von *Pelleas und Melisande* Hofmannsthal von den jüngsten „schöne[n] Vorführungen" schrieb und bekannte: „So möchte ich einmal ein Stück von Ihnen auf der Bühne sehen."[74]

---

70 Vgl. Kapitel III.2.2, Anm. 121.
71 Berliner Erstaufführung am 17. Dezember 1902 im Kleinen Theater, Berlin. Kessler sah es dort am 11. Januar 1903.
72 Deutsche Erstaufführung am 23. Januar 1903 ebendort. Kessler besuchte die Vorstellungen vom 27. Januar und 1. Februar 1903.
73 Siehe die Kritiken von Fritz Stahl (Berliner Tageblatt, 4. April 1903) und Paul Mahn (Tägliche Rundschau, 5. April 1903), in: Norbert Jaron/Renate Möhrmann/Hedwig Müller: Berlin – Theater der Jahrhundertwende. Bühnengeschichte der Reichshauptstadt im Spiegel der Kritik (1889-1914). Tübingen 1986, S. 513-515.
74 HGK an HvH, Berlin, 9. April 1903. – BW HvH/HGK, S. 45.

Das Kleine Theater entwickelte sich im Laufe der Spielzeit 1902/03 zur ernstzunehmenden Konkurrenz für Otto Brahms Deutsches Theater. Hier wie auch im Neuen Theater kam mit Werken von Strindberg, Wedekind, Wilde, Tschechow, Schnitzler, Bahr und Gorki die neue Dramatik zur Aufführung; prominentestes Beispiel für eine Uraufführung ist Hugo von Hofmannsthals *Elektra* (30. Oktober 1903, Kleines Theater). Im Neuen Theater setzten Reinhardts Bemühungen um die Erneuerung der Klassiker ein. Das herausragende Ereignis war hier seine erste *Sommernachtstraum*-Produktion (31. Januar 1905), bei der die neu eingebaute Drehbühne zum Einsatz kam, und unter Ausnutzung aller Licht- und Raumeffekte eine vollkommene Illusion erreicht wurde. Mit dieser Klassiker-Inszenierung hatte Reinhardt die schöpferische Kraft und das Innovationspotential seines Regietalents unter Beweis gestellt. Adolph L'Arronge war von seiner künstlerischen Zukunft überzeugt und verpachtete ihm zum Spielzeitbeginn 1905/06 das Deutsche Theater. Nach Abgabe des Kleinen Theaters (August 1905) und des Neuen Theaters (Juni 1906) stellten dieses Haus in der Schumannstraße sowie die 1906 neugebauten Kammerspiele das Zentrum von Reinhardts erster Berliner Schaffensperiode dar. Diese beiden Theater, an denen die namhaftesten Dramatiker gespielt wurden, zählten rasch zu den führenden Bühnen Europas. Hier wie auch in den Großraumtheatern, mit denen Reinhardt ab 1910 experimentierte, verwirklichte er seine Vorstellung vom Theater als Fest. Die Initiierung von Festspielen wie denen in Salzburg ab 1920 ist nur ein Aspekt davon. Ein weiterer betrifft das Arena-Theater und die Volks-Festspiele. Die Idee vom ‚Theater der Fünftausend‘ wurde in Reinhardts bekannten Arena-Inszenierungen realisiert. Sophokles' *König Ödipus* (in Hofmannsthals Bearbeitung), das im September 1910 in der dreitausend Zuschauer fassenden Münchner Musikfesthalle gegeben wurde, war das erste Experiment. Es wurde zwei Monate später im gepachteten Zirkus Schumann in Berlin wiederholt. Mit dieser Erschließung eines neuen Spielraums suchte Reinhardt „die Dimensionen wieder zu schaffen, mit denen die großen Wirkungen des antiken Theaters so eng verknüpft waren".[75] Die Massen auf der Bühne korrespondierten der Masse des Publikums. Diese „Zusammenfassung eines Theaterraumes von Tausenden zu einer Gemeinschaft von mithandelnden, mitgerissenen und mitreißenden Bürgern und Volksgenossen"[76] wurde als Möglichkeit betrachtet, die Grundlagen für ein ‚Volks-Theater‘ zu legen. Es blieb bei dieser Hoffnung. Dafür kam diesen Unternehmungen das Verdienst

---

75 Max Reinhardt: Das Theater der Fünftausend (1911). In: Reinhardt, Leben für das Theater, S. 446.
76 Karl Vollmoeller in der Broschüre *Das Große Schauspielhaus* (1920). Zit. nach: Fischer-Lichte, Kurze Geschichte des deutschen Theaters, S. 277.

zu, Bevölkerungskreisen den Zutritt zum Theater ermöglicht zu haben, der ihnen zuvor aus finanziellen Gründen verwehrt gewesen war.

Max Reinhardt galt ein Vierteljahrhundert lang als Repräsentant des Berliner Theaters und einer Theaterepoche, die zu den glanzvollsten in der deutschen Theatergeschichte gehört. Mit der Nutzung der Vielfalt theatralischer Möglichkeiten, der Heranziehung bildender Künstler, der ausgeprägten Ensemblearbeit und äußersten Verfeinerung der psychologisch-realistischen Schauspielkunst vervollkommnete er das illusionistische Theater. Dieses ermöglichte dem Zuschauer die Flucht aus der Realität in das Reich des Schönen und stellte den Höhepunkt der bürgerlichen Theaterkultur dar. Es verwundert daher nicht, daß der Ästhet Kessler hier das Theater fand, das ihn bis 1914 am meisten ansprach. Dabei bedurfte es in der Anfangsphase noch des Vergleichs mit anderen Bühnen, um zu erkennen, was er in Berlin hatte. So bekannte er beispielsweise am 20. November 1905 nach einer Aufführung von Shakespeares *Merchant of Venice* im Londoner Garrick Theatre: „Ich habe nach dieser Aufführung hier in einem der ersten Theater eine sehr viel höhere Meinung von Reinhardt."[77]

Kesslers Beziehung zum Reinhardtschen Theater erschöpfte sich nicht in der bloßen Zeitzeugenschaft. Ein weiterer, nicht unwichtiger und überraschender Aspekt ist der des gesellschaftlichen Verkehrs, zu dem Kessler anfangs auch von Hugo von Hofmannsthal immer wieder angespornt wurde: „Falls du in Berlin bist, bitte, sooft sich Gelegenheit giebt, zieh Reinhardt an dich, auch gesellschaftlich so viel als möglich, er empfindet es sehr, verlangt sich's sehr [...]"[78] Dieser Aspekt ist von einer gewissen Bedeutung. Kessler legte später großen Wert auf die Anerkennung seiner Vermittlungsdienste, die sich nicht nur auf Künstler und Dramatiker bezogen. Zu jenem Zeitpunkt, als er seine persönliche Verbindung zu Reinhardts Theater aufbaute, setzte er sich eine spezielle Aufgabe: die gute Berliner Gesellschaft für die Produktionen am Kleinen Theater, Deutschen Theater und an den Kammerspielen zu interessieren und dem jungen Wiener Regisseur zu helfen, sich zu etablieren. Dieses Muster sollte sich 1912 bei einem Gastspiel des Deutschen Theaters in Paris wiederholen. Kesslers Engagement für Reinhardt war zugleich eines für Hofmannsthal. So hatte sich Kessler bereits in Hinblick auf die Uraufführung der *Elektra* (30. Oktober 1903) bemüht, „eine Reihe von sympathisierenden und kunstempfindlichen Seelen heranzuziitieren".[79] Nach der Uraufführung von Hofmannsthals *Ödipus und die Sphinx* hatte er am 2. Februar 1906 befriedigt konstatiert, daß „durch unsere Bemühungen" bei einer Pre-

77   HGK, Tgb, London, 20. November 1905. – DLA/A: Kessler.
78   HvH an HGK, Ragusa, 13. März 1905. – BW HvH/HGK, S. 80.
79   HGK an HvH, Berlin, 23. Oktober 1903. – BW HvH/HGK, S. 59.

miere im Deutschen Theater erstmals die Gesellschaft stark vertreten war.[80] Kessler neigte dazu, den Wert seiner Dienste zu überschätzen und Reinhardts Aufstieg auch seinen persönlichen Bemühungen zuzuschreiben. Für ihn behielt Reinhardt – bei aller Anerkennung seines künstlerischen Könnens – immer etwas Parvenühaftes und weckte in ihm zuweilen anitjüdische Ressentiments. So erinnerte sich Kessler anläßlich eines großen, eleganten Diners in Reinhardts „fürstlichen Räumen" (Hinter den Zelten) Anfang Februar 1909 gerne daran, daß er den Theatermann vor erst zwei Jahren mit der Hofgesellschaft in Verbindung gesetzt habe, und daß der vor zehn Jahren „noch in der Schmiere spielte".[81]

Jenseits dieser Eitelkeiten lag das Engagement in künstlerischen Angelegenheiten. Der Kontakt zu Max Reinhardt und den Theatern, die hinter ihm standen, hatte sich bereits zu Beginn von Kesslers Tätigkeit in Weimar ergeben. Durch Hermann Bahr und das *Ibsen-Spiele*-Projekt bestand die Verbindung seit Herbst 1903, wie in Kapitel III gezeigt wurde. Reinhardts Interesse an den Vertretern des Neuen Weimar verstärkte sich, als er zwei Jahre nach dem gescheiterten Festspielplan für drei Tage in die thüringische Residenzstadt kam. Hier stieß er Anfang Dezember 1905 nicht nur auf Hugo von Hofmannsthal. Es kam auch zu der entscheidenden Begegnung mit Henry van de Velde, die Kessler vermittelte. Der belgische Architekt zeigte Reinhardt am 5. Dezember jenes Theatermodell, das er für Louise Dumonts nicht realisiertes Festspieltheater entworfen hatte. Die Lösung der Zuschauerraumfrage – drei übereinandergeordnete Amphitheater[82] – beeindruckte Reinhardt nachhaltig. In der Folge wurde van de Velde als aussichtsreicher Kandidat für den geplanten Umbau der Embergschen Tanzsäle zu den Kammerspielen (neben dem Deutschen Theater) gehandelt. Der Auftrag ging letztlich an William Müller – Kesslers Bemühungen zum Trotz, der einen Aufruf mit Unterschriftenaktion initiiert hatte, bei der u.a. Max Halbe, Maximilian Harden, Gerhart Hauptmann, Hofmannsthal, Max Klinger, Max Liebermann, Julius Meier-Graefe und Julius Stern für die Erteilung des Bauauftrags an van de Velde aussprachen.[83] Am 8. November 1906 wurden die Kammerspiele mit einer Reinhardtschen Neuinszenierung von Ibsens *Gespenster* glanzvoll eröffnet. Die expressionistischen Bühnenbilder stammten von

---

80 Vgl. HGK, Tgb, 2. Februar 1906. – DLA/A: Kessler.

81 Vgl. HGK, Tgb, 6. Februar 1909. – DLA/A: Kessler. Kesslers Datierung ist aufgrund seiner Polemik ungenau. Ähnlich spitz bezeichnete er am 22. Mai 1912 das Zusammentreffen „dieses kleinen emporgekommenen Berliner Modernen" mit der „uralten Berühmtheit" Sarah Bernhardt in Paris als „sehr merkwürdig". Vgl. HGK, Tgb, Paris, 22. Mai 1912. – DLA/A: Kessler.

82 Siehe den zitierten Aufsatz von Ulrich Schulze, Formen für Reformen, S. 343-348.

83 „An Herrn Max Reinhardt!", 1. Mai 1906. Vgl. HGK, Katalog, S. 177 f.

Edvard Munch, dem dieser Auftrag vier Monate zuvor angeboten worden war, als er sich als Kesslers Gast in Weimar aufhielt und das bekannte großformatige Porträt seines Mäzens malte.[84]

In den folgenden Jahren entwickelte Kessler in Hinblick auf Reinhardts Theaterunternehmen eine rege ,Agententätigkeit‘. Ein zentrales Anliegen war ihm dabei, wie im vorherigen Kapitel ausführlich dargelegt wurde, sein Eintreten für Edward Gordon Craig. Daneben bemühte sich Kessler, zugunsten französischer und englischer Dramatiker, die sich hilfesuchend an ihn gewandt hatten, bei Reinhardt zu intervenieren oder eigene Neuentdeckungen weiterzuvermitteln. So wurde er im April 1910 von Harley Granville Barker gebeten, für die junge englische Dramatik (Galsworthy, Masefield, St. John Hankin und er selbst) in Deutschland eine Bresche zu schlagen.[85] Ende Oktober 1906 begeisterte sich Kessler für die amerikanische Tänzerin Ruth St. Denis und führte sie bei Reinhardt ein. Aus Reinhardts Wunsch, Wildes *Salome* mit ihr zu inszenieren, entwickelte sich das *Herodias*-Projekt mit Hugo von Hofmannsthal,[86] das letztlich nicht verwirklicht wurde. Ebensowenig erfüllte sich der Wunsch der russischen Tänzerin Ida Rubinstein, die den Wechsel zum Sprechtheater vollziehen wollte, mit Gabriele d'Annunzios *Phädra* am Deutschen Theater zu gastieren.[87] Kessler hatte hier Reinhardts signalisierte Bereitschaft voreilig als feste Zusage genommen. Die Sprachbarriere und die Sorge der Theaterleitung, Rubinsteins Engagement könnte erneut den Vorwurf provozieren, man experimentiere an ihren Bühnen mit zuvielen Ausländern, ließ die Sache im Sande verlaufen.[88]

Dies ist nur ein knapper Abriß dessen, was Kessler vor dem Ersten Weltkrieg als zeitweise engeres Mitglied von Reinhardts Zirkel an Aktivitäten entfaltete. In den nachfolgenden Kapiteln wird die Thematisierung bestimmter Einzelprojekte und künstlerischer Beziehungen weitere Verflechtungen personeller und ideeller Art aufzeigen. Sie rekurrieren immer wieder auf Kesslers Verbindung mit Reinhardts Theater und ergänzen somit das hier Skizzierte in ihrem jeweiligen Kontext. Kesslers häufige Teilnahme am Probenprozeß – sei es in Berlin oder bei Reinhardts Auslandsproduktionen in Paris und London –, seine regelmäßigen Vorstellungsbesuche und ihre kriti-

---

84 Vgl. HGK, Katalog, S. 180. Munchs Bild, betitelt mit „Harry Graf Kessler Weimar 9-11 Juli 1906" (vgl. HGK, Katalog, S. 165), befindet sich heute im Besitz der Neuen Nationalgalerie (Staatliche Museen zu Berlin/Preußischer Kulturbesitz). Zu derselben Zeit erging an Munch auch der Auftrag, ein Fries für den Festsaal im ersten Stock der Kammerspiele zu malen.

85 Vgl. Harley Granville Barker an HGK, Wrotham, 24. April 1910. – DLA/A: Kessler.

86 Vgl. HGK, Tgb, Berlin, 23. und 24. November 1906. – DLA/A: Kessler.

87 Vgl. HGK, Tgb, München, 31. Juli und 9. August 1911. – DLA/A: Kessler.

88 Vgl. Arthur Kahane an HGK, München, 5. September 1911. – DLA/A: Kessler.

sche Beurteilung im anschließenden Gespräch mit den Beteiligten wie auch seine Vorschläge für Repertoire und Besetzung ließen sein Bestreben erkennen, Reinhardts Theater förderlich zu sein und ihm neue Impulse zu geben. Der österreichische Theatermann wußte das letztlich zu honorieren, wie ein Dankestelegramm vom 21. März 1911 belegt: „Danke ihnen herzlichst fuer ihren sehr interessanten brief, der mir wieder wie so oft beweist, von welcher bedeutung eine regelmaessige fuehlung mit ihnen fuer unser theater waere."[89]

3. Paris

Die These von Kesslers Katalysatorfunktion in der europäischen Theaterszene läßt sich anhand einiger Beispiele seiner Pariser Aktivitäten gut illustrieren und überprüfen. Ein Bruchstück der Aufführungsgeschichte von Hugo von Hofmannsthals Tragödie *Elektra* (1903) bietet die Möglichkeit, auf exemplarische Weise Kesslers Vorgehensweise aufzuzeigen, wenn es darum ging, sich für Theaterfreunde zu engagieren. Dieser Fall der *Elektra* steht am Anfang von Kesslers Entwicklung in diesen Dingen. Er zeugt noch von Ungeschick, mangelndem Einfühlungsvermögen und Fehleinschätzung der realen Theaterverhältnisse und -bedürfnisse. In den Auseinandersetzungen um die französische Erstaufführung der *Elektra*, die Hofmannsthal seit Mitte November 1903 führte, war Kessler nur eine Randfigur. Dennoch zeigt sich hier die signifikante Spontaneität und Begeisterung, mit der Kessler seine Aufgabe erfüllte und sein Ziel verfolgte, nur das Beste zum Besten zu fügen. Dieses Ziel verleitete ihn zuweilen zu Aktionen, die andere Beteiligte verletzen mußten, und hatte oftmals den Preis, daß sich das Ideal nicht realisieren ließ – das Weimarer Nietzsche-Denkmal-Projekt ist ein prominentes Beispiel. Spielte Kessler im Fall der *Elektra* nur eine marginale Rolle, so entfaltete er im Verlauf der nächsten Jahre bis 1914 eine größere Aktivität. Seine stärkere Einbindung in die Theaterszene hatte er seinem Kontakt zu den Ballets Russes zu verdanken, der sich im Zuge der Vorbereitungen zu *Josephslegende* intensivierte und Kessler zu einem gefragten Kommunikator und Mittelsmann zwischen französischen, deutschen, russischen und italienischen Theatermachern werden ließ.

Harry Graf Kessler verfügte über keine wirklich intimen Beziehungen zu den Pariser Bühnen, als er Mitte Dezember 1904 begann, sich für Hofmannsthal in der französischen Theaterszene zu engagieren. Er war zwar von Kindheit an mit den großen Theatern seiner Geburtsstadt vertraut und inter-

---

89 Zit. nach: Newman, „Etwas sehr Schönes, ganz Neues", S. 115.

essierte sich immer für die neuesten Entwicklungen, über die er sich bei seinen regelmäßigen Besuchen zu orientieren suchte. Die Bilanz ist beachtlich, überblickt man die in seinen Briefen und Tagebüchern dokumentierten Theaterbesuche etwa bis 1914: Die für die naturalistische Bewegung bahnbrechenden Theater André Antoines (das Théâtre Libre und das Théâtre Antoine) frequentierte er ebenso wie das Théâtre de l'Œuvre, Aurélien Lugné-Poes zunächst primär symbolistische Bühne. Ende November 1910 erregte das ein Jahr zuvor von Jacques Rouché gegründete Théâtre des Arts sein Interesse, das eine große Affinität zu den Intentionen von Edward Gordon Craig und Max Reinhardt aufwies.[90] Mitte Mai 1912 unterstützte Kessler Craig zunächst erfolgreich bei seinen Verhandlungen mit Rouché über eine potentielle Mitarbeit.[91] Im Théâtre des Arts hatte er auch sieben Monate zuvor, am 18. Oktober 1911, eine Produktion gesehen, die Keime des Zukünftigen in sich trug: Jacques Copeaus Dostojewski-Bearbeitung *Les Frères Karamazov*. In ihr spielten Louis Jouvet den Père Zossima und Charles Dullin Smerdiakov – zwei Schauspieler also, die 1913 an Copeaus neu gegründetes Théâtre du Vieux-Colombier wechselten und sich zu zwei der bedeutendsten französischen Regisseure und Theaterleiter des 20. Jahrhunderts entwickelten. Bei diesen Theatererlebnissen handelt es sich allerdings nur um flüchtige Wahrnehmungen Kesslers. *Les Frères Karamazov* ist nicht das erste und einzige Beispiel, wo Kessler nach der Vorstellung nur einige Reflexionen über den Text und die Grundproblematik des Stückes fixiert, jedoch kein Wort über die Inszenierung und Aufführung verliert.[92] Intensivere Auseinandersetzungen finden sich letztlich doch nur im Zusammenhang mit den Berliner Theatern, vor allem denen Max Reinhardts.

Kesslers persönliches Engagement in der Pariser Theaterszene begann Mitte Dezember 1904 mit einem Freundschaftsdienst. Hugo von Hofmannsthal bemühte sich seit einem Jahr, seine am 30. Oktober 1903 in Reinhardts

---

90 Vgl. HGK, Tgb, Paris, 25. November 1910. – DLA/A: Kessler.

91 Diese Verhandlungen vom 10. Mai 1912 verliefen zäh und schwierig, weil Creig wieder einmal nahezu unannehmbare Forderungen stellte. Anstatt zu Demonstrationszwecken zunächst eine Inszenierung übernehmen zu wollen, verlangte er eine Anstellung als künstlerischer Berater, um das Théâtre des Arts so fördern zu können, daß es wirklich Fortschritte machte. Eine Inszenierung allein wie die des *Hamlet* am Moskauer Künstlertheater sei letztlich ineffektiv, meinte Craig. Seine Hartnäckigkeit und Kesslers Vermittlungsbemühungen erlangten an diesem Tag schließlich Rouchés Zusage, den Engländer vom 1. Juni 1912 an für ein Jahr als Künstlerischer Direktor in seinem Theater anzustellen. In diesem Zeitraum sollte Craig auch drei Inszenierungen realisieren. Craig ließ diese hart erkämpften Vereinbarungen jedoch wieder platzen, weil ihm die Arbeit an seiner eigenen Theaterschule wichtiger war. Vgl. HGK, Tgb, Paris, 10. Mai 1912. – DLA/A: Kessler. Vgl. BW EGC/HGK, S. 74 f.

92 Vgl. HGK, Tgb, Paris, 18. Oktober 1911. – DLA/A: Kessler.

Kleinem Theater uraufgeführte *Elektra* an einer namhaften Pariser Bühne
unterzubringen. Er dachte an das Théâtre Antoine oder an das Théâtre de
l'Œuvre, wo er mit Suzanne Desprès eine Schauspielerin gewinnen wollte,
die ihm neben Gertrud Eysoldt für die Elektra am geeignetsten schien.[93] Arthur Schnitzler hatte Mitte Dezember 1903 den Kontakt zu Stephan Epstein,
„Antoines Dramaturgen fürs Ausland", vermittelt.[94] Epstein erstellte gemeinsam mit Paul Stroheker (Ps. Paul Strozzi) bis August 1904 eine freie, unge-
reimte Versübersetzung der *Elektra*. Henry van de Velde und Maurice Maeterlinck schalteten sich ebenfalls vermittelnd ein.[95] Dank Maeterlincks Intervention stand seit dem Frühjahr 1904 eine Inszenierung der *Elektra* in Aussicht, allerdings am Théâtre de l'Odéon, mit Berthe Bady in der Titelrolle.[96]
Ende des Jahres 1904 sollte Bady zu einer endgültigen Entscheidung hierüber gezwungen werden, nachdem die Übersetzung von Epstein und Stroheker seit einigen Wochen in ihren Händen lag. Das ist der Augenblick, wo
Kessler in die verwirrenden Unterhandlungen einbezogen wurde. Hofmannsthal rührte an seinem Ehrgeiz, als er den Vielbeschäftigten am 13. Dezember 1904 bat ihm zu helfen, damit „aus einer kleinen Geschäftsangele-
genheit des Herrn Epstein eine künstlerische Angelegenheit der Bady" werde.[97] Er erinnerte ihn an sein Wort, daß es etwas kulturell Schönes sei, „wenn
ich in jedem Land für sich durch meine Arbeiten eine gewisse Berühmtheit
und ein gewisses prestige [sic!] und die geistige Macht, die damit verbunden
ist, erwerben könnte."[98] An der Übersetzung der *Elektra*, über deren Qualität
Hofmannsthal im Zweifel war, sollte dieses Projekt nicht scheitern dürfen:
Gegebenenfalls müßte sie durch André Gide oder einen anderen überarbeitet
werden.[99] Mit Gide hatte Hofmannsthal das entscheidende Stichwort gegeben. Kessler nahm sich seiner Pariser Mission begeistert an, um die Verbindung seines Freundes mit dem französischen Schriftsteller zu intensivieren.
Konsequenterweise suchte er nicht zuerst Bady, sondern Gide auf, um mit
der Klärung der Übersetzungsfrage die besten Voraussetzungen für das bevorstehende Gespräch mit Bady zu schaffen. Kessler tat es bezeichnenderweise, ohne die bereits vorliegende Übersetzung gelesen und beurteilt zu ha-

---

93   Vgl. HvH an Hans Schlesinger, 11. November 1903. Zit. in: Hugo von Hofmanns-
     thal: Sämtliche Werke, Bd. VII. Dramen 5: Alkestis. Elektra. Hg. v. Klaus E. Boh-
     nenkamp u. Mathias Mayer. Frankfurt am Main 1997, S. 387. [Künftiges Sigel: HvH,
     SW VII.]
94   Vgl. Arthur Schnitzler an HvH, 10. Dezember 1903. Zit. nach: HvH, SW VII, S. 392.
95   Siehe Mathias Mayers ausgezeichnete Quellensammlung in seiner sorgfältig edierten
     Elektra-Ausgabe: HvH, SW VII, S. 387 ff.
96   Vgl. Maurice Maeterlinck an HvH, 18. März [1904?]. In: HvH, SW VII, S. 397.
97   HvH an HGK, Rodaun, 13. Dezember 1904. – BW HvH/HGK, S. 69.
98   Ebd., S. 68.
99   Ebd., S. 69.

ben. Seine Rechnung ging vorerst auf: Gide, der sich enthusiastisch über Hofmannsthals Drama äußerte, sagte eine eigene Übertragung zu unter der Bedingung, daß Bady die Rolle übernehme und der Übersetzungsauftrag „aus Epsteins Klauen" befreit werden könne.[100] Stephan Epstein zeigte sich im folgenden durch Kesslers Vorgehen verständlicherweise verletzt, wie zwei Briefe aus Kesslers Nachlaß dokumentieren. Er betrachtete Gides Mitarbeit als überflüssig und forderte von Kesslers Loyalität, gegenüber Lugné-Poe, mit dem Epstein in Verhandlungen stand, diese Überlegungen nicht zu erwähnen.[101] Kesslers geplantes Gespräch mit Bady erübrigte sich jedoch. Wie er Hofmannsthal am 1. Januar 1905 berichtete, hatte Stephan Epstein die Partie der Elektra inzwischen – im Einverständnis mit Maeterlinck – Suzanne Després angetragen, da Bady generell als unzuverlässig galt.[102] Lugné-Poe nahm das Werk am 4. Januar 1905 an. Gides Neuübertragung wurde somit hinfällig, zumal auch Kessler die Epstein-Strohekersche Version bei einer Lesung vor Després und Lugné-Poe kennengelernt und als „vorzüglich" beurteilt hatte.[103] Die ersten Planungen sahen nun vor, daß *Elektra* Ende April 1905 im Nouveau Théâtre gegeben werden sollte, möglicherweise in der Ausstattung Edward Gordon Craigs. Lugné-Poe hatte sich auf Kesslers dringende Empfehlung hin bereit erklärt, ihm diesen Auftrag zu erteilen, vorausgesetzt, Eleonora Duse würde damit einverstanden sein.[104] Denn parallel zur französischen Erstaufführung war die italienische geplant, für die Craig Bühnenbild und Kostüme entwarf und von Kessler mehr oder weniger hilfreich unterstützt wurde.[105] Die Gefahr einer Konkurrenzproduktion drohte letztlich nicht: Duses *Elektra*-Projekt zerschlug sich im Frühjahr 1905. Auch die Vorbereitungen in Paris verzögerten sich aufgrund von Lugné-Poes plötzlichem Interesse an André Suarès' jüngst publiziertem Drama *La tragédie d'Electre et d'Oreste* (1905), das Hofmannsthals Werk in seiner Gunst zu verdrängen drohte. Kessler, der in diesem Fall nichts unternehmen konnte, empfahl Hofmannsthal Anfang Mai 1905, mit Gide zu konferieren und eine Art „Schutz und Trutz Bündnis" zu schließen, da sie sich beide in derselben Situation befänden: Gide ergehe es mit Max Reinhardt ähnlich, der sein Drama *Le Roi Candaule* zwar angenommen hatte, die Produktion jedoch immer wieder hinausschob.[106]

---

100 Vgl. HGK an HvH, Paris, 27. Dezember 1904. – BW HvH/HGK, S. 71.
101 Vgl. Stephan Epstein an HGK, Paris, 26. Dezember 1904 und 1. Januar 1905. – DLA/A: Kessler.
102 Vgl. HGK an HvH, Paris, 1. Januar 1905. – BW HvH/HGK, S. 72.
103 HGK an HvH, Paris, 5. Januar 1905. – BW HvH/HGK, S. 73.
104 Vgl. HGK an HvH, Paris, 1. Januar 1905. – BW HvH/HGK, S. 72.
105 Kessler überwachte die Kooperation der Künstler. Siehe: HvH, SW VII, S. 312 ff.
106 Vgl. HGK an HvH, Weimar, 7. Mai 1905. – BW HvH/HGK, S. 96.

Die französische Erstaufführung fand schließlich im Herbst 1908 statt –
auf deutschem Boden. Lugné-Poe hatte sich zuvor von jenen Plänen Kesslers
distanziert, die darauf abzielten, ein bis zwei Festaufführungen der *Elektra*
im Rahmen jener Veranstaltungen zu geben, die die geplante Ausstellung des
Deutschen Künstlerbundes in Paris (Herbst 1908) begleiten sollten. Der
Deutsche Künstlerbund sollte dabei die Ausstattung der *Elektra* mit 5.000
Francs subventionieren. Im September 1908 teilte Lugné-Poe Hofmannsthal
jedoch mit, er wolle dieses Projekt selbständig und aus eigenen Mitteln realisieren. Er beugte sich damit den Wünschen seiner Hauptdarstellerin: Suzanne
Després wollte ihre Rollengestaltung erst im Ausland auf einer Gastspielreise
erproben, ehe sie eine Aufführung in Paris wagen würde. So wurde die französische Fassung von Hofmannsthals *Elektra* am 16. Oktober 1908 im
Münchner Schauspielhaus uraufgeführt.[107] Es war der Abschluß eines zweitägigen Gastspiels, das tags zuvor mit Hendrik Ibsens *Solness le Constructeur* (in der Übersetzung von Maurice Graf Prozor) eröffnet worden war.[108]
Elektra ging Henri Becques „famose" Komödie *La Parisienne* voraus, die,
wie der Kritiker der Münchner Neuesten Nachrichten betonte, das diesmal
zahlreicher erschienene Publikum sofort in günstige Stimmung versetzte.[109]
Die Zuschauer konnten sich somit an diesem Abend von Després' Wand-
lungsfähigkeit überzeugen. Després' Darstellung der Elektra wirkte offensichtlich reizvoll und befremdlich zugleich, da sie der Tradition der französischen Tragödie großen Stils verpflichtet war. Bei aller Intensität brachte sie
Haß und Freude gewissermaßen verhalten und diskret zum Ausdruck und
kontrastierte so deutlich zur „zügelloseren modernen Darstellungsweise der
Eysoldt".[110] Gegen Després' Leistung fielen ihre Kollegen offenbar ab; diese
wie auch der schlichte dekorative Rahmen seien ihren Aufgaben „ohne er-
hebliche Stimmungsstörung gerecht" geworden, lautete das milde Kriti-
kerurteil.[111]

Diese positive Aufnahme wiederholte sich am 26. November 1908 in Paris. Das Pariser Publikum sei von Werk und Schauspielerin im Sturm erobert
worden, berichtete Lugné-Poe Hugo von Hofmannsthal. Mit Stolz wies er
ihn darauf hin, welcher Sieg damit errungen sei, würden doch seine Landes-
leute mit besonderer Eifersucht über diese Stoffe wachen und die Antike ger-

---

107 Die Besetzung ist angezeigt in: General-Anzeiger der Münchner Neuesten Nachrich-
     ten, 61. Jg., Nr. 485, 16. Oktober 1908, S. 2.
108 Vgl. Münchner Neueste Nachrichten, 61. Jg., Nr. 483, 15. Oktober 1908, S. 2, und
     Nr. 486, 17. Oktober 1908, S. 2.
109 Vgl. die nicht betitelte Kritik von „H.v.G." in: Münchner Neueste Nachrichten, 61.
     Jg., Nr. 488, 18. Oktober 1908, S. 2.
110 Ebd.
111 Ebd.

ne für sich reklamieren.[112] Über den großen Erfolg war Hofmannsthal bereits von Harry Graf Kessler unterrichtet worden, der die ersten beiden ausverkauften Vorstellungen (in Begleitung Aristide Maillols und Maurice Denis') gesehen hatte. Den Gegensatz zu Eysoldt, dem „physisch schwache[n,] von seiner fixen Idee lebende[n] Kind",[113] zeichnete Kessler positiv. Ihm, dem die griechische Kultur so viel bedeutete, stand Després' reife Frauengestalt möglicherweise näher, erinnerte ihn ihre archaische, herbe, „fast viereckig[e]" (!) Erscheinung doch „an gewisse Köpfe aus Olympia, an die Karyatiden vom Schatzhaus der Knidier in Delphi".[114] Auch Hofmannsthal gewann von Suzanne Després einen starken Eindruck, als er die Produktion des Théâtre de l'Œuvre bei einem Gastspiel in Wien am 16. April 1909 kennenlernte. Alles übrige vermochte ihn jedoch nicht zu überzeugen, wie ein drastischer Bericht an Kessler bezeugt.[115]

Hofmannsthals französischer *Elektra* folgten noch andere Projekte deutschfranzösischer Kooperation, die über das Planungsstadium jedoch nicht hinauskamen. Bei ihnen spielte Kessler eine größere Rolle, da er ab 1911 infolge seiner Verbindungen zu den Künstlern der Ballets Russes von größerem Nutzen sein konnte. Zunächst jedoch erhoffte sich Kessler von seinem Kontakt zu dem französischen Schriftsteller Thadée Natanson eine stärkere Etablierung Hofmannsthals in der Pariser Theaterszene. Die französische Übersetzung von Richard Strauss' *Rosenkavalier*, die Kessler mit Natanson Ende Januar 1910 plante, sollte ein erster Schritt sein.[116] Kessler sah hier Perspektiven, denen Hofmannsthal skeptisch gegenüberstand. Die Vergabe der Übersetzungsrechte lag beim Adolph Fürstner Verlag. Eine Tantiemenbeteiligung war für den Übersetzer nicht durchzusetzen, zudem unterschätze Kessler, wie

---

112 Vgl. Aurélien Lugné-Poe an HvH, Paris, 7. Dezember 1908. In: HvH, SW VII, S. 447.
113 Bei der Uraufführung hatte Gertrud Eysoldt Kessler nicht restlos überzeugen können: „Die Eysold spielte etwas zu nüancenlos, immer in Einer Wertlage, so dass die Leidenschaft oft zur Grimasse zu erstarren schien, aber an einzelnen Stellen, wie der während der Morde, ganz vollendet. Das Auf und Abschlürfen vor der Palastthür, hinter der Mord vollführt wird, war im Geist der Sada Yacco." HGK, Tgb, Berlin, 30. Oktober 1903. – DLA/A: Kessler. Zit. nach: HvH, SW VII, S. 384.
114 HGK an HvH, Paris, 29. November 1908. – BW HvH/HGK, S. 208.
115 Hofmannsthal schrieb, er habe Qualen gelitten angesichts einer Übersetzung, „von der man Zeile für Zeile geohrfeigt wird", heruntergesungen von den „entsetzlichsten französischen Wandercomödianten, herausgeputzt mit grotesker Jahrmarktstraurigkeit", präsentiert im übergroßen Theater an der Wien „vor einem halb gelangweilten, halb unruhigem Publikum" HvH an HGK, Rodaun, 18. April 1909. – BW HvH/HGK, S. 218.
116 Vgl. HGK an HvH, Paris, 25. Januar 1910. – BW HvH/HGK, S. 275-277.

Hofmannsthal meinte, die „qualvolle jede Lust und Liebe ertödtende Arbeit" einer solchen Aufgabe.[117] Kessler verzichtete mit einem knappen „Schade, es wäre amüsant gewesen"[118] auf seine Dramatikerkarriere, die er sich in einem spielerischen Ansatz in Aussicht gestellt hatte. Denn im Zusammenhang mit dieser Übersetzungsfrage hatte Kessler auch für sich selbst Möglichkeiten gesehen, für deren realistische Einschätzung ihm die nötige Nüchternheit fehlte: Natanson hatte Kessler nicht nur angeboten, „mit ihm ein Stück zu schreiben", was er „im Prinzip angenommen" hatte, da Natanson einer der feinsten Köpfe in Paris sei und sehr günstige Bedingungen anbiete.[119] Mit ihrer Kooperation beim *Rosenkavalier* glaubte Kessler auch für später vorbauen zu können, „wenn du oder vielleicht, wie du manchmal meinst, du und ich zusammen eine für Paris passende Komödie oder Revue schreiben. Man hätte *Fuß gefaßt* und bei einem Direktor, der im Gymnase auch ein Schauspiel Theater in der Hand hat."[120] Hofmannsthal, der mit der Uraufführung von *Cristinas Heimreise* (am 11. Februar 1910 im Deutschen Theater) beschäftigt war, hatte hierauf mit Schweigen reagiert.

Zwei Jahre später hatte sich Kesslers Wunsch nach Einbindung in die französische Theaterszene durch seine Co-Autorschaft mit Hugo von Hofmannsthal bei dem geplanten Strauss-Ballett *Josephslegende* erfüllt. Ganz selbstverständlich vermittelte er nun zwischen den Künstlern, mischte sich in Projekte ein und assistierte bei Planungen. Im Mai 1912 versuchte er anläßlich eines Reinhardt-Gastspiels in Paris dasselbe zu tun, was er sich sechs, sieben Jahre zuvor in Berlin vorgenommen hatte: die gute Gesellschaft in Reinhardts Theater zu bringen. Als das Deutsche Theater am 24. Mai 1912 mit Friedrich Freksas Pantomime *Sumurûn* im Théâtre du Vaudeville gastierte, sorgte Kessler gemeinsam mit der einflußreichen Comtesse Elisabeth de Greffulhe für eine „ausgezeichnete" Aufnahme in der Pariser Gesellschaft. Mit Genugtuung notierte er im Tagebuch, daß das Haus „glänzend zusammengestellt" gewesen sei.[121] Dieses Gastspiel bot ihm auch die Möglichkeit, Max Reinhardt mit den ihm befreundeten französischen Künstlerkreisen zusammenzubringen. Auf Anregung Comtesse Greffulhes kam das Projekt einer französischen Fassung von Sophokles' *Oedipus* auf, den Reinhardt mit Sarah Bernhardt als Jokaste inszenieren wollte. Gabriele d'Annunzio wünschte die freie Prosaübersetzung zu übernehmen, nachdem Kesslers Favorit, Émile Verhaeren, aufgrund seiner schwachen Griechisch-Kenntnisse

---

117 HvH an HGK, Rodaun, 27. Januar 1910. – BW HvH/HGK, S. 278.
118 HGK an HvH, Paris, 28. Januar 1910. – BW HvH/HGK, S. 278.
119 HGK an HvH, Paris, 16. Januar 1910. – BW HvH/HGK, S. 273.
120 HGK an HvH, Paris, 25. Januar 1910. – BW HvH/HGK, S. 277. (Hervorhebungen im Original.)
121 HGK, Tgb, Paris, 24. Mai 1912. – DLA/A: Kessler.

mit großem Bedauern abgelehnt hatte. Reinhardts Wunschbesetzung für Oedipus war Sascha Guitry. Dieser weigerte sich jedoch, an einem ‚Experiment‘, als das er Reinhardts geplante Inszenierung im Trocadero ansah, teilzunehmen. Auch dieses Projekt kam nicht zustande.[122] Zeitgleich war Kessler in die Planung einer Pantomime involviert, die d'Annunzio für Reinhardt schreiben wollte: die Trilogie *Persephone*, *Orest* und *Orpheus*, um noch einmal diese „grandes figures" der antiken Tragödie, „la terreur et la pitié", auf die Bühne des modernen Theaters zu stellen.[123] Die Hauptrollen sollten Alexander Moissi und Ida Rubinstein, die Initiatorin und Protagonistin von d'Annunzios spektakulärem Mysterium *Le Martyre de Saint Sébastien* (1911), spielen.[124] Doch auch in diesem Fall kam das Projekt nicht über das erste Planungsstadium hinaus.

Dies sind einige Beispiele jener Optionen und konkreten Planungen, die bis zum Ausbruch des Ersten Weltkriegs in Kesslers Bekanntenkreis unter lebhafter Beteiligung des Grafen diskutiert wurden. Kesslers Hoffnungen und Wünsche bezüglich der eigenen, persönlichen Präsenz in der französischen Theaterszene fanden schließlich am 14. Mai 1914 mit der Uraufführung der *Josephslegende* (unter dem Titel *La Légende de Joseph*) in der Pariser Opéra ihre Erfüllung.[125] Sie war die Krönung seiner Aktivitäten als ‚Katalysator‘ in der europäischen Theaterszene, die kurz darauf im August 1914 ein jähes Ende fanden.

4. Hugo von Hofmannsthal

4.1. Die Frage der künstlerischen Kooperation

Das von Hofmannsthal und Kessler intendierte gemeinsame Wirken zugunsten des Theaters und der europäischen Kultur, das in den vorangegangenen Kapiteln im Zusammenhang mit dem Projekt des Neuen Weimar, mit Craig und der französischen Theaterszene thematisiert worden ist, besaß noch eine andere wesentliche Komponente: die künstlerische Kooperation. Hofmannsthal hatte schon früh die Phantasie und Kreativität seines Freundes in Anspruch genommen. Bereits Ende März 1899 hatte er Kessler gebeten, bei sei-

---

122 Siehe hierzu Kesslers detaillierte Tagebucheintragungen von Paris, 21., 22., 24., 28. u. 30. Mai, 3., 4. u. 6. Juni 1912. – DLA/A: Kessler.
123 Vgl. HGK, Tgb, Paris, 31. Mai 1912. – DLA/A: Kessler.
124 Am 31. Mai 1912 einigte man sich unter Beteiligung von Rubinstein und Léon Bakst darauf, die Pantomime im nächsten Jahr in Covent Garden zu geben. Vgl. ebd.
125 Siehe das ausführliche Kapitel IV.4.2.

ner Lektüre (Memoiren etc.) und anderswo auf Sujets zu achten und sie ihm mitzuteilen, da ihm solche nie einfielen.[126] Es wird an dieser Stelle bewußt darauf verzichtet, auf Harry Graf Kesslers Beteiligung an der Konzeption von *Cristinas Heimreise* (1909) und *Der Rosenkavalier* (1909) näher einzugehen. Sie ist in der Forschung hinreichend beleuchtet worden,[127] zudem liegen Quellensammlungen der Werke vor, die diesen Aspekt der Kesslerschen Beziehung zu Hofmannsthal sehr gut dokumentieren.[128] In beiden Fällen hatte es sich um Beiträge zur Konzeption gehandelt, die im Verlauf der Ausarbeitung vom Dramatiker und Komponisten verändert oder gar verworfen wurden. Kessler nahm diese natürlichen Implikationen des schöpferischen Arbeitsprozesses kaum wahr, so daß es im Fall des *Rosenkavalier* zu dem bekannten Streit um Anteil und Mitarbeiterschaft kam. Als Hofmannsthal Kessler die Ehre erweisen wollte, ihm als dem „verborgenen Helfer" die Buchausgabe im Druck zu widmen, empfand Kessler diese Formulierung als seinem Anteil nicht angemessen. Seiner Forderung, eine Dedikation nur im Sinne eines „Mitarbeiters" annehmen zu können,[129] kam Hofmannsthal schließlich

---

126 Vgl. HGK, Tgb, Berlin, 22. März 1899. – DLA/A: Kessler. Diese Bitte war nicht auf die Zeit seines dramatischen Frühwerks beschränkt. Auch später war Hofmannsthal zuweilen auf Anregungen von außen angewiesen, wie sein Brief an Rudolf Pannwitz vom 6.-8. Dezember 1919 demonstriert. Hofmannsthal suchte für eine neue Arbeit mit Richard Strauss ein Sujet: „Nun wenn Sie mir raten, das ich es tue [...] so bringen Sie mich doch auf einen Mythus, der den Kern abgeben könnte! Ich dachte an Danae – doch ist das nicht gar ergibig – an Amor u. Psyche – an die euripideische Helena (?!) – an die Danaiden. Schenken Sie mir einen Einfall!" Hugo von Hofmannsthal/ Rudolf Pannwitz: Briefwechsel 1907-1926. In Verb. m. d. Deutschen Literaturarchiv hg. v. Gerhard Schuster. Frankfurt am Main 1993, S. 460.

127 Siehe neben den Ausführungen in den betreffenden Bänden der Kritischen Werkausgabe Hofmannsthals (vgl. Anm. 128) die Dissertation von Laird McLeod Easton: The Red Count. The Life and Times of Harry Kessler, 1868-1914. Ann Arbor/Mich. 1991, S. 377-392; Dirk Hoffmann: Zu Harry Graf Kesslers Mitarbeit am *Rosenkavalier*. In: Hofmannsthal-Blätter, 21/22 (1979), S. 153-160; Andrea Landolfi: „L'aiutante segreto". Kessler, Hofmannsthal e il *Rosenkavalier*. In: Studi Germanici, 30/31 (1992/93), S. 361-374; Willi Schuh (Hg.): Hugo von Hofmannsthal – Richard Strauss. *Der Rosenkavalier*. Fassungen, Filmszenarien, Briefe. Frankfurt am Main ²1972; Ewald Rösch: Komödie und Berliner Kritik. Zu Hofmannsthals Lustspielen *Cristinas Heimreise* und *Der Schwierige*. In: Hugo von Hofmannsthal. Freundschaften und Begegnungen mit deutschen Zeitgenossen. Hg. v. Ursula Renner u. G. Bärbel Schmid. Würzburg 1991, S. 163-189.

128 Hugo von Hofmannsthal: Sämtliche Werke. Kritische Ausgabe, Bd. XXIII. Operndichtungen 1: Der Rosenkavalier. Hg. v. Dirk O. Hoffmann u. Willi Schuh. Frankfurt am Main 1986; Bd. XI. Dramen 9: Florindos Werk. Cristinas Heimreise. Hg. v. Mathias Mayer. Frankfurt am Main 1992. [Künftige Sigel: HvH, SW XXIII bzw. SW XI.]

129 Vgl. HGK an HvH, Paris, 21. August 1910. – BW HvH/HGK, S. 297.

mit der diplomatischen Formulierung „Ich widme diese Komödie dem Grafen Harry Keßler, dessen Mitarbeit sie so viel verdankt", entgegen.[130] Diese grundlegende Diskussion um den Anteil eines Dritten am schöpferischen Prozeß verursachte zwischen Kessler und Hofmannsthal eine ernsthafte Verstimmung. Sie wuchs sich zusammen mit den oben ausgeführten Auseinandersetzungen um Edward Gordon Craigs Beteiligung am Münchner *König Ödipus*-Projekt im Sommer 1910 zu einer Krise aus, die die Grundfesten ihrer Freundschaft erschütterte. Die frühere Vertrautheit und Innigkeit sollte sich danach nicht wiederherstellen, zumal ihre differierenden politischen Einstellungen die zunehmende Entfremdung beförderte.[131]

Wesentlich spannender und ergiebiger als das Aufrollen der Werkgenese von *Cristinas Heimreise* und *Der Rosenkavalier* ist eine Untersuchung der *Josephslegende*. Anhand dieses Balletts, das in den Jahren 1912 bis 1914 für die Ballets Russes entstand, wird im folgenden Kesslers künstlerische Kooperation mit Hugo von Hofmannsthal exemplarisch dargestellt. Kesslers Qualitäten als ‚Kultur-Organisator' kommen in diesem Falle ebenso zum Ausdruck wie seine originelle künstlerische Produktivkraft bei der Konzeption und Realisierung eines Balletts, bei dem er seinen Anteil am Werk kenntlich zu machen verstand.

4.2. Josephslegende

4.2.1. L'invasion russe

Seltsamerweise hat Harry Graf Kessler das entscheidende Ereignis des Frühjahrs 1909 versäumt: den sensationellen Beginn der Saison russe im Pariser Théâtre du Châtelet.[132] Als dort am 18. Mai in einer öffentlichen Generalprobe Serge de Diaghilevs Truppe Les Ballets Russes das Publikum mit *Le Pavillon d'Armide*, *Danses du Prince Igor* und *Le Festin* verblüffte, befand sich Kessler in Marseille und schrieb einen seiner ‚dramaturgischen Briefe' an Hugo von Hofmannsthal, der den soeben fertiggestellten ersten Akt des *Rosenkavalier*-Librettos betraf. Wenige Tage später kehrte er von einem mehr-

---

130 HvH, SW XXIII, Operndichtungen 1, S. 6.
131 Siehe hierzu den bemerkenswert hellsichtigen, älteren Forschungsbeitrag von Jürgen Haupt: Harry Graf Kessler und Hugo von Hofmannsthal. Eine Freundschaft. In: Ders.: Konstellationen Hugo von Hofmannsthals. Harry Graf Kessler, Ernst Stadler, Bertolt Brecht. Salzburg 1970, S. 46-81.
132 Zur Geschichte der Ballets Russes siehe die einschlägige Fachliteratur wie Richard Buckle: Diaghilew. Herford 1984. Siehe auch die Ausstellungskataloge *Diaghilews Ballets Russes. Aufbruch in die Moderne*. Hg. v. Sibylle Dahms u. Monika Woitas. Salzburg/München 1994, und *Spiegelungen. Die Ballets Russes und die Künste*. Hg. v. Claudia Jeschke, Ursel Berger u. Birgit Zeidler. Berlin 1997.

wöchigen Südfrankreichaufenthalt nach Paris zurück, wie wir aus seiner
Mitteilung an Hofmannsthal, er habe am 23. Mai eine *Tartuffe*-Vorstellung
besucht, ersehen können.[133] Nicht sein Tagebuch, sondern wiederum ein
Brief an den Wiener Freund bezeugt die erste Begegnung mit dem Phänomen
Ballets Russes. Deren erstes Programm sah er am 27. Mai. Am folgenden
Tag berichtete er Hofmannsthal, zutiefst beeindruckt von ihrer künstlerischen
Leistung, namentlich der des zwanzigjährigen Waslaw Nijinski:

> Ich sah gestern hier das russische Ballett; das von der Oper in St. Petersburg hier ga-
> stiert. Ganz phänomenal. Für diese Leute würde es sich lohnen ein Ballett zu schrei-
> ben. Ein junger Tänzer, (mir sind sonst Ballett tanzende Männer ein Brechmittel) ist
> das Wunderbarste, was ich in dieser Kunst außer der Ruth [St. Denis] gesehen habe.
> Das muß man sehen, um zu begreifen, wie man einen Mann im Ballett verwenden
> kann. Die höchste Grazie, wirklich wie ein Schmetterling, bei höchster Männlichkeit
> und jugendlicher Schönheit: die ebenfalls sehr schönen Tänzerinnen waren daneben
> wie verschwunden, das Publikum wie rasend. Wenn du je ein Ballett schreibst (mit
> Strauss), müssen wir diesen jungen Nijinski bekommen.[134]

Hier liegt der Keim für das, was einmal als gemeinsames und hochambitio-
niertes Projekt unter dem Namen *Josephslegende* in die Annalen der Tanzge-
schichte eingehen sollte. Zunächst sah es jedoch nur nach einer der vielen,
von Kessler so reich mitgeteilten Anregungen aus. Die gewohnte Begeisterung spricht aus dem Brief, und wie im Fall Ruth St. Denis, die er zum Vergleich heranzieht, gibt Kessler den Hinweis auf ein außergewöhnliches
künstlerisches Potential, das für Hofmannsthals dichterische Phantasie möglicherweise von entscheidender Bedeutung sein könnte. Der Russen wegen
verschob Kessler die Rückkehr nach Südfrankreich und verfolgte ihre Saison
bis zum Schluß. Er berichtete Hofmannsthal von dem Erlebten, schickte
Photographien und Kritiken, um ihn teilhaben zu lassen, und drängte vergeblich darauf, er möge kommen und sich selbst überzeugen, daß hier wirklich
eine neue Kunst geboren sei: „Das *mußt* du sehen; denn vorstellen kann man
sich eine solche Volkommenheit nicht."[135] Vor allem aber betonte er das
Moment der Vergänglichkeit: Schon im nächsten Jahr würde die Zeit ihre
Spuren bei Nijinski und Anna Pavlova – „diesen beiden selbst noch kindli-

---

133 Vgl. HGK an HvH, Paris, 24. Mai 1909. – BW HvH/HGK, S. 233.
134 HGK an HvH, Paris, 28. Mai 1909. – BW HvH/HGK, S. 233 f. Ursel Berger, die sich
in ihrem Aufsatz „Le Modèle idéal? Nijinsky, Maillol, Rodin und Graf Kessler" vorwiegend auf die Tagebücher Kesslers stützt, gibt aufgrund dieser Informationsquelle
den 4. Juni 1909 als ersten Vorstellungsbesuch an. Ihre Bemerkung, Kessler sei im
Mai noch nicht in Paris gewesen, so daß er die allerersten Vorstellungen der Ballets
Russes nicht habe sehen können, muß folglich korrigiert werden. Vgl. Ursel Berger:
Le Modèle idéal? In: Jeschke/Berger/Zeidler (Hg.), Spiegelungen, S. 15. u. 26.
135 HGK an HvH, Paris, 5. Juni 1909. – BW HvH/HGK, S. 240. (Hervorhebung im Original.)

chen Menschen"[136] – hinterlassen haben. Die Vollkommenheit ihrer Inkarnation von Amor und Psyche, die Kessler in ihrem Tanz in *Les Sylphides* sah, würde gemindert, ihre Schönheit nicht mehr so rein und einzig sein.[137] Der Arbeitsprozeß, in dem sich Hofmannsthal zu diesem Zeitpunkt (mit *Der Rosenkavalier*, *Cristinas Heimreise* und *Silvia im Stern*) befand, machte es ihm jedoch unmöglich, für die letzte Vorstellung am 17. Juni anzureisen. Erst drei Jahre später, im März 1912, sah er die Ballets Russes erstmals bei einem Wiener Gastspiel.

Die für Hofmannsthals Belange zu diesem Zeitpunkt wichtigere Anregung, die von den Ballets Russes ausging, betraf jedoch nicht den Tanz, sondern die Ausstattung ihrer Produktionen. Es waren vor allem die Dekorationen und Kostüme Alexandre Benois' für *Le Pavillon d'Armide*, die Kessler faszinierten. Da zu diesem Zeitpunkt *Der Rosenkavalier* und seine Ausarbeitung im Mittelpunkt seiner Korrespondenz mit Hofmannsthal stand, empfing Kessler hier eine große Inspiration. In diesem spezifischen ‚Beardsleyschen Barockstil' müßten die Kostüme gehalten sein, jenseits allzu historisch orientierter Detailtreue, um das „Phantastische der Operette" zu markieren.[138] Kessler schlug Hofmannsthal auch vor, im Text exakte Angaben zur Ausstattung zu machen, begleitet von kolorierten Illustrationen (von Roller, Stern oder einem der Russen), um sie der erfahrungsgemäß „überall hülflos unkünstlerischen" traditionellen Opernregie vorzuschreiben.[139]

Es läßt sich anhand der Quellenlage nicht nachweisen, ob Kessler nach dem großen Eindruck, den er in der ersten Pariser Saison von den Ballets Russes gewonnen hatte, auch im darauffolgenden Jahr ihre Gastspiele wahrnahm. Es gibt keine Belege dafür, daß er eine der Vorstellungen in Berlin oder Paris besucht hat. Als Diaghilevs Compagnie im Frühjahr 1910 auf dem Weg nach Paris eine Woche lang im Theater des Westens gastierte[140] und dort – als Reverenz vor dem deutschen Publikum – Michel Fokines *Carnaval* in der Orchesterfassung der Schumannschen Musik uraufführte, befand sich Kessler bereits in Paris. Acht Tage nach Eröffnung ihrer Saison im Théâtre

---

136 HGK an HvH, Paris, 14. Juni 1909. – BW HvH/HGK, S. 245.

137 Ebd.

138 HGK an HvH, Paris, 6. Juni 1909. – BW HvH/HGK, S. 241.

139 Ebd. Hofmannsthal nahm diese Anregungen, die Kessler in den Aufführungen der Ballets Russes gewann, dankbar an: „Merk dir nur alles Schöne; wir machen dann zusammen ein genaues Regiebuch (für uns brauchbar), in dem jeder Knopf, jede Schuhschnalle fixiert ist, und Roller der schlecht sein kann wenn er mit dem unsicheren Reinhardt arbeitet, aber fabelhaft gut folgt, auf Intentionen eingeht etc. (übrigens hab ich niemand andern!) wird die Figurinen machen, diese werden beigebunden und den Theatern octroiert." HvH an HGK, Starnberg, 12. Juni 1909. – BW HvH/HGK, S. 242.

140 Vom 20. bis 28. Mai 1910.

de l'Opéra kehrte er nach Berlin und Potsdam zurück, um an den Kaiserma-
növern teilzunehmen. Es verbleibt im Bereich der Spekulationen, ob Kessler
eine der ersten vier Pariser Vorstellungen besuchte, die neben den ihm bereits bekannten *Schéhérazade*, *Cléopâtre*, *Les Sylphides* und dem Divertis-
sement *Le Festin* als einzige Novität *Carnaval* boten. Das herausragende Ereignis dieser erstmals ganz auf den Tanz beschränkten Saison mußte er versäumen: die Uraufführung von Igor Stravinskys *L'Oiseau de Feu* mit Tamara
Karsavina in der Titelrolle am 25. Juni 1910.

Von der Eröffnung der Pariser Saison im Juni 1911 an bis zum Ausbruch
des Ersten Weltkriegs nahmen die Ballets Russes innerhalb der gesellschaftlichen und künstlerischen Aktivitäten Kesslers einen wichtigen Platz ein. Er
besuchte die Premiere am 6. Juni (*Carnaval*, *Le Spectre de la rose*, *Sadko*)
und machte zehn Tage später die Bekanntschaft von Diaghilev und Nijinski.
Abgesehen von dem persönlichen Interesse, das er selbst (in Hinblick auf das
Weimarer Nietzsche-Denkmal-Projekt) an diesen Künstlern hatte,[141] erwies
er Hugo von Hofmannsthal einen Freundschaftsdienst. Seit Juli vergangenen
Jahres war ihr Verhältnis stark belastet. Der Streit um die *Rosenkavalier*-
Widmung und um Craigs Mitarbeit am Reinhardtschen *König Ödipus*-
Projekt hatte zu einer Krise geführt, die trotz zwischenzeitlicher Versöhnung
nicht vollständig beigelegt war. Nach einem mißglückten Versuch Hofmannsthals, während eines Pariser Aufenthalts Anfang Mai 1911 direkten
Kontakt mit den Ballets Russes aufzunehmen, bat er Kessler, die Verbindung
zwischen ihm und Léon Bakst herzustellen. Zu diesem Zeitpunkt schwebte
ihm der Opernstoff der *Frau ohne Schatten* vor: einer Atmosphäre von Tausendundeiner Nacht angehörend, doch durch eine Transponierung etwa ins
18. Jahrhundert ins Bizarre gewandelt.[142] Die Fühlung mit einem phantasie-
vollen und raffinierten Maler wie Bakst würde ihm schon während der Ausarbeitung von Wert sein. So bat er Kessler, Bakst zu fragen, inwieweit er Interesse hätte, für ihn und die deutsche Bühne zu arbeiten: „Wenn sich Bakst
interessieren könnte, für mich zu arbeiten, würde ich auch sehr gern ein Ballett mit ihm machen. Die ways und means wären dann schon zu finden, die
Sache in München oder anderswo zu starten."[143]

Hofmannsthals Interesse an einer Zusammenarbeit traf sich mit dem Serge de Diaghilevs. Bakst war bei dem entscheidenden Essen am 16. Juni 1911
nicht anwesend, als Kessler den russischen Impresario in dieser Angelegenheit sprach. Der Bitte seines Freundes entsprechend, hatte Kessler den Namen des betreffenden Opernkomponisten nicht erwähnt, für Diaghilev jedoch

141 Siehe Kapitel III.3.
142 Vgl. HvH an HGK, Rodaun, 10. Juni 1911. – BW HvH/HGK, S. 329.
143 Ebd.

war der Zusammenhang evident. Hofmannsthals Vorschlag bot ihm die will-kommene Gelegenheit, seine eigene Bitte um ein Ballett von ihm und Ri-chard Strauss auszusprechen. Kessler ließ sich Zeit, Hofmannsthal das Er-gebnis seiner Gespräche mit Diaghilev und Bakst, der versprochen hatte, nach Rodaun zu fahren, mitzuteilen. Am 25. Juni schrieb er schließlich:

> Diaghilew hat mich inzwischen beauftragt, dich um ein Ballett mit Musik von Strauss für Nijinsky (Hauptrolle) zu bitten. Der Name Strauss kam nicht von mir, sondern von ihm (beruht also nicht etwa auf einer Indiskretion). Er bedauert sehr, daß du sein Bal-lett nie gesehen hast, meint, es sei unmöglich für dich, die Möglichkeiten einer Er-scheinung wie Nijinsky, die auch, meines Erachtens gleichen Ranges wie die Duse oder Zacconi ist, ohne sie selbst auf der Bühne in Aktion gesehen zu haben, zu beur-teilen. [...] Nijinsky ist ein Genie, ein Genie ganz einziger Art, wie es unsere Zeit nicht gesehen hat, und wie wir es uns kaum in irgendeiner andren Zeit, außer vielleicht in der Antike vorstellen können.[144]

Nachdrücklich weist Kessler Hofmannsthal darauf hin, daß man sich eine solche Verbindung von „absoluter körperlicher Schönheit, Jugend und Gra-zie mit der äußersten gymnastischen athletischen Kraft und einer mimischen Gabe, die einem fortwährenden Dichten, einer fortwährenden genialen *Schöpfung*" gleichkomme,[145] nicht vorstellen könne. Sehen müsse man sie, und zur Bekräftigung beruft er sich auf Aristide Maillol und Rainer Maria Rilke, die auf seine Einladung hin eine der Vorstellungen gesehen hatten und seine Meinung teilten.[146] Auch Rilke hatte sich unter dem Eindruck von Ni-jinskis Leistung zu einer Ballettidee inspirieren lassen und Kessler um Mitar-beit gebeten.[147] Diesen Hinweis plazierte Kessler bewußt in seinem zunächst herablassend-kühlen Antwortschreiben, als Hofmannsthal ihm Mitte Juli 1911 die offizielle Mitarbeit bei diesem Auftragswerk anbot. Für Hofmanns-thal konnte Kesslers Beteiligung an dem Projekt nur nützlich sein, da er – im Gegensatz zu ihm selbst – die bisherigen Produktionen der Ballets Russes kannte.[148] Zugleich bot es die Möglichkeit, Kesslers Wunsch nach eigenstän-

---

144 HGK an HvH, Paris, 25. Juni 1911. – BW HvH/HGK, S. 331.
145 Ebd. (Hervorhebung im Original.)
146 Ebd.
147 Dieses Projekt datiert vom 4. Juli 1911: „Später kamen wir auf Nijinsky zurück, von dem er mir gleich zu Anfang unseres Zusammenseins wieder mit intensiver Begeiste-rung gesprochen hatte, und erzählte das Thema eines Balletts, das er sich für ihn aus-gedacht habe: das Einhorn, das nur von einem als Mädchen verkleideten Jüngling erjagt werden könne. Er wolle ein Gedicht schreiben, das ganz zu Bewegung werden, das von Nijinsky ganz hineingesaugt werden könne, und fragte mich, ob ich es zum Ballett mit ihm zusammen umschreiben wolle. Ich sagte im Prinzip zu und schlug als Musiker Pierre de Bréville, als Kostümzeichner Benois oder Piot vor." HGK, Tgb, Paris, 4. Juli 1911. – DLA/A: Kessler. Dieser Plan wurde nicht realisiert.
148 Vgl. HvH an HGK, Rodaun, 13. Juli 1911. – BW HvH/HGK, S. 333.

diger künstlerischer Produktivität zu befriedigen und den Streit um den *Rosenkavalier* vergessen zu machen. Die Frage von Diaghilevs Einverständnis mit dieser Kooperation wurde nicht diskutiert. Hofmannsthals Anfrage: „Möchtest du das, ganz officiell, *mit mir machen?!?*"[149] leitete eine neue Phase in der Beziehung zwischen ihm und Kessler ein. Sie führte jedoch nicht zur Entspannung und Normalisierung ihres Verhältnisses. Die zurückliegenden Ereignisse und das unterschiedliche Temperament der beiden Männer boten hierfür keine günstige Ausgangsposition. Das Konfliktpotential war somit vorhanden, als Kessler am 21. Juli 1911 betont generös nach Rodaun zurückschrieb:

> Dein Plan, daß wir das Ballett für Diaghilew zusammen machen sollten, ist sehr hübsch. Ich habe zwar schon Jemandem Andren eine Zusage gegeben, mit ihm für die Russen ein Ballett zu machen, aber die Sache schwebt noch ziemlich in der Luft, und außerdem wäre das wohl kein Grund, warum ich nicht auch mit dir arbeiten könnte, wenn wir eine Idee finden.[150]

4.2.2. Sujetsuche

Es verging ein Jahr, bis sich alle Beteiligten auf ein Sujet einigen konnten. Kessler schlug zunächst *Amor und Psyche* vor, ein Thema, das seit dem ersten Erleben der Ballets Russes in seiner Vorstellung virulent war. Mit Nijinski, der ihm immer als lebendiger, antiker Eros erschienen war, und der eine „rührende Unschuld" ausstrahlenden Tamara Karsavina würden sie die Idealbesetzung haben. Für den Rahmen, in dem diese Geschichte erzählt werden könnte, verwies Kessler auf jene Variante, die Hofmannsthal ihm zwei Jahre zuvor als einen möglichen Opernstoff beschrieben hatte: die Götter im 3. bis 4. Jahrhundert n. Chr. im Exil lebend, in eine Atmosphäre dekadenten Heidentums versetzt,[151] oder aber ins Skythische transponiert (wie Borodins *Fürst Igor*).[152] Hofmannsthal, der kurz zuvor für Grete Wiesenthal eine Pantomime dieses Stoffes geschaffen hatte, lehnte ab, wenngleich der Mythos dort anders gestaltet worden war. Stattdessen zog er eine böhmische Legende[153] in Betracht wie auch *Daphnis und Chloe*, ohne zu wissen, daß Diaghi-

---

149 Ebd. (Hervorhebungen im Original.)
150 HGK an HvH, Paris, 21. Juli 1911. – BW HvH/HGK, S. 333 f.
151 Vgl. HvH an HGK, Starnberg, 12. Juni 1909. – BW HvH/HGK, S. 244. Vgl. den Entwurf *Amor und Psyche. Eine romantische Oper* (Juni 1909) in: HvH, GW, Dramen VI, S. 87.
152 Vgl. HGK an HvH, Paris, 21. Juli 1911. – BW HvH/HGK, S. 334.
153 „Auch an einen jungen böhmischen König hab ich gedacht, legendenhaft, schwankend zwischen Christenthum und Heidenthum; Waldgeister, slawisch-heidnisch und Klosteratmosphäre slawisch-byzantinisch [...]" HvH an HGK, Aussee, 23. Juli 1911. – BW HvH/HGK, S. 335.

lev bereits 1909 Maurice Ravel den Kompositionsauftrag für ein solches Ballett (nach einem Szenario von Michel Fokine) erteilt hatte.[154] Schließlich stellte Kessler seinen Gedanken, ein Buddha-Ballett nach den javanischen Flachreliefs des Tempels von Borobuddur zu entwerfen, zur Diskussion.[155]

Die Vorbilder sind evident: *Schéhérazade, Cléopâtre, Danses du Prince Igor*. Kesslers und Hofmannsthals Sujetvorschläge sind geprägt von den bisherigen Produktionen der Ballets Russes, obwohl nur Kessler sie aus eigener Wahrnehmung kannte. Das, was er und Hofmannsthal an Visionen in ihren Briefen festhielten, tendiert zum Exotischen, Farbenprächtigen, Schwelgerischen und Prunkvollen der Ausstattungen von Bakst und Benois, die eine Atmosphäre stärkster Sinnlichkeit evozierten und den glanzvollen Rahmen für wirkungsvolle Solo- und Gruppenszenen schufen. Dieser Gefahr des ,Nachschöpferischen' schien sich Hofmannsthal bewußt zu sein, als er im Skizzieren seiner böhmischen Legende plötzlich innehielt: „[...] aber produciert man eigentlich in allen diesen Träumen oder reproduciert man nur die Träume, die einem von dieser Truppe, die ich nie gesehen habe, geschenkt worden sind??"[156] Mit derselben, grundsätzlichen Sorge hatte er zehn Tage zuvor auf Diaghilevs Bitte um ein Ballett für Nijinski reagiert, als er Kessler antwortete:

> Aber – ich frage *dich*, was kann ich den Leuten *geben*, was sie nicht schon hätten? Scheherazade, Pavillon d'Armide, der Narciss, der Feuervogel, das Parfüm der Rose, alle diese Erfindungen sind so bezaubernd, so complet. so raffiniert, schöpfen alle Atmosphären, alle Costüme aus – siehst du nur den Zipfel, von etwas, das ich ihm [Diaghilev] dazugeben könnte?[157]

Letztlich konnte nur Diaghilev selbst diese Frage beantworten. Anfang August 1911 trafen er und Waslaw Nijinski wieder mit Kessler in Paris zusammen, da der Tänzer Maillol für die Apollo-Statue des geplanten Weimarer Nietzsche-Denkmals Modell stehen sollte. Kessler sah seine Idee eines Borobuddur-Balletts, das er als einen notwendigen Kontrastpunkt innerhalb des bisherigen Repertoires der Russen entwickeln wollte, verworfen, da Diaghilev ein indisches Ballett bereits in Auftrag gegeben hatte: *Le Dieu bleu*, Jean

---

154 Die Uraufführung fand am 8. Juni 1912 im Pariser Théâtre du Châtelet statt.
155 „Die Atmosphäre ganz tropisch, ganz licht, und voll von einer zauberhaften Sinnlichkeit, die Gestalten, die schon die sublimste Tanzkunst voraussetzen. Alles wie aus einer Lotusblüte herausgewachsen, bietet die wunderbarste Unterlage für ein Ballett, dessen Szenen zwischen der größten Pracht und Fülle von Aufzügen und Menschenmengen und der intimsten Liebesstimmung hin und herwechseln könnten." HGK an HvH, Berlin, 25. Juli 1911. – BW HvH/HGK, S. 336.
156 HvH an HGK, Aussee, 23. Juli 1911. – BW HvH/HGK, S. 335.
157 HvH an HGK, Rodaun, 13. Juli 1911. – BW HvH/HGK, S. 333. (Hervorhebungen im Original.)

Cocteaus erstes Ballett zu einer Komposition von Reynaldo Hahn. In der kommenden Pariser Saison sollte es (selbstverständlich mit Nijinski in der Titelpartie) am 13. Mai 1912 seine Uraufführung erleben. So enttäuscht Kessler auch war – der von Diaghilev geäußerte Gegenvorschlag mußte sein Interesse finden. Ein tragisches Sujet, im „heroischen Zeitalter Griechenlands" situiert, sollte für Nijinski die zentrale Rolle eines „jeune héros" liefern und möglicherweise der ausdrucksstarken, von Kessler sehr geschätzten Ida Rubinstein ebenfalls einen hochdramatischen Part bieten. Die Dekoration, ein Säulengang oder ein gigantischer Palast, sollte Léon Bakst schaffen.[158] Dieser Sujetwunsch dürfte Kessler überrascht haben, denn mit Nikolai Tscherepnins *Narcisse*, das seit April dieses Jahres zum Repertoire gehörte, und den beiden Produktionen, die für die kommende Pariser Saison vorbereitet wurden (*L'après-midi d'un faune* und *Daphnis et Chloé*), besaß Diaghilev bereits drei griechische Stoffe. Aus ebendiesem Grunde hatte Kessler an ein indisches Thema gedacht und es Hofmannsthal gegenüber – vierzehn Tage vor der Unterredung mit dem Impresario – begründet: „Die reine Antike lehnt Diaghilew schon ab, da er bereits mehrere antike Balletts hat, und er Kostüm Kontraste nötig hat, um nicht zu ermüden."[159]

Zu einer *gemeinsamen* Ausarbeitung einer Tanzhandlung aus dem ‚heroischen Zeitalter' Griechenlands kam es nicht. Diaghilevs Anregungen und Vorgaben schlugen sich jedoch in dem Szenario wieder, das Hugo von Hofmannsthal am 4. März 1912 im Zuge seiner ersten persönlichen Begegnung mit Diaghilev und den Ballets Russes in Wien entwarf: *Orest und die Furien*. Dieser Zusammenhang ist in der Forschung bisher nicht beachtet worden. Da Kessler, verstimmt über ausbleibende Antworten in ihrer schleppenden Korrespondenz, Hofmannsthal im August 1911 nur in äußerst knapper Form über die Gespräche mit Diaghilev in Kenntnis gesetzt hatte, ohne ins Detail zu gehen,[160] muß Diaghilev im März 1912 seine Wünsche dem Wiener gegenüber noch einmal selbst auseinandergesetzt haben. *Orest und die Furien* war eine der Früchte dieser Gespräche und dürfte den Vorstellungen seines Auftraggebers exakt entsprochen haben. Umso bedauerlicher ist es, daß Richard Strauss die Komposition dieses überzeugenden und faszinierenden Handlungsvorwurfs ablehnte, da ihm die Nähe zum *Elektra*-Stoff zu stark schien, wie wir weiter unten sehen werden.

Das selbständige Vorgehen Hofmannsthals in dieser *Orest*-Angelegenheit Anfang März 1912 sollte nicht den ersten und einzigen Schatten auf ihr Vorhaben werfen, gemeinsam für die Ballets Russes ein Werk zu schaffen. Die

---

158 Vgl. HGK, Tgb, Paris, 10. August 1911. – DLA/A: Kessler.
159 HGK an HvH, Berlin, 25. Juli 1911. – BW HvH/HGK, S. 336.
160 Siehe die Briefe HGKs an HvH vom 11. u. 31. August 1911. – BW HvH/HGK, S. 337 f. bzw. S. 339.

zweite große Krise in der Beziehung zwischen Kessler und Hofmannsthal setzte Mitte August 1911 ein und zog sich – ungeachtet einer kurzzeitigen Versöhnung – bis Juni 1912 hin. Kessler mußte einem Brief vom 14. August 1911 entnehmen, daß Hofmannsthal zu diesem Zeitpunkt bei weitem nicht dasselbe Interesse, ja brennende Verlangen hatte, für die Ballets Russes zu arbeiten, wie er selbst. Hofmannsthal erklärte sich zwar mit dem Borobuddur-Stoff einverstanden, teilte aber gleichzeitig mit, daß er angesichts zahlreicher anderer Arbeitspläne frühestens im Februar 1912 an eine solche Aufgabe denken könne.[161] Kessler war es unbegreiflich, daß es seinem Freund nach Vollendung der ersten Fassung von *Ariadne auf Naxos* und dem kurz bevorstehenden Abschluß von *Jedermann* wichtiger sein würde, eine Gesellschaftskomödie namens *Der Mann von fünfzig Jahren*[162] in Angriff zu nehmen statt ein nur kurzfristiges, kleineres Unterfangen wie ihr gemeinsames Ballett für Waslaw Nijinski. Er stand bei Serge de Diaghilev, der als Geschäftsmann mit den Ballets Russes ein Unternehmen leitete, im Wort. Der eher spielerische Umgang mit diesem Auftrag, den Hofmannsthal hier demonstrierte, war – in Kesslers Augen – der Situation nicht angemessen. Hofmannsthal schien nicht wirklich zu realisieren, welch kostbares Instrument ihm mit den Ballets Russes in die Hand gegeben wurde. Wenn Kessler mit seiner Versicherung, er habe mit Diaghilev und Nijinski sehr nahe Beziehungen geknüpft, „so daß wir auf sie fast so sicher wie du auf Reinhardt bauen können,"[163] auf die Möglichkeiten anspielen wollte, die Hofmannsthal hier auf einem anderen Gebiet der dramatischen Künste eröffnet wurden, so war dieser Hinweis offensichtlich nicht deutlich genug.

Der Kontakt zwischen den beiden potentiellen Ballettlibrettisten verstummte bis Ende November 1911 nahezu ganz. Für die Zusendung der Pantomimentexte *Amor und Psyche* und *Das fremde Mädchen* dankte Kessler Hofmannsthal in scharfzüngigem Ton, ließ jedoch die Ballets Russes-Diskussion auf sich beruhen.[164] Ende Oktober fuhr er für eine Woche nach London, um vier Vorstellungen der Herbstsaison von Diaghilevs Truppe mitzuerleben und sein ungemindertes Interesse an ihrer Kunst zu demonstrieren. Fast täglich war er mit Diaghilev und Nijinski zusammen und stellte die Verbindung mit Edward Gordon Craig her, der ihnen seine Theatertheorien auseinanderzusetzen suchte und seine Bühnenschirme vorführte. Auch hier versuchte Kessler wieder, wie oben erwähnt, seinen alten Schützling mit ande-

---

161 Vgl. HvH an HGK, Aussee, 14. August 1911. – BW HvH/HGK, S. 338.
162 Siehe Hugo von Hofmannsthal: Sämtliche Werke. Kritische Ausgabe. Bd. XXI. Dramen 19: Lustspiele aus dem Nachlaß 1. Hg. v. Mathias Mayer. Frankfurt am Main 1993, S. 43-48 u. 228-234.
163 HGK an HvH, Paris, 11. August 1911. – BW HvH/HGK, S. 338.
164 Vgl. HGK an HvH, Ranville, 21. September 1911. – BW HvH/HGK, S. 340.

ren Künstlern zusammenzubringen und ihm neue Arbeitsmöglichkeiten zu eröffnen. Als Hugo von Hofmannsthal Ende November 1911 zur *Jedermann*-Uraufführung, die Max Reinhardt im Zirkus Schumann vorbereitete, nach Berlin reiste, kam es zu einer klärenden Aussprache zwischen ihm und Kessler, die ihr grundsätzliches Verhältnis zueinander berührte. Danach war es ihnen endlich möglich, die Überlegungen zu dem Ballett wiederaufzunehmen. Hofmannsthal schlug den Mythos der Kalydonischen Eberjagd vor und äußerte (wie im Fall des Borobuddur-Stoffs) den Wunsch, dafür einen anderen Komponisten als Richard Strauss zu wählen: Strauss' Musiksprache zeuge manchmal doch von mangelnder Sensibilität einem sublimen Stoff gegenüber.[165] Der Plan dieses *Atalanta*-Balletts wurde jedoch bald wieder fallengelassen, da der Schluß Schwierigkeiten bereiten würde: Wie sollte dem Publikum nonverbal die Bedeutung des Holzscheites vermittelt werden, die für das Verständnis von Meleagros' Tod notwendig ist?[166] Weitere Überlegungen sind hierzu nicht festgehalten. Es bedurfte letztlich eines Anstoßes von außen, nämlich der persönlichen Begegnung mit Serge de Diaghilev und seiner Truppe, um die Dinge in die richtige Bahn zu lenken.

Diese Gelegenheit hätte sich bereits wenige Wochen nach Hofmannsthals Aufenthalt in Berlin ergeben können. Vom 8. Januar bis 2. Februar 1912 gastierten die Ballets Russes im Theater des Westens und zeigten mit *Carnaval*, *Le Pavillon d'Armide*, *Cléopâtre* und den *Polewetzer Tänzen* Programmpunkte, die den Berlinern von dem ersten Gastspiel vor zwei Jahren bekannt waren. Die Novitäten waren *Schéhérazade*, *Le Spectre de la rose*, *Nationale Tänze* und Teile aus *Schwanensee*. Diaghilev hatte Harry Graf Kessler über das bevorstehende Gastspiel rechtzeitig in Kenntnis gesetzt, weil er hoffte, in Berlin mit ihm zusammentreffen zu können und generell seine Unterstützung vor Ort zu erfahren.[167] Bei dieser Gelegenheit hätte es zu einer persönlichen Kontaktaufnahme zwischen den Ballets Russes und Hofmannsthal kommen können, wäre letzterer hierüber informiert gewesen. Die Unwägbarkeiten der Korrespondenz zwischen Kessler und Hofmannsthal leißen diese Möglichkeiten jedoch ungenutzt verstreichen. Kessler hatte sich in der Folge gegen Hofmannsthals Vorwurf, er habe ihn über die Anwesenheit der Russen nicht informiert, zu verteidigen. Er betonte, er habe ihm sofort telegraphiert und eine Zusammenkunft in Berlin vorgeschlagen: „Da ich aber deinerseits ohne Antwort blieb, und nicht den Anschein erwecken wollte, als ob ich dich drängte, schwieg ich, allerdings sehr betrübt über das abermalige Fehlschla-

---

165 Vgl. HGK, Tgb, Berlin, 27. November 1911. – DLA/A: Kessler.
166 Vgl. HGK, Tgb, Berlin, 7. Dezember 1911. – DLA/A: Kessler.
167 Vgl. die Abschriften von Diaghilevs Telegrammen in Kesslers Tagebuch, London, 27. u. 29. Dezember 1911. – DLA/A: Kessler.

gen meines Wunsches, daß du Nijinsky sehen solltest."[168] Ein leicht maliziöser Ton schimmert hier durch. In Wirklichkeit hätte für Kessler die geforderte Rückkehr nach Berlin eine wesentliche Störung seiner Pläne bedeutet, denn bis zum Beginn der Pariser Saison der Ballets Russes im Mai 1912 füllten drei andere Projekte sein Leben in London und Paris mit hektischer Betriebsamkeit. Die endlosen Diskussionen mit Henry van de Velde über die Entwürfe für das Weimarer Nietzsche-Denkmal setzten sich fort, Förderer dieses Projekts wurden weiterhin gesucht und umworben. Die Arbeit an Vergils *Eclogen* mit Aristide Maillols Holzschnitten, deren Druck Kessler in seiner Cranach-Presse vorbereitete, wurden vorangetrieben, Papierexperimente unternommen, Drucktypen entworfen. Edward Gordon Craig traf nach der Premiere seiner *Hamlet*-Inszenierung am Moskauer Künstlertheater Ende Januar 1912 in Paris ein, um mit Kessler die ersten detaillierten Gespräche über den geplanten *Hamlet*-Druck der Cranach-Presse zu führen. Daneben genoß es Kessler, seine Rolle als Kontaktevermittler in der europäischen Theaterszene zu spielen. Und dies in einer Art Trotzreaktion umso mehr, als ihn Mitte März 1912 in Paris ein Brief erreichte, in dem ihm Hofmannsthal von seinem glücklichen und fruchtbringenden Zusammensein mit Diaghilev und Nijinski während ihres Wiener Gastspiels berichtete:

> Rodaun 8.III[.] Mein Lieber, nur Dies, das dir Spass machen wird – und womit sich für alle Beteiligten der Gedanke an dich fast unaufhörlich und aufs freundlichste verknüpfte. Ich kam letzten Samstag früh aus Berlin an und habe seit dem Abend dieses Samstag eigentlich mit Niemand anderem existiert als mit Diaghilew und Nijinsky. Abends im Theater, frühstückend mit ihnen, sitzend und redend vom Frühstück bis wieder zum Theater – und Nachts schlecht schlafend aber vergnügt – Ballete [sic!] für sie dichtend, von denen 2, ein tragisches, antikes und [ein] macabres im Costüm des Carpaccio nun auch erzählt und fixiert, bereichert und modifiziert, in diesem Hotelzimmer und an Nijinskys Krankenbett so weit gebracht wurden, dass mir fast vorkommt, als seien sie auch schon komponiert und sceniert und als könne garnichts Schöneres mehr kommen. Das tragische Sujet ist Orest und die Furien, ein Ballett von 35 Minuten. Der Entwurf geht heute an Strauss, der es komponieren soll... Das schliesst natürlich ganz und gar nicht aus, Harry, dass wir ein drittes machen...[169]

Kesslers Tagebuch dokumentiert, wie sehr er von dieser Nachricht getroffen wurde. Er empfand Hofmannsthals Aktion als Verrat an ihm und ihren gemeinsamen Plänen.[170] Hofmannsthal hatte diesen Kontakt ihm zu verdanken

---

168 HGK an HvH, Paris, 17. Januar 1912. – BW HvH/HGK, S. 344. Die erwähnten Korrespondenzstücke sind bis jetzt nicht aufgefunden worden.
169 Zit. nach: HGK, Tgb, Paris, 16. März 1912. – DLA/A: Kessler. Im Briefwechsel nicht überliefert.
170 „Das tragische Ballett hatte ich im Sommer mit Diaghilew auf Hofmannsthals bewegliche Freundschaftsbeteuerungen und Bitten hin als *gemeinsame Arbeit von mir*

und ihn auf eine Weise ausgebootet, die Kessler nahezu die Sprache ver-
schlug: „Dieses Gemisch von schlechtem Gewissen, Cynismus und Zucker
aufmerksam betrachtet, ohne darauf gleich eine Antwort zu finden[,] übrigens ein kleines Meisterwerk!"[171] Auf Hofmannsthals Anfrage, ob auch er
Ende Mai zur Ballets Russes-Saison in Paris sein werde, antwortete Kessler
in denkbar knapper Form erst eine Woche später.[172] Diese Antwort erfolgte
nach einer Unterredung mit ihrem gemeinsamen Freund Eberhard von Bodenhausen, den er um Rat gefragt hatte. Kessler schilderte ihm den Fall und
zeigte die Parallel zum *Rosenkavalier* auf: auch hier habe Hofmannsthal ihn
ja um seinen Anteil am Werk betrogen.[173] Kessler war enttäuscht und sah
sich wieder nur auf die Rolle des ‚Steigbügelhalters‘, des Anregers und
Kontaktevermittlers, beschränkt. Schaffen wollte er, etwas ganz Besonderes
und Wunderbares für diese einzigartigen russischen Künstler, aber er konnte
es nicht allein. Hofmannsthal mußte sich in seinen Augen wie ein
‚ungläubiger Thomas‘ ausnehmen, der nun, nachdem er die Kunst der Ballets
Russes mit eigenen Augen gesehen und erlebt hatte, seine Faszination gestand. Nun erst konnte sich der Dichter nichts Schöneres vorstellen, als für
sie zu arbeiten, wie glückstrunkene Briefe an Ottonie von Degenfeld bezeugen: [...] ich werde 1 – 10 – 100 Ballette für sie machen, sie sagen ich bin der
einzige Mensch der sie versteht, sie engagieren die Gretl [Wiesenthal] für
nächstes Frühjahr, auch die Rubinstein, was werden wir dann alles machen!"[174]
   Hofmannsthals Begeisterung für die russischen Künstler und das neue
Betätigungsfeld, das sich ihm hier eröffnete, ist verständlich. Ebenso nach-
vollziehbar ist es, daß er das Wiener Gastspiel der Ballets Russes zur Fundamentierung seiner eigenen Position in diesem Wirkungskreis nutzte. Nach

---

   und ihm besprochen und für ihn und mich in Bestellung genommen." Ebd. (Hervorhebungen im Original.)

171 Ebd.

172 „Nachdem H. sich als absolut vertrauensunwürdig erwiesen hat, antwortete ich ihm
   auf seinen Brief vom 8ten heute nur: ‚Lieber Hugo, wahrscheinlich werde ich zu der
   von dir angegebenen Zeit in Paris sein.‘ Mehr wäre infra dignitatem gewesen." HGK,
   Tgb, Paris, 24. März 1912. – DLA/A: Kessler.

173 Vgl. das Gesprächsnotat in Kesslers Tagebuch, ebd. Bodenhausens Mitteilung dessen, was Hofmannsthal ihm gegenüber als Kesslers Anteil am *Rosenkavalier* bezeichnet hatte, brachte Kessler so auf, daß er *seine* Version des Falls noch einmal
   schriftlich festhielt. Siehe den Brief an EvB, Paris, 24. März 1912. – BW EvB/HGK,
   S. 92-94.

174 HvH an Ottonie Gräfin Degenfeld, Rodaun, 5. März 1912. – Hugo von Hofmannsthal: Briefwechsel mit Ottonie Gräfin Degenfeld und Julie Freifrau von Wen-
   delstadt. 2., verb. u. erw. Aufl., hg. v. Marie Therese Miller-Degenfeld unter Mitw. v.
   Eugene Weber. Frankfurt am Main 1986, S. 214. [Künftiges Sigel: BW HvH/ODS.]
   Siehe auch den Brief vom 12. März 1912, ebd., S. 215.

diesen zweitägigen Gesprächen sah er sich bereits als ‚Hausdichter‘ der Compagnie und war stolz darauf, seinen alten Rivalen d'Annunzio und andere Dramatiker ausstechen zu können.[175] Hofmannsthals Verhalten zeugt aber auch von mangelnder persönlicher Integrität, die das Vertrauensverhältnis zwischen ihm und Kessler endgültig zerstörte. Es dokumentiert ein weiteres Mal den Egoismus seines Genies. Für Kessler bestätigte Hofmannsthals eigenständiges Vorgehen nur seine bisherigen Erfahrungen, die er mit ihm in den Auseinandersetzungen um den *Rosenkavalier* und *König Ödipus* gemacht hatte: die fehlende Anerkennung und Achtung Kesslers als gleichberechtigter Partner in einem theatralischen Projekt. Aus diesem Grund entschloß er sich zunächst dazu, die Zusammenarbeit bei einem dritten Ballett, wie sie der Dichter in seinem Brief vom 8. März 1912 in Aussicht gestellt hatte, abzulehnen, sollte es zu einem entsprechenden Angebot kommen. Die für eine fruchtbringende Kooperation erforderliche Basis fehlte nunmehr: Kesslers Achtung des Menschen Hofmannsthal und sein Vertrauen zu ihm. Äußerlich mit ihm zu brechen, lehnte er allerdings ab. Ein nicht abgesandter Brief an Eberhard von Bodenhausen vom 7. April belegt, wie sehr sich Kessler bemühte, in seiner persönlichen Einschätzung der Situation Person und Dichter zu trennen. Die veränderte Wertschätzung des *Menschen* Hofmannsthal ändere nichts an seiner Bewunderung „für diesen einzigen und nicht aus meiner Welt wegzudenkenden Dichter".[176] Es handele sich bei Hofmannsthal um zwei Erscheinungen, die Kessler in einen schweren Konflikt stürzten:

> Wenn ich der einen höchstens noch mit höflicher Verachtung begegnen kann, so muss ich der andren nach wie vor dienen. [...] Meine Richtschnur wird sein, auch weiter Alles zu thun, was den Dichter Hofmannsthal fördern kann, aber allerdings mich konsequent zu versagen, wo es sich blos um Erlangung von Tantiemen oder Stellung handelt. Diese ‚gloire‘ Politik weiter mitzumachen, wo sichtbar ist, dass sie den Dichter Hofmannsthal nicht nur fördert, sondern mit der Zeit geradezu ersticken muss, würde ich für unter meiner Würde halten.[177]

Kessler war sich letztlich bewußt, daß sich eine solche Trennung im Denken und Handeln nicht realisieren ließ. Fünf Tage nach der Entscheidung, bei seinem Umgang mit Hofmannsthal künftig Mensch und Dichter zu trennen, sah er die Angelegenheit nüchterner. Da es sich um ein und dasselbe Individuum handele, müsse man zwischen totaler Zustimmung oder Ablehnung

---

175 Vgl. Hofmannsthals Brief an Eberhard von Bodenhausen, Paris, 26. Mai 1912. – BW HvH/EvB, S. 145.
176 Nicht abgesandter Brief HGKs an EvB, Paris, 7. April 1912. Kopiert in Kesslers Tagebuch desselben Datums. – DLA/A: Kessler.
177 Ebd.

wählen.[178] Kessler hatte inzwischen zu einer solchen emotionalen Distanz gegenüber der Sache und Person gefunden, daß er imstande war, eine weitere Verbindung mit Hofmannsthal zu bejahen. Dazu ermutigte ihn nicht nur seine Lebenserfahrung und Generosität, die ihn auch eineinhalb Jahre zuvor (bei dem schweren Konflikt um Craig und den *Rosenkavalier*) davon abgehalten hatte, seine tiefgreifende Beziehung zu Hofmannsthal zu beenden.[179] Ebenso half ihm sein Versuch, das Verhalten des anderen zu analysieren und zu verstehen. Kessler bewertete Hofmannsthals „bedenkliche und illoyale Handlungen" als eine Panikreaktion auf seine Furcht vor der Größe und dem Chaotischen der modernen Welt, mit der er nicht zurechtkomme:

> [...] er empfindet sich in dieser uferlosen Welt, die er überdies noch voll von schreck-haften Gespenstern sieht, wie einen dauernd Ertrinkenden, den jedes Mittel recht sein darf, um auf Augenblicke irgendwo Fuss zu fassen. Er leidet an einer Art von Schwindel, der seine Verantwortung mindert: eine ängstliche Natur, die durch ihr eigenes Talent auf eine zu hohe Warte gestellt worden ist.[180]

Bodenhausen hatte Kessler in ihrem Gespräch am 24. März 1912 die berechtigte Frage gestellt, warum er überhaupt bereit gewesen sei, auf diese Form der Mitarbeit (beim *Rosenkavalier* und beim geplanten Ballett) einzugehen? Warum habe er nicht allein Dramen oder Ballettlibretti verfaßt? Diese Frage nach zurückliegenden Gründen zielt auch ab auf die Zukunft. Das Motiv für die in den kommenden zwei Jahren doch noch erfolgte Kooperation zwischen Kessler und Hofmannsthal ist in Kesslers kritischer Selbsteinschätzung zu suchen. Er wußte um die Grenzen seiner dichterischen Begabung: sein Ungeschick, Ideen und dramatische Konflikte sprachlich auszuführen.[181] Da Hofmannsthal wiederum – in Kesslers Einschätzung – das konstruktive Talent fehlte, einen Stoff dramaturgisch wirksam zu gestalten, sah Kessler in ihrer Zusammenarbeit die Möglichkeit, sich ideal zu ergänzen.[182] Kessler besaß in der Tat eine besondere Begabung dafür, aus der sensiblen Beobachtung der Zeitgenossen und Zeitereignisse heraus Menschen zu charakterisieren und Konflikte aufzuspüren. Bei seiner Belesenheit und komplexen Denkart war er in der Lage, wertvolle Beiträge zu einem dramatischen Werk zu liefern. Er war überzeugt davon, daß er und Hofmannsthal, der den Figuren einen nur ihnen eigenen Ton verleihen konnte, Werke von dramatischer Sicherheit und Wirksamkeit schaffen könnten, wie sie dem einzelnen nicht

---

178 Vgl. HGK, Tgb, Paris, 12. April 1912. – DLA/A: Kessler.
179 Siehe seinen Brief an Hofmannsthal vom 11. November 1910. – BW HvH/HGK, S. 312 f.
180 HGK, Tgb, Paris, 12. April 1912. – DLA/A: Kessler.
181 Dies wird sich auch im Fall seines Dramenprojekts *Ivan Kalaïeff* (1932/33) zeigen. Siehe Kapitel VI.4.2.
182 Vgl. HGK an EvB, Paris, 24. März 1912. – BW EvB/HGK, S. 94.

möglich sein würden. Diese These wird anhand der *Josephslegende* zu diskutieren sein.

Kessler vermochte sich also im Frühjahr 1912 auf die neue Lage einzustellen. Da Diaghilevs Wünsche offensichtlich erfüllt waren und Hofmannsthal Strauss ein Ballettszenario aus dem ‚heroischen Zeitalter Griechenlands‘ zur Komposition bereits vorgelegt hatte, blieb Kessler hier nichts zu tun übrig. Er wandte sich seinen anderen künstlerischen Kontakten zu, traf, wie oben bereits angesprochen,[183] mit Gabriele d'Annunzio zusammen, besprach mit ihm das geplante Auftreten Ida Rubinsteins bei Max Reinhardt und jene Pantomime, die d'Annunzio für Rubinstein und Alexander Moissi schreiben wollte. Am 4. Mai 1912 besuchte er die Uraufführung von Émile Verhaerens *Hélène de Sparte*, das (nach d'Annunzios *Le Martyre de Saint Sébastien*, 1911) das zweite große Spektakel war, das Ida Rubinstein in bewußter Konkurrenz zu Diaghilevs Ballets Russes im Théâtre du Châtelet inszeniert hatte. Daneben begleitete Kessler das Pariser Gastspiel des Deutschen Theaters im Théâtre du Vaudeville, nahm teil an den Besprechungen des französischen *Oedipus*-Projekts von Reinhardt und führte den österreichischen Regisseur mit Diaghilev und Nijinski zusammen. In diese Geschäftigkeit geriet Hugo von Hofmannsthal hinein, als er zur achten Vorstellung der Ballets Russes am 25. Mai 1912 in Paris eintraf. Erst zwei Tage später kam es zu einer persönlichen Begegnung zwischen ihm und Kessler, bei der Hofmannsthal sofort die Frage der Vorgehensweise in der „Ballettsache" thematisierte. Eine Aussprache über die März-Ereignisse, die ihr Verhältnis belastet hatten, erfolgte nicht. In seinem Bemühen, Kesslers Erinnerung an seinen Brief vom 8. März auszulöschen, erklärte Hofmannsthal wiederholt, daß das gewünschte Szenario noch nicht fertig sei und daß Diaghilev nur Skizzen vorlägen.[184] Eine Woche später, nachdem sich die Aufregung um den Uraufführungsskandal des *L'après-midi d'un faune* gelegt hatte, begann man ernsthaft über dieses Projekt zu diskutieren. Bei ihrer ersten Besprechung am 3. Juni 1912 setzte Hofmannsthal Kessler seine beiden Szenarien *Orest und die Furien* und *La mort du jeune homme voluptueux* detailliert auseinander.[185] Er bat

---

183 Siehe Kapitel IV.3.

184 So hatte er auch zuvor in einem Brief an Kessler geschrieben: „Machen wir ein Ballett? Ich hoffe es; das von *zweien*, die ich schon *gemacht* hätte, war nur façon de parler." Dieser Brief ist in der Korrespondenz nicht überliefert und wird von Kessler ohne Datumsangabe in seinem Tagebuch unter Paris, 25. Mai 1912, zitiert. – DLA/A: Kessler. (Hervorhebungen im Original.)

185 Letzteres schrieb Hofmannsthal erst nach seiner Rückkehr nach Rodaun am 16. Juni 1912 nieder. Kessler vermerkte es in seinem Tagebuch (Paris, 3. Juni 1912) noch unter dem Titel *Le jeune homme et la mort*. Die Erstveröffentlichung des Szenarios erfolgte in Rudolf Hirschs Aufsatz „Hugo von Hofmannsthal und das Ballett", in: NZZ, 202. Jg., Nr. 17, Fernausgabe, 23. Januar 1981, S. 37.

ihn, den Entwurf des *Orest* bei Diaghilev einzusehen, ihn durchzuarbeiten und zu ergänzen. Der empfindliche Kessler, dem beide Szenarien „ganz komplett" erschienen, erklärte seine Vorbehalte gegen ein solches Vorgehen: Er könne seinen Namen nicht für eine Sache hergeben, bei der er nicht beteiligt sei. Dies setzte er auch dem russischen Impresario auseinander, als er ihn kurz darauf alleine aufsuchte, sich den *Orest* erbat und zwei, drei andere Themata mit ihm besprach. Diaghilev machte diesem fortgesetzten psychologischen Kleinkrieg ein Ende und sprach das erlösende Machtwort, indem er Kessler folgendes Anliegen vortrug:

> Er brauche ein Szenario für eine bestimmte Dekoration und bestimmte Kostüme von Benois[,] die schon existierten, zu denen aber das Ballett fehle. Diese Vorarbeiten seien für ein Ballett gemacht, das auf Debussys „Fêtes" aufgebaut werden sollte, eine kleine Sache, die nur fünf Minuten dauere. Nun seien aber die Kostüme so schön geworden, dass sowohl er wie Nijinski es schade fänden, sie auf eine so kurze dünne Sache zu vergeuden, in der sie garnicht zur Geltung kämen. Dekoration und Kostüme seien im Stil des Paolo Veronese, die Dekoration eine grosse Palladiosche Säulenhalle mit einer erhöhten Loggia hinten, wie auf Veroneses Hochzeit zu Cana, die Kostüme zum Teil venezianisch, zum Teil orientalisch. Ob ich ihm mit Hofmannsthal zusammen ein Scenario hierzu machen wolle, das dann womöglich Strauss komponieren würde?[186]

Kessler war von diesem Vorschlag hingerissen. Der Gedanke einer Verschmelzung von bildender Kunst und Tanz, verbunden durch eine von ihm und Hofmannsthal erdachte Handlung, erschien ihm als die denkbar schönste Herausforderung. Alles stand ihnen zur Verfügung, die Tänzer und die Ausstattung, nun durften sie mit dem Vorhandenen experimentieren – „wie wenn man einem Kinde ein Puppentheater mit bestimmten Puppen schenkt, und dazu in diesem Falle eine Wunderpuppe, Nijinski; so sagte ich denn sofort zu."[187] Hofmannsthal war dieses *Fêtes*-Projekt aus den Gesprächen, die er drei Monate zuvor mit Alexandre Benois während des Wiener Gastspiels der Ballets Russes geführt hatte, bekannt. Diaghilev hatte den Kostüm- und Bühnenbildner aus St. Petersburg kommen lassen, um ein Ballett zu dem so betitelten zweiten Satz der Debussyschen Orchestersuite *Trois Nocturnes* (1899) zu entwerfen. Die Musik, die Benois mehrmals vorgespielt wurde, erweckte in ihm jedoch nur allgemeine Visionen eines großen Festes, keine wirkliche Geschichte. Die venezianische Note fügte sich unter dem Einfluß seiner täglichen Besuche des Kunsthistorischen Museums hinzu, so daß in Benois der Wunsch erwachte, mit diesem Ballett einem seiner hochgeschätzten Maler, Paolo Veronese, eine Hommage zu erweisen: In einer an der Brenta gelegenen Palladioschen Villa wird ein Bankett gegeben; mit dem unerhört pracht-

---

186 HGK, Tgb, Paris, 3. Juni 1912. Zit. nach: HGK, Katalog, S. 272.
187 Ebd.

vollen Empfang des Dogen sollte diese Szene enden. Da die Musik schließlich doch zu kurz war,[188] Diaghilev aber die Ausstattungsentwürfe von Benois verwenden wollte, wurde nun ein anderer Komponist gesucht. Hofmannsthal kannte Benois' Ideen zu diesem Ballett,[189] so daß er wohl auch
aus diesem Grund bereit war, mit Kessler zusammen den Auftrag zu übernehmen. Im Louvre suchten sie vor Veroneses Gemälden Anregung und Inspiration. Kessler hatte an ein antikes Sujet gedacht, an einen Bacchuszug als
Masque im Sinne Ben Jonsons. Hofmannsthal griff diese Idee auf, und gemeinsam entwickelten sie ein Szenario, in dem auf dem Land ein Bauernjun-
ge (oder Page) von einer Gesellschaft reicher Venezianer als Bacchus ver-
kleidet wird. Es folgt ein Bacchanal, an dem die ebenfalls verkleideten Bäue-
rinnen und Bauern teilnehmen, eine „Geliebte mit fliegenden Haaren" löst
sich aus der Gruppe und tanzt mit Bacchus. Am Ende soll die Halle durch
Fackeln der Mänaden entzündet werden, so daß schließlich der versinkende
Feuerschein allein das Gesicht des Bacchus „wunderbar und geheimnisvoll"
beleuchtet.[190] Serge de Diaghilevs künstlerischem Anspruch des ‚Étonne-
moi!' genügte dieses Sujet naturgemäß nicht. Die Verbindung von Renais-
sancestil und Antike sei nichts Ungewöhnliches, und als Parallele für die ge-
wählte Bacchus-Thematik verwies er auf Camille Saint-Saëns' Oper *Ascanio*
(1890). Dort ist die Handlung des dritten Aktes im Buchsbaumgarten von
Fontainebleau situiert, wo zur Krönung eines Festes eine prunkvolle Bal-
lettaufführung mit mythologischen Szenen (Nymphen, Venus, Juno, Pallas,
Diana, Phoebus-Apollo, Bacchus, Bacchantinnen, Amor, Psyche und andere
mehr) aufgeführt wird. Diaghilev forderte, eine unerwartete, neue Seite eines
Zeitalters zu zeigen, um das Publikum zu überraschen. Im Fall der Renaissance wäre dies etwa das Asketische oder Mystische.[191] Mit Hofmannsthal

---

188 Laut Benois lehnte Debussy die Bitte Diaghilevs, die Komposition um die benötigten
   zwanzig oder dreißig Takte zu erweitern, ab. Richard Buckle bezweifelt die Existenz
   dieses Schriftwechsels zwischen Diaghilev und Debussy und vermutet eher ein Täu-
   schungsmanöver Diaghilevs, um Benois über die Unrealisierbarkeit seiner Pläne hin-
   wegzutrösten. Vgl. Alexandre Benois: Reminiscences of the Russian Ballet. New
   York 1977, S. 344, und Buckle, Diaghilev, S. 217.

189 „During the two weeks I spent in Vienna, I used, every day, to meet Hugo von Hofmannsthal, who was a great admirer of our ballets and dreamed of creating for us something of his own. In conversation with him I developed my ‚Veronese ideas' and
   he greatly encouraged them, hoping to see their fulfilment in Paris." Benois, Reminiscences of the Russian Ballet, S. 344.

190 Vgl. HGK, Tgb, Paris, 4. Juni 1912 (vgl. HGK, Katalog, S. 272 f.), und die Skizzen
   in Kesslers Notizbuch (4. Juni 1912 bis 4. August 1914, Bl. 1). – DLA/A: Kessler.
   Die vorgegebenen Kostüme (venezianisch/orientalisch) sollten die okzidentale Welt
   mit der orientalen kontrastieren, wie etwa durch den „Einzug der Senatoren" versus
   „Bacchuszug".

191 Vgl. HGK, Tgb, Paris, 5. Juni 1912. – DLA/A: Kessler.

verständigte er sich – in Kesslers Abwesenheit – schließlich dahingegehend, daß ein biblischer Stoff wie z.B. Absalom oder Salomon gewählt werden sollte. Bei Kessler fiel dieser entscheidende Wink auf fruchtbaren Boden. Am folgenden Tag, dem 6. Juni 1912, skizzierte er in der Früh ein Szenario, das die Geschichte von Joseph bei Potiphar thematisierte. Schauplatz und Handlung würden so den gewünschten Kostümkontrast hinreichend motivieren. Mit dieser Skizze, die die grundlegenden Handlungsabschnitte des späteren Balletts enthielt und auch die zeitlichen Proportionen andeutete,[192] suchte Kessler Hofmannsthal wenige Stunden später auf. Hofmannsthal, der am Vorabend gemeinsam mit Diaghilev ebenfalls diesen Stoff erwogen und wieder verworfen hatte, erkannte bei der vorliegenden Bearbeitung die Möglichkeit, mittels einer Umdeutung der Ereignisse rund um die Verführungsszene diesem Abschnitt der Josephschen Biographie eine wirkungsvolle, dramatische Note zu verleihen. Die Ausarbeitung des Schlusses, welcher von der biblischen Vorlage notgedrungen abweichen mußte, beruhte auf seinen Ideen, nachdem Kessler mit dem Stichwort ,Wunderrettung durch einen Erzengel' den ersten Hinweis gegeben hatte. Diaghilev ließ sich von der Tragfähigkeit des Sujets überzeugen und nahm es zur Aufführung an. Die beiden fertigen Ballettszenarien Hofmannsthals, *Orest* und *La mort du jeune homme voluptueux*, wurden für 1914 zurückgelegt – und nie realisiert.[193] Hofmannsthal verzichtete aus Rücksichtnahme auf Kessler und in dem Bestreben einer Wiedergutmachung auf die vorrangige Behandlung seiner Ballette. Damit wie auch mit der Hinzuziehung von Kessler traf er eine Entscheidung, die er später bereute, wie wir sehen werden.

4.2.3. Konzeption

Der äußere Handlungsverlauf der *Josephslegende* ist von bemerkenswerter Schlichtheit. Nachdem er am 6. Juni 1912 in der ersten Besprechung, während eines Spaziergangs im Jardin des Tuileries, von den beiden Autoren festgelegt worden war, erfuhr er im Zuge seiner Ausarbeitung keine grundlegenden Veränderungen mehr. Der alttestamentarischen Geschichte aus *Genesis*, Kapitel 39, wurden einige Motive entnommen und frei bearbeitet: so der scharfe Kontrast zwischen dem einfachen Leben der Wanderhirten und dem Königshof eines fremden, großen Reichs; das (ursprünglich ägyptische) Erzählmotiv der begehrenden, verschmähten Frau und ihrer Rache; das ,Mitsein Jahwes' mit Joseph, der in die Tradition der Väter eingebunden ist; die Schönheit des Knaben, die ebenfalls ein Zeichen des Mitseins von Jahwe ist;

---

192 Siehe die Eintragung unter „Donnerstag früh (6 h)" in: HGK, Notizbuch 4. Juni 1912 bis 4. August 1914, Bl. 1. – DLA/A: Kessler.
193 Vgl. HvH an ODS, Rodaun, 10. Juni 1912. – BW HvH/ODS, S. 228.

das Motiv der Träume und das des Gewandes. Aufgrund der Ausstattungs-
vorgaben Diaghilevs wurde die Handlung in das Venedig des 16. Jahrhunderts transponiert, so daß die Autoren sie so frei behandeln und interpretieren
konnten, wie es vergleichsweise die Maler der Renaissance bei der Verwendung biblischer Sujets getan hatten. Sowohl Hofmannsthal (in seinem Vorwort zum Ballettlibretto) als auch Kessler (in einigen Interviews) begründeten diesen Anachronismus mit der Absicht, durch die Loslösung aus dem
historischen Kontext und die Übertragung in ein „noch freieres Gebiet der
Phantasie" (Hofmannsthal)[194] die Aufmerksamkeit des Zuschauers auf das
ewig Menschliche, das in dieser Geschichte erzählt wird, zu konzentrieren.
Eine Begründung, die nicht jeden, der eine der Aufführungen der Ballets Russes erlebte, zu überzeugen vermochte.[195]

Die Szene ist im Haus des Potiphar angesiedelt, präziser: in einer mächti-
gen, prunkvoll ausgestatteten Säulenhalle im Stile des Andrea Palladio. Während eines luxuriösen Gastmahls werden von einem (als „Sheik" bezeichne-
ten) Händler allerlei Kost- und Lustbarkeiten (Teppich, Geschmeide, weiße
Windhunde, Frauen, türkische Faustkämpfer) angeboten, die bei der ver-
wöhnten Hausherrin keinerlei Interesse oder Emotion wecken können. Abschluß und Höhepunkt der Darbietungen ist die Präsentation des Knaben Joseph. Seine Ausstrahlung schlägt alle Anwesenden, namentlich Potiphars
Weib, in den Bann. Nachdem auch er gekauft und das Fest mit Anbruch der
Nacht beendet wurde, wird ihm in einer Ecke der Schatzkammer ein Lager
zugewiesen. Potiphars Weib sucht den Schlafenden auf, begehrt ihn, wird
zurückgewiesen und beschuldigt ihn vor den hinzukommenden Dienern und
dem Gatten der versuchten Vergewaltigung. Das Urteil wird umgehend ge-
fällt: Joseph wird in Ketten gelegt, seine Hinrichtung vorbereitet. Da errettet
ein plötzlich auf einem Lichtstrahl niedergleitender Erzengel Joseph vor dem
Foltertod und geleitet ihn ins Freie, während sich Potiphars Weib mit ihren
Perlenketten erdrosselt.

Diese schlichte Geschichte ist die Basis einer anspruchsvollen Konzeption, die in *Josephslegende* verwirklicht werden und – nach dem Willen der
Autoren – die Tanzkunst auf eine neue Entwicklungsstufe führen sollte. Ihrer
komplizierten, knapp zweijährigen Genese soll im folgenden nachgespürt
werden. Man wird aufschlußreiche Einblicke in die Vorstellungen der vier

194 HvH, GW, Dramen VI, S. 91.
195 So regte der englische Kritiker des *Athenæum* an, man hätte angesichts des Sym-
bolcharakters der Figuren auch ihre Namen ändern sollen. (Vgl. [Anonym.:] Opera at
Drury Lane. In: The Athenæum, Nr. 4522, 27. Juni 1916, S. 902.) Eugen Schmitz
warf Hofmannsthal Unehrlichkeit und eine gesuchte, nachträgliche Rechtfertigung
für die immense Prachtentfaltung des Bühnenbildes vor. Vgl. ders.: Die *Josephslegende* von Richard Strauss. In: Hochland, 11 (1914), S. 617-624, hier S. 621.

Parteien, die an dem Werk beteiligt waren, gewinnen. Vor allem aber führt Kesslers Engagement bei diesem Projekt sein Verhältnis zum Kunstwerk und seine eigenen Arbeitsprozesse exemplarisch vor.

Hugo von Hofmannsthal hatte Richard Strauss zu Beginn ihrer gemeinsamen Arbeit an Kessler als ihren „Kollaborator" im vollen Sinn des Wortes verwiesen und erklärt: „Diese Kunstform [Tanz] ist vielleicht die einzige, die eine wirkliche, intime Kollaboration zweier mit einiger Phantasie des Auges begabter Menschen gestattet [...]"[196] Die Anspielung auf Hofmannsthals Erfahrungen mit Kesslers künstlerischen Ambitionen und seiner Mitarbeit bei *Der Rosenkavalier* und *Cristinas Heimreise* ist unübersehbar. Nach *Josephslegende* hatte Hofmannsthal diese Überzeugung verloren. Von Anfang an achtete Harry Graf Kessler darauf, daß ihm bei der Konzeption und Ausführung dieses Werks nicht die Fäden aus der Hand genommen wurden. Dies erklärt die spezielle Prägung der *Josephslegende*, die später scharfer Kritik ausgesetzt war. Bereits im ersten Brief an die Schwester Wilma, in dem das Ballettprojekt thematisiert wird, spricht sich Kesslers *Rosenkavalier*-Trauma aus. Am 8. Juni 1912 sandte er ihr jenen Handlungsentwurf, den er am Vortag auf der Heimfahrt nach Berlin ausgearbeitet hatte, mit der Bemerkung, Hofmannsthal könne folglich später nicht mehr sagen, er habe das Ganze gemacht.[197] Ein Exemplar schickte er an demselben Tag als Arbeitsgrundlage nach Rodaun: „Ich habe, glaube ich, alles beibehalten, worauf wir uns geeinigt hatten, allerdings Vieles was wir nur im Allgemeinen besprochen hatten, im Detail ausgestaltet."[198] Seine Erklärung, dies sei die etwas ausführlichere Skizze, die er für Diaghilev angefertigt habe, „damit er und Nijinsky sich auch gleich etwas das Detail vorstellen und eventuell dazu *beisteuern* können, *ehe* der Entwurf an Strauss geht",[199] hat Signalcharakter. Sie zeigt zum einen, daß Kessler auf eine Kollektivarbeit abzielte und Diaghilev und Nijinski in die Überlegungen einbeziehen wollte. Sich seines Dilettantismus' bewußt, wollte er sich auf der choreographischen Seite absichern, wie die nachfolgenden Berichte an Hofmannsthal beweisen: Das Szenario sei von ihnen und Léon Bakst „bis in jede einzelne Gebärde hinein gebilligt und bühnenmäßig geprüft".[200] Daneben war es ihm in Hinblick auf das tanzdramatische

---

196 HvH an Richard Strauss, Aussee, 24. Juli 1912. – Richard Strauss/Hugo von Hofmannsthal: Briefwechsel. Hg. v. Willi Schuh. München/Mainz 1990, S. 194. [Künftiges Sigel: BW RS/HvH.]
197 Vgl. HGK an Wilma Marquise de Brion, Berlin, 8. Juni 1912. – DLA/A: Kessler.
198 HGK an HvH, Berlin, 8. Juni 1912. – BW HvH/HGK, S. 345.
199 Ebd. (Hervorhebungen im Original.)
200 HGK an HvH, London, 19. Juli 1912. – BW HvH/HGK, S. 353. Siehe auch den Brief vom 21. Juni 1912, S. 349.

Gesamtkunstwerk, das ihm vorschwebte, selbstverständlich, es in engster Fühlung mit den führenden Mitgliedern der Ballets Russes vorzubereiten. Zum anderen aber wird hier deutlich, daß Kessler – trotz seiner lebhaften Versicherung, alles habe nur provisorischen Charakter – Hofmannsthal kaum eine Möglichkeit ließ, mehr als Detailkorrekturen und Randbemerkungen zu machen. Die räumliche Entfernung und die Beteiligung so vieler Personen erschwerten die Kommunikation. Aus dem gesamten Arbeitsprozeß bis hin zur Uraufführung sind uns (mit einer Ausnahme) die Briefe Hofmannsthals an Kessler, in denen das Projekt diskutiert wurde, nicht überliefert. Rückschlüsse lassen sich meist nur aus den Antworten des Grafen ziehen. Es ist jedoch zu beobachten, daß sich Hofmannsthal mit seinen Wünschen nicht immer durchsetzen konnte und sich angesichts Kesslers starkem Engagement zunehmend zurückzog. So wurden seine ersten Vorschläge zur Handlungsführung nicht übernommen. Einen Tag nach der Kesslerschen Fixierung des ersten Librettoentwurfs hielt Hofmannsthal in Rodaun – unabhängig von Kessler – seine eigene Vision unter dem Titel *Josef in Aegypten* fest. Sie sah unter anderem einen Kampf von Zwergen, einen Fackeltanz schlanker Neger, eine Zeremonie von Weihrauchtänzerinnen und das Hereintragen von Joseph in einem vergoldeten, eiförmigen Gehäuse vor.[201] Kessler setzte türkische Boxer, Brauttänze verschleierter und unverschleierter Frauen sowie die Verwendung einer goldenen Hängematte, in die der Knabe eingewickelt hineingetragen wird, dagegen – und durch.

Ende Juni 1912 wurde der Komponist eingeschaltet. Nachdem Hofmannsthal zwei Tage nach Zusendung des Kesslerschen Manuskripts sein Einverständnis mit dem Ballettentwurf telegraphiert hatte, las Kessler am 20. Juni in Berlin Max Reinhardt und Willy Levin, einem bedeutenden Mäzen und Freund Richard Strauss', den Text vor. Levin war von Hofmannsthal von dem Unternehmen bereits unterrichtet worden[202] und riet Kessler, Strauss das Szenario unverzüglich zukommen zu lassen, da er augenblicklich an einer „nicht sehr eiligen" *Alpensymphonie* arbeite.[203] Strauss' Bedenken hinsichtlich einer zu großen Ähnlichkeit der Konstellationen Potiphars Weib-Joseph

---

201 In Hofmannsthals Nachlaß findet sich nur ein Blatt, das den Handlungsgang bis zur Nachtszene, in der Potiphars Frau die Nähe Josephs sucht, beschreibt. Es endet mit: „Lässt sich (oben) ein Lager bereiten. Schickt die Mägde fort. Späht umher wie eine Schlange wo der Knabe ist." Erstveröffentlichung in Rudolf Hirschs Artikel „Hugo von Hofmannsthal und das Ballett", S. 37.

202 Am 14. Juni 1912 hatte Hofmannsthal bei ihm brieflich angefragt, ob Richard Strauss dieses Ballett als Zwischenarbeit vor dem Kompositionsbeginn von *Die Frau ohne Schatten* gelegen käme. Dieser Brief wurde erstmals veröffentlicht in Stephan Kohlers Aufsatz „Musikdrama ohne Worte", in: Richard Strauss: *Josephslegende*. Programmheft der Bayerischen Staatsoper, München 1980, S. 7.

203 Vgl. HGK, Tgb, Berlin, 20. Juni 1912. – DLA/A: Kessler.

und Salome-Jochanaan, das ihn (aus Furcht vor einer kompositorischen Dou-
blette) ablehnen ließe, wurden vorausgesehen. Um diese im Keim zu erstik-
ken, ließ Hofmannsthal ihm einige programmatische Ausführungen Kesslers
zukommen, in denen dieser die Charaktere und Verhältnisse kontrastierend
beschrieb und Strauss bei der Ehre packte: „Gerade dieses schien mir auch
der vielleicht *größte Reiz*, wenn Strauss zeigte, wie er einen biblischen und
sexuellen Stoff auf eine ganz entgegengesetzte Art behandeln kann wie in
Salome; es wäre die größte Überraschung, die er seinem Publikum bieten
könnte."[204] Strauss akzeptierte Stoff und Auftrag, obwohl ihn Kesslers Ausführungen nicht völlig überzeugt hatten, und machte sich kurz darauf an die
Arbeit.[205] In der Folgezeit war Kessler sein erster Ansprechpartner, der ihn
nicht nur über die Intentionen ihres Entwurfs aufklärte, sondern sich auch um
das Geschäftliche kümmerte und zwischen ihm und Diaghilev den Mittelsmann spielte. Parallel zum anfangs zügig voranschreitenden Kompositions-
prozeß arbeitete Kessler während der Londoner Saison der Ballets Russes im
Juli 1912 mit Diaghilev und Waslaw Nijinski den Handlungsverlauf im Detail szenisch aus, wie es scheint:

> Diaghilew, Nijinsky, Bakst bei mir im Cecil. In einem grossen Eck Zimmer nach der
> Themse hin mit der Durcharbeitung des Balletts begonnen. Die ‚plantation‘, die Grup-
> pen, Bewegungen, Gebärden im Einzelnen durchgenommen. Ich zeigte, wie ich mir
> die Gebärden des Joseph, der Frau u.s.w. denke, Nijinsky machte sie mit wunderbar
> poetischer Erfindungsgabe nach. Bis spät gearbeitet; dann Alle bei mir soupiert.[206]

Nijinski sollte neben der Partie des Joseph auch die Choreographie übernehmen, so daß seine Vorschläge und Korrekturen in das Szenario miteinflossen.
Er lehnte beispielsweise eine Säbelfechtszene ab, weil er frühere Choreogra-
phien Michel Fokines nicht kopieren wollte. Sie wurde durch einen Box-
kampf ersetzt, eine Sportart, die Kessler aufgrund ihres männlich-erotischen
Charakters sehr schätzte.[207] Diese in enger Zusammenarbeit mit Nijinski aus-

---

204 HGK an HvH, Berlin, 21. Juni 1912. – BW HvH/HGK, S. 347. (Hervorhebungen im
    Original.)
205 Kessler hatte bezweifelt, daß Strauss annehmen würde: „He is not cultured enough to
    feel the difference with ‚Salome‘, and *never* will write music to a situation which he
    thinks he has already treated." Brief an Wilma Marquise de Brion, Berlin, 25. Juni
    1912. – DLA/A: Kessler. (Hervorhebungen im Original.)
206 HGK, Tgb, London, 10. Juli 1912. – DLA/A: Kessler. Am 19. Juli zeigte Kessler
    seiner Schwester Wilma den Abschluß der „mise en scène" an. Siehe den Brief aus
    London, 19. Juli 1912. – DLA/A: Kessler.
207 Kessler wollte mit der Integration sportiver Gesten, wie er es selbst sagte, einen ähn-
    lich starken Eindruck bewirken, wie es das Bogenschießen in den *Danses du Prince
    Igor* getan hatte. Solche Reminiszenzen (wie auch das Abgehen der Faustkämpfer
    und Gewappneten in Relieffries-Manier wie in *L'après-midi d'un faune*) wurden
    später in den Uraufführungskritiken ärgerlich vermerkt.

gefeilte „regiemäßige Ausarbeitung" (Kessler), namentlich des Joseph-Tanzes und des Schlusses, wurde Richard Strauss zugestellt. Kessler irrte, wenn er glaubte, es sei Strauss mit diesen Anhaltspunkten und geäußerten Wünschen soweit geholfen, daß er nur noch an ihnen entlangzukomponieren brauchte. Nach einer Besprechung am 3. August 1912, bei der Kessler zusammen mit Diaghilev und Nijinski den Komponisten in Garmisch aufgesucht hatte, sandte er ihm eine neue Abschrift des Librettos, „die alle Zusätze und auch eine Reihe von Anmerkungen enthält, in der ich meine Auffassung vom inneren dramatischen Räderwerk der Handlung festgelegt habe."[208] Dieser bekannte Brief vom 11. August suchte die Vorstellungen, die die russischen Auftraggeber mit der gewünschten Komposition verbanden, zu verdeutlichen:

> So wie so machte mir Diaghilew neulich Vorwürfe, daß ich einzelne Teile als ‚Tanzfiguren' im Manuskript bezeichnet hätte. Das sähe so aus, als ob ich sie zu *Konzessionen* ans *Ballettmäßige* drängen *wolle*. Diaghilew weist jede solche Konzessionen zurück; er hoffe nur, daß Sie sich die größte Freiheit im *rein dramaturgischen* nehmen würden, ganz besonders, da *sein Bestreben* gerade sei, seine Truppe vom Ballettmäßigen *fort* und zur *rein dramatischen Gebärde* emporzubilden. Je reiner *dramatisch* und tragisch die Musik sei, um so mehr würde sie der Richtung entsprechen, die er fortan einschlagen wolle. *Nur die inneren psychologischen Vorgänge* sollten Sie bekümmern; die Gebärden dazu wolle er mit Nijinski schon finden. [...] Ich glaube, daß die Musik, je *ferner* sie dem üblichen Ballettstil selbst höchster Gattung ist, um so *mehr* den Wünschen Diaghilews entsprechen wird. Am liebsten möchte er zum letzten Akt Götterdämmerung ‚tanzen'.[209]

Hier wird an das angeknüpft, was Hugo von Hofmannsthal im Frühjahr 1912 Strauss hatte suggerieren wollen, als er ihn für eine gemeinsame Arbeit für die Ballets Russes zu gewinnen suchte. Sein Szenario *Orest und die Furien* sollte Strauss zu einer dreißig- bis vierzigminütigen „tragischen Symphonie" anregen: zu einer „wundervollen, finsteren und grandiosen Musik", die die Synthese aus seinen symphonischen Dichtungen und tragischen Opern (*Salome*, *Elektra*) sein würde. Das Ganze „mimisch, szenisch, malerisch reich aufgebaut auf Ihrer Musik – aus ihr hervorwachsend".[210] Eine entsprechend

---

208   HGK an RS, Berlin, 11. August 1912. Zit. nach: Kohler, „Musikdrama ohne Worte", S. 14.
209   Ebd. (Hervorhebungen im Original.)
210   HvH an RS, Rodaun, 8. März 1912. – BW RS/HvH, S. 171. Strauss lehnte eine Komposition aufgrund der ihm zu stark erscheinenden Nähe zu *Elektra* zunächst ab. Ein Brief Hofmannsthals vom 24. Juli bezeugt jedoch den Fortgang ihrer Verhandlungen: Die Uraufführung sollte im Mai 1913 im Pariser Châtelet mit Nijinski (Orest), Ida Rubinstein (Klytämnestra) und Grete Wiesenthal (Elektra) stattfinden. Das Projekt wurde nicht verwirklicht. Vgl. HvH an RS, Aussee, 24. Juli 1912. – BW RS/HvH, S. 194 f.

freie Phantasie über das Thema Joseph und Potiphars Weib fiel Strauss nicht leicht. Die Arbeit wurde ihm erschwert und gehemmt durch die zahllosen, wortreichen Ausführungen, mittels derer Kessler ihm das ,innere dramatische Räderwerk' der Handlung nahebringen wollte. Nach zwei Monaten geriet die Komposition ins Stocken. Gequält teilte Strauss am 11. September 1912 Hofmannsthal mit:

> *Joseph* geht nicht so schnell, als ich dachte. Der keusche Joseph selbst liegt mir nicht recht, und was mich mopst, dazu finde ich schwer Musik. So ein Joseph, der Gott sucht, – dazu muß ich mich höllisch zwingen. Na, vielleicht liegt in irgendeiner atavistischen Blinddarmecke doch eine fromme Melodie für den braven Joseph.[211]

Sein Librettist reagierte entsetzt und versuchte, Strauss' irrige Vorstellungen von der Joseph-Figur zu korrigieren. Hier zeigt sich die Problematik des ganzen Unternehmens. Jeder der drei am Werk Beteiligten hatte eine andere Auffassung von Sinn und Zweck der Konzeption. Die Erinnerungen des Tänzers Leonide Massine an das Chaos der Endproben bezeugt das äußerst anschaulich, so daß der Vorgriff auf den Mai 1914 an dieser Stelle erlaubt sei:

> Although the ballet was already in rehearsal, it seemed to me that the people chiefly concerned with the story were not clear about what they were trying to do. Von Hofmannsthal would explain, in his soft, self-effacing way, that he envisaged Joseph as a noble, untamed young savage in search of God, and said that this, and the young man's state of exaltation, must be implicit in his dance. Count Harry Kessler would then say, in his brooding, Germanic manner, that though he agreed with von Hofmannsthal, we must also remember that we were interpreting something more than a biblical story, that the legend was symbolic of the struggle between good and evil, between innocence and experience. He stressed the dark, stifling atmosphere of Potiphar's court from which Joseph recoils, and the brilliance of the angel who is the source of light and deliverance. Often he would continue his argument until it ended up as a diatribe on the life of the spirit and its eternal conflict with the forces of evil, decadence and materialism. But both Kessler and von Hofmannsthal were insistent that they wanted our interpretation to explore all these many facets of the subject.[212]

Hinzu gesellte sich der Komponist, der Diaghilev fragte, ob diese oder jene Passage der Musik nicht zu kurz oder zu lang oder zum Tanzen zu unmelodiös sei. Es ist signifikant, daß Hofmannsthal seinen Vorstellungen vom Sommer 1912 treu blieb, während Kessler unablässig grübelte und die Sache immer komplexere Gestalt annehmen ließ. Und dies bis zum letzten Moment. Er hatte keine Distanz zu dem Projekt, das für ihn „die erste Verkörperung selbstgeborener Gedanken in Fleisch und Blut"[213] bedeutete, was ihn ver-

---

211 RS an HvH, Garmisch, 11. September 1912. – BW RS/HvH, S. 198.
212 Leonide Massine: My Life in Ballet. London 1968, S. 56.
213 HGK an HvH, Paris, 28. Juni 1912. – BW HvH/HGK, S. 351.

ständlicherweise mit Stolz erfüllte. Da er sich für alles verantwortlich fühlte, begleitete und überwachte er die Realisierung seines Traums mit größtem Engagement und Nervosität bis zur eigenen Erschöpfung. Massines zitierte Aussage über Hofmannsthals Rollenverständnis deckt sich mit dem, was der Dichter anderthalb Jahre zuvor an Richard Strauss geschrieben hatte, um ihm über die kompositorische Klippe hinwegzuhelfen. Ihm erschien gerade die Joseph-Figur als das Beste, Geglückteste des ganzen Balletts, als das einzig Besondere und Reizvolle, das einem Komponisten wie ihm unbedingt liegen müsse. Kein „frommer Seminarist", sondern das geniale Kind eines Bergvolks, „einem edlen, ungebändigten Füllen viel eher ähnlich", sei Joseph, der sich in ein üppiges Fluß- und Deltavolk verirrt habe.[214] Im Gottsuchertanz (Szene IV), der Strauss solche Schwierigkeiten bereitete, erhebe sich der Hirtenknabe in einem höchsten, flüchtigsten Zustand der Trance, die er Gott nenne:

> Auf Bergeshöhen, in klarer funkelnder Einsamkeit ist er gewohnt, sich durch ein Noch-höher! Noch-höher! in einer einsamen reinen Orgie emporzuwerfen und aus einer unerreichbaren Klarheit *ober ihm* [...] einen Fetzen des Himmels herabzureißen, in sich hineinzureißen, [...] und der so erschaute Gott ist es, den er mit emporgereckten Armen sich zu Hilfe zwingt, wie die Welt, dunkel, weich und schwül und ihm *fremd*, *fremd* bis ins Mark der Knochen, wie diese Welt die Arme nach ihm ausreckt und ihn sich einfangen will [...][215]

Kessler suchte andere Nuancen, verlieh der Figur selbst etwas Heldisch-Göttliches. Er läßt Joseph eine Entwicklung durchlaufen vom adligen, formmen Kind, Tänzer und Träumer zum Jüngling, in dem sich die Kraft zum Heldentum sammelt, um ihn als „Entdecker oder Schöpfer in eine neue, ferne, lichte Welt" zu tragen.[216] Das biblische „Und Jahwe war mit Joseph" verschmilzt hier mit Griechenideal und dem Interpretationsmuster der Präfiguration Christi[217] zu einer Gestalt von mystischer Doppelheit, in der Gegenwart (Kind) und Zukunft (Held) vereint sind:

---

214 HvH an RS, Aussee, 13. September 1912. – BW RS/HvH, S. 199.
215 Ebd. (Hervorhebungen im Original.)
216 Vgl. Harry Graf Kessler: Vorrede zu *Die Handlung der Josephslegende*. In: HvH, GW, Dramen VI, S. 93.
217 Potiphars Weib begegnet Joseph für einen Augenblick in der Haltung der Sünderin (Maria Magdalena), die um Vergebung bittet. Das ist eine Anspielung auf die Tradition der allegorischen Auslegung der Josephserzählung, in der Joseph als Präfiguration Christi interpretiert wird. Hofmannsthal und Kessler haben sie über ein Gemälde Paolo Veroneses (*Das Gastspiel im Hause des Pharisäers Simon*, 1572/73) rezipiert. Siehe den Aufsatz von Gisela B. Schmid: Psychologische Umdeutung biblischer Archetypen im Geiste des Fin de siècle. Zur Entstehung der *Josephslegende*. In: Hofmannsthal-Blätter, 35/36 (1987), S. 105-113.

> Sein Geheimnis ist das des Wachsens und des Gebärens, seine Vollkommenheit die
> der Dinge, die noch nicht gewesen sind. Er ist ein Frühlingsgott, unnahbar, ungreif-
> bar, undurchdringlich in seiner Fruchtbarkeit. Nichts erschüttert, nichts trübt seine
> Heiterkeit. Er kennt als Gott weder Mitleid noch Sehnsucht.[218]

Der zentrale Konflikt ergibt sich aus der Konfrontation dieser Lichtgestalt
mit der Vertreterin einer dekadenten Welt, für die (in ihrer Übersättigung)
nur noch das Göttliche einen Reiz hat: Potiphars Weib. In Joseph begehrt sie
mehr als den jungen Körper. Sie will sein Geheimnis ergründen, das Göttliche fassen. Es enthüllt sich ihr in dem zentralen Moment der Nacktheit, als
Joseph sich aus ihrem Zugriff befreit und den Mantel fallen läßt. In der Erkenntnis ihrer eigenen Ohnmacht will sie das ihr Unerreichbare zerstören und
geht selbst zugrunde: Die Apotheose des Joseph vollzieht sich parallel zum
Freitod der Frau. Kessler und Hofmannsthal wollten damit „das grandiose
und unheimliche Grundmotiv von Strindbergs ganzem Lebenswerk" aufgrei-
fen: den „Kampf des Geniehaften, gesteigert Intellektuellen im Mann mit
dem Bösen, Dummen in der Frau, dem Herabziehen-Wollen, Verweichli-
chen-Wollen."[219] Das waren Themen, die den homosexuellen Kessler zeitlebens geradezu obsessiv beschäftigten: das Ringen des Ideals, des Geistigen
mit dem Physischen; die als unüberwindlich begriffene Fremdheit zwischen
Mann und Frau, empfunden aus ihren ‚verschiedenen geistigen Schichtun-
gen'. Mit einem solcherart psychologisch verdichteten Handlungsgewebe
sollte die *Josephslegende* Stoffkreis und Ausdrucksmöglichkeit des Balletts
erweitern, das begrenzte Korpus an konventionellen Gesten der alten Tanz-
pantomime sprengen. Kessler wollte jenen Weg weitergehen, den die Ballets
Russes mit ihren bisherigen Produktionen gewiesen hatten: Nach *Carnaval*,
Schéhérazade, *Petruschka* und *L'après-midi d'un faune* könne man kaum an
etwas in der Komödie oder Tragödie Grundlegendes denken, das nicht durch
die alleinige Verbindung von Musik und Bewegung ausgedrückt werden
könne.[220] Die Grenze zwischen Tanz und Schauspielkunst sollte überwunden, jede Gebärde auf das Engste mit der Musik verknüpft, zuweilen leitmo-
tivisch eingesetzt werden, so daß keines von beiden ohne das andere dramatisch bestehen könne:

> Our object has been gestures that may be understood without reference to any con-
> vention: realistic and yet rhythmical passing through all stages of rhythm, from pure
> dance to the barely perceptible rhythm of impassioned acting. That kind of thing was
> available to the ancient Greek tragics, and Wagner met with it in one or two exceptio-
> nal cases, with Niemann or Sucher for instance. But as in the present case language

---

218 Kessler, Vorrede zu *Die Handlung der Josephslegende*, S. 93 f.
219 So HvH an RS, Aussee, 13. September 1912. – BW RS/HvH, S. 200.
220 Siehe Harry Graf Kesslers Ausführungen in dem Bericht „Joseph in Opera" in: The
     Times, 9. Mai 1914, S. 6.

does not intervene, we have been obliged to conceive the acting somewhat differently. We have tried to create a new art proceeding in equal parts from music and from gesture associated in rhythm.[221]

Richard Strauss fiel die Aufgabe zu, unter Verzicht auf das gesungene Wort ein Musikdrama zu schaffen, das die seelischen Vorgänge der Protagonisten zum Ausdruck bringt. Es war eine Herausforderung, die er zunächst mit Begeisterung angenommen hatte, wie Kessler nach Rodaun schrieb: „Strauss nimmt die Sache sehr ernst und will Etwas in seiner Kunst Neues und Bedeutsames machen. Schon der Fortfall aller Rücksichten auf die Stimmen erlaubt ihm Freiheiten, die bei seinen bisherigen dramatischen Arbeiten ausgeschlossen waren.[222] Ein Vorspiel im Dezember 1912 demonstrierte jedoch, daß Strauss nach wie vor Schwierigkeiten mit der Ökonomie, mit der Gewichtung der Szenen hatte, vor allem aber damit, den richtigen Ton und Stil für die Joseph-Figur zu finden. Der Ausstattungsstil à la Veronese hatte ihn zu ‚kostümierten‘, pastoralen Themen verführt, die der Gestalt vollkommen zuwiderlief. Hofmannsthal machte sich zum Dolmetscher des bestürzten Nijinski, der Strauss anflehte:

> [...] ihm für dieses Springen vor Gott, welches ein Ringen um Gott ist –, die gelösteste, die untanzmäßigste, die Nur-Straussische Musik von der Welt hinzusetzen: es ist ihm ja gerade ein Ziel der Sehnsucht, von Ihnen über alle Grenzen des Normalen hinausgeführt zu werden –, er ist ja doch wirklich ein Genie, und gerade dort, wo er „von keinem Wagen vorgegraben die Bahn zieht“, dort will er wirken, in einer Region, wie Sie in der *Elektra* sie erschlossen haben.[223]

Erst im Juni nächsten Jahres konnte Strauss den richtigen Zugang finden und bis zum Frühjahr 1914 die Partitur vollenden.

Mit Waslaw Nijinski als Darsteller und Choreograph verbanden sich Kesslers kühnste Hoffnungen. Nur mit ihm schien diese Konzeption der *Josephslegende* realisierbar. Die Uraufführung von *Le Sacre du printemps* (29. Mai 1913) und die dort demonstrierte neuartige Kunst rhythmischer Bewegung der Massen hatte ihn in seinem Vertrauen zu Nijinskis choreographischem Genie bestärkt, so daß er mit *Josephslegende* „Etwas absolut Epochemachendes“ erwartete.[224] Umso härter traf ihn der Bruch zwischen Nijinski und Diaghilev, der im Herbst 1913 aufgrund Nijinskis plötzlicher Heirat erfolgte. Zunächst wurde ihm nur die Choreographie entzogen und Michel

---

221 So Kessler kurz vor der Uraufführung, zit. in: Michel-Dimitri Calvocoressi: „Richard Strauss's *Legend of Joseph*“, in: The Musical Times, 1. Mai 1914, S. 300 f.
222 HGK an HvH, Berlin, 12. August 1912. – BW HvH/HGK, S. 356.
223 HvH an RS, Darmstadt, 13. Dezember 1912. – BW RS/HvH, S. 207 f. Siehe auch seinen Brief vom 22. Dezember 1912, S. 209 f.
224 HGK an HvH, Berlin, 4. Juni 1913. – BW HvH/HGK, S. 361.

Fokine übertragen, der nach fünfzehnmonatiger Abwesenheit zur Truppe zurückkehrte. Anfang Dezember folgte Nijinskis definitive Entlassung. Kessler, der seit Mitte Oktober gemeinsam mit Richard Strauss versucht hatte, Druck auf Diaghilev auszuüben und ihn zur Beibehaltung ihrer Wunschbesetzung zu zwingen, war nahezu verzweifelt. Seine Reaktion zeigt sehr deutlich, wie abhängig er sein Werk von diesem einen Tänzer empfand. Die vielbeschworene Einzigartigkeit dieses ‚wundervollen Kunstkörpers‘ Ballets Russes hatte im Vergleich dazu offenbar keinerlei Relevanz: „Da Nijinski bei Diaghilew ausscheidet, wird D's Aufführung eine Aufführung wie jede andre, Diaghilew *ein* Theaterdirektor unter Vielen, die das Werk erwerben möchten."[225] Man erinnere sich an den 3. Juni 1912, an die Glückseligkeit des Grafen, dem die ‚Wunderpuppe‘ Nijinski geschenkt worden war. Nun war sie ihm wieder fortgenommen worden. Entsprechend kindisch reagierte er, in ohnmächtigem Zorn, unfähig und unwillig, sich auf die neue Situation einzustellen und Vertrauen zu dem russischen Impresario zu haben. Kessler konnte sich weder von einem einmal skizzierten Handlungsentwurf trennen und ihn den Ausführenden überlassen, um das Ergebnis erst bei der Uraufführung in Augenschein zu nehmen, noch sich in diesem Fall vorstellen, daß auch ein anderer Tänzer genügend technische Perfektion, Persönlichkeit und Ausdruckskraft für die Gestaltung seines Joseph besaß. Dies war zugleich ein eklatanter Beweis von mangelndem Vertrauen in die künstlerische Tragfähigkeit des eigenen Werks.[226] Hugo von Hofmannsthal bewies mehr Weitblick und Theaterinstinkt, als er am 4. Dezember 1913 Strauss' Verleger Otto Fürstner bat, Diaghilev, der „ein doch ganz ungewöhnlicher nur mit Reinhardt zu vergleichender Theatermann und Unternehmer" sei, die Chance zu geben, einen vollwertigen Ersatz für Nijinski zu finden, ehe man mit dem Abbruch der Verhandlungen drohe. Angesichts des „Reichtums des künstlerischen, speziell mimischen Menschenmaterials in Russland" sei diese Möglichkeit doch nicht auszuschließen.[227] Hofmannsthal sollte Recht behalten. In dem siebzehnjährigen Leonide Massine war der gesuchte Protagonist bald darauf gefunden.

---

225 HGK an HvH, Paris, 10. Mai 1913. – BW HvH/HGK, S. 367 f. (Hervorhebung im Original.)

226 Aus demselben Grund hatte Kessler es durchgesetzt, daß ein Textbuch erschien, das den Handlungsverlauf und (in einer Vorrede) die Intentionen der *Josephslegende* erklärte, um das Publikum auf das Kommende vorzubereiten. Hofmannsthal hatte das mit Nachdruck abgelehnt: „[...] es gibt keinen Text eines Balletts, das Ballett, das eines Textes bedürfte, wäre verfehlt und die Publikation eines solchen Textbuches würde mir *mit Recht* sehr übelgenommen werden." HvH an RS, Berlin, 9. Dezember 1912. – BW RS/HvH, S. 205. (Hervorhebungen im Original.)

227 Zit. nach: Hirsch, Hugo von Hofmannsthal und das Ballett, S. 37.

Massine debütierte Mitte März 1914 als Mitglied der Ballets Russes bei ihrem Berliner Gastspiel im Theater am Nollendorfplatz. Kessler reiste hin, um sich den jungen Tänzer, den Diaghilev zwei Monate zuvor im Moskauer Bolschoi-Theater entdeckt hatte, anzusehen und mit Fokine die Vorproben für *Josephslegende* zu beginnen. Aufgrund seiner Befürchtung, Diaghilev würde den Erfolg des Balletts für eine neue Liebschaft aufs Spiel setzen, brachte Kessler Massine zunächst nur Mißtrauen und Skepsis entgegen: „Das neue Tänzerchen ist in Berlin, soll, wie gesagt, sehr hübsch (im Neapolitanischen oder Capri Stil), und auch gebildet und auch begabt sein; ich werde ihn mir mit dem brennenden Wunsch, ein Genie zu entdecken, ansehen.“[228] Mit einer solchen Einstellung konnte Kessler nur enttäuscht werden. Nachdem er den Jungen in zwei Statistenrollen (als Eunuch in *Schéhérazade* und als Gardist in *Cléopâtre*) gesehen hatte, prognostizierte er Hofmannsthal gegenüber einen „anständigen Achtungserfolg“, den sie mit dieser „ganz unauffälligen Erscheinung“ als Joseph erzielen würden.[229] Zehn Tage später sehen wir Kessler bekehrt. Massine hatte an der Schule des Moskauer Bolschoi-Theaters studiert und somit eine Ausbildung genossen, die traditionellerweise großen Wert auf die schauspielerische Schulung legte. Zu dem Zeitpunkt, als Diaghilev ihn in einer *Schwanensee*-Aufführung entdeckte, lag Massine ein Rollenangebot für den Shakespeareschen Romeo im benachbarten Maly-Theater vor. Das Sprechtheater stellte für ihn ein weit größere Herausforderung dar, besaß einen größeren Reiz als das Ballett, und so hatte er sich eigentlich schon zwei Jahre zuvor entschlossen, Schauspieler zu werden.[230] In diesem Moment war der Impresario der Ballets Russes an ihn herangetreten und hatte ihm die Hauptrolle in *Josephslegende* angeboten, die nach dem Willen der Autoren besonderen Wert auf Gebärdenspiel, auf die Verknüpfung von Tanz- und Schauspielkunst legen sollte. Massines Jugend und Ausstrahlung vermochte Kessler in der ersten Probenwoche davon zu überzeugen, daß sie mit ihm etwas ganz Außergewöhnliches gewonnen hatten. Und so berichtete er Hofmannsthal am 29. März 1914:

> Jeder Glanz und jede Art von Sinnlichkeit fehlen Miäsin [sic!], er ist ganz Innigkeit und Mystik. Aber im Ausdruck *dieser* Empfindungen des übersinnlichen, inneren Lebens ist er tief ergreifend. Eine solche Intensität der Hoffnung und des Glaubens, wie er in den dritten Tanz Josephs hineinlegt, ist einzig; er packt und schmeißt einen um.[231]

---

228 HGK an HvH, Paris, 15. März 1914. – BW HvH/HGK, S. 374.
229 Vgl. HGK an HvH, Berlin, 19. März 1914. – BW HvH/HGK, S. 376.
230 Vgl. Massine, My Life in Ballet, S. 38 f.
231 HGK an HvH, 29. März 1914. – BW HvH/HGK, S. 377. (Hervorhebung im Original.)

Massines Interpretation würde zu der Nijinskis komplementär sein, so daß Kessler wie auch Richard Strauss, der ebenfalls vor Ort war, ein Alternieren der beiden Tänzer wünschten. Fokines Widerstand machte den Vorschlag zunichte. Auch Ida Rubinstein, die ursprünglich für die Partie von Potiphars Weib vorgesehen gewesen war, wurde durch die Sängerin Maria Kuznecova ersetzt.[232] Für Hugo von Hofmannsthal bedeutete die Uraufführung mehr als den Abschluß einer zweijährigen, zermürbenden Werkgenese. Die Tilgung einer ‚Schuld' markierte das Ende einer engen Freundschaft. Drei Wochen vor der Premiere schrieb er Ottonie von Degenfeld:

> Über Kessler möchte ich nichts sagen: wollte man hart sein, müßte man sagen, er ist ein Narr und ein armer Narr, zuweilen ein unleidlicher Narr. Er hat sich mit alberner Wichtigmacherei so heruntergebracht, daß er jetzt in einem jammervollen Zustand zu sein scheint. Ich halte gegen ihn meine Linie und werde sie hoffentlich bis zum Ende halten können. Es war ganz und gar dumm von mir, was ich getan hab (ihn da hineinzuziehen, aus unpsychologischer Gutmütigkeit) aber jetzt ist es ein tour de force, daß ich anständig und generös durchhalten will.[233]

4.2.4. Realisierung

Die Uraufführung der *Josephslegende* geriet zu einem Ereignis, das über das rein Künstlerische hinausging. Dank einer exzellenten Pressekampagne, die Serge de Diaghilev lanciert hatte, wurde sie im vorhinein als *die* theatrale Sensation der Pariser Saison von 1914 gehandelt. Informationen und Gerüchte waren vielfältig, und Kessler war daran nicht unbeteiligt. Auf Wunsch Diaghilevs gab er im März 1914 der Pariser Zeitschrift *La Revue Musicale* ein Interview, in dem er sich über den komplexen Inhalt und das Neuartige ihres tanzdramatischen Werks äußerte.[234] Ähnliche Informationen verbreitete die Londoner Presse, indem sie Kesslers Beiträge publizierte, seine Interviews zitierte oder solche selbst mit ihm führte, unter anderem auch, um das

---

232 Romain Rolland notierte nach der Uraufführung in seinem Tagebuch, Gabriele d'Annunzio habe, sobald der Vorhang fiel, Strauss ausgepfiffen, weil seine schöne Freundin Rubinstein sich mit Strauss zerstritten und ihre Partie im letzten Augenblick zurückgegeben habe. Es sei hinzugefügt, daß d'Annunzios Zorn auch den Kostümbildner hätte treffen können, da Kuznecova zu diesem Zeitpunkt Léon Baksts Geliebte war. Vgl. Richard Strauss/Romain Rolland: Briefwechsel und Tagebuchnotizen. Hg. v. Maria Hülle-Keeding. Berlin 1994, S. 190.

233 HvH an ODS, Rodaun, 25. April 1904. – BW HvH/ODS, S. 307.

234 A propos de la *Légende de Joseph* de Richard Strauss. Une interview du Comte Kessler. In: La Revue Musicale S.I.M., 15. März 1914, S. 1-3. Vier Tage später gekürzt wiedergegeben in: Deutschland. Weimarische Landeszeitung, 19. März 1914, unter dem Titel „Graf Harry Keßler über *Josephs Legende*".

heimische Publikum auf die Londoner Premiere am 23. Juni vorzubereiten.[235] Berliner und Pariser Probeneindrücke wurden mitgeteilt, um die Neugier zu schüren, wobei die neue Komposition von Strauss und der junge, in Westeuropa unbekannte Leonide Massine im Mittelpunkt des Interesses standen.[236] Dies sollte sich als ein unkluges Vorgehen erweisen, da die Erwartungen von Presse und Publikum auf diese Weise ins Unermeßliche gesteigert wurden. Mit umso größerer Härte äußerten sich dann die Kritiker in ihren Berichten, namentlich die deutschen. Dieses mit Spannung erwartete Ereignis stand im Mittelpunkt des Abends, mit dem die Ballets Russes am 14. Mai 1914 ihre Pariser Saison eröffneten. Zunächst wurde *Les Papillons* (Musik: Robert Schumann) gegeben, jenes kleine Werk Michel Fokines, das (mit ihm und Tamara Karsavina in den Hauptrollen) seine Uraufführung vier Wochen zuvor beim Gastspiel in Monte Carlo erlebt hatte. Es folgte *La Légende de Joseph*, abschließend die bewährte *Schéhérazade*. Kessler erinnerte sich noch vierzehn Jahre später mit Stolz und Genugtuung an dieses herausragende Ereignis in seinem Leben:

> Die erste Aufführung fand in der Großen Oper in Paris kurz vor dem Kriege statt; ganz Paris war erschienen, sowohl das geistige Paris wie auch die französischen Regierungskreise und der Faubourg Saint-Germain. Es war das erstemal, daß seit dem Kriege 1870 ein deutsches Werk in der Pariser Oper seine Premiere erlebte; die letzte, glänzendste Parade des Vorkrieg-Europa in seinem glänzendsten Rahmen, während die Katastrophe schon hereinbrach.[237]

Der Journalist Carl Lahm teilte den deutschen Lesern seines Premierenberichts die glänzende Publikumsbesetzung namentlich mit[238] und schloß an-

---

235 Vgl. Alfred Kalisch: Notes of music. In: The World (London), 7. April 1914; Michel-Dimitri Calvocoressi: Richard Strauss's *Legend of Joseph*. In: The Musical Times (London), 1. Mai 1914, S. 300 f. Am 9. Mai 1914 veröffentlichte *The Times* Kesslers Originalbeitrag unter der Schlagzeile „Joseph in Opera. Venetian Setting of the Bible Story. The Divinity of Youth." Dieser Artikel wurde am 15. Mai 1914 von der Weimarischen Zeitung unter dem Titel „Der Dichter der *Josephs-Legende* über sein Werk" ungekürzt veröffentlicht.

236 Vgl. Ch. Bonnefon: La Légende de Joseph. Une répétition intime à Berlin. In: Le Figaro, 31. März 1914; [Anonym.:] Le danseur improvisé. In: Comoedia Illustré (Paris), 31. März 1914; [Anonym.:] New Strauss Ballet. First Rehearsal Impressions. In: The Times, 13. Mai 1914.

237 Harry Graf Kessler: Die Entstehung der Josephs-Legende [1928]. In: HGK, GS II, S. 279.

238 „Am 14. Mai sah der goldprunkende Palast, den sich Napoleon III. von Garnier erbauen ließ, ein fieberhaft erregtes, bis zur Galerie hinauf hochelegantes Publikum: Großfürstin Wladimir, die Fürsten Radziwill, Troubetzkoi, Gortschakow, den Botschafter Frhrn. v. Schoen, die Minister Viviani, Malvy und Jacquier, Rodin und Brieux – Adel und Hochfinanz mit viel kosmopolitischem Einschlag." Carl Lahm: Die

züglich: „Das Pariser Publikum war überzeugt, entsprechend den horrenden Eintrittspreisen etwas ganz Wunderbarem, der Auferstehung eines hehren Meisterwerks beigewohnt zu haben."[239] Dieser glänzende Rahmen, das sinnenbetäubende Ausstattungsspektakel und die nach der Aufführung erfolgte Ehrung des Komponisten (mit dem Kreuz der Légion d'honneur) gestalteten den Abend zum Triumph – auch wenn die Vorstellung nicht reibungslos abgelaufen war. Anschließend mußten, vor allem in Hinblick auf die sechs Wochen später erfolgende Londoner Premiere, Beleuchtungskorrekturen und anderes mehr durchgeführt werden. Die Kritiker zeigten sich durchweg enttäuscht, da Werk und Darstellung ihrer Erwartungshaltung nicht gerecht geworden waren. Die Beurteilung der Ausstattung erwies sich als eine Frage des individuellen Geschmacks. Untrennbar mit ihr verbunden war die Reaktion auf den von Hofmannsthal und Kessler vorgeschriebenen Anachronismus: ob man die Verlegung der Handlung auf einen venezianischen Schauplatz um 1530 befürwortete oder ablehnte, ob man es als reizvolle, wenn nicht gar glücklichste Idee des gesamten Librettos ansah oder aber als „ausgeklügelte Affektation" (Nordau). In jedem Fall zeugen die Berichte von einem überwältigenden visuellen Eindruck, dem man sich kaum entziehen konnte. Die anschaulichste Beschreibung überliefert Romain Rolland:

> Die *Josephslegende* gehört zu den prachtvollsten Aufführungen, die ich je gesehen habe. Der Bühnenbildner, José-Maria Sert, der Kostümbildner, Bakst, und der Choreograph Fokin überstrahlen hier den Musiker, obwohl sich dieser den Künstlern so geschmeidig wie ein Affe angepaßt hat. Ein Bühnenbild der Hochzeit von Kana, in der die christlich-venezianische Vision jedoch babylonische Ausmaße angenommen hat. Kostüme nach Veronese oder Carpaccio, deren Kolorit sich jedoch verzweiflungsvoll zu einem Flammenmeer gesteigert hat, während sie durch die Köpfe der halb orientalischen Moskauer Künstler geisterten. Die Atmosphäre ist ein Gemisch von italienischer Renaissance, skythischer Barbarei und persischer Fata morgana.[240]

August Spanuth stellte in seiner Kritik zu Recht die Frage, ob dieses speziell für die Ballets Russes geschaffene Werk auf andere Bühnen übertragbar sei. Würde es sich überhaupt lohnen, ohne diese verschwenderische Kunstentfaltung in Szenerie und Kostümen, ohne dieses Ensemble, vor allem aber ohne diesen „merkwürdigen russischen Jüngling" Leonide Massine?[241]

Uraufführung der *Josephs-Legende* von Richard Strauß in Paris. In: Illustrierte Zeitung (Leipzig), Bd. 142, Nr. 3699 (1914).

239 Ebd.

240 Tagebuch Rolland, Paris, 14. Mai 1914. Zit. nach: Strauss/Rolland, Briefwechsel und Tagebuchnotizen, S. 189.

241 August Spanuth: *Joseph's Legende*. In: Signale für die musikalische Welt, 20 (1914), S. 803.

Der siebzehnjährige Moskoviter hatte sich einem großen Leistungsdruck ausgesetzt gesehen. Er enttäuschte diejenigen, die aufgrund der Information, er sei der Nachfolger Nijinskis, einen vergleichbaren Virtuosen erwartet hatten. Diaghilev hatte bald nach seiner Entdeckung im Februar 1914 die Öffentlichkeit über die neue Besetzung informiert und Massines vortreffliche Qualitäten als Tänzer und Darsteller hervorgehoben. Daß er dem Elevenstatus gerade entwachsen war und bei den Ballets Russes sofort eine (ursprünglich für den ‚Gott des Tanzes' bestimmte) Hauptrolle erhielt, steigerte die Sensationshaltung. Zum damaligen Zeitpunkt entsprach Massines Technik jedoch noch nicht derjenigen, die für die ursprüngliche Konzeption des Joseph benötigt wurde. Fokine reduzierte folglich seinen Part, der als tänzerischer ja den rein pantomimischen von Potiphars Weib kontrastieren sollte. Der Effekt beruhte letztendlich auf der außergewöhnlichen Bühnenpräsenz des jungen Tänzers. Seine Erscheinung berührte die Zuschauer.[242] Mit den Worten „Innigkeit" und „Mystik" hatte Kessler die besondere Intensität seines Joseph zu charakterisieren versucht.[243] Sogar Paul Bekker gestand in seiner grundsätzlich vernichtenden Kritik seine Bewunderung für den jungen Massine, „der in der Wiedergabe der Hauptrolle mit jener knosphenhaften Anmut und Poesie erfüllten Kraft das Tänzerische entfaltete, von deren Vorhandensein die Existenz des ganzen Werkes auf der Bühne abhängt."[244] Massines Antagonistin, Maria Kuznecova, konnte hingegen weniger überzeugen. In London wurde sie durch den Publikumsliebling Tamara Karsavina ersetzt, ohne daß die Partie des Potipharschen Weibes nun getanzt wurde. Karsavinas Charme und dramatische Ausdruckskraft im Zusammenspiel mit Massine war der Durchsetzung des Werks jedoch förderlicher.[245] Fokines choreographische Phantasie, die ‚schön belebte Bilder' schuf, wurde in den Kritiken

---

242 Die Kritiker hoben sein ‚byzantinisches Äußeres' hervor, vor allem die unvergeßlichen Augen, über die die Tänzerin Lydia Sokolova schrieb: „His eyes were so enormous that they seemed to swamp his little pale face, yet when he looked at you they remained completely blank, as if there was a shutter at the back of them. (Nijinsky's eyes were fearsome and furtive: he could not look at you without blinking, and would soon look away.) Massine would stare straight at you, but his eyes never smiled. It was a strange sensation to realise that there was no way of telling what thoughts were in his head." Lydia Sokolova: Dancing for Diaghilev. London 1960, S. 60 f.

243 Siehe die Briefe an seine Schwester Wilma, Berlin, 28. März 1914 (DLA/A: Kessler) u. an HvH, Berlin, 29. März 1914. – BW HvH/HGK, S. 377 f.

244 Paul Bekker: Richard Strauß' *Josephslegende*. In: Frankfurter Zeitung, 16. Mai 1914.

245 Charles Ricketts Fazit lautete dementsprechend: „Wenn es nicht die Russen gewesen wären, die das Ding interpretiert hätten, wäre es unerträglich und überflüssig gewesen." Zit. nach: Buckle, Diaghilew, S. 282. Siehe auch Cyril Beaumonts subtile Beschreibung der Szenen zwischen Joseph und Potiphars Weib in seinem Buch: Bookseller at the Ballet. London 1975, S. 164 f.

erneut gepriesen. Das Grundproblem jedoch blieb: *Josephslegende* bedeutete einen Rückschritt in jene überlebte Tradition tanzdramatischer Darstellung, in der der Handlungsverlauf in Pantomime und ornamentale Tanzeinlagen zerfällt.[246] Kesslers und Hofmannsthals hohen Ambitionen hatten aufgrund der personellen Querelen innerhalb der Ballets Russes nicht umgesetzt werden können. Die Schuldigen waren rasch ausgemacht: Es waren die Librettisten, die einem völligen Mißverständnis von Möglichkeiten und Grenzen des Balletts und des Mimodramas erlegen seien. Hierin war sich die internationale Presse einig. So stellte die Tanzdichtung, vor allem aber Harry Graf Kesslers *Vorrede*, die bevorzugte Angriffsfläche dar, mehr noch als die Komposition, deren souveräne Instrumentationskunst und Beherrschung des Handwerks verlegen gewürdigt wurde. Vor allzu harscher Kritik scheute man aus Verehrung für den Schöpfer der *Elektra* und des *Rosenkavaliers* denn doch zurück.[247] Kesslers und Hofmannsthals Intentionen hingegen wurden verspottet als „choreographische Doktordissertation", „Terpsichore mit Gelehrtenbrille", „in Ästhetenretorte zurechtgebraute Kunstgattung", „getanzte Weltanschauung", „the Parsifalisation of the Russian Ballet".[248] Das Werk erschien sehr deutsch.

Harry Graf Kessler hatte entgegen Hofmannsthals Wunsch eine Verbreitung des Textbuches mitsamt Absichtserklärung befürwortet, um den Zuschauer bestmöglich auf das künstlerische Ereignis vorzubereiten. Das Gegenteil wurde erreicht. Diejenigen, die die *Vorrede* und das Szenario gelesen hatten, waren irritiert, die so wortreich und mitunter diffus formulierten Vorstellungen weder in der Musik noch in der szenischen Gestaltung realisiert zu sehen. Daß Strauss dieser „metaphysischen Gebrauchsanweisung" (Bekker) kaum Beachtung geschenkt hatte, würdigten viele als Beweis seines sicheren

---

246 Vgl. Monika Woitas: Leonide Massine – Choreograph zwischen Tradition und Avantgarde. Tübingen 1996, S. 21 f.

247 Nicht zu Unrecht also schrieb Kessler am 20. Mai 1914 an Richard Strauss: „Im Übrigen mögen die Herren Brecher, Becker u.s.w. gute Musikanten sein, ihr literarisches Urteil läßt mich kalt, und ebenso ihr dramatisches. Das Werk hat einen durchschlagenden Erfolg gehabt und wenn die ewig Mißvergnügten nicht meine sog. Vorrede gehabt hätten[,] hätten sie faute de mieux wahrscheinlich Ihre Musik etwas ausführlicher verrissen. Also freuen Sie sich, daß ich Ihnen einen so ausgezeichneten Blitzableiter geliefert habe." Zit. nach: Kohler, „Musikdrama ohne Worte", S. 19.

248 Vor allem englische Kritiker kokettierten mit ihrer intellektuellen Überforderung. Der bekannte Musikkritiker Ernest Newman tadelte *Josephslegende* als „combination of pseudo-philosophical profundity and touching childishness that is characteristic of many Germany artists and literary men", und urteilte: „It is all very German, very childish, and very tiresome. One can forgive ‚the German mind' for not growing up, but not for persistently ignoring the fact that other nations have not the same capacity for duping themselves with words." Ernest Newman: Strauss's *Legend of Joseph*. The First English Performance. In: The Birmingham Daily Post, 24. Juni 1914.

Bühneninstinkts. Damit wurde aber zugleich die Utopie vom Gesamtkunstwerk desavouiert, da die Übereinstimmung von poetischem Substrat und mu-
sikalischem Ausdruck preisgegeben wurde. Das Versprechen einer zukunfts-
weisenden Erweiterung der Tanzformen hin zu einer neuen dramatischen
Gattung war nicht eingelöst worden. In Anspielung auf den Werktitel sprach
man von der „Legende von der Entdeckung einer neuen Kunstgattung".[249]
Mit *Josephslegende* hatte man sich den deutschen Beitrag zu jenen Tanzdra-
men, die bei den Ballets Russes zu einer besonderen Kunstform entwickelt
worden waren, erhofft: ein Seitenstück zu Paul Dukas' *La Peri*, Ravels *Daphnis und Chloé* und den Werken Igor Stravinskys. Namentlich Kesslers
künstlerischen ‚Prätentionen' hätten Strauss jedoch jede Möglichkeit dazu
genommen, wie Heinrich Möller in aller Schärfe äußerte:

> Es ist ein preziöses, dilettantisches, Gedankenkehrricht und Reminiszenzenplunder
> aus allen Ecken und Enden zusammenklaubendes Machwerk, dessen Aufbau und
> dramatische Wirkung in schreiendem Mißverhältnis steht zu den mit puerilem Wort-
> schwall ausgebreiteten Prätentionen; dilettantisch, weil es die praktischen Wirkungs-
> möglichkeiten der Pantomime verkennt und auf Schritt und Tritt die Grenzen des
> Bühnenmöglichen und Bühnengemäßen außer acht läßt.[250]

Mit dem Ausbruch des Ersten Weltkriegs wurde die für den Herbst geplante
Gastspielreise der Ballets Russes durch Deutschland hinfällig. Nach nur
sechs Pariser und sieben Londoner Aufführungen ging *Josephslegende* in
den Wirren des Krieges unter, was Hugo von Hofmannsthal, der sich zunehmend von der Gemeinschaftsproduktion distanzierte, nur recht sein konnte.[251]
Kessler, der aufgrund seiner vielfältigen Kontakte in Paris und London ebenso bekannt und angesehen war wie in Berlin, blieben aufgrund dieser Umstände möglicherweise peinliche Augenblicke in Salons und Künstlerkreisen
erspart, nachdem *Josephslegende* nicht das eingelöst hatte, was die Ankündi-
gungen verheißen hatten.

---

249 Heinrich Möller: Richard Strauss' *Josephslegende*. In: Rheinische Musik- und Theater-Zeitung, 21 (1914), S. 374.
250 Ebd.
251 Aus Distanzierung wurde Verdrängung: Im November 1917 vermerkte Hofmannsthal
am Rand eines Briefes, das seine Werke aufzählte, zu *Josephslegende*: „Autor davon
ist Graf Kessler, nicht ich! Wie in der Vorrede dazu klar und deutlich gesagt ist!" Zit.
nach: Hirsch, Hugo von Hofmannsthal und das Ballett, S. 37.

V. Außergewöhnlicher Einsatz im Ersten Weltkrieg (1914-1918)

1. Vom Frontdienst zur Mobilisierung der deutschen Kultur (1914-1916)

Am 18. November 1917, einen Tag nach dem Tod des französischen Bildhauers Auguste Rodin, notierte Harry Graf Kessler in seinem Tagebuch:

> Rodin gestorben. Er war einer meiner verehrtesten und ältesten Freunde. Ich habe ihn noch acht Tage vor dem Kriege aus London nach Paris zurückgebracht: „À revoir [sic!], à mercredi chez la Comtesse (Greffulhe)" war sein letztes Wort in der Gare du Nord. [...] Vier Wochen später war ich in Namur.[1]

Diese Reminiszenz, die Kessler auch später noch als eine seiner liebsten kultivierte, datiert von demselben Tag, an dem der Graf in seiner Eigenschaft als Leiter der deutschen Kulturpropaganda in der Schweiz erstmals das Berliner Atelier von George Grosz besuchte und mit ihm und John Heartfield propagandistische Filmprojekte besprach. Sehr eindrücklich wird in dieser Notiz ein Aspekt von Kesslers Vita vor Augen geführt, der nach dem, was auf den vorangegangenen Seiten geschildert wurde, merkwürdig und unverständlich anmuten muß: Der rührenden Fürsorge um den ihm nahestehenden, damals dreiundsiebzigjährigen Künstler, den Kessler am 24. Juli 1914 aus London nach Paris zurückbegleitete, kontrastiert die Tatsache, daß Kessler es kurz darauf vermochte, als Freiwilliger und Offizier der deutschen Armee in einem neutralitätsverletzenden Akt in Belgien, dem Heimatland seines Freundes Henry van de Velde, einzumarschieren. Wie war das möglich? Erwiesen sich Kesslers bis zum Kriegseintritt des Deutschen Reichs gelebten sechsundvierzig Jahre als Deutscher und erklärter Europäer rückblickend als Lüge? Kessler wußte am 22. Dezember 1917 auf die Frage nach seinem Selbstverständnis eine Antwort zu geben. In seinen Augen hatte es allenfalls eine Akzentverschiebung gegeben. Der deutsche Patriot in ihm hatte nun den Vorrang vor seiner familienbedingten europäischen Existenz, so daß er es nicht als Widerspruch empfand, mit seinen anderen ‚Vaterländern' Frankreich und England im Kriegszustand zu leben. Sein europäisches Erbe galt ihm als unverlierbar, wie er in einem Vergleich mit dem Staatssekretär des Auswärtigen Amts, Richard von Kühlmann, fixierte: Er sei, ob er es wolle

---

1   HGK, Tgb, Berlin, 18. November 1917. – DLA/A: Kessler.

oder nicht, ein Europäer, während Kühlmann bloß den Willen dazu habe: „Deshalb kann ich deutscher sein, weil ich den breiten Unterbau, den in mir Blut und Erziehung legten, nicht verlieren kann; während er auf sein Europäertum bedacht sein muss."[2] Nach Peter Grupp war hier folgerichtig ein Punkt erreicht, auf den die gesamte Entwicklung des Grafen hinsteuerte. Kessler hatte bis zum Zusammenbruch des Kaiserreichs 1918 die Grundzüge der wilhelminischen Innen- und Außenpolitik nie wirklich in Frage gestellt. Seine Kritik an Wilhelm II. war eher ästhetisch und kulturpolitisch motiviert gewesen. Kosmopolitismus und Patriotismus schlossen sich in Kesslers Augen nicht aus. Sein international weitgespanntes Beziehungsnetz und die alles andere als national verengten kulturellen Interessen standen im Mißverhältnis zu seinen außenpolitischen Anschauungen, so daß er zum einen im Dezember 1908 mit Stolz eine von englischen, französischen und deutschen Künstlern verfaßte Dankadresse entgegennehmen, zum anderen ein selbstbewußtes Auftreten Deutschlands und einen seiner Macht gemäßen ‚Platz an der Sonne‘ einfordern konnte. Angesichts seines Stolzes auf die militärische Stärke des Reichs galt Kessler auch der Krieg, den er seit langem heraufziehen sah, als legitimes Mittel der Politik.[3]

Wie für seine Zeitgenossen bedeutete der Erste Weltkrieg den zentralen und tiefgreifenden Einschnitt in Harry Graf Kesslers Leben. Im Rahmen dieser vier Jahre, von 1914 bis 1918, vollzog sich in ihm eine erstaunliche Entwicklung, die gegen Kriegsende mit der radikalen Wendung „vom wilhelminischen Annexionisten zum Weimarer Pazifisten"[4] schloß und ihn eine politische Haltung gewinnen ließ, die er bis zum Tod konsequent wahren sollte. Nicht Verdun und die Somme, nicht die zermürbenden Stellungskriege und sinnlosen Materialschlachten an der Westfront, die 1916 eine neue Dimension in die Kriegstechnik eingeführt hatten, bewirkten diese Umorientierung. Es war vielmehr die schockartige Erkenntnis der bevorstehenden militärischen Niederlage gewesen. Bis zu jenem Abend des 4. Oktober 1918, an dem Kessler vom Waffenstillstandsgesuch des Deutschen Reichs erfuhr, hatte er an der Illusion eines ‚Siegfriedens‘ festgehalten. Zur Erlangung dieses Ziels hatte er sich dem Reich zur Verfügung gestellt: zunächst für zwei Jahre im militärischen Einsatz als Offizier, 1916 für zwei weitere Jahre als Propagandist. Im Oktober 1918 zerstoben seine kühnsten Träume, und die Wucht dieser Erschütterung ließ in ihm kurzzeitig Suizidgedanken aufkommen.[5] Bezeichnenderweise eröffnete ihm an demselben Abend jedoch die Völker-

---

2   HGK, Tgb, Berlin, 22. Dezember 1917. – DLA/A: Kessler. Zit. nach: Grupp, Harry Graf Kessler, Biographie, S. 163 f.

3   Vgl. Grupp, Harry Graf Kessler, Biographie, S. 159-162.

4   Grupp, Harry Graf Kessler, das Auswärtige Amt, S. 288.

5   Vgl. HGK, Tgb, Bern, 4. Oktober 1918. – DLA/A: Kessler.

bund-Idee die Perspektive für ein sinnvolles Weiterleben. Diese Kriegskata-
strophe und ihr Ausgang könnten die Voraussetzung für einen Bund aus frei-
en, gleichberechtigten und friedlichen Völkern darstellen.[6] An der Verwirklichung dieses Ideals mitzuarbeiten war Kessler bereit, so daß er die neue
Staatsordnung nicht als Vernunftrepublikaner akzeptieren, sondern sich ihr
als ehrlich Überzeugter zuwenden sollte.[7]

Der Weg dorthin ist rasch skizziert. Die Etappen des aktiven Kriegsdien-
stes verzeichnen Kesslers Einsatz sowohl an der Ost- als auch Westfront. Als
Rittmeister und Kommandeur der II. Artillerie-Munitionskolonie des Garde-
Reservekorps befand er sich Anfang August 1914 zunächst in Belgien, vier
Wochen später wurde die Kompagnie nach Ostpreußen und Polen verlegt.
Seit Anfang Dezember 1914 diente Kessler als Ordonnanzoffizier beim
Oberkommando des XXIV. Reservekorps, seit September 1915 an der Kar-
patenfront. Als sich Generalstabschef Erich von Falkenhayn Anfang 1916
entschloß, die deutschen Kräfte im höchstmöglichen Maß an der Westfront
zu konzentrieren und die Gegner in einem Abnutzungskrieg entscheidend zu
schwächen, wurde im Frühjahr dieses Jahres auch Kesslers Einheit nach
Frankreich beordert. Kessler, der bisher sogar den Kriegsalltag als Schauspiel
wahrgenommen hatte, erlitt hier einen nervösen Zusammenbruch. Er hatte in
den zurückliegenden eineinhalb Jahren nur die Technik des Bewegungskrie-
ges kennengelernt, den er – wie gewohnt – als Ästhet beobachtete und beur-
teilte. In Briefen und Tagebuchnotizen ließ er sich zu begeisterten Äußerungen über die Schönheit und formende Kraft des Kampfes hinreißen, betonte
die positiven Auswirkungen dieser existentiellen Erfahrung auf den Kame-
radschaftsgeist der Truppen und ihre Opferbereitschaft für die ‚große Sache'.[8] Die Nachrichten vom katastrophalen Verlauf der deutschen Offensive
gegen die Festung Verdun, die er selbst nicht mitmachen mußte, bewirkte
Ende April 1916 erstmals ein Überdenken seiner Position und ließ ihn vom
„Wahnsinn dieses Massenmordes" sprechen.[9] Dennoch änderte die sich hier
abzeichnende Entwicklung einer anonymen, entmenschten Kriegsführung,
„in der Produktionsziffern wichtiger wurden als die kämpferischen Tugenden
des Soldaten", und die durch den Einsatz von Giftgasen den Krieg in einen
„technisierten Massenmord" wandelte,[10] nichts an Kesslers grundsätzlicher

---

6   Vgl. ebd.
7   Siehe Grupp, Harry Graf Kessler, das Auswärtige Amt, S. 288 ff.
8   Für einen ersten Einblick in Kesslers schwärmerische Vorstellungen vom „Feldzug",
    wie er diesen Krieg lange Zeit apostrophierte, siehe Grupps hinreichend ausführliche
    Zitatsammlung in seiner Kessler-Biographie, S. 164 f.
9   HGK, Tgb, 21. April 1916. – DLA/A: Kessler. Zit. nach: Grupp, Harry Graf Kessler,
    Biographie, S. 166.
10 Karl Dietrich Erdmann: Der Erste Weltkrieg. München [9]1995, S. 191.

Einstellung. Weder offizielle Verlustmeldungen noch Briefe und persönliche Gespräche mit befreundeten Frontsoldaten wie etwa Wieland Herzfelde wandelten ihn in einen Verfechter des Pazifismus. Dieses Bekenntnis ist selbst angesichts der seit vier Monaten andauernden Somme-Schlacht im Tagebuch zu finden. Am 27. Oktober 1916, drei Tage nach Beginn der zweiten Verdun-Offensive, notierte Kessler sichtlich verblüfft eine Äußerung seines Vorgesetzten Gottlieb von Jagow. Der Staatssekretär des Auswärtigen Amts habe auf Kesslers Bemerkung, er sei kein Pazifist, entgegnet, nach diesem Krieg müsse doch jeder Pazifist werden.[11]

Kessler zweifelte weder an der Berechtigung dieses Krieges noch an dessen zu erwartenden erfolgreichen Ausgang für das Deutsche Reich. Wie der Großteil des Volkes brachte auch er der dritten Obersten Heeresleitung, die sich am 29. August 1916 aus den Siegern von Tannenberg (August 1914) formiert hatte, uneingeschränktes Vertrauen entgegen: Generalstabschef Paul von Hindenburg und seinem Stellvertreter, Generalquartiermeister Erich Ludendorff, dessen Charisma Kessler beeindruckte.[12] Prognosen wie denen des Osteuropaexperten Otto Hoetzsch, es sei ausgeschlossen, daß die Deutschen den Krieg gewännen, begegnete Kessler mit Skepsis.[13] Für die neue Aufgabe, die sich im Herbst 1916 für den nicht mehr ganz felddiensttauglichen Grafen abzeichnete, war Kessler folglich der richtige Mann. Dank der Intervention seiner Freunde, insbesondere der Eberhard von Bodenhausens, wurde er im September 1916 zum Auswärtigen Amt kommandiert und damit seine Rückkehr ins Zivilleben ermöglicht. Mit dem Auftrag, die deutsche Kulturpropaganda in der neutralen Schweiz zu organisieren sowie Kontakte zu den Kriegsgegnern anzubahnen, um Friedensmöglichkeiten zu sondieren, wurde er der deutschen Gesandtschaft in Bern attachiert. Am 19. November 1916 traf er dort, nach diversen Vorbereitungen, seinen Dienst an.

---

11 Vgl. HGK, Tgb, Berlin, 27. Oktober 1916. – DLA/A: Kessler.
12 Siehe die Schilderung ihrer ersten Propaganda-Besprechung in Kesslers Tagebuch, 7. November 1916. – DLA/A: Kessler.
13 Siehe das Tagebuchnotat vom 18. September 1916, einen Vortragsabend in der „Deutschen Gesellschaft 1914" in Berlin betreffend. – DLA/A: Kessler.

2.   Harry Graf Kessler und die deutsche Kulturpropaganda in der Schweiz (1916-1918)

2.1. Theater, Musik und Kunst

Zehn Jahre nach seiner Weimarer Demission übernahm Harry Graf Kessler erstmals wieder ein offizielles Amt, in der Überzeugung, seinen Handlungen und Entscheidungen würde nun eine größere Bedeutung beigemessen. Inmitten des Ersten Weltkriegs wurde seiner besonderen Begabung, Kultur und insbesondere Kunst zu ,organisieren', ein weitaus größeres Betätigungsfeld eingeräumt, als es sich einst in Weimar geboten hatte. Als Kessler am 25. September 1916 durch Allerhöchste Kabinettsorder zur deutschen Gesandtschaft in Bern kommandiert wurde, um in der Schweiz die noch nicht existente deutsche Kulturpropaganda aufzubauen, begab er sich in eine exponierte Stellung, die von kriegswichtiger, wenn nicht gar kriegsentscheidender Bedeutung sein würde. So verstand es Kessler, und in Generalquartiermeister Ludendorff besaß er den mächtigsten Förderer seiner Arbeit, wie wir sehen werden. Es ist bezeichnend, daß sich Kessler auch in diesem Fall seine Aufgabe selbst geschaffen hat. Den etwas zwielichtigen Auftrag, sich inoffiziell in der Westschweiz aufzuhalten und Kontakte zu knüpfen, hatte er in seinem ersten Gespräch mit dem deutschen Gesandten in Bern, Konrad Gisbert Freiherr von Romberg, am 10. September 1916 noch als ,Spionagedienst' abgelehnt.[14] Dennoch sollte auch die Sondierung der Lage und Anbahnung von Feindkontakten zu jenen Aufgaben gehören, die Kessler in den nächsten zwei Jahren in der Schweiz zu bewältigen hatte.[15] Dieser Aspekt seiner Schweizer Mission hat ihn, wie Peter Grupp in Kenntnis der Tagebücher betont, sogar noch mehr interessiert als die kulturpropagandistischen Herausforderungen. Kesslers diesbezügliche Aktionen, die auf seinem weitgespannten internationalen Beziehungsnetz basieren konnten, zählten zu den auf unterer Ebene ablaufenden Sondierungsbemühungen. Parallel zu den offiziellen Friedensinitiativen und Geheimgesprächen hochrangiger Politiker wurden im Winter 1916/17 inoffizielle Kontaktaufnahmen und Gespräche nachrangiger Personen forciert, bis die Erklärung des uneingeschränkten U-Boot-Kriegs durch das Deutsche Reich (31. Januar 1918), die russische Februarrevolution in St. Petersburg und der Kriegseintritt der USA (6. April 1918) solcherlei Annäherungen hinfällig machten. Auch Kesslers Aktivitäten hatten zu keinem nennenswerten Erfolg geführt. Mit Enthusiasmus hatte er sich dieser Aufgabe

---

14   Vgl. HGK, Tgb, 10. September 1916. – DLA/A: Kessler. Zit. in: Grupp, Harry Graf
      Kessler, Biographie, S. 168.
15   Vgl. Grupp, Harry Graf Kessler, Biographie, S. 174-178.

gewidmet und unter Fortführung seines gewohnten Gesellschaftslebens in Bern Verbindungen mit dem französischen Attaché und Dichter Louis Caillon und dem Mitarbeiter des französischen Nachrichtenbüros Émile Haguenin, mit Gesandten neutraler und gegnerischer Staaten sowie den Pazifisten René Schickele, Annette Kolb und anderen gepflegt. Mit ihnen wurde die Möglichkeit eines Friedensschlusses mit Frankreich oder das künftige Schicksal Elsaß-Lothringens diskutiert. Kesslers Berichte wurden im Auswärtigen Amt in Berlin zur Kenntnis und durchaus ernst genommen, wie die Namen der Abzeichnenden belegen. Dennoch übersah Kessler, nach dem Urteil des Historikers Grupp, daß er nur einer unter vielen Sondierern in der hierfür besonders gern in Anspruch genommenen, zentral gelegenen Schweiz war, und daß er seine Rolle überschätzte.[16] Auch im Sommer 1918 war das der Fall, als er an Verhandlungen über die Ergänzungsverträge zum Brest-Litowsker Friedensvertrag teilnahm, die schließlich am 27. August 1918 unterzeichnet wurden. Der an den Verhandlungen beteiligte Reichstagsabgeordnete und Fraktionsvorsitzende der Nationalliberalen Partei Gustav Stresemann, der Kessler schätzte und seine politischen Ambitionen nachdrücklich förderte, hatte ihn als Verbindungsmann zum Auswärtigen Amt und der Reichskanzlei hinzugezogen. Kessler ergriff die Chance, über seine bisherige Zwischenträgerfunktion hinauszuwachsen und seinen diplomatischen Ehrgeiz zu befriedigen. Auch hier, als es galt, mit der Klärung politischer, militärischer, juristischer und wirtschaftlicher Fragen das Verhältnis des Deutschen Reichs und der neuen sowjetrussischen Regierung zu definieren, maß Kessler seiner Funktion zu große Bedeutung bei.[17] Erfüllung fanden seine Ambitionen schließlich im November 1918, als er als deutscher Gesandter nach Warschau kommandiert wurde, nachdem er bereits im Juli von Stresemann an die Botschaft in Moskau empfohlen worden war.

Die zentrale und offizielle Aufgabe in Bern galt jedoch dem Einsatz von Kulturpropaganda als kriegspsychologischer Waffe. Die militärische Lage, wie sie sich 1916 abzeichnete, machte ihn notwendig. Nachdem der rasche militärische Sieg ausgeblieben war, erkannte man auch in Deutschland, daß nicht nur in der Heimat und an der Front eine Verstärkung der Propagandaanstrengungen not tat, um den Durchhaltewillen des Volkes zu fördern. Auch in Hinblick auf spätere Friedensvermittlungen und -verhandlungen suchte man die Haltung der neutralen Staaten durch Presse- und Kulturpropaganda zu beeinflussen. Das Auswärtige Amt reagierte im Mai 1915 mit der Schaffung der Nachrichtenabteilung des Auswärtigen Amts (AN), der Anfang

---

16   Vgl. ebd., S. 174-176.
17   Zu Kesslers Beteiligung an den deutsch-russischen Verhandlungen siehe Grupp, Harry Graf Kessler, Biographie, S. 176-178, sowie Grupps Aufsatz „Kessler als Diplomat" in: Vierteljahrshefte für Zeitgeschichte, 40. Jg., 1 (1992), S. 65-67.

1917 die (seit 1914 bestehende) Zentralstelle für Auslandsdienst (ZfA) als Sonderreferat angegliedert wurde. Sie war offiziell für die Kulturpropaganda im neutralen Ausland zuständig. Ihr erwuchs ein wichtiger Konkurrent in der Militärischen Stelle des Auswärtigen Amts (MAA), die auf Drängen der Obersten Heeresleitung (OHL) Mitte Juli 1916 eingerichtet worden war. Mit ihr hatte sich die OHL ein außenpolitisches Standbein auf dem Propagandasektor geschaffen, da die MAA in Abstimmung mit dem Auswärtigen Amt für die militärische, militärpolitische und kriegswirtschaftliche Auslandspropaganda zuständig war.[18] In dieses komplizierte Geflecht von Organisationen und die damit verbundenen Macht- und Kompetenzstreitigkeiten geriet im Herbst 1916 Harry Graf Kessler, um mittels hervorragender kultureller Leistungen ein positives Bild von Deutschland in der Schweiz zu präsentieren.

Nachdem Kessler Anfang September 1916, wie erwähnt, Rombergs Vorschlag einer Geheimdiensttätigkeit abgelehnt hatte, arbeitete er einen Gegenvorschlag aus. Mit diesem bewies er hinlänglich, daß es ihm wirklich um den sinnvollen Einsatz all dessen, was seine Person an Wissen und sozialen Kontakten auszeichnete, ging, und nicht um die Sicherung eines Drückebergerpostens, auf den sich andere Intellektuelle und Künstler zurückgezogen hatten. Vier Tage nach dem Gespräch mit Romberg setzte er ein Memorandum über die potentielle Kulturpropaganda in der Schweiz auf: Theater, Musik, Kunst (bezeichnenderweise auch das deutsche Kunstgewerbe), Varieté „und hübsche Mädchen" sollten hergebracht werden. Als erste Richtmarke vermerkt Kessler in einer Tagebuchnotiz, daß die Franzosen der Comédie Française in diesem Jahr angeblich 12 Millionen Francs für Propagandazwecke überlassen hätten.[19] Unverkennbar hat zur Wahrnehmung und Formulierung der Aufgabenstellung ein Gespräch mit dem Reinhardt-Schauspieler Alexander Moissi beigetragen. Moissi hatte Kessler am 11. September 1916 erzählt, daß die Schweiz mit Fortdauer des Krieges sicher eingreifen werde, da sie von der Entente mit Kulturpropaganda jeder Art (Theater, Wanderredner, Kokotten) überschwemmt werde. Das unterirdische Wirken sei spürbar.[20] Die Notwendigkeit, dem etwas entgegenzusetzen, lag auf der Hand. Kesslers Überlegungen trafen sich mit denen des Gesandten Romberg, der zur gleichen Zeit beim Auswärtigen Amt auf verstärkte Propagandaanstrengungen in der Schweiz gedrängt hatte. Romberg hatte jedoch auf die Presse abgezielt und den kulturellen Bereich bisher nicht ins Auge gefaßt.

---

18 Zu diesen Organisationsstrukturen siehe Peter Grupp: Voraussetzungen und Praxis deutscher amtlicher Kulturpropaganda in den neutralen Staaten während des Ersten Weltkrieges. In: Der Erste Weltkrieg. Wirkung, Wahrnehmung, Analyse. Hg. v. Wolfgang Michalka. München/Zürich 1994, S. 805-808.

19 Vgl. HGK, Tgb, Bern, 14. September 1916. – DLA/A: Kessler.

20 Vgl. HGK, Tgb, Bern, 11. September 1916. – DLA/A: Kessler.

Kesslers Entwurf einer „Mobilmachung unserer Kultur" fand daher sein größtes Interesse, und bereits zwei Tage nach Abfassung des Memorandums reisten die beiden Vertreter der deutschen Sache nach Berlin, um bei den Entscheidungsträgern des Auswärtigen Amts dieses Vorhaben durchzusetzen.[21] Amüsiert billigte Staatssekretär Gottlieb von Jagow Kesslers Pläne „zur Entsittlichung der Schweiz", für die er gerne einen Fonds von 500.000 Mark zur Verfügung stellen wolle.[22]

Kessler verlor keine Zeit, um noch für den Herbst und Winter 1916 ein anspruchsvolles und attraktives Programm zusammenzustellen. Es war naheliegend, wie in der Vergangenheit individualistisch vorzugehen und die zahlreichen Künstlerkontakte zu aktivieren. Daß er primär mit Filmpropaganda betraut wurde, die Ludendorff besonders am Herzen lag, notierte Kessler am 2. Oktober 1916 zwar mit Stolz,[23] stellte diesen Aspekt jedoch nicht in den Mittelpunkt seines persönlichen Interesses. Sieben Monate später mußte er als der Vertreter des Bild- und Filmamtes (Bufa) in der Schweiz eine Abmahnung aus jener Denkschrift herauslesen, in der das Bufa eine Reorganisation der Filmpropaganda forderte. Kessler habe sich „seiner Eigenart entsprechend" ganz „auf eine anerkennenswerterweise erfolgreiche Kunstpropaganda durch Konzerte, Theateraufführungen u. dergl." konzentriert, die cineastische Propaganda sei infolgedessen zu kurz gekommen.[24] Die Rüge zeigte Wirkung. Von nun an gingen ausführliche Wochenberichte über die deutschen und ententistischen Filmaktivitäten nach Berlin ab. Dennoch blieb die Kritik an einem Zuviel an ‚Kunstpropaganda' bestehen.

Bereits einen Tag nach dem klärenden Gespräch mit Jagow setzte sich Harry Graf Kessler mit Max Reinhardt zusammen, um das Programm eines Gastspiels in der Schweiz zu besprechen, welches noch vor Weihnachten stattfinden sollte. Am 19. September 1916 wurden Gerhart Hauptmanns *Rose Bern*, Schillers *Räuber*, Strindbergs *Totentanz*, Shakespeares *Kaufmann von Venedig* und Kleists *Prinz von Homburg*, auf den Kessler besonderen Wert legte, in Aussicht genommen. Für Aufführungen „ausserhalb des Theaters" zudem *Ödipus*, *Jedermann* und Schillers *Wilhelm Tell*, der von Ferdinand Hodler ausgestattet und mit neuer Bühnenmusik von Richard Strauss als Sensationsstück in Zürich herausgebracht werden sollte. Reinhardt wollte außerdem eine „Bibelvorlesung" (Saul – David) mit Alexander Moissi und Ludwig Wüllner veranstalten. Fünf Tage später fixierten Kessler und Rein-

---

21   Vgl. HGK, Tgb, Bern – Berlin, 16. September 1916. – DLA/A: Kessler.
22   Vgl. HGK, Tgb, Berlin, 18. September 1916. – DLA/A: Kessler.
23   Vgl. HGK, Tgb, Berlin, 2. Oktober 1916. – DLA/A: Kessler. Nähere Ausführungen hierzu folgen weiter unten.
24   Denkschrift vom 14. Mai 1917. Zit. nach: Grupp, Kulturpropaganda, S. 823, Anm. 42.

hardt für ein Gastspiel im November als Programm *Wilhelm Tell, König Ödipus, Jedermann* und die Bibellesung. Die erste Gastspieltournee des Deutschen Theaters fand jedoch erst vom 4. bis 16. Januar 1917 statt und brachte neben *Totentanz Die Orestie, Ein Sommernachtstraum, Kabale und Liebe* und *Was ihr wollt*.[25]

Nach den Gesprächen mit Reinhardt folgten Beratungen, um Gastspiele des Gewandthausorchesters Leipzig (unter Arthur Nikisch),[26] der Hofoper des Großherzogs Ernst Ludwig von Hessen (unter Felix Weingartner)[27] und dem Berliner Klingler-Quartett[28] einzukaufen. Auch eine Ausstellung des Deutschen Werkbunds in Bern für 1917 wurde festgemacht.[29] Sogar Henry van de Velde wurde für die deutsche Sache vereinnahmt und gefragt, ob er bereit sei, Vorträge über unpolitische Sachverhalte, etwa „L'Idéal européen" in der Kultur, zu halten. Der Künstler sagte mit Freude zu, in der Überzeugung, als neutraler Belgier in der Schweiz viel nützen zu können.[30] Einzig beim Generalintendanten der Königlichen Schauspielhäuser in Berlin, Wiesbaden und Kassel, Georg Graf von Hülsen-Haeseler, stieß Kessler am 13. November 1916 auf Widerstand. Hülsen zeigte keinerlei Kooperationswillen: Er kenne, trotz des Krieges, nur sein Theater, notierte Kessler enttäuscht.[31] Rasch und entscheidungsfreudig hatte Kessler auf diese Weise innerhalb von fünf Wochen ein Programm zusammengestellt, für das er, Kino-Operationen und Varieté-Ankäufe miteinbezogen, am 25. Oktober 1916 bei seinem unmittelbaren Vorgesetzten Romberg einen Kostenvoranschlag vorlegte. Er berechnete für die geplante Kulturpropaganda in der Schweiz bis zum 1. Juli 1917 eine Summe von 1¼ Millionen Francs [sic!], von denen 500.000 bereits bewilligt waren.[32] Die noch ausstehenden 750.000 Mark [sic!] sagte ihm zwei Wochen später Erich Ludendorff persönlich zu: Das Geld müsse beschafft werden, er wünsche den Plan vollständig umgesetzt zu sehen.[33]

Wie verstand Kessler seinen Auftrag? Was wollte er bewirken, und wie setzte er diese Intentionen um? Er faßte seine Arbeit gewiß nicht als ein ‚Betteln um Sympathie' in aller Welt auf, wie Richard Strauss Ende Januar

---

25 Vgl. HGK, Tgb, Berlin, 19. und 24. September 1916. – DLA/A: Kessler. Siehe auch die Zeittafel der Reinhardt-Gastspiele in: Max Reinhardt in Europa. Redig. v. Edda Leisler u. Gisela Prossnitz. Salzburg 1973, S. 328 f.

26 Vgl. HGK, Tgb, Leipzig – Berlin, 27. September 1916. – DLA/A: Kessler.

27 Vgl. HGK, Tgb, Frankfurt am Main (Wolfsgarten), 29. September 1916. – DLA/A: Kessler.

28 Vgl. HGK, Tgb, Berlin, 2. Oktober 1916. – DLA/A: Kessler.

29 Vgl. ebd.

30 Vgl. HGK, Tgb, Weimar, 1. Oktober 1916. – DLA/A: Kessler.

31 Vgl. HGK, Tgb, Berlin, 13. November 1916. – DLA/A: Kessler.

32 Vgl. HGK, Tgb, Bern, 25. Oktober 1916. – DLA/A: Kessler.

33 Vgl. HGK, Tgb, Pless, 7. November 1916. – DLA/A: Kessler.

1917 die augenblickliche Befindlichkeit der Deutschen bezeichnete und an-
prangerte.[34] „Wer siegt, ist sympathisch" – dieses Strauss'sche Diktum entsprach der Auffassung so mancher Militärs, die die subversive Kraft einer
guten Kulturpropaganda für irrelevant hielten und vielmehr der Überzeugung
anhingen, die beste Propaganda seien immer noch die Heeresberichte: also
Siegesmeldungen. Auch jenes Motiv, das der Leiter der MAA, Hans von
Haeften, und Großherzog Ernst Ludwig für ihr Engagement angeführt hatten,
umfaßte in Kesslers Augen nur einen Aspekt der Aufgabe: die stolze Demonstration dessen, was Deutschland in diesen schwierigen Zeiten noch zu leisten imstande war.[35] Das allein genügte ihm nicht. Kessler wollte mittels
Qualität Überzeugungsarbeit leisten und nicht Widerstand rücksichtslos nie-
derschlagen, wie es etwa Ludendorff bezüglich der Filmpropaganda gefordert hatte, um „unter allen Umständen" bis in die entlegensten Winkel durch-
zudringen.[36] Eine aufschlußreiche Tagebuchnotiz vom 2. Februar 1917 deutet an, in welche Richtung Kessler zielte. Als er erfuhr, daß er auf französischer Seite demnächst einen Kollegen bekäme, reagierte er in für ihn charakteristischer Weise. Die von den Franzosen geplante große Impressionisten-
Ausstellung schien Kessler kein Anlaß zur Beunruhigung zu sein, obwohl
damit seiner eigenen Ausstellung ernstzunehmende Konkurrenz erwachsen
würde. Kessler befürwortete vielmehr diese Art von Kräftemessen. die Franzosen sollten ebenso wie sie, die Deutschen, ihr Bestes zeigen, die Russen ihr
Ballett etc.: so bekäme die ganze Propaganda ein anderes Gesicht. Dies würde den Beginn eines neuen, friedlichen Wettbewerbs jenes neuen Europas
signalisieren, das sie Deutsche nach Kriegsende anstrebten.[37] Offenbarte
Kessler hier einen erstaunlichen, spielerischen Ansatz, der dem Ernst der Lage nicht angemessen war? Kessler reizte der Kampf mit gleichwertigen Gegnern und die Herausforderung, neue Strategien zu entwickeln, um die Konkurrenz zu übertrumpfen. Diese Faszination zeichnete sich verstärkt im Januar 1918 ab, als die USA in den Propagandakrieg eingriffen. Mit ihren größeren Geldmitteln waren sie in der Lage, die Entente durch Aufkauf von Pa-
pierfabriken und Druckereien oder den Bau von Großkinos eine mächtigere
Position zu verschaffen. Kessler begegnete dem nach eigenem Bekunden mit
dem Einsatz der „Gerissenheit unserer Juden" und der „nackteren", sprich

---

34 Vgl. HGK, Tgb, Bern, 31. Januar 1917. – DLA/A: Kessler. Und doch hatte es Strauss
    dieser ‚verachtenswerten' Haltung und Kesslers Einladung zu verdanken, daß er just
    zu diesem Zeitpunkt in Zürich und Bern mit großem Erfolg *Elektra*, *Ariadne auf Na-
    xos* und einige sinfonische Dichtungen dirigieren konnte.
35 Vgl. die Gespräche, die Kessler am 29. September bzw. 2. Oktober 1916 mit diesen
    beiden führte. HGK, Tgb, DLA/A: Kessler.
36 Vgl. HGK, Tgb, Berlin, 2. Oktober 1916. – DLA/A: Kessler.
37 Vgl. HGK, Tgb, Bern, 2. Februar 1917. – DLA/A: Kessler.

ehrlicheren Arbeit.[38] Aufmerksam beobachtete er die Entwicklung der Verhältnisse unter dem Einfluß von Macht und Geld. „Gewaltige fortlaufende Fälschungen streiten miteinander um die Seelen" – so kennzeichnete er nach sechzehnmonatiger Arbeit das Wesen der Propaganda.[39] Dennoch sollte man Kessler nicht unterschätzen. Er war sich der Bedeutung seiner Aufgabe bewußt. Frankreich hatte auch in Friedenszeiten der Kulturarbeit im Ausland eine wesentlich größere Bedeutung beigemessen als das Wilhelminische Kaiserreich, das sich mehr auf seine militärische Potenz zu berufen pflegte.[40] Mit einem entsprechend großen Vorsprung war Frankreich in den Propagandakrieg eingetreten, ehe noch die Deutschen die hierfür notwendigen Strukturen aufgebaut hatten. Kessler war bereits im Frühjahr 1915 zu der Überzeugung gelangt, daß Frankreichs geistige Waffen für Deutschland gefährlicher seien als seine politisch-militärischen. Die logische Konsequenz war für ihn die Notwendigkeit, „unsere Kultur über die ihrige [zu] erheben".[41] Auf dieselbe Problematik bezog sich ein halbes Jahr später sein Gedanke einer „inneren Friedensfrage", die sich neben der äußeren ergäbe: Die Frage, „durch welche inneren Werte und Schöpfungen Deutschland nachträglich seinen Sieg und seine Stellung rechtfertigen" werde – so, wie es einst Racine und Voltaire in Bezug auf Richelieu und Ludwig XIV. getan hätten.[42] Konsequenterweise berieten bereits im Herbst 1917 Kessler, Eberhard von Bodenhausen und Wilhelm von Radowitz, seit November 1917 Chef der deutschen Reichskanzlei, über die künftige Organisation der Propaganda in Friedenszeiten.[43]

Kesslers Selbstverständnis als Organisator und Leiter der deutschen Kulturpropaganda in der Schweiz läßt erkennen, welch heikle Gratwanderung er fortwährend zu bewältigen hatte. Anders als bei seinem Kollegen Walther Bintz, der für die deutsche Kulturpropaganda in Schweden zuständig war und als genuiner Geschäftsmann keinerlei Gewissenskonflikte mit dem eigenen Kunstverständnis auszutragen hatte, erschwerte gerade Kesslers Prädestination die Erfüllung seiner Aufgabe.[44] Der Graf identifizierte sich mit seinem politischen Auftrag, trat aber auch (wie in der Vergangenheit) für Qualität und Autonomie der Kunst ein. Hieraus ergaben sich Konfliktsituationen,

---

38   HGK, Tgb, Bern – Basel, 12. Januar 1918. – DLA/A: Kessler.
39   Ebd.
40   Vgl. Grupp, Kulturpropaganda, S. 802.
41   HGK, Tgb, 2. April 1915. – DLA/A: Kessler. Zit. nach: Grupp, Harry Graf Kessler, Biographie, S. 169.
42   Vgl. HGK, Tgb, Kowel, 1. Oktober 1915. – DLA/A: Kessler. Zit. nach: Grupp, Harry Graf Kessler, Biographie, S. 169.
43   Vgl. HGK, Tgb, Berlin, 1. Oktober u. 7. November 1917. – DLA/A: Kessler.
44   Zum Vergleich der beiden Propagandastellen siehe Grupp, Kulturpropaganda, S. 812 ff.

in denen Kesslers Bemühungen zuweilen kontraproduktiv wirkten, weil er letztlich doch die Interessen der Kunst über die der Propaganda stellte. So wurde beispielsweise im Sommer 1917 im Zürcher Kunsthaus eine Retrospektive deutscher Kunst der letzten fünfzig Jahre gezeigt, die auch expressionistische Werke umfaßte. Diese Präsentation deutscher Avantgarde überforderte das schweizer Kunstverständnis. Die am 7. Oktober 1917 sich anschließende Konkurrenzveranstaltung der Franzosen, eine Ausstellung französischer Kunst des 19. und 20. Jahrhunderts, erzielte mit Ingrès, Delacroix, Rodin, Maillol und den bewährten Impressionisten verständlicherweise einen weitaus größeren Publikumserfolg.[45] Andere Schwierigkeiten ergaben sich bei dem zweiten schweizer Gastspiel des Deutschen Theaters im Juni 1917. In Max Reinhardts Inszenierung von Georg Büchners *Dantons Tod* wurde auf der Bühne die Marseillaise gesungen, was wiederum von den deutschen Militärs als Provokation aufgefaßt werden mußte.[46] Dennoch löste, nach der schweizer Tagespresse zu schließen, dieses Revolutionslied keinerlei ententistische Beifallsbekundungen aus. Die Begeisterung des Publikums galt vielmehr der Reinhardtschen (Massen-)Regiekunst und den beiden Protagonisten Alexander Moissi (Danton) und Bruno Decarli (Robespierre).[47]

Das Ergebnis der zweijährigen Propagandatätigkeit Kesslers wird als eher mager eingestuft.[48] Die Ausgangslage war in technisch-organisatorischer Hinsicht denkbar ungünstig, mehr noch in moralischer, da die Verletzung der belgischen Neutralität (August 1914) und die Versenkung des britischen Passagierschiffs Lusitania durch ein deutsches U-Boot (Mai 1915) eine Aufbesserung des deutschen Images erschwerten. Die verstärkten Propagandaanstrengungen führten zu einem scharf kritisierten Überangebot deutscher Kulturleistungen auf einem nur begrenzt aufnahmefähigen Gebiet. Auf die Proteste schweizer Künstler, die durch das massive Auftreten deutscher Kollegen die eigenen Auftrittsmöglichkeiten beeinträchtigt sahen,[49] suchte man mit Einladungen nach Deutschland, etwa zu einem Schweizer Musikfest in

---

45 Vgl. HGK, Katalog, S. 295 f.

46 Es bestand nachfolgend die Gefahr, „daß das Militärkabinett die Angelegenheit Allerhöchsten Ortes zur Sprache bringen werde." Vgl. die Briefe von Radowitz an Romberg und Kessler an Romberg, 16. bzw. 20. Oktober 1917. Zit. nach: Grupp, Kulturpropaganda, S. 817.

47 Siehe die von Edmund Stadler zitierten Aufführungskritiken von Basel (3. Juni 1917), Bern (8. Juni 1917) und Zürich (12. Juni 1917) in seinem Beitrag „Reinhardt und die Schweiz" in: Leisler/Prossnitz (Hg.), Max Reinhardt in Europa, S. 225-229.

48 Vgl. Grupp, Kulturpropaganda, S. 819.

49 So berichtete der Konsul in Basel Wunderlich dem deutschen Gesandten Romberg am 8. November 1917. Vgl. ebd., S. 816.

Leipzig, zu reagieren.[50] Die Erkenntnis eines deutschen Gesandten, mit drei
bis vier über die gesamte Saison verteilten Veranstaltungen von dem Besten,
was sich in Deutschland finden lasse, werde ihren Interessen mehr gedient als
mit zu großer Häufung,[51] fiel nicht auf fruchtbaren Boden. Die der Berner
Gesandtschaft eingegliederte kleine Abteilung K (K für Kessler) für Propaganda auf den Gebieten Kunst, Theater, Konzert, Kino und Varieté bot mehr
als vier Veranstaltungen pro Saison. Neben den Kunstausstellungen[52] gab es
Konzerte unter der Leitung von Richard Strauss, Arthur Nikisch und Oscar
Fried. Viktor Barnowskys Lessingtheater gastierte ebenso wie Max Reinhardts Deutsches Theater, das im Januar und Juni 1917 zwei Gastspieltour-
neen absolvierte. Kesslers Tagebuch verzeichnet meist große Erfolge; vor
allem Oscar Fried feierte Anfang Januar 1918 mit Gustav Mahlers Zweiter
Symphonie Triumphe.[53]

2.2. Film

Kesslers Gratwanderung zwischen politischem Opportunismus und künstlerischem Ethos zeigt sich besonders auf dem Gebiet der Filmpropaganda.
Kessler war bereits zu Beginn seiner Tätigkeit instruiert worden, daß sie innerhalb der deutschen Kulturpropaganda einen Arbeitsbereich darstelle, auf
den Erich Ludendorff sehr großen Wert lege. Mitte November 1917 gelang
dem Grafen ein besonderer Coup, als er zwei ausgewiesene Kriegsgegner für
die Schaffung von Propagandafilmen heranziehen konnte: John Heartfield
und George Grosz. Mit vier Projekten, die eine Einberufung der beiden
Künstler verhinderten und zur Sicherung ihres Lebensunterhalts beitrugen,
nahm Kessler die Gelegenheit wahr, seine persönlichen, hohen Ansprüche an
das neue Medium Film zu erfüllen. Bisher hatte er es kaum als wirkliche
Kunstform betrachtet, da ihm die Geschichten und ihre visuelle Realisierung

---

50 Siehe Kesslers Brief an Gustav Stresemann vom 17. August 1918, in dem er hin-
    sichtlich der politischen Bedeutung dieses Ereignisses um Vorbereitung der Partei-
    presse bat. Zit. in: Grupp, Kulturpropaganda, S. 818.
51 So der Gesandte in Stockholm, Lucius von Stoedten, in einem Bericht vom 17. Mai
    1917. Vgl. ebd., S. 816.
52 1917 eine Deutsche Kunstausstellung in Zürich, eine Neudeutsche Kunstausstellung
    in Basel und die oben erwähnte Werkbundausstellung in Bern, für die Peter Behrens
    eine Freilichtbühne schuf; 1918 die Expressionismus-Ausstellung, eine Ausstellung
    schweizer Gemälde in Berlin und eine Austauschausstellung in Mannheim. Vgl.
    Grupp, Kulturpropaganda, S. 812.
53 Vgl. HGK, Tgb, Bern, 5., Basel, 7., Bern, 8. u. Bern-Zürich, 10. Januar 1918. – DLA/
    A: Kessler.

oft als zu stupide erschienen.[54] Bis zur Begegnung mit Grosz und Heartfield
hatte er Filmpropaganda nur auf dienstliche Anweisung betrieben.[55] Mit seiner Einschätzung stand Kessler nicht allein. Die Filmpropaganda war meist
nur als spezielle Form der Presse- und Bildpropaganda betrachtet worden. Ihr
wahres Potential hatten hingegen die Militärs erkannt. Vor allem Erich Ludendorff, der führende Kopf der OHL, die sich Ende August 1916 zum dritten und letzten Mal formiert hatte, war an diesem Propagandainstrument interessiert. Er betrachtete den Film als „Volkserziehungsmittel", das auf die
breite Masse eindringlicher und konzentrierter wirke als das geschriebene
Wort.[56] Mit Nachdruck war Kessler folglich am 2. Oktober 1916, vierzehn
Tage nach seiner inoffiziellen Bestellung zum Kulturpropagandaleiter in der
Schweiz, von Oberst von Haeften auf dieses Aufgabenfeld hingewiesen worden. Haeften, Leiter der MAA und Ludendorffs Vertrauensmann, erklärte,
daß sich Ludendorff über die Filmpropaganda mehrmals in der Woche persönlich Bericht erstatten lasse. Mit „rücksichtsloser Energie" müsse jeder
Widerstand niedergeschlagen werden, um das Ziel zu erreichen, mit den Filmen bis ins letzte Dorfkino Hollands, Dänemarks und der Schweiz durchzu-
dringen. Wenn es Kessler gelänge, die Filmpropaganda in der Schweiz in
Gang zu bringen und durchzusetzen, würde er sich ein großes Verdienst um
das Reich erwerben.[57]

Kesslers Bestellung erfolgte zu einer Zeit, in der höheren Orts die Notwendigkeit einer Reorganisation der Filmpropaganda erkannt worden war.[58]
Angesichts der Erfolge der Entente galt es, den Wechsel von einer rein de-
fensiven Propaganda (d.h. Auflärungsarbeit durch Dementierung feindlicher
Behauptungen) zu einer aggressiven, wie Ludendorff sie forderte, zu vollziehen. Dem Film wurde dabei ein besonderer Stellenwert eingeräumt. Die Initiative ging von nichtstaatlicher Seite aus, als einige Industrielle im Frühjahr
1916 eine Diskussion in Gang setzten, die am 18. November 1916 in der
Gründung der Deutschen Lichtspielgesellschaft (DLG) mündete. Der vom
späteren Ufa-Generaldirektor Ludwig Klitzsch formulierte Gedanke, andere
als militärische Waffen seien zu schaffen, um Deutschlands „Benutzung des

---

54 Ein typischer Kommentar lautet etwa: „[...] blöder Film ‚Die Hochzeit des Maharad-
    scha'. Ausverkauft." HGK, Tgb, Berlin, 8. November 1917. – DLA/A: Kessler.
55 Wie diese aussah, läßt sich aufgrund der Quellenlage und der vorliegenden For-
    schungsliteratur nur grundsätzlich erläutern. Hans Barkhausen führt im Anhang sei-
    ner Untersuchung *Filmpropaganda für Deutschland im Ersten und Zweiten Welt-
    krieg* (Hildesheim/Zürich/New York 1982) ein umfangreiches Verzeichnis der produ-
    zierten Propagandafilme auf. Welche davon schließlich in die von Kessler verantwor-
    teten Kinoprogramme aufgenommen wurden, wäre im Detail noch zu erforschen.
56 Vgl. Erich Ludendorff: Meine Kriegserinnerungen 1914-1918. Berlin 1919, S. 302.
57 Vgl. HGK, Tgb, Berlin, 2. Oktober 1916. – DLA/A: Kessler.
58 Siehe hierzu die quellenreiche Untersuchung von Hans Barkhausen. (Vgl. Anm. 55.)

Platzes an der Sonne und Besitzergreifung von Neuland" zu rechtfertigen,[59] forderte die Regierung und insbesondere die OHL heraus. Das preußische Kriegsministerium regte Ende August 1916 eine Instrumentalisierung des Films an, um die Unbesiegbarkeit Deutschlands vor Augen zu führen und neue Handlungsbeziehungen zu knüpfen.[60] Daraufhin wurden die der MAA anhängigen militärischen Film- und Fotostellen, die für die Herstellung und Verwertung des Filmmaterials zuständig waren, am 30. Januar 1917 zu einem einheitlichen Amt zusammengefaßt: dem Bild- und Filmamt (Bufa). Doch selbst diese von Oberstleutnant Fritz Karl von Stumm geleitete Institution, die zu einem riesigen Amt mit eigener Filmfabrik, graphischer Anstalt, Druckerei, sieben Filmtrupps und einzelnen Abteilungen für den Front-, Inlands- und Auslandsdienst aufgebaut wurde, vermochte nicht mehr viel auszurichten.[61] Sie produzierte Hunderte von Propagandafilmen und Frontfotos und sorgte für ihre Verteilung zu Werbezwecken in der Heimat und im neutralen Ausland. Ihre Anstrengungen sollten durch die am 18. Dezember 1917 gegründete Universum-Film-AG (Ufa) unterstützt werden. Auch hier war es Erich Ludendorff gewesen, der zu höchster Effektivität gedrängt hatte. Er betrachtete den Zusammenschluß der deutschen Filmindustrie zu einem einheitlichen Ganzen als „dringende Kriegsnotwendigkeit": Am 4. Juli 1917 hatte er das preußische Kriegsministerium ermahnt, die notwendigen Schritte zur Verstärkung der deutschen Werbe- und Aufklärungsarbeit im In- und Ausland zu unternehmen, was gerade in Hinblick auf den künftigen Friedensschluß unabdingbar erschien.[62] Ludendorff forderte eine Konzentration

---

59 Rede vom 6. April 1916 vor dem ‚Ausschuß zum Studium der Frage einer deutschen Film- und Lichtbilder-Vortrags-Propaganda im Ausland". Zit. nach: Rainer Rother: Vom *Kriegssofa* zum *Flug an die Front*. Anmerkungen zum deutschen Film im Ersten Weltkrieg. In: Die letzten Tage der Menschheit. Bilder des Ersten Weltkrieges. Ausstellungskatalog, hg. v. Rainer Rother. Berlin 1994, S. 200 f.

60 Vgl. Rother, Vom *Kriegssofa* zum *Flug an die Front*, S. 201.

61 Ein zeitgenössisches Organisationsschema des Bufa, das auch den Namen „Keszler" [sic!] für den „Auslandsdienst/Schweiz" verzeichnet, ist zu finden in: Barkhausen, Filmpropaganda für Deutschland, S. 45. Die Tätigkeit des Bild- und Filmamts erstreckte sich laut Jerzy Toeplitz auf die „Versorgung des Inlands und der Front mit Filmen, die Etablierung von Feldkinos, der Einsatz von Kriegsberichterstattern, die Heranziehung von Filmgesellschaften zu Produktionen im regierungsamtlichen Auftrag, die geheime Überwachung der inländischen Filmunternehmen, die Verteilung des Rohfilmmaterials der Agfa, die Vertreibung von deutschen und neutralen Bildstreifen im Ausland, die Zensur aller einzu- und auszuführenden Filme und die Anleitung aller Zensurstellen über die militärischen Oberzensurbehörden." Jerzy Toeplitz: Geschichte des Films. Bd. 1: 1895-1928. Berlin 1992, S. 139.

62 „Der Krieg hat die überragende Macht des Bildes und Films als Aufklärungs- und Beeinflussungsmittel gezeigt. Leider haben unsere Feinde den Vorsprung, den sie auf diesem Gebiet hatten, so gründlich ausgenutzt, daß schwerer Schaden für uns ent-

der deutschen Filmindustrie, um nicht „eine wirkungsvolle Kriegswaffe durch Zersplitterung wirkungslos zu machen", wie es augenblicklich durch die verschiedenen Konkurrenzunternehmen geschah, die die Arbeit des Bufas gefährdeten.[63] Die von der Ufa in den letzten Kriegsmonaten produzierten Filme sollten jedoch nicht den Wünschen der OHL entsprechen, wie Rainer Rother anmerkt. Seine Aufgabe erfüllte noch eher das Bufa, das etwa mit *Rentner Kulikkes Flug zur Front* (am 12. Oktober 1918 von der Zensur freigegeben) die gewohnte Verächtlichmachung der Feinde bot und Optimismus und Durchhaltewillen an der Heimatfront propagierte.[64]

Als Vertreter des Bufa in der Schweiz war auch Harry Graf Kessler zur direkten Einbeziehung des Films in den Dienst der psychologischen Kriegsführung verpflichtet. Neben der Versorgung der schweizer Kinos mit den vom Bufa bezogenen Produktionen konnte er selbst im November 1917 einige Propagandafilme in Auftrag geben. Den Künstlern Helmut Herzfeld und Georg Groß, die ein Jahr zuvor durch die Anglisierung ihrer Namen (zu John Heartfield und George Grosz) ihrer antipatriotischen Haltung dezidierten Ausdruck verliehen hatten, wurde hier ein besonderes Experimentierfeld eröffnet. Kessler traf seine ungewöhnliche Wahl nicht zufällig. Wie er bereits im Fall von Heartfields Bruder Wieland Herzfelde bewiesen hatte, vermochte seine Toleranz über politische Differenzen hinwegzusehen und die bestmögliche Förderung eines Menschen zu suchen, von dessen künstlerischem Talent er überzeugt war. Ende September 1916 hatte Kessler den zwanzigjährigen Wieland Herzfelde, einen engen Freund seines jüngsten Protegés Johannes R. Becher, persönlich kennengelernt. Obwohl er Herzfeldes pazifistische Haltung weder teilte noch verstand, sicherte er ihm zur Unterstützung seiner Monatsschrift *Neue Jugend* 500 Mark zu.[65] Kessler förderte somit eine Zeitschrift, die sich an die Seite der vielstimmigen expressionistischen Avantgarde stellte und neben Becher und anderen auch George Grosz Publikations-

---

standen ist. Auch für die fernere Kriegsdauer wird der Film seine gewaltige Bedeutung als politisches und militärisches Beeinflussungsmittel nicht verlieren. Gerade aus diesem Grunde ist es für einen glücklichen Abschluß des Krieges unbedingt erforderlich, daß der Film überall da, wo die deutsche Einwirkung noch möglich ist, mit dem höchsten Nachdruck wirkt." Zit. nach: Barkhausen, Filmpropaganda für Deutschland, S. 259.

63 Vgl. ebd., S. 259-261, Zitat S. 260.
64 Vgl. Rother, Vom *Kriegssofa* zum *Flug an die Front*, S. 206.
65 Vgl. HGK, Tgb, Berlin, 28. September 1916. – DLA/A: Kessler. Im Februar 1917 erschien Wieland Herzfeldes erstes Buch, *Sulamith*, als „Kriegsdruck der Cranach-Presse Weimar": ein sieben expressionistische Liebesgedichte beinhaltender Band, der durch den Heinz Barger Verlag (Berlin) vertrieben wurde. Die Umschlagzeichnung stammte von George Grosz. Vgl. George Grosz. Berlin – New York. Ausstellungskatalog, hg. v. Peter-Klaus Schuster. Berlin 1994, S. 537.

möglichkeiten bot, mit denen dieser in weiten Kreisen der Kunst bekannt wurde. Herzfelde, der sich mit dem 1917 begründeten Malik-Verlag zu einer herausragenden Verlegerpersönlichkeit entwickelte, sollte ihm dies nie vergessen. Kesslers Intervention hatte er es ebenfalls zu verdanken, daß er drei Monate später, im Dezember 1916, vor dem Kriegsgericht von einer Anklage als Deserteur freigesprochen und nach Arras an die nordfranzösische Front versetzt wurde.[66] Herzfelde konnte sich erst mit seiner zweiten und letzten Desertion im Juli 1918 vom Kriegsdienst befreien und in Berlin in der Bildstelle des Bufa untertauchen.[67] Dort hatten sein Bruder John Heartfield und Grosz im November 1917 durch Kesslers Vermittlung Arbeit gefunden.

Grosz, nach einem Aufenthalt in der Nervenheilanstalt Görden am 20. Mai 1917 endgültig als dauerhaft kriegsuntauglich entlassen und von Theodor Däubler als „das futuristische Temperament von Berlin" gefeiert,[68] stellte einen besonderen Anziehungspunkt für Kessler dar. Als der Graf nach einer ersten Vorbesprechung mit Heartfield Grosz' Atelier am 18. November 1917 aufsuchte, zeigte er sich tief beeindruckt. Für ihn zeugten Grosz' Arbeiten (wie die expressionistischen Gedichte Bechers, Benns und Herzfeldes) von jener besonderen Qualität einer „neuberlinischen", „höchst nervöse[n]", „cerebrale[n], illusionistische[n]" Großstadtkunst, die ihn mit ihrer hochgespannten Dichte der Eindrücke und brutalen Realität faszinierte.[69] Diese Blitzlichtkunst sei nicht nur mit dem Varieté, sondern auch mit dem Kino, „wenigstens mit einem möglichen noch unentdeckten Kino",[70] innerlichst verwandt. Kessler erblickte hier ein Potential, das für seine Propagandazwecke von Nutzen sein und höchst reizvolle Resultate hervorbringen könnte.

Es war den Künstlern verständlicherweise sehr daran gelegen, so lange wie möglich im Auftrag des Auswärtigen Amts mit der Herstellung einiger „patriotischer Filme" (Kessler) beschäftigt zu sein, so daß sie ihre Fertigstellung immer wieder hinauszögerten. Es läßt sich nicht definitiv klären, wieviele Projekte wirklich in Auftrag gegeben und ausgeführt wurden, und ob sie jemals Verwendung fanden. Die Forschungslage bietet ein verwirrendes

---

66　Vgl. Ulrich Faure: Im Knotenpunkt des Weltverkehrs. Herzfelde, Heartfield, Grosz und der Malik-Verlag 1916-1947. Berlin/Weimar 1992, S. 56.

67　Vgl. Wieland Herzfelde: George Grosz, John Heartfield, Erwin Piscator, Dada und die Folgen oder Die Macht der Freundschaft. [1971.] In: John Heartfield: Der Schnitt entlang der Zeit. Eine Dokumentation, hg. u. komm. v. Roland März. Dresden 1981, S. 89.

68　So Däubler in einem Essay in René Schickeles pazifistischer Zeitschrift *Die weissen Blätter* (11/1916), der Grosz über Nacht bekannt machte. Zit. nach Faure, Im Knotenpunkt des Weltverkehrs, S. 52.

69　Vgl. HGK, Tgb, Berlin, 18. November 1917. – DLA/A: Kessler.

70　Ebd.

Bild, da die zur Diskussion stehenden „Herzfeld-Filme" in den überlieferten Quellen mit differierenden Titeln und diffusen Umschreibungen verzeichnet wurden. Als am 12. Dezember 1917 mit der Arbeit offiziell begonnen wurde, waren vier verschiedene Projekte in Aussicht genommen worden. Dies können wir einer vertraulichen Aufzeichnung von Generalkonsul Kiliani entnehmen, der innerhalb der Nachrichtenabteilung des Auswärtigen Amts das Referat G (G für Greuel) leitete. Er war für die Überwachung der Auslandsaktivitäten des Bufa zuständig und engagierte sich darüber hinaus persönlich in der Produktion künstlerisch wertvoller Propagandafilme.[71] Nach einem von Kessler angeregten Treffen mit Heartfield und Grosz notierte Kiliani am 22. November 1917 als Vorhaben, „Feldgraue Puppenspiele zu verfilmen", „Wochenberichte oder periodische Zeitübersichten in der Form der Verfilmung der zeichnenden und der modellierenden Hand zu geben", „den expressionistischen Film zu pflegen" und „das Soldatenlied zu verfilmen".[72] Ein Vertrag hierüber wurde (im Auftrag der Nachrichtenabteilung des Auswärtigen Amts) erst im Juli 1918 zwischen der Internationalen Gastspiel-Gesellschaft mbH (Intergast) einerseits und Helmut Herzfeld und der Oliver Film GmbH andererseits geschlossen. Er erstreckte sich über drei Filmmanuskripte und ihre Realisierung, die unter der Marke „Herzfeld-Filme" firmieren sollten. Es handelte sich hierbei um zwei Beiträge aus der Serie *Die zeichnende Hand (Weltchronik)* sowie den Film *Soldatenlieder.*[73] Diese Titel hatte Harry Graf Kessler bereits in seinem Schreiben vom 19. November 1917 genannt, als er seinen Ansprechpartner im Auswärtigen Amt über die jüngsten filmpropagandistischen Erwerbungen informierte. Die Idee einer gezeichneten Weltchronik, die monatlich erscheinen sollte, stammte von George Grosz. Das Publikum würde, so Kessler, eine Hand sehen, „die in grotesker Weise die monatlichen Ereignisse darstellen und karikieren würde. Da Grosz außerordentlich witzig und ein brillanter Zeichner ist, so könnte hierbei meines Erachtens etwas wirklich Wirkungsvolles und Neues herauskommen."[74] Die erste Ausgabe der *Zeichnenden Hand* (für Januar 1918) wurde tatsächlich Mitte Dezember in Angriff genommen, wie John Heartfield Kiliani gegenüber ankündigte.[75] Für den nächsten Monat planten die beiden Künstler den Film *Soldatenlieder* anzufertigen und mit den „Aufnahmen des Puppenfilms" zu beginnen. In diesem Zusammenhang baten sie um die Genehmigung, ausländische Propagandafilme anzuschauen, um mögliche An-

---

71 Vgl. Jeanpaul Goergen: „Filmisch sei der Strich, klar, einfach". George Grosz und der Film. In: Schuster (Hg.), George Grosz, S. 211 f.
72 Vgl. ebd., S. 212.
73 Zu weiteren Vertragsdetails siehe Goergen, „Filmisch sei der Strich", S. 213.
74 Zit. nach: Goergen, „Filmisch sei der Strich", S. 211.
75 Vgl. seinen Brief vom 17. Dezember 1917, ebd., S. 212 f.

griffspunkte und Aspekte zu finden, die in ihre eigenen Produktionen einbezogen werden sollten.[76]

Ob der erwähnte „Puppenfilm" tatsächlich ausgeführt wurde, erscheint fraglich. In Kesslers erster Programmskizze wird er als „komischer Puppenfilm über Feldgraue in Italien" bezeichnet.[77] Nach Kiliani sollte der derbe, sympathische Soldatenhumor im Puppenspiel solcherart ausgeschlachtet werden, daß die Produktionen auch in den neutralen Ländern zugelassen werden würden: „Die Absicht ist dabei, unter der Maske des derben Soldatenhumors in diskreter Weise pro-deutsche Stimmung zu machen."[78] Der bis zum Frühjahr 1918 realisierte Film *Sammy in Europa* gehörte jedoch in eine andere Kategorie. Es war ein Zeichentrickfilm, dessen Zeichnungen und Beischriften Grosz „nach meinen politischen Richtlinien" ausführte, wie Kessler nach einem ersten Einblick in die Entwürfe am 2. Januar 1918 notierte.[79] Grosz und Heartfield hätten die Pointen sehr listig herausgearbeitet, so daß Kessler kühn prophezeite: „Es wird der erste wirklich politische Film, den wir im Kriege herausbringen."[80] Für die deutsche Filmindustrie waren diese Arbeiten zumindest ein Novum: Wieland Herzfelde zufolge haben Grosz' und Heartfields Ideen zur Einrichtung einer Trickfilmabteilung beim Bufa geführt.[81] Der Erfolg, den sie mit der Herstellung von *Sammy in Europa* ernteten, führte zu weiteren Projekten. Heartfield wollte einen weiteren Zeichentrickfilm produzieren, „der die enttäuschten Hoffnungen der Entente in komischer Weise darstellen soll, also die Eroberung von Berlin durch französische Poilus und Ähnliches."[82] Ferner noch einen „Marionetten-Film", der ebenfalls propagandistischen Inhalts wäre und „Personen vor dunkler Samtwand oder einfacher Wandreihe (Reinhardt-Bühne) in strenger Maskierung und Stilisierung zeigen soll".[83] Ob diese Pläne realisiert wurden oder mit jenem Film identisch sind, an dessen Fertigstellung Wieland Herzfelde mitgewirkt hatte, ist ungewiß. Im Sommer 1918 wurde ein Trickfilm mit dem Titel *Pierre in Saint Nazaire* hergestellt, der die Landungsabsichten der Amerikaner im verbündeten Frankreich lächerlich machen sollte. Der Film wurde nach Fertigstellung jedoch nicht abgenommen, da die Realität die Fiktion ad absurdum geführt hatte: die amerikanischen Truppen waren inzwischen

---

76 Ebd.
77 Brief vom 19. November 1917. Zit. in: Goergen, „Filmisch sei der Strich", S. 211.
78 Vertrauliche Aufzeichnung vom 22. November 1917. Zit. nach: Goergen, „Filmisch sei der Strich", S. 212.
79 HGK, Tgb, Berlin, 2. Januar 1918. – DLA/A: Kessler.
80 Ebd.
81 Vgl. Herzfelde, Die Macht der Freundschaft, S. 88.
82 So Kessler in einem Brief an die Vorgesetzten vom 7. Mai 1918. Zit. nach: Goergen, „Filmisch sei der Strich", S. 214.
83 Ebd.

durchgebrochen. Hinzu kam, daß entgegen der beabsichtigten Verherrlichung des kaiserlichen Heeres und der ‚Dicken Berta' die deutschen Soldaten dank Grosz' Zeichenstrich Abscheu erweckten.[84]

Kesslers Ehrgeiz wurde folglich in filmkünstlerischer Hinsicht befriedigt, wenngleich die eigentliche Nutzanwendung verfehlt wurde. Es ist offensichtlich keiner der Heartfield-Filme vor Ort zum Einsatz gekommen. Als Kessler schließlich am 26. September 1918 in Berlin mit den zuständigen Personen von der Ufa und dem Bufa darüber konferierte, einen „Kampffonds" von etwa drei Millionen Mark zur Bekämpfung der feindlichen Kinopropaganda einzurichten, war es für solche Maßnahmen längst zu spät.

---

84   Vgl. Herzfelde, Die Macht der Freundschaft, S. 88.

VI. Zwischen *Gestern* und *Heute* (1918-1933)

Die Kapitelüberschrift spielt auf ein Ereignis an, das sich am 9. Februar 1926 im Berliner Salon der Großindustriellenwitwe Milly von Friedländer-Fuld zugetragen hat. Es handelt sich um zwei Liebhaberaufführungen, die allenfalls als Kuriosum den Anspruch erheben dürfen, in die Theatergeschichte der Weimarer Republik einzugehen. Dennoch wirft dieses Erlebnis, das Harry Graf Kessler in seinem Tagebuch überliefert, ein bezeichnendes Licht auf jenen Komplex, der im folgenden untersucht werden soll. Auf einer Soirée in dem eleganten Palais des verstorbenen oberschlesischen Kohlenmagnaten Fritz von Friedländer-Fuld am Pariser Platz 5a, in dem Mitglieder des Kaiserhauses, der Aristokratie und des Staatsministeriums zu verkehren pflegten, führten an diesem bewußten 9. Februar 1926 der junge Komiker Curt Bois und Vertreter der finanzkräftigen, hohen Gesellschaft Hugo von Hofmannsthals frühes Versdrama *Gestern* (1891)[1] und Bois' hierauf bezogene Parodie *Heute* auf. Die bewußte Konfrontation bot Anlaß zum Nachdenken:

> Auffallend war die Ablehnung des Hofmannsthalschen Stücks durch die Jüngeren, Goertz, Meiern, sogar Simolin und Helene [von Nostitz]. Sie fanden es ‚verstaubt‘, beziehungslos: ‚Was soll es uns?‘ Der Krieg ist darüber grausam hingegangen, weil es ganz in Beziehung auf ein Publikum geschrieben ist, das es jedenfalls heute nicht mehr gibt, vielleicht nie gegeben hat. Ohne innere Notwendigkeit hat Hofmannsthal ‚für die Gesellschaft‘ gedichtet, wie man sich ein buntes venezianisches Maskenkleid umwirft; und jetzt sind die Farben verblaßt, durchsichtig geworden, und es steckt nicht viel dahinter.[2]

---

1 Kesslers Notiz gibt keinen Aufschluß darüber, ob Hofmannsthals personenreiches Renaissancestück ungekürzt gespielt wurde. Als Darsteller vermerkt sie nur Francesco Mendelssohn und die Tochter der Gastgeber, Marie-Anne von Goldschmidt-Rothschild, letztere auch für Bois' Parodie. (Vgl. Kesslers Brief an Wilma Marquise de Brion, Berlin, 14. Februar 1926. – DLA/A: Kessler.) Möglicherweise hat Kessler somit einer Uraufführung im privaten Rahmen beigewohnt. Denn am 5. April 1903 hatte Arthur Kahane (Kleines Theater, Berlin) in einem Schreiben an den Dichter gebeten, sie „vom Versprechen, *Gestern* und *Hochzeit der Sobeïde* noch in dieser Saison herauszubringen", zu entbinden, mit der Verpflichtung, diese Stücke in der ersten Hälfte der nächsten Saison zu spielen. (Vgl. HvH, SW III, S. 322.) Die erste öffentliche Aufführung von *Gestern* erfolgte zwei Jahre nach dem Abend bei Friedländer-Fulds, als „Leseaufführung" im Wiener Theater ‚Die Komödie‘ am 25. März 1928. (Vgl. HvH, GW, Gedichte, Dramen I, S. 631.)
2 HGK, Tgb, Berlin, 9. Februar 1929. – PB 1996, S. 478.

Die kühle Diagnose, die sich mit Hofmannsthals eigener Geringschätzung des Jugendwerks berührt, erhellt die Situation, in der sich der Beobachter und seine Zeitgenossen befanden. Die Tagebücher dieser und der kommenden Jahre verzeichnen immer wieder Bemerkungen über die ‚Überlebtheit‘ jener Gesellschaftsschicht, der Kessler angehörte, und über die Fremdheit der eigenen Generation in den neuen Verhältnissen. Anfang Juni 1918 hatte er anläßlich der bevorstehenden Übersiedlung Henry van de Veldes von Weimar nach Uttwil in der Schweiz von dem schmerzhaften Transformationsprozeß gesprochen, den der Erste Weltkrieg unaufhaltsam bewirkte. Das Ende der alten Welt manifestierte sich ihm hier zunächst und vor allem im persönlichen Bereich. Der Verlust van de Veldes, der Tod Alfred Walter Heymels (26. November 1914) und der Eberhard von Bodenhausens (6. Mai 1918) bedeuteten mehr als das Ende ihres „ganze[n] Weimarer Unternehmen[s]“, ihres „schönen Jugendidealismus[ses]“.[3] Für Kessler trat mit diesen Ereignissen bereits zu diesem Zeitpunkt die „neue Zeit nach dem Kriege“ auf den Plan, bis sie Überlebende, die dieser tiefen Umwälzung machtlos ausgeliefert waren, „in einer ganz neuen Welt schon fast greisenhaft und allein dastehen“ würden.[4] Kessler wehrte sich gegen aufsteigende Depressionen und wagte, düsteren Prognosen zum Trotz, einen Neuanfang. Mit der ihm eigenen Neugierde und Vitalität tat er sich leichter als andere Altersgenossen, sich bei Kriegsende in der neuen Situation zurechtzufinden. Doch wo genau standen sie in diesem Spannungsfeld zwischen Umsturz der bisherigen Werte, Suche nach Kontinuität, Bruch mit der Vergangenheit und konstruktivem Neuanfang?

Im Herbst 1924 legte Julius Meier-Graefe, einstiger Mitstreiter des *Pan*, im Vorwort seiner Essaysammlung *Die doppelte Kurve* ein Schuldbekenntnis ab. Als Mitglied der kulturellen und intellektuellen Elite der Jahrhundertwende stellte er sich der Frage nach Mitverantwortung für Mißstände, Krieg und Zusammenbruch des Wilhelminischen Kaiserreichs: „Saht ihr nicht das Unheil? Wie konntet ihr es dulden?“[5] Meier-Graefe ist ehrlich genug, die Antwort in ihrem elitären Bewußtsein zu suchen und zu finden. Er nennt es Leichtsinn, Hochmut und „Treue zu dem Idol“, das sie narrte:

> Unser Verbrechen war unser alles fressender Wille zur Kunst. [...] Kunst war uns kein Klassenzeichen, kein schwächendes Geschmäcklertum, kein Luxus, kein wolkenhaftes Gebilde, sondern die einzige Realität, der letzte Altar, das letzte Band um die Menschheit. [...] Kunst war uns Kosmos. [...] Was tat es uns, daß draußen die Räder

---

3   Vgl. HGK, Tgb, Kandesteg – Spiez, 9. Juni 1918. – DLA/A: Kessler.
4   Ebd., zit. nach: Grupp, Harry Graf Kessler, Biographie, S. 181.
5   Julius Meier-Graefe: [Vorwort]. In: Ders.: Die doppelte Kurve. Essays. Berlin/Wien/ Leipzig 1924, S. 9-15, Zitat S. 9.

irreliefen und die Rechner die Welt zerfetzten, wenn hier nur der heilige Samen weiter trug![6]

Eine solch radikale *mea culpa!*-Haltung war Kessler fremd. Nie sollte er das, wofür er sich in den zurückliegenden Jahren eingesetzt hatte, zur Gänze verwerfen. Er gestand allenfalls einen Mangel an Konsequenz ein. Die Vergangenheit lag hinter ihm, und entschlossen wandte er nun den Blick nach vorn, diejenigen mit Spott bedenkend, die an den Idealen des Bildungsbürgertums festhielten. In seinem anfänglich begeisterten Bekenntnis zum Sozialismus[7] forderte er für die Jugend eine „Erziehung durch die Tat", ein „Hinausstoßen in die Wirklichkeit" ohne Mitleid, da dieser Mangel an Realitätssinn zum Untergang der alten Gesellschaftsordnung beigetragen habe: „Im Bildungssumpf tummelt sich das Getier ahnungslos freudig, bis die ganze schöne Sumpfwelt in der Katastrophe von Weltkrieg und Revolution zusammenbricht!"[8] Von einem Verharren in rein geistigen Idealen distanzierte sich Kessler in der Umbruchphase des Winters 1918/19 ganz dezidiert. In der jungen Intellektuellengeneration, die ihn aufgrund ihrer Politisierung und Radikalität faszinierte, vermochte er ein Element der Kontinuität zu entdecken, was ihm den Abschluß mit der eigenen Vergangenheit sichtlich erleichterte: Anläßlich einer Aufführung von Walter Hasenclevers expressionistischem Drama *Der Sohn* (1914) in den Kammerspielen (Berlin) reflektierte er über den „Übergang der deutschen Intellektualität von einem fast reinen Kultur-Revolutionarismus, wie ihn Nietzsche und später in den neunziger Jahren unser Kreis in Kunst und Literatur vertrat, zum praktischen, politischen und wirtschaftlichen Radikalismus, dessen Extrem augenblicklich die Spartakusbewegung ist."[9] Dem Vorwurf des Ästhetizismus, den sie damals gepflegt hätten, sprach er eine gewisse Berechtigung zu, insofern sie „nicht mit genügender Energie diese politischen und wirtschaftlichen Folgerungen" gezogen hätten.[10] Zu ihrer Rechtfertigung führte er ihre Liebe zum Vaterland an: „[...] zu einem Experiment war uns Deutschland zu gut."[11] Entsprechend forderte er nun von den jungen Intellektuellen und Künstlern, das konstruktive Potential ihrer politischen Überzeugungen beim anstehenden politischen und sozialen Aufbau des neuen Deutschland unter Beweis zu stellen.[12] Auf

---

6   Ebd., S. 12 f.

7   Vgl. HGK, Tgb, Weimar, 26. Februar 1919. – PB 1996, S. 142.

8   So lautete Kesslers Kommentar nach seiner Begegnung mit dem Abgeordneten Rolf Pachnicke bei Elisabeth Förster-Nietzsche in Weimar am 23. Februar 1919. – PB 1996, S. 138.

9   HGK, Tgb, Berlin, 26. Januar 1919. – PB 1996, S. 113 f.

10 Ebd.

11 Ebd.

12 Ebd.

ebendiesen Aufbau einer Republik und parlamentarischen Demokratie in Deutschland konzentrierte sich Harry Graf Kesslers Interesse seit dem Zusammenbruch der Monarchie und nachfolgenden Novemberrevolution 1918. Angesichts dieser Aufgabe, die er auch für sich selbst als die vordringliche und zentrale ansah, hatte sein kulturelles Engagement in den ersten Jahren nach Kriegsende in den Hintergrund zu treten. Erst Mitte der zwanziger Jahre, als die gewünschte politische Karriere nicht glücken wollte und Krankheit den Rückzug aus der aktiven Politik erzwang, sollte die Kultur wieder die alte Aufmerksamkeit beanspruchen.

Im Mittelpunkt der folgenden Ausführungen stehen die Konsequenzen von Kesslers politischer Umorientierung für seine Sicht auf die Kultur im allgemeinen und auf das Theater im besonderen. Die Frage hiernach erhebt sich sowohl in Hinblick auf sein persönliches Mäzenatentum wie auch auf seine Wahrnehmung der europäischen Theaterszene und die eigene künstlerische Kreativität, die er in den letzten sieben Jahren vor seinem Gang ins Exil auslebte.

1. Neuorientierung und politisches Engagement

Die Verlagerung von Harry Graf Kesslers Interessensschwerpunkt von der Kultur auf die Politik hatte sich, wie in Kapitel V ausgeführt, im Verlauf des Ersten Weltkriegs zunehmend herauskristallisiert. Vor allem Kesslers Tätigkeit als Leiter der deutschen Kulturpropaganda in der Schweiz hatte ihm neben der Möglichkeit, die politische Wirkungsmacht kultureller Höchstleistungen zu erproben, die Chance geboten, sich in der tagespolitischen Arena inoffiziell als Diplomat im Dienste des Deutschen Reichs zu betätigen. Die Selbstbestätigung und Befriedigung, die er etwa infolge seiner Teilnahme an den Verhandlungen über die Ergänzungsverträge zum Brest-Litowsker Friedensvertrag (Sommer 1918) erfuhr, ließen sein Interesse an einer Fortsetzung des politischen Engagements auch nach Kriegsende wachsen. Hinzu kamen seine Freude am unmittelbaren Kontakt und Gesprächsaustausch mit Vertretern der höchsten Führungsebene und seine Lust am hintergründigen Fädenziehen.

Erste Aufgaben boten sich Kessler in der Umbruchphase nach dem deutschen Waffenstillstandersuchen im November 1918: die Befreiung des polnischen Befehlshabers und nachmaligen Staatschefs Jószef Pilsudskis aus der Magdeburger Festungshaft (6. bis 8. November 1918) und die nur vierwöchige Tätigkeit als nunmehr republikanischer deutscher Gesandter in War-

Warschau (17. November bis 15. Dezember 1918).[13] Nahtlos schlossen sich im Winter 1918/19 Kesslers Bemühungen um einen adäquaten Posten in der deutschen Außenpolitik an. Nachdem diese ergebnislos verlaufen waren, wandte er sich im Februar 1919 nachdrücklich der deutschen Innenpolitik zu, die seinem Empfinden nach verbesserungswürdig war. Peter Grupp hat Kesslers hektische Aktivitäten und Orientierungssuche in seiner Biographie sensibel nachgezeichnet.[14] Resümierend heißt es angesichts diverser Sondierungsgespräche und Optionen schließlich: „Der Ehrgeiz ist da, hat aber kein klares Ziel."[15] Hieraus den Vorwurf des Opportunismus ableiten zu wollen, wäre verfehlt. Kessler zählte nicht zu den Vernunftrepublikanern, sondern hatte spätestens zu Beginn des letzten Kriegswinters 1917/18 erkannt, daß „die ganze Vorkriegsideologie [...] tot u. wirkungslos" sei und daß „nach der Entsittlichung und Zerschmetterung der Welt von 1914" nur eine neue Welt aus einer neuen Ideologie erwachsen könne.[16] Die Gespräche mit jenen Pazifisten und Oppositionellen, denen Kessler im Rahmen seiner schweizer Mission begegnet war, hatten den Boden für seine Wendung nach links Mitte November 1918 bereitet. Nun setzte er sich ernsthaft mit dem Bolschewismus auseinander und bekannte sich zum Sozialismus. Dennoch ist er nicht einer der sozialdemokratischen Parteien beigetreten, sondern der Deutschen Demokratischen Partei. Diese kam dem elitären Individualisten Kessler eher entgegen, wie Grupp konstatiert: „Er wollte sich nicht in den Dienst einer Partei stellen, sondern sich ihrer als Vehikel für die Umsetzung seiner persönlichen politischen Anschauungen bedienen."[17] Auf diese Überzeugungen und Aktivitäten im einzelnen einzugehen, ist hier nicht von Interesse. Es sei nur generell angemerkt, daß sich Kesslers politisches Engagement seit Anfang 1920 ganz auf den im Vorjahr gegründeten Völkerbund konzentrierte, nachdem sein Versuch, die DDP weiter nach links zu steuern und in ihr eine profilierte Rolle zu spielen, fehlgeschlagen war. Er vertrat hierbei seine eigenen *Richtlinien für einen wahren Völkerbund*, die er im Februar 1919 als kritischen Gegenentwurf zu den von Präsident Wilson und Matthias Erzberger vertretenen Grundsätzen formuliert und gedruckt hatte.[18] Im Zusammenhang mit dem Völkerbund, dem Deutschland erst im September 1926 beitrat, ist

---

13 Vgl. Grupp, Harry Graf Kessler, Biographie, S. 201-203. Siehe auch Kesslers eigenen Schilderungen der Ereignisse in den von Pfeifer-Belli herausgegebenen Tagebüchern der Jahre 1918-1937, S. 9-71.

14 Siehe Kapitel VII „Politik in der Republik (1918-1925)" in: Grupp, Harry Graf Kessler, Biographie, S. 179-226.

15 Ebd., S. 192.

16 HGK, Tgb, 18. Dezember 1917 u. 7. April 1918. – DLA/A: Kessler. Zit. nach: Grupp, Harry Graf Kessler, Biographie, S. 180.

17 Grupp, Harry Graf Kessler, Biographie, S. 185.

18 Vgl. HGK, GS II, S. 205-213 u. 319 f.

auch Kesslers Kandidatur für die DDP bei den Reichstagswahlen am 7. Dezember 1924 zu sehen. In der Hoffnung, im Wahlkampf effektive Propaganda für den Völkerbund machen zu können und die Reihen der Befürworter dieser Politik in der Regierung zu verstärken, hatte er sich für den Wahlkreis 17 (Westfalen Nord) aufstellen lassen. Doch er blieb erfolglos, wie es in dieser Region auch nicht anders zu erwarten gewesen war.[19]

Grundsätzlich lassen sich zwei wesentliche Punkte festhalten. Der in den ersten drei, vier Jahren der Weimarer Republik schwungvoll unternommene Versuch, eine Karriere in der Diplomatie oder in der Innenpolitik zu starten, wollte Kessler nicht wirklich glücken. Er blieb ein Außenseiter, der zum Teil durch finanzielle Zuwendungen seine Rolle in der DDP (Wahlkampf 1924) oder in der Friedensbewegung zu unterstreichen suchte. Er war ein gern gesehener Gesprächspartner, der dennoch nicht eine wirkungsmächtige Position erreichte, weil er offensichtlich nicht bereit war, sich den neuen Machtstrukturen und Spielregeln, wie sie eine „moderne Massendemokratie" (Grupp) erfordert, anzupassen. Auch in der Zeit der Weimarer Republik bleiben seine individualistische Vorgehensweise und Vorliebe für parteiübergreifende Aktionen ein typisches Merkmal Kesslers. Sein Drang nach persönlicher Unabhängigkeit hatte auch hier Priorität. Statt sich einer Partei konsequent zu verschreiben, sich dort in eine Führungsposition hochzuarbeiten und auf diese Weise die eigenen Vorstellungen durchzusetzen, bevorzugte Kessler politische Clubs und Zirkel ohne Parteibindung. Ein signifikantes Beispiel ist die von ihm im November 1922 initiierte Gründung einer (kurzlebigen) „Vereinigung von führenden Männern der republikanischen Parteien", die als eine Art Kamarilla von zehn oder zwölf Personen die Verantwortlichen der deutschen Politik beeinflussen sollte.[20] Kessler glaubte sich aufgrund dieser Taktik, als Einzelkämpfer im direkten Kontakt zu den einzelnen Entscheidungsträgern Einfluß auf die innen- und außenpolitischen Verhältnisse auszuüben, in einer einflußreicheren Stellung, „als wenn ich, wie die Zeitungen mich immer wieder avancieren lassen, Minister des Äußern wäre!"[21] Seine Neigung, die eigene Position zu überschätzen, wird wieder einmal deutlich. Erschwerend kommt hinzu, daß Kessler in diesen frühen Jahren keinen exakt zu fixierenden politischen Standpunkt besaß. Er verfügte zwar über sein unbedingtes Bekenntnis zu Republik und Demokratie, jedoch nicht über ein präzise formuliertes Programm. So führt Grupp als Beispiel für den Mangel an klaren Zielen Kesslers „Idee einer neuen demokratischen Partei, die den Sozialismus ganz in sich aufnimmt, aber darüber hinaus auf sozialistischer

---

19 Vgl. Grupp, Harry Graf Kessler, Biographie, S. 186 f.
20 Vgl. HGK, Tgb, Berlin, 7. November 1922. – PB 1996, S. 359.
21 HGK, Tgb, 24. Juni 1919. – DLA/A: Kessler. Zit. nach: Grupp, Harry Graf Kessler, Biographie, S. 192.

Grundlage die individuelle Freiheit und die Demokratie verwirklicht", an.[22] Hierbei ist allerdings zu bedenken, daß diese Idee vom Februar 1919 datiert. Es wäre zu untersuchen, inwieweit sich Kesslers Vorstellungen im Laufe der Jahre und mit wachsender republikanischer Erfahrung veränderten und präzisierten.

Zwei schwere gesundheitliche Zusammenbrüche in den Sommern 1925 und 1926, deren Rekonvaleszenz sich bis Februar 1927 hinzog, erforderten letztlich den Rückzug aus dem politisch-aktiven Engagement. Kessler hatte im April und Mai 1922 auf eigene Einladung und Rechnung als Beobachter an der Wirtschaftskonferenz in Genua teilgenommen, im Frühjahr 1923 im Auftrag des Auswärtigen Amts mit englischen Politikern über die Reparations- und Sicherheitsfrage Gespräche geführt und an den Beratungen zu den deutschen Reparationsnoten (2. Mai und 7. Juni 1923) teilgenommen.[23] Eine mögliche Berufung auf den Londoner Botschafterposten wurde ein halbes Jahr später durch Mitglieder des Auswärtigen Amts hintertrieben. Als Kessler im Sommer 1924 als deutscher Verbindungsmann zur Genfer Völkerbundsversammlung entsandt wurde, glaubte er sich am Ziel: „Jetzt komme ich endlich zu meinem eigentlichen Lebenszweck: praktisch an erster Stelle mithelfen Europa zusammenzuschmieden."[24] Sein Einsatz für ein ‚Europa der Vaterländer', einer auf gemeinsamer kultureller Basis aufbauender Gemeinschaft gleichberechtigter Staaten (unter Wahrung der nationalen Souveränität), erwies sich als limitiert. Da Kessler bei den Genfer Gesprächen zviel Eigeninitiative gezeigt hatte und von der mit dem Auswärtigen Amt ausgemachten Richtlinie abgewichen war, wurde seine weitere Verwendung unmöglich. In der Folge war er nicht mehr unmittelbar an der deutschen Politik beteiligt, versuchte sie jedoch weiterhin engagiert zu unterstützen. So etwa anläßlich der zweiten Reichspräsidentenwahl am 26. April 1925 mit seinen Wahlreden zugunsten des gemeinsamen Kandidaten des republikanischen ‚Volksblocks' Wilhelm Marx (Zentrum). Die Aufstellung Generalfeldmarschalls Paul von Hindenburg für den ‚Reichsblock' hatte Kessler wie viele andere Zeitgenossen als Gefahr für die Republik und den europäischen Frieden angesehen und vergebens versucht, bei Gustav Stresemann gegen diese Kandidatur zu intervenieren. Die Wahl Hindenburgs zum Reichspräsidenten empfand Kessler denn auch als den Beginn eines neuen Abschnitts „der deutschen und europäischen Politik und Geschichte, der dem deutschen Volk zweifellos schwere Schläge und Demütigungen bringen wird."[25]

---

22   Grupp, Harry Graf Kessler, Biographie, S. 189.
23   Vgl. Grupp, Harry Graf Kessler, Biographie, S. 212-215.
24   HGK, Tgb, 29. August 1924. – DLA/A: Kessler.
25   HGK, Tgb, Berlin, 27. April 1925. – PB 1996, S. 461.

In seinem privaten Umfeld stand Kessler in bezug auf seine politischen
Überzeugungen isoliert da, weil seine Freunde aus der Vorkriegszeit (ausge-
nommen der 1922 ermordete Walther Rathenau) eine derart radikale Wendung nicht mitgemacht hatten. Die größte Enttäuschung dürfte für Kessler
wohl die zunehmende „nationalsozialistische Kontaminierung" (Simon-Ritz/
Ulbricht) und Politisierung des Nietzsche-Archivs gewesen sein: „Im Archiv
ist alles vom Diener bis zum Major hinauf Nazi. Nur sie [Förster-Nietzsche]
selbst ist noch, wie sie sagt, deutschnational", konstatierte er am 7. August
1932.[26] Ab Mitte der zwanziger Jahre verlor er jedoch allmählich auch den
Rückhalt in den von ihm frequentierten politischen Kreisen. Die Etablierung
einer konservativen Republik, die zunehmend nach rechts tendierte, der Verfall des liberal-pazifistischen Lagers angesichts der wachsenden politischen
Radikalisierung waren Entwicklungen, denen Kessler nur mehr als Beobachter mit Befremden und Sorge folgen konnte. Die nötige Rücksichtnahme
auf seine Gesundheit brachte es mit sich, daß er sich ab Mitte der zwanziger
Jahre wieder verstärkt seinen künstlerischen Interessen widmete. Einzelne
Aktionen wie Kesslers Finanzierung einer überparteilichen Anti-Nazi-Plakat-
aktion im Juli 1932, bei der John Heartfields Photomontage *Adolf – Der
Übermensch schluckt Gold und redet Blech* verbreitet wurde,[27] können als
punktuelle Versuche interpretiert werden, der politischen Entwicklung mit
anderen, künstlerischen Mitteln entgegenzutreten.

2.   Mäzenatentum unter erschwerten Bedingungen

2.1. Der Fall Johannes R. Becher

Am 14. April 1916 berichtete ein verunsicherter und verärgerter Eberhard
von Bodenhausen seinem Freund Hofmannsthal von der jüngsten Begegnung
mit Kessler in Berlin. Durchaus mit Bewunderung schrieb Bodenhausen, der
knapp drei Wochen ältere Kessler scheine offenbar restlos das zu erleben,
was den wenigsten Menschen vergönnt sei, und was er, Bodenhausen, für
sich selbst immer gewünscht habe: „[...] auch in vorgerückteren Jahren den
Kontakt mit den jüngsten Äußerungen des künstlerischen Schaffens nicht zu
verlieren."[28] Anlaß zu dieser Einschätzung hatte unter anderem ein Gespräch

---

26   HGK, Tgb, Weimar, 7. August 1932. – PB 1996, S. 722. Siehe hierzu den oben be-
      reits zitierten Katalogbeitrag von Frank Simon-Ritz und Justus H. Ulbricht, „Heim-
      stätte des Zarathustrawerkes", S. 166-176.
27   Vgl. HGK, Katalog, S. 476 u. 478.
28   EvB an HvH, Berlin, 14. April 1916. – BW HvH/EvB, S. 211.

über expressionistische Literatur gegeben. Bodenhausen reagierte irritiert auf Kesslers „unbegrenztes Erstaunen und seine mitleidige Verwunderung", daß er die Namen Werfel und Däubler zuvor noch nie gehört habe. Hinzu kam wohl Kesslers demonstrierter Stolz auf seinen neuesten Protegé: Johannes Robert Becher. Mit dem sei er ununterbrochen zusammen und halte ihn für „ein reelles Genie".[29] Daß Bodenhausen durch die meisten Becherschen Gedichte aus *Verfall und Triumph* (1914) inhaltlich wie formal mit „aufrichtigstem Abscheu" erfüllt werde, habe Kessler auf seine angestrengte berufliche Tätigkeit der letzten zehn Jahre zurückgeführt: Sie hätten hinsichtlich Aufnahmefähigkeit und Kontakt mit dem lebendigen Leben zu einem Bruch geführt.[30] Hofmannsthals Entgegnung lautete bekanntlich hart:

> [...] glaub mir, Eberhard, Dein Anteil, wo Du Anteil nimmst, an Schröder, an Borchardt, an mir, das ist doch ganz etwas anderes, aus einer anderen Wurzel entsprungenes, als das ewige Verständnis, die Allerweltsintimität, die ein solcher Philister für jedes, aber auch jedes neu auftauchende Kunstwesen aufbringt [...] er setzt auf *jedes* Pferd, das im Rennen läuft, ich finde das zum Sterben langweilig. [...] So viel Materie soll der Stein der Weisen in sich aufnehmen, als er zu sublimieren (im Geist aufzulösen) die Kraft hat, heißt es in einem alchimistischen Praecept, und das ist zu beherzigen. Kessler löst ja nichts, nichts im Geist auf – weil er, so traurig es zu sagen ist, nicht lebt.[31]

Hofmannsthals vernichtendes Urteil setzt jener Periode ein deutliches Ende, die er zu Jahrhundertbeginn in seinen privaten Aufzeichnungen mit dem Bekenntnis eröffnet hatte: „Erwarte von Kessler: Anleitung, fremde Charaktere zu genießen."[32] Jene Qualität, die Kessler einst in seinen Augen zu einem „Künstler in lebendigem Material" hatte werden lassen, das Zueinanderführen von Erscheinungen, das Verschaffen eines Anblicks,[33] hatte sich im Verlauf der zurückliegenden zwölf, dreizehn Jahre aufgrund von Kesslers Rastlosigkeit zu einem negativen Charakterzug entwickelt. Hofmannsthals Lehrzeit war seit langem beendet. Seine matte Reaktion auf Kesslers jüngste Expressionismus-Begeisterung erklärt sich nicht nur aus einer gewissen Ermüdung angesichts dieser Kette von ‚Entdeckungen', deren Ende nicht absehbar schien. Für Hofmannsthal stellte sich grundsätzlich der Wert eines solchen Engagements für den Betroffenen selbst in Frage. Bodenhausen gegenüber betonte er eindreiviertel Jahre später erneut: „Wie zweifelhaft bleibt es, ob ein Mensch wie Kessler einem geistigen Wesen jemals entscheidend

---

29 Ebd.
30 Vgl. ebd.
31 HvH an EvB, Rodaun, 28. April 1916. – BW HvH/EvB, S. 213 f. (Hervorhebung im Original.)
32 HvH, GW, Reden und Aufsätze III, S. 448.
33 Ebd.

dienen kann."[34] Diese Einschätzung entsprang nicht nur Hofmannsthals
kriegsbedingter Depression, die ihn den Geist in dieser Welt als „furchtbar
verlassen" empfinden ließ.[35] Für ihn hatte Kesslers Beistand keinen Wert
mehr, da ihm seiner Meinung nach jene Qualität mangelte, die Bodenhausens
Anteilnahme an seinem Wesen und Werk auszeichnete: „[...] das Entscheidende ist die Haltung, das Reife, Demütige und doch Hoffende, die Beschei-
dung, die Güte, – das Menschliche mit einem Wort."[36] Die lebenslange Begleitung von Phase zu Phase mit aller Intensität, Aufmerksamkeit und Tiefe
war es, was Hofmannsthal forderte, und was Kessler ihm nicht mehr zu geben vermochte. Der Vorwurf der Oberflächlichkeit, der mangelnden geistigen Durchdringung kultureller Phänomene steht im Raum. Er wird im folgenden anhand des Beispiels von Johannes R. Becher zu diskutieren sein.
Becher zählt mit dem Schriftsteller Max Goertz zu den letzten Protegés, deren Kessler sich seit 1916 annahm. Hier ist zum letzten Mal sein Versuch zu
beobachten, Einfluß auf Bildung und literarische Entwicklung eines hoffnungsvollen jungen Talents zu nehmen. Die alte Form des Mäzenatentums
konnte unter den veränderten politischen, gesellschaftlichen und ökonomischen Verhältnissen nach dem Ende des Ersten Weltkriegs nicht mehr fortge-
führt werden. Nach Bechers rascher Emanzipation lebte Kessler sein Bedürfnis nach Künstlerförderung und Kooperation nur noch in den Projekten der
Cranach-Presse aus.

Der Fall Becher läßt sich kurz verhandeln, zumal die relevanten Zeugnisse, Bechers dramatisches Frühwerk, nicht überliefert sind. Kesslers Beziehung zu dem späteren Minister für Kultur der DDR, den er als einen vierundzwanzigjährigen Morphinisten kennenlernte, wäre hier nur von marginalem
Interesse, wollte man allein den mäzenatischen Aspekt im Blick behalten.[37]
Becher ist jedoch der letzte Fall, wo Kessler einen jungen Dichter anregte,
seinen Zugang zur Dramatik zu suchen. Vergleichbares wäre dreizehn Jahre
später auch bei seiner Begegnung mit dem französischen Romancier Julien
Green, den Kessler sehr schätzte, denkbar.[38] Doch nach Greens eigener Aussage drängte sich ihm die dramatische Form selbst auf – allerdings erst im
Oktober 1950 (mit *Demain n'existe pas*), nachdem er vor dem Zweiten Weltkrieg Louis Jouvets beharrliche Bitten um ein Theaterstück noch hatte zu-

---

34 HvH an EvB, Rodaun, 3. Januar 1918. – BW HvH/EvB, S. 242.
35 Ebd.
36 Ebd., S. 241.
37 Diese wichtige Komponente der Kesslerschen Biographie ist bereits im Zusammen-
    hang mit seinem Engagement für Wieland Herzfelde, John Heartfield und George
    Grosz in den letzten beiden Kriegsjahren skizziert worden. Siehe Kapitel V.2.2.
38 Die erste persönliche Begegnung erfolgte in Weimar am 23. Juli 1929. Siehe die ent-
    sprechende Tagebucheintragung. – PB 1996, S. 625.

rückweisen müssen.[39] Bei Becher liegt die Sache anders. Hier gingen von Kessler starke Impulse aus, die sein Protegé aufnahm, fruchtbar machte oder verwarf. Möglicherweise glaubte Kessler anfangs, mit ihm eine ähnlich kreative Beziehung aufbauen zu können wie einst, um die Jahrhundertwende, mit Hofmannsthal. Sein zuweilen fast tägliches Zusammensein mit Becher im Frühjahr 1916, die Vehemenz, mit der er sich dem Jungen widmete, und die üblichen Mechanismen, die einsetzten, legen dies nahe. Angesichts Bechers schwieriger Persönlichkeitsstruktur war ein fortschreitender Prozeß der Desillusionierung jedoch unumgänglich; wie Kesslers Tagebücher dokumentieren, ist sie bis Jahresende 1916 zur Gänze erreicht. Gerhard Schuster und Margot Pehle haben den entsprechenden Abschnitt ihrer Marbacher Kessler-Ausstellung (1988) mit „Neue Jugend" betitelt.[40] Sie verweisen mehrfach auf die Funktion, die die Begegnung und Auseinandersetzung mit der jüngeren Generation bei Kessler erfüllte. In dem für seine Karriere wichtigen Jahr 1916 (und in der Folgezeit) weitete der Achtundvierzigjährige seinen Blick „auf gesellschaftliche Fragen, die bisher kaum seine Beachtung fanden."[41] Die expressionistische Dichtung diente dabei auch zur Herausbildung politischer Einsichten. Und doch war die Kluft des Generationenunterschieds existent, wie Kessler sie vor allem hinsichtlich des Krieges realisieren mußte: „Sehr bemerkenswert in dieser Hinsicht, dass die Jugend anfängt zu merken, dass dieser Krieg sie eigentlich garnicht angeht [...]"[42] Für so eigenwillige, starke Persönlichkeiten wie Wieland Herzfelde, John Heartfield, George Grosz und auch Becher erfüllte der Graf allein die Rolle des belesenen, interessierten, aufgeschlossenen und toleranten Mäzens, der mit seinen Verbindungen und finanziellen Ressourcen von Wert war. Dies sicherte Kessler wiederum den ihm so wichtigen Kontakt zum gärenden Leben, das Gefühl, am Umbruch teilzuhaben. Ermüdungserscheinungen lassen sich dennoch nicht übersehen. Sie korrespondieren in gewisser Weise Hofmannsthals zitiertem Vorwurf der Allerweltsintimität. Mitte Juli 1918 notierte der fünfzigjährige Kessler nach zweieinvierteljährigem ‚Kampf' mit Becher, daß jedes Wesen, mit dem man in Verbindung trete, einen mit in sein Schicksal verstricke. Die vielen fremden Schicksale, die einen wie Moos überwucherten, würden auch eine Gefahr bedeuten: „Schliesslich kann die eigene Gestalt wie bei einem Bau unter Epheu ganz verloren gehen."[43]

---

39 Vgl. Julien Green: Pourquoi je viens au théâtre. (Le Figaro, 27. Februar 1953.) In: Ders.: Œuvres complètes. Tome III. Textes établis, présentés et annotés par Jacques Petit. Paris 1973, S. 1721-1723.

40 Vgl. HGK, Katalog, S. 301-324.

41 Ebd., S. 301.

42 HGK, Tgb, Berlin, 17. Juli 1918. – DLA/A: Kessler.

43 HGK, Tgb, Berlin, 11. Juli 1918. – DLA/A: Kessler.

Harry Graf Kessler kommt das Verdienst zu, den drogensüchtigen und suizidgefährdeten jungen Becher – zeitweise gemeinsam mit Mechtilde Fürstin Lichnowsky – in den schwierigsten Zeiten unterstützt und als Autor an den Insel-Verlag vermittelt zu haben.[44] Kessler hat an ihm festgehalten, seine ersten Sanatoriums- und Entziehungskuren finanziert und ihm beharrlich Mut zugesprochen, auch nachdem er von ihm menschlich enttäuscht worden war. Die Rechtfertigung seines Engagements war das Potential, das er in diesem „ekstatischen Expressionisten" (Rolf Harder)[45] erkannte. Becher hatte zwar bereits 1914 mit der zweibändigen Lyriksammlung *Verfall und Triumph*, das als ein Hauptwerk des Expressionismus gehandelt wurde, seinen literarischen Durchbruch erreicht. Doch erst die Bindung an einen starken und renommierten Verlag wie den Insel-Verlag bot ihm die nötige Basis, um seine dichterische Begabung entfalten und seine stets gefährdete Existenz erhalten zu können. Das ist durch Kesslers Empfehlung an das ihm befreundete Verlegerehepaar Kippenberg ermöglicht worden. Nur so ist es verständlich, daß Katharina Kippenberg Kessler nach erfolgreichem Vertragsabschluß schrieb: „Schon Ihretwegen bin ich sehr glücklich darüber, denn wenn, wie wir so sehr hoffen, etwas wirklich Großes aus ihm wird, so haben Sie allein ihn entdeckt. Entdecken heißt doch, den Wert eines Künstlers zum ersten Male sehn."[46] Becher steckte zu Kriegszeiten inmitten eines Entwicklungs- und Reifeprozesses, den Kessler aufmerksam verfolgte. Kippenberg gegenüber bezeichnete er ihn als „das stärkste Talent, das seit Rilke in der deutschen Literatur aufgetreten ist",[47] aufgrund seines eigenen Sprachrhythmus', seines neuen Klangs, der plötzlich da sei, wenn „ein Großer auftritt", wie es vergleichbar bei Hölderlin, Nietzsche, George und Hofmannsthal der Fall gewe-

---

44 Am 15. April 1916 vereinbarten Kessler und Lichnowsky, Becher für die ersten drei Monate seines erforderlichen Sanatoriumsaufenthalts je 500 Mark und anschließend drei Jahre lang eine monatliche Apanage von 300 Mark zu zahlen. (Vgl. HGK, Tgb. – DLA/A: Kessler.) Durch Kesslers Vermittlung schloß der Insel-Verlag mit Becher im Mai 1916 einen großzügigen Fördervertrag ohne Rückzahlungspflicht. Schuster und Pehle resümieren: „Bei einer Option auf künftige Bücher innerhalb der nächsten vier Jahre zahlt der Verlag Becher à conto zu erwartender Honorare zunächst monatlich 100 (ab Januar 1917: 150, nach Vertragsverlängerung 1921: 600) Mark. Auf Rückerstattungsansprüche im Verschuldungsfall wird verzichtet." HGK, Katalog, S. 307 f.

45 Rolf Harder: Nachwort. In: Johannes R. Becher: Briefe 1909-1958. Veröffentlichung der Stiftung Archiv der Akademie der Künste. Hg. v. Rolf Harder unter Mitarb. v. Sabine Wolf u. Brigitte Zessin. Berlin/Weimar 1993, S. 529.

46 Katharina Kippenberg an HGK, Leipzig, 29. Mai 1916. Zit. nach: Becher und die Insel. Briefe und Dichtungen 1916-1954. Hg. v. Rolf Harder u. Ilse Siebert. Leipzig 1981, S. 10.

47 HGK an Anton Kippenberg, Nouzon (bei Charleville), 2. Mai 1916. Zit. nach: HGK, Katalog, S. 306.

sen sei.[48] Mit dem ihm eigenen Tempo hatte Kessler sich des dreiundzwanzig
Jahre Jüngeren angenommen: Noch am selben Abend ihrer ersten Begegnung, am 28. März 1916, ist er mit ihm in eine Vorstellung von *Macbeth* gegangen, den Max Reinhardt kürzlich am Deutschen Theater inszeniert hatte,
zwei Wochen später in Strindbergs *Traumspiel*; er hat ihm Gemälde von Ti-
zian und El Greco im Bode-Museum gezeigt und ihn in Weimar mit Henry
van de Velde zusammengebracht.[49] Und bereits drei Wochen nach Beginn
ihrer Bekanntschaft erteilte er Becher den Auftrag, für ein Honorar von 2.000
Mark William Shakespeares *Hamlet* zu übersetzen, der in der Cranach-Presse
mit den Illustrationen von Edward Gordon Craig herauskommen sollte.[50]

Direkte Vermittlungsdienste in der deutschen Theaterlandschaft unternahm Kessler nicht, dafür war Bechers dramatisches Frühwerk noch zu un-
reif. Nur in einem Fall ist Kesslers Empfehlung überliefert, Becher möge
doch wenigstens den Versuch machen, sein erstes vollendetes Drama soweit
umzuarbeiten, daß er es „ohne Vorwurf gegen sich selbst" auf die Bühne
bringen könne: *Auftrieb*, geschrieben im Sommer 1918.[51] Kessler hat ihm
hierzu offensichtlich nur des finanziellen Aspekts wegen „zugeredet", wie er
es nennt, nicht der literarischen Qualität oder des dramatischen Innovations-
charakters zuliebe. Becher habe eine solche Überarbeitung zugesagt, heißt
es,[52] obwohl er tags zuvor erklärt hatte, er wolle weder dieses Erstlingswerk
noch sein zweites Drama *Hans im Glück* (vollendet im Oktober 1918) publi-

---

48 Ebd.
49 Vgl. HGK, Tgb, Berlin, 28. März, 7. u. 9. April, u. Weimar, 12. April 1916. – DLA/
    A: Kessler. Eindrücke von den genannten Inszenierungen selbst sind in den Tagebü-
    chern nicht festgehalten. Es wird nur protokolliert, daß die ersten Szenen von *Traum-
    spiel* interessierten, danach aber der Widerwille gegen den Kitsch überwogen habe.
50 Vgl. HGK, Tgb, Berlin, 13. April 1916. – DLA/A: Kessler. Die Erfüllung dieses
    Auftrags wird an Bechers zerrütteter Gesundheit und an den Sanatoriumsaufenthalten
    gescheitert sein. Die Jahre 1917 und 1918 verbrachte er fast ununterbrochen in
    psychiatrischen Kliniken in Berlin, München und Jena. Der letzte Hinweis auf das
    Hamlet-Projekt findet sich in einem Brief Bechers vom 25. Juni 1917, in dem er Ka-
    tharina Kippenberg von seinem Wunsch, gesund zu werden, spricht: „Bin ich aber
    gesund –: dann ists mir nicht bange! So fühle ich mich jetzt noch wie zerschlagen,
    habe auch viel abgenommen, natürlich. Aber die Kräfte springen schnell wieder an ...
    und dann, liebste gnädige Frau, werden Sie von mir auch das Wunder erleben. Denn
    trotz körperlicher Beschwerden arbeite ich fleißig, unausgesetzt; vor allem drama-
    tisch! Zwei Stücke: das eine ein russisches Revolutionsdrama, das andere: Sieg der
    Menschheit betitelt ... mehr religiös-lyrisch. Und dann kommt noch der Urhamlet für
    Graf Kessler." Becher, Briefe 1909-1958, S. 67 f. Zum *Hamlet*-Druck der Cranach-
    Presse siehe das nachfolgende Kapitel VI.2.2.
51 Vgl. HGK, Tgb, Weimar, 2. März 1919. – DLA/A: Kessler. Dieser wichtige Passus
    über ihre Dramen-Diskussion ist in Pfeiffer-Bellis Ausgabe ausgelassen.
52 Ebd.

zieren, da sie seinen Ansprüchen nicht gerecht würden: „Wenn er ein Drama
veröffentliche, müsse es in der dramatischen Technik ebenso neu und eigen-
artig sein wie seine Gedichte in Verstechnik und lyrischem Stil. Er habe offenbar erst jetzt seine Primanerdramen geschrieben."[53] Becher bleib bei diesem Diktum. Hatte er Ende Oktober 1918 noch darauf gedrungen, diese beiden „Primanerdramen", vor allem *Auftrieb*, im Insel-Verlag in Druck zu geben, um sie in den Bühnenvertrieb bringen zu können,[54] so lehnte er im
Frühjahr 1919 eine Publikation definitiv ab. Sechs Wochen nach dem zitierten Gespräch mit Kessler, am 11. April 1919, schrieb er an Katharina Kippenberg: „Ich arbeite viel: Das Drama wird ganz neu: Sie hatten recht (und
Kessler hat merkwürdig schief gesehen) –: Es war mißlungen. (Wenn Sie
sich so auch nicht ausdrückten.) Es muß völlig neu begonnen werden."[55] Ob
sich diese Briefstelle tatsächlich auf *Auftrieb*, wie Kessler es nahegelegt hate,
oder aber auf *Hans im Glück* bezieht, ist unklar.

Grundsätzlich waren sich Kessler und Becher bewußt, daß es sich bei den
dramatischen Frühwerken um Experimente handelte. Der Anstoß hierzu war
von Kessler gekommen. Er hatte sich sehr bald unzufrieden gezeigt mit Bechers lyrischer Produktion, die – so seine Einschätzung – mit ihrer Utopia-
Beschwörung einem Schematismus zu verfallen drohte. Aus dieser künstlerischen ,Sackgasse' suchte Kessler ihn am 3. Juli 1916 mit der Ermunterung zu
locken, es einmal mit dem Roman oder Drama zu versuchen. Hier würde sich
ihm die Aufgabe der Menschengestaltung stellen.[56] Bechers Antwort kündigt
den grundlegenden Konflikt an, der im folgenden zwischen ihm und Kessler
bezüglich seiner Dramatik stets latent sein würde. Becher hatte keine Indivi-
dualzeichnung im Sinn. Gegebenenfalls würde er abstrakte Typen (wie etwa
den Bürger, den Arbeiter) als Handlungsträger wählen, um beispielsweise
„einen Konflikt im Zukunftsstaat" gestalten zu können.[57] Kessler sah in dieser Aussage nur den Beweis, daß Becher „für den Menschen, das Seelenle-
ben u. die Schicksale des Einzelnen, weder Phantasie noch Interesse" habe.[58]
Konsequenterweise lehnte er Bechers spätere Arbeiten wie den „Entwurf zu

---

53   HGK, Tgb, Weimar, 1. März 1919. – PB 1996, S. 143.
54   Am 23. Oktober 1918 berichtete Becher Katharina Kippenberg: „Gestern also habe
     ich mein zweites Drama beendet: ,Hans im Glück'. Ich hoffe, es Ihnen Anfang näch-
     ster Woche zusenden zu können. Bei dieser Gelegenheit: O daß Sie ,Auftrieb' recht
     bald in Druck geben. Es hängt ja für mich auch der Bühnenvertrieb usw. ab, Fragen,
     die mich ja leider wegen ihrer pekuniären Rolle interessieren müssen." Becher, Briefe
     1909-1958, S. 74 f.
55   Johannes R. Becher an Katharina Kippenberg, Jena, 11. April, 1919. – Becher, Briefe
     1909-1958, S. 79.
56   Vgl. HGK, Tgb, Berlin, 3. Juli 1916. – DLA/A: Kessler.
57   Ebd.
58   Ebd.

einem revolutionären Kampfdrama", zu dem sich 1924 die erste Fassung von *Arbeiter Bauern Soldaten* („Ein Festspiel", 1919) gemausert hatte, als Tendenzliteratur ab. In Kenntnis dieser Auseinandersetzung kann man Kesslers eigenes Dramenprojekt *Ivan Kalaïeff* von 1932 als einen Gegenentwurf ansehen: Dieses Fragment, das politische, philosophische und mystische Themen miteinander verquickt, ist von Kesslers starkem Willen zu sensibler Charakterzeichnung geprägt.[59] Inmitten seiner eigenen anspruchsvollen politischen Tätigkeit war Kessler Zeuge von Bechers Ringen und Suchen nach dem, was in ihm steckte. Ein Konsens war nicht zu erzielen. In der Reibung lag für Becher die Qualität ihrer Beziehung: fruchtbringende Auseinandersetzung statt Harmonie.

Der weitere Entwicklungsgang sei kurz umrissen. Die wenigen erhaltenen Briefe aus dieser Zeit dokumentieren, daß Becher seit Herbst 1916 einen Weg zur Dramatik suchte.[60] Diese frühen Versuche sind nicht überliefert; Rückschlüsse lassen sich nur aus Bechers Selbstzeugnissen ziehen. So beschäftigte ihn im Frühjahr 1917 (neben der *Hamlet*-Übersetzung für Kessler) das religiös-lyrische „Bühnen-Spiel in fünf Stücken" *Sieg der Menschheit* sowie ein Revolutionsdrama namens *Rußlands Not und Befreiung* (Schauspiel in fünf Aufzügen).[61] Mitte November 1917 ist von einem „Entwicklungsdrama" die Rede: *Eroberung* (Fünf Akte).[62] Zwei Jahre nach dem ersten, oben zitierten Gespräch mit Kessler bekannte Becher seinem Gönner schließlich, daß er zum Drama (als seinem höchsten Ehrgeiz) trotz aller Anstrengungen noch nicht gekommen sei. Er begründete es mit seiner Begabung für die Lyrik, die er doch als die einzige, ihm ganz gemäße Ausdrucksform ansah.[63] Vier Wochen später, am 7. Juli 1918, verwirft Becher in einem

---

59 Siehe Kapitel VI.4.2.

60 Am 11. November 1916 schrieb Becher an Katharina Kippenberg: „Außerdem habe ich die Exposition zu einem Schauspiel vollendet [...]" Siehe auch seinen Brief vom 18. Dezember 1916. Becher, Briefe 1909-1958, S. 59 bzw. 60.

61 Vgl. die Briefe Bechers an Katharina Kippenberg, Berlin-Wilmersdorf, 12. Mai 1917, u. Jena, 25. Juni 1917. – Becher, Briefe 1909-1958, S. 65 bzw. 68.

62 In einem Schreiben an Katharina Kippenberg vom 14. November 1917 führt Becher aus: „1. Akt: Um den Teich. 2. Akt: Unter der Brücke. 3. Akt: Dein Freund. 4. Akt: Wir Verstrickten. 5. Akt: Eroberung. Es ist beinahe ein Entwicklungsdrama. In Versen, in Chören, besonders im zweiten Akt, wo der Held unter der Brücke den Armen und Verbrechern seine Kindheit so heftig gestaltet, daß sie ihnen wirklich dünkt, daß sie erst gestern ihnen geraubt erscheint, so daß sie unter dieser Illusion aufbrechen, ihre Kindheit, ihr Paradies von den Reichen wiederzufordern. Damit beginnt die Revolution. ‚Auf die Barrikaden.' Dieser Akt sehr pathetisch, lyrisch, sentimental, alles, was man will, vor allem aber und einzig nur: zum Schluchzen menschlich." Becher, Briefe 1909-1958, S. 70.

63 Dieser Brief hat sich nicht erhalten. Er wird (ohne Datumsangabe) in Kesslers Tagebuch unter Bern, 10. Juni 1918, auszugsweise zitiert. – DLA/A: Kessler.

Gespräch ebendiese Lyrik und bekennt sein verzweifeltes Ringen um eine neue Form des Dramas, das „eine Art von Kult" sein sollte.[64] Für Kessler bieten diese Gespräche nur den Eindruck verworrener Vorstellungen; Becher hatte sich noch zu keinen klaren Zielen durchdringen können. Früchte seiner Anstrengungen sind schließlich zwei autobiographische Stücke: die Tragödie *Auftrieb*, die als „erstes Drama" zwischen Becher und Kessler im Gespräch war, und das Kessler gewidmete Drama *Hans im Glück*, vollendet am 22. Oktober 1918.[65] *Ikaros* („Dramatisches Gedicht in drei Teilen") wurde im September 1918 begonnen und erschien 1919 in *Die Erhebung*, einem von Alfred Wolfenstein herausgegebenen *Jahrbuch für neue Dichtung und Wertung*.

Auftrieb thematisierte, einer Notiz Kesslers zufolge, die Flucht des Menschen aus sich selbst hin zu anderen Menschen und Dingen, um in ihnen verankert zu sein und fortzuleben.[66] Kessler konzendierte dem Werk einen starken Zug, trotz der noch etwas zu nackten und unausgegorenen Verarbeitung des persönlichen Erlebnisses:

> [...] ein starkes, sprühendes Werk, noch ganz im Lyrischen verwurzelt, dadurch primitiv, aber doch mit grossen theatralisch-dramatischen Effekten; eine Art von expressionistischem Urfaust. Der Reichtum des Gewebes und die packende Einfachheit und Bildlichkeit und Klangschönheit der Sprache täuschen über die etwas dünne Psychologie hinweg. Becher hat darin sein Leben wie in einem Spiegel aufgefangen, einem konzentrierendem und glitzerndem Spiegel, in dem die Dinge wie verzaubert und entrückt erscheinen.[67]

Becher, dem die Mängel seiner ersten Arbeit sehr wohl bewußt waren, glaubte endlich den Weg zu seinem Ziel gefunden zu haben.[68] Kesslers positive Reaktion ermutigte ihn, die Linie der strengen, einfachen Komposition und Überwindung der lyrischen Perspektive fortzusetzen.[69] René Schickele, dem Kessler das Stück zu lesen gegeben hatte, zeigte sich hingegen ent-

---

64   „[...] er müsse eine neue Form des Dramas finden, um das auszudrücken, was er sagen wolle. [...] Das Shakespearesche Drama verwirft er, anerkennt nur das griechische, will ein Drama, das eine Art von Kult sein soll. Er verachtet den Witz, sagt, dass er keinen Humor habe, und gerade wegen seines Humors Shakespeare unausstehlich finde." HGK, Tgb, Berlin, 7. Juli 1918. – DLA/A: Kessler.

65   Beide Dramen lagen, wie erwähnt, dem Insel-Verlag vor, wurden jedoch nicht veröffentlicht. Vgl. Becher, Briefe 1909-1958, S. 556, Anm. zu S. 72.

66   Vgl. HGK, Tgb, Berlin, 28. Juli 1918. – DLA/A: Kessler.

67   HGK, Tgb, Bern, 11. Oktober 1918. Siehe auch die Eintragung Berlin, 28. September 1918. – DLA/A: Kessler.

68   Vgl. Bechers Begleitbrief zur Zusendung des I. Akts an Kessler, zitiert in HGK, Tgb, Berlin, 28. September 1918. – DLA/A: Kessler.

69   Vgl. Bechers Brief vom 10. Oktober 1918, überliefert in HGK, Tgb, Bern, 16. Oktober 1918. – DLA/A: Kessler.

täuscht, trotz einiger sehr schöner Stellen. Der Antrieb des Helden zur Revolution sei innerlich nicht motiviert.[70] Diese berechtigten Einwände schmälerten in Kesslers Augen dennoch nicht den Eindruck, daß Becher hier ein großer Wurf und ein Zeugnis leidenschaftlicher Gestaltung gelungen sei. Ob das auch bei *Hans im Glück* der Fall gewesen ist, kann nicht mehr überprüft werden. Dieses Drama, das wiederum „die Erlösung vom Triebe" thematisiert,[71] ist nicht überliefert. In ihm, namentlich im vierten Bild, hatte der nunmehr geheilte Becher der Beziehung zwischen Kessler und ihm „das reinste und ewigste Denkmal" errichten wollen.[72] Zutiefst dankbar für Kesslers unerschütterlichen Glauben an ihn, eignete er dem Grafen dieses Werk zu.[73] Kesslers Urteil über *Hans im Glück*, das er am 1. März 1919 überreicht bekam, ist nicht bekannt. Hatte Becher tatsächlich seine Ankündigung wahrgemacht und in der ,Kesslerschen Szene' „alle Süßigkeit" konzentriert, „die ich im Gedanken an Sie verspüre",[74] so dürfte der Beschenkte von solcher Indezenz unangenehm berührt gewesen sein. Nach dem Urteil Katharina Kippenbergs war auch dieses Drama nicht ganz gelungen: Der Einfluß von Büchner und Strindberg sei nicht zu übersehen. Rainer Maria Rilke gegenüber betonte sie jedoch den dokumentarischen Wert von *Hans im Glück*: Es zeuge von Bechers Stilwandel (hin zum Einfachen und Klaren) und besitze herrliche lyrische Partien – „eben das Talent, an das zu glauben ich nie aufgehört habe, ein Schimmer und Schein über den Versen, himmlisch..."[75]

1919 setzte ein neuer Entwicklungsabschnitt ein; er ist der letzte, den Kessler begleitete. Bechers Eintritt in die Jenaer KPD Anfang 1919 führte wider Erwarten nicht zum politisch sicheren Halt. Becher, der sich frühzeitig mit sozialistischen Ideen beschäftigt und die Oktoberrevolution in Rußland begrüßt hatte, hatte an der Novemberrevolution in Deutschland selbst nicht teilneh-

---

70 Vgl. HGK, Tgb, Vevey, 20. Oktober 1918. – DLA/A: Kessler.
71 Vgl. Katharina Kippenberg an Rainer Maria Rilke, Leipzig, 30. Oktober 1918. Zit. nach: Erinnerungen an Johannes R. Becher. Hg. v. Johannes-R.-Becher-Archiv der Deutschen Akademie der Künste zu Berlin. Frankfurt am Main 1974, S. 39 f.
72 Vgl. Johannes R. Becher an HGK, Jena, 21. Oktober 1918. – Becher, Briefe 1909-1958, S. 73.
73 Am 21. Oktober 1918 schrieb er Kessler aus Jena: [...] als kleine Gegenleistung soll Ihnen mein neues Stück ,Hans im Glück' geschenkt sein. Es ist das Rührendste, das Innigste, das Gefühlvollste und Inbrünstigste, was ich je geschrieben habe. Das vierte Bild gehört *ganz* besonders Ihnen. Wie könnte ich Sie besser lieben, als hier, wo ich unserer Beziehung das reinste und ewigste Denkmal errichte. [...]" Becher, Briefe 1909-1958, S. 73. (Hervorhebung im Original.)
74 Ebd., S. 74.
75 Katharina Kippenberg an Rainer Maria Rilke, 30. Oktober 1918. Zit. nach: Erinnerungen an Johannes R. Becher, S. 40.

men können.[76] Nach anfänglich engagierter Arbeit in der KPD zeigte er sich Anfang September 1919 von der Partei und der revolutionären Energie der Arbeiter enttäuscht.[77] Erst im Frühjahr 1923 schloß er sich mit seinem Wiedereintritt eng an die KPD an, um ihren Zwecken diszipliniert und engagiert zu dienen. Dazwischen lag eine Phase religiöser Auseinandersetzung, bedingt durch die Freundschaft mit dem strenggläubigen Maler Ludwig Meidner, einem bedeutenden Vertreter des künstlerischen und literarischen Expressionismus.[78] Wieder erhielt Becher durch Kessler wichtige Anregungen. So wiesen ihm die Lutherschen Psalmen, die Kessler ihm zur Lektüre gegeben hatte, nach eigener Auskunft Anfang August 1919 den Weg zur Änderung seines dramatischen Stils.[79] Aus diesen Überlegungen ging das Festspiel *Arbeiter Bauern Soldaten. Aufbruch eines Volks zu Gott* hervor: „Zuerst ein Einzelmensch, der seine revolutionären Ideen um sich verbreite, und schließlich ein ganzes Volk als handelnde Person. Am Schlusse solle das Drama sogar ins Publikum, ins Parkett mit hinüberspielen."[80] Dieses Festspiel spiegelt Bechers begeistertes Bekenntnis zu den Ereignissen in Sowjetrußland und der deutschen Novemberrevolution. Dem Dichter obliegt die Mission, zum Führer der unterdrückten Massen zu werden und zur Erhebung aufzurufen. Dem Menschenzug von Arbeitern, Bauern und Soldaten, der durch eine Wüste „dem Wunder entgegen" ins „Land der Verheißung" zieht, schließen sich auch der Tyrann und der Reiche an, sich der Macht und ihres Reichtums entkleidend, um wie die Zuschauer an der Menschheitsverbrüderung teilzuhaben.[81] Die konkreten Revolutionsereignisse gestaltete Becher erst 1924 in seiner Umarbeitung zu *Arbeiter, Bauern, Soldaten*, in der gesellschaftliche Ursachen benannt werden.

Im April 1923 war Bechers politisch-weltanschaulicher Klärungsprozeß weitgehend abgeschlossen. Er trat wieder in die KPD ein und wechselte vom Insel-Verlag zum kommunistischen Malik-Verlag seines Freundes Wieland Herzfelde – als den einzigen deutschen Verlag, der ein Gesicht habe, wie er

---

76   Becher hatte erst am 7. November 1918 seine letzte, entscheidende Morphiumentziehungskur in der Psychiatrischen Klinik von Otto Binswanger in Jena beendet. Vgl. Jens-Fietje Dwars: Abgrund des Widerspruchs. Das Leben des Johannes R. Becher. Berlin 1998, S. 112.
77   Vgl. HGK, Tgb, Berlin, 4. September 1919. – PB 1996, S. 202.
78   Vgl. Rolf Harder: Nachwort. In: Briefe an Johannes R. Becher 1910-1958. Veröffentlichung der Stiftung Archiv der Akademie der Künste. Hg. v. Rolf Harder unter Mitarb. v. Sabine Wolf u. Brigitte Zessin. Berlin/Weimar 1993, S. 588.
79   Vgl. HGK, Tgb, Berlin, 3. u. 5. August 1919. – PB 1996, S. 298.
80   HGK, Tgb, Berlin, 4. September 1919. – PB 1996, 202.
81   Vgl. Käthe Rülicke-Weiler: Nachwort. In: Johannes R. Becher: Gesammelte Werke. Bd. 8: Dramatische Dichtungen. Hg. v. Johannes-R.-Becher-Archiv der Deutschen Akademie der Künste zu Berlin. Berlin/Weimar 1971, S. 807-810.

Kessler bekannte.[82] Letzterer konnte den nachfolgenden Werken kaum Sympathie entgegenbringen. Sie waren für ihn reine Tendenzliteratur ohne künstlerischen Wert, zeit- und zweckgebunden. Nie vermochte ihn Bechers These zu überzeugen, daß Problem und Tendenz auch in der Kunst einen eigenen, unabhängigen Wert besitze: Nur das Werk, das nützlich in die Bewegung der Zeit eingreife, sei künstlerisch vollwertig, so Becher.[83] Folglich fiel Kesslers Urteil über die umgearbeitete Fassung des Festspiels *Arbeiter Bauern Soldaten* (1919) zum revolutionären Kampfdrama *Arbeiter, Bauern, Soldaten* (1924) negativ aus:

> Das Meiste hätte auch ein begabter kommunistischer Parteisekretär ebenso gut gemacht. Das sei nicht revolutionär im wahren Sinn des Wortes, sondern blosse Anpreisung der Revolution, Reklame, die mit wenigen Wortänderungen sofort auch für eine andre Partei zu verwenden wäre. Das eigentlich Revolutionäre aber, die umwälzende neue und zwingende dichterische Vision fände ich nicht.[84]

Becher rechtfertigte sein Werk, das er bewußt als „Entwurf" zu einem revolutionären Kampfdrama bezeichnet hatte, mit dem Hinweis, daß er in Hinblick auf seinen Adressatenkreis populär schreiben müsse. *Arbeiter, Bauern, Soldaten* hatte im übrigen genügend Sprengkraft, um die Anklageschrift vom 6. August 1927 in jenem Prozeß zu bereichern, den die Justiz der Weimarer Republik gegen Becher wegen „Literarischen Hochverrats" seit 1925 anstrengte.[85] Becher schien sich der Gefahr bewußt zu sein, die Kessler bei ihm und anderen kommunistischen Dichtern sah: die Verflachung und Auslöschung des künstlerischen Potentials durch die Unterwerfung unter eine fremde, starre Weltanschauung. Bechers Überzeugung, das sei letztlich eine Frage der individuellen geistigen und künstlerischen Widerstandskraft, ließ ihre Diskussion offen enden. Ein Kommentar zu Bechers nächstem Stück, *Der Große Plan. Epos des sozialistischen Aufbaus* (1931), das 1932 von der Jungen Volksbühne in den Wilhelmsdorfer Tennishallen in Berlin uraufgeführt wurde, ist nicht überliefert. Kessler scheint der Aufführung nicht beigewohnt zu haben.

Kehren wir zum Ausgangspunkt unserer Überlegungen zurück: zum Hofmannsthalschen Wort vom Dienen. Im hier vorgestellten Fall Becher stellt

---

82 Vgl. HGK, Tgb, Berlin, 10. April 1923. – DLA/A: Kessler.
83 Vgl. HGK, Tgb, Berlin, 27. Dezember 1923. – DLA/A: Kessler.
84 HGK, Tgb, Berlin, 31. Juli 1924. – DLA/A: Kessler.
85 Johannes R. Becher wurde wegen seiner Aktionen und Publikationen der Jahre 1924 bis 1926 angeklagt, einer staatsfeindlichen Verbindung anzugehören, die anstrebte, die verfassungsmäßig festgestellte republikanische Staatsform des Reichs gewaltsam zu ändern. Siehe den Auszug der Anklageschrift des Oberreichsanwalts von Leipzig, 6. August 1927. In: Erinnerungen an Johannes R. Becher, S. 52-54.

sich die Frage, ob die so formulierte Aufgabe für die Betroffenen von Relevanz war. Nach Auskunft seines Biographen Jens-Fietje Dwars erfüllte sich für Becher mit Kessler „der Traum von einem Mäzen, der Großzügigkeit mit Einfühlungsvermögen und Sachkenntnis verbindet".[86] Eine Seite von Kesslers Förderung mußte dem Dichter zeitweise wichtiger sein als die Frage geistiger Mentorschaft: Kesslers finanzielle Unterstützung, die ihn in diesen Jahren realiter vor dem Verhungern bewahrte. Die Rolle der Lektorin und Betreuerin seines dichterischen Talents fiel Katharina Kippenberg zu. Sie war Becher bis zu seiner Trennung vom Verlag Mitte der zwanziger Jahre unverzichtbar. Seine Dankbarkeit gegenüber dem Grafen hat er, wie auch Craig und Goertz, zeit seines Lebens nie geleugnet.[87] Und Kessler? Becher war ihm letztlich nur ein Experiment gewesen. Interessiert und unter charakteristischer Distanzwahrung verfolgte Kessler seine literarische Entwicklung. Er beobachtete das, was Becher selbst nach einem erneuten Selbstmordversuch Anfang Juli 1918 als den Inhalt seines Daseins bezeichnet hatte: den Kampf zwischen seinem Dämon (d.h. seiner Sinnlichkeit, Morphium- und Kokainsucht) und seinem Schöpfertum.[88] Kessler ließ es kaum zu, sich von der persönlichen Tragödie Bechers erschüttern zu lassen. Sie stellte „innerhalb des ungeheuren Weltunterganges", in dem sie sich im Ersten Weltkrieg befanden, nur einen tragischen Einzeluntergang dar,[89] der freilich den „genialste[n] Dichter aus der Generation des Weltkrieges"[90] betraf. Drei Jahre lang blieb ihm Becher „ein Gast aus der Hölle",[91] voll von phantastischen Geschichten,

---

86 Dwars, Abgrund des Widerspruchs, S. 87.
87 In seinem literarischen Tagebuch *Auf andere Art so große Hoffnung* notierte Becher am 25. September 1950 anläßlich des Todes von Anton Kippenberg: „Ihm, dem Leiter des Insel-Verlags, habe ich Außerordentliches zu verdanken. Er gehört zu den Menschen, neben Harry Graf Keßler und Fürstin Lichnowsky, die mich vor dem Tod des Verhungerns (wörtlich zu nehmen) gerettet haben [...]" Johannes R. Becher: Auf andere Art so große Hoffnung. Tagebuch 1950. Berlin (DDR) 1951, S. 507. Die Lektüre dieser Tagebuchstelle ließ ein Jahr später den Schriftsteller Franz Hammer einen Gedanken wiederaufgreifen, den er bereits drei, vier Jahre zuvor vergeblich umzusetzen versucht hatte. In einem Schreiben an Becher regte Hammer am 9. Juni 1951 an, in Weimar eine Kessler-Ausstellung zu veranstalten, bei der nicht nur die Cranach-Presse-Drucke gezeigt werden, sondern auch „das Lebenswerk und die Bedeutung dieses großen Mannes gewürdigt werden sollte." Diese Ausstellung wie auch eine Gedenktafel, die man an Kesslers Wohnhaus in der Cranachstraße 15 anbringen sollte, würde die Chance zur Rehabilitierung und Ehrung des von den Nationalsozialisten geächteten Kessler bieten. Vgl. Briefe an Johannes R. Becher 1910-1958, S. 417 f.
88 Vgl. HGK, Tgb, Berlin, 7. Juli 1918. – DLA/A: Kessler.
89 HGK, Tgb, Berlin, 8. August 1918. – DLA/A: Kessler.
90 HGK, Tgb, Berlin, 7. Juli 1918. – DLA/A: Kessler.
91 HGK, Tgb, Berlin, 28. Juli 1918. – DLA/A: Kessler.

bis Becher sich Ende 1918 von seiner Drogensucht befreien konnte und kurz
darauf mit seiner Bindung an die KPD letztlich die entscheidende Lebens-
wende nahm. Zu Bechers literarischer und politischer Arbeit in den zwanziger Jahren, die ihn mehrfach in Kollision mit der Weimarer Obrigkeit brachte, fand Kessler kaum Zugang. Allein der Gedichtband *Die hungrige Stadt*
von 1927 sprach ihn an, weil dort sein lyrisches Talent nach jahrelanger Ver-
ödung durch die Politik wieder zum Durchbruch gekommen sei.[92] Kessler
erfuhr hier eine späte Rechtfertigung seines Mäzenatentums. Mit Verwunderung blickte er am 23. August 1927 bei einem Wiedersehen auf seinen ehemaligen Protegé: „Vom früheren Heldenjüngling und Morphinisten ist nichts
mehr zu sehen, sondern nur ein recht wohlgenährter, breiter, ja schon etwas
fetter junger Mann, der mit ruhigen, unbekümmerten Augen durch eine goldene Brille einen anschaut.“[93] Das also war das Ergebnis jenes Experiments,
das Harry Graf Kessler elf Jahre zuvor angekündigt hatte. Seine Antwort auf
Hofmannsthals spätere Frage, ob ein Mensch wie er einem geistigen Wesen
jemals entscheidend dienen könne, ist in einer Reflexion vom 15. Juni 1916
zu finden:

> Ich korrumpiere ihn, vielleicht absichtlich. Sein Vater soll von ihm geäussert haben:
> „Ich weiss, mein Sohn ist ein Genie, eine Erscheinung wie Schiller oder Kleist. Aber
> ein Genie muss hungern, sonst wird Nichts daraus.“ Ich sage umgekehrt: Ein Genie
> muss Geld haben; dann erst erweist es sich, ob es echt ist; ob es Kraft hat. Erst wenn
> Armut und Reichtum daran herum geätzt und es nichts angegriffen, nichts zerstört ha-
> ben, erweist es sich als wert, die Menschheit zu führen.[94]

2.2. Der *Hamlet*-Druck der Cranach-Presse (1911-1930)

„I think you are the most patient man living.“[95] Was Edward Gordon Craig
Mitte April 1928 gegenüber seinem Förderer und Privatpressenleiter Kessler
bewundernd äußerte, sollten Gerhart Hauptmann und William Rothenstein zu
Beginn des Jahres 1930 wiederholen. Am Silvesterabend 1929 war die fertiggestellte deutsche Luxusedition von William Shakespeares *Die tragische
Geschichte von Hamlet Prinzen von Dänemark* bei ihrem Bearbeiter in Rapallo eingetroffen. Achtzehn Jahre sorgfältigster Planung und Vorbereitung,
kriegs- und krankheitsbedingter Pausen lagen hinter ihr. Hauptmann sprach

---

92 Vgl. HGK, Tgb, Berlin, 23. August 1927. – DLA/A: Kessler. Der Gesprächsabschnitt
    über *Die hungrige Stadt* fehlt in Pfeiffer-Bellis Ausgabe.
93 HGK, Tgb, Berlin, 23. August 1927. – PB 1996, S. 559.
94 HGK, Tgb, Berlin, 15. Juni 1916. – DLA/A: Kessler.
95 EGC an HGK, Genua, 15. April 1928. – BW EGC/HGK, S. 192.

in seinem bewegten Dankschreiben nicht nur die Zuversicht aus, daß seine Bearbeitung, zu der er sich mit Stolz bekannte, „auf die Länge der Zeit nicht [...] zu umgehen"[96] sei. Er dankte ebenfalls für Kesslers Beharrlichkeit im Fall der Illustrationen: „Man freut sich besonders auch darüber, dass es Ihnen gelungen ist, Gordon Craigh [sic!] festzuhalten, um seiner und des Werkes willen, und rechnet Ihnen auch das, lieber Graf Kessler, als grosses Verdienst."[97] „Man", das waren der Schriftsteller und Karikaturist Max Beerbohm, ein Jugendfreund Craigs, und der Maler Rothenstein, der noch vor Hauptmann Kessler seine Begeisterung über das herrliche Buch mitteilte: „I know of no one but yourself who is to have got this completest work from Craig."[98]

Kessler hatte die Erfüllung seines langjährigen Wunsches, auf der Cranach-Presse eine *Hamlet*-Ausgabe nach seinen eigenen ästhetischen und typographischen Vorstellungen einzurichten und zu drucken, harte Kämpfe gekostet. Neben Vergils *Eclogae* war *Hamlet* das zweite Prestigeprojekt, das vorbereitet wurde, noch ehe die Privatpresse im Juli 1913 gegründet wurde und ihre Arbeit aufnahm. In beiden Fällen sollte das Resultat die Anstrengungen lohnen: Die 1926 fertiggestellte lateinisch-deutsche Ausgabe der *Eclogae* (in der Übersetzung von Rudolf A. Schröder, mit Holzschnitten von Aristide Maillol) wurde 1927 auf der Leipziger Buchkunstausstellung als „Schönstes Buch des Jahres" prämiert, drei Jahre später gewann der deutsche *Hamlet* dieselbe Auszeichnung. Gerhart Hauptmann als Neubearbeiter und Übersetzer des Shakespeareschen Textes war in diesem langen Arbeitsprozeß nicht erste, sondern dritte Wahl gewesen. Die Konstante hingegen stellte Craigs Beteiligung am Projekt dar, dessen Beginn auf den 1. November 1911 zu datieren ist.[99] Kessler befand sich zu diesem Zeitpunkt in London, um einige Vorstellungen der Herbstsaison der Ballets Russes in Covent Garden zu sehen. Als er am 30. Oktober 1911 Edward Gordon Craig besuchte, sah er sich dessen Screens, Zeichnungen und kleine Holzfiguren an, die Craig für Shakespeares *Hamlet* angefertigt hatte. Kessler war von den Papierabdrukken, die er von diesen Holzfiguren gemacht hatte, tief beeindruckt: Sie seien

---

96   Gerhart Hauptmann an HGK, Rapallo, 4. Januar 1930. – DLA/A: Kessler.

97   Ebd.

98   William Rothenstein an HGK, 2. Januar 1930. Zit. nach: BW EGC/HGK, S. 215.

99   Renate Müller-Krumbach zufolge hat Kessler bereits im September 1910 an eine Veröffentlichung von Figurinen und Dekorationsentwürfen, die Craig für *Hamlet* gemacht hatte, gedacht. Anton Kippenberg, der Leiter des Insel-Verlags, lehnte den Vorschlag jedoch unter Berufung auf den Mißerfolg der bisher bei ihm erschienenen Craigschen Bücher ab (*Isadora Duncan – sechs Bewegungsstudien*, 1906, und Hugo von Hofmannsthals „Zwischenspiel" *Der weisse Fächer* mit vier Holzschnitten Craigs, 1907). Vgl. Renate Müller-Krumbach: Harry Graf Kessler und die Cranach-Presse in Weimar. Hamburg 1969, S. 56.

den schönsten Holzschnitten des Quattrocento an die Seite zu setzen, „so vollkommen ist in ihnen das Gleichgewicht zwischen Linie und Bedeutung, zwischen innerem Feuer und packender dekorativer Wirkung."[100] Infolgedessen bot er dem Künstler zwei Tage später an, in der Cranach-Presse einen Dramenband mit Figuren und Holzschnitten solcher Art herauszubringen. Kessler schlug hierfür Shakespeares *Antony and Cleopatra* oder *Macbeth*, Goethes *Faust* oder John Miltons Masque *Comus* vor. Craigs Gegenvorschlag, auf den sie sich letztlich einigten, war naheliegender: Es war *Hamlet*, dessen Inszenierung am Moskauer Künstlertheater er zu diesem Zeitpunkt vorbereitete.[101] Dieses Stück nahm in Craigs künstlerischer Arbeit einen besonderen Stellenwert ein. Als junger Mann hatte er die Titelrolle in fünf verschiedenen Inszenierungen gespielt, bis er 1897 seine Schauspielerkarriere abbrach. Interessanter ist in unserem Zusammenhang jedoch die Tatsache, daß Craig selbst eine bibliophile *Hamlet*-Ausgabe plante, ehe Kessler ihm eine solche Möglichkeit offerierte. In der fünften Nummer seiner Zeitschrift *The Mask* kündigte er im Juli 1908 an: „We have the pleasure of announcing the publication of an Edition of ‚Hamlet' which we believe will be without its parallel in the History of the European Stage."[102] Der Text der ersten Folio-Ausgabe sollte auf handgeschöpftem Papier gedruckt werden, unter Verwendung der De Vinne-Type, die szenischen Entwürfe als Holzschnitte reproduziert. Craig schwebte offenbar die exklusive Ausgabe eines Regiebuchs vor. Die Edition sollte nicht nur Text und Nebentext enthalten, sondern auch eine detaillierte Erläuterung seines Regiekonzepts: „It will also contain ground plans of each scene and full directions as to how to light the play. Every movement of the Actors will be noted at the side of the Text, and at times a design will help the student to the full significance of the movements."[103] Die Ausgabe, die offenkundig in Kontext mit Craigs Florentiner Theaterschule stand, wurde von vornherein als eine kostspielige und umfangreiche annonciert – sie sollte möglicherweise drei Bände umfassen.[104] Ob Harry Graf Kessler von diesem frühen buchkünstlerischen Projekt Kenntnis hatte, ist nicht bekannt. Craigs spätere Vermutung, diese Ankündigung von 1908 hätte den Grafen dazu gebracht, den *Hamlet*-Druck vorzuschlagen,[105] erscheint an-

---

100 HGK, Tgb, London, 30. Oktober 1911. – DLA/A: Kessler. Siehe auch Lindsay M. Newmans Erläuterung in: BW EGC/HGK, S. 82.
101 Die Premiere fand am 5. Januar 1912 statt.
102 Zit. nach: Colin Franklin: Fond of Printing. Gordon Craig as Typographer and Illustrator. London 1980, S. 17.
103 Ebd.
104 Ebd.
105 „It was, I believe, this announcement which led Ct. Kessler to propose issuing the Cranach Press *Hamlet*. [...]" Zit. nach: Franklin, Fond of Printing, S. 15.

gesichts des Ganges der Ereignisse, wie ihn die Kessler-Quellen dokumentieren, unwahrscheinlich.

Kessler plante, in der Cranach-Presse zwei Editionen herzustellen, eine
deutsche und eine englische.[106] Craig favorisierte die First Quarto-Ausgabe
von 1603, bis Kessler im Mai 1929 den Shakespeare-Experten John Dover
Wilson kennenlernte, der den Text des Second Quarto (1604/05) kürzlich
rehabilitiert hatte. Auf Kesslers Wunsch hin übernahm Dover Wilson die
Herausgabe der englischen Edition und brachte das *Hamlet*-Projekt somit auf
den neuesten wissenschaftlichen Stand.[107] Die Übersetzung des First Quarto
ins Deutsche sollte zunächst Alfred Walter Heymel liefern. Heymel hatte
Christopher Marlowes Historiendrama *The troublesome raigne and lamenta-
ble death of Edward the Second, King of England* (1594) übersetzt, auf das er
einst durch Kessler aufmerksam gemacht worden war.[108] An diese Leistung
sollte er nun anknüpfen, wie Kessler ihm am 9. April 1913 schrieb: „Nur Du
kannst, nach den Erfahrungen, die Du beim Marlowe gesammelt hast, den
atemlosen Rhythmus, den *balladenhaften Ton*, die *großen, heiß hervorspru-
delnden Perioden* dieses Ur-Hamlet nachschaffen".[109] In den neuen, schönen
Typen gesetzt und mit Craigs Holzschnitten ausgestattet, würde es „ein absolut epochemachendes Buch" werden.[110] Heymels Tod wenige Monate nach
Ausbruch des Ersten Weltkriegs machte diesen Plan jedoch zunichte. Mitte
April 1916 erteilte Kessler dem vierundzwanzigjährigen Johannes R. Becher
den Übersetzungsauftrag und stellte ihm ein Honorar von zweitausend Mark
in Aussicht. Diese Übertragung, an der Becher mindestens bis Ende Juni
1917 gearbeitet hat,[111] ist nicht abgeschlossen worden. 1927 fiel die Wahl
schließlich auf Gerhart Hauptmann.

---

106 Der lange Arbeitsprozeß und die enge Zusammenarbeit von Kessler und Craig am
    Hamlet kann en détail in Lindsay M. Newmans vorzüglicher Edition ihres Brief-
    wechsels studiert werden. In diesem Band sind zahlreiche Entwürfe und Druckseiten
    aus beiden *Hamlet*-Editionen der Cranach-Presse reproduziert. Newman hat ver-
    dienstvollerweise eine Konkordanz in den Anhang gestellt, die Craigs für *Hamlet* ge-
    schnittene neunzig Druckstöcke auflistet und ihre Verwendung in der deutschen und
    englischen Ausgabe sowie ihre Herkunft (Modellbühne, Ausstattungsentwurf) nach-
    weist. Siehe BW EGC/HGK, S. 333-340.
107 Vgl. HGK an EGC, London, 15. Mai u. 4. Juni 1929, sowie EGC an HGK, Genua,
    6. Juni 1929. – BW EGC/HGK, S. 241-243.
108 *Eduard II.* Tragödie von Christopher Marlowe, Deutsch von Alfred Walter Heymel.
    Die Übersetzung erschien 1912 im Leipziger Insel-Verlag und ist Harry Graf Kessler
    als ihrem ersten Anreger gewidmet. Vgl. Theo Neteler: Verleger und Herrenreiter.
    Das ruhelose Leben des Alfred Walter Heymel. Göttingen 1995, S. 90-93.
109 HGK an Alfred Walter Heymel, Paris, 9. April 1913. – DLA/A: Heymel 62.1550/51.
    (Hervorhebungen im Original.)
110 Ebd.
111 Siehe Kapitel VI.2.1, Anm. 50.

Dieser späte Zeitpunkt erklärt sich aus den anderweitigen Verpflichtungen, denen Kessler seit Kriegsende nachgehen mußte. Seine politische Tätigkeit ließ ihn erst im August 1922 den Kontakt zu Aristide Maillol wiederauf-
nehmen, so daß in den folgenden Jahren bis April 1926 zunächst der Vergil-
Druck (*Eclogae*) im Zentrum der Pressenarbeit stand. Der nachfolgende gesundheitliche Zusammenbruch Kesslers im Juni 1926 bedingte einen erneuten, elfmonatigen Ausfall. Als der Graf Ende Mai 1927 nach langer Rekonvaleszenz zur Leipziger Buchkunstausstellung nach Deutschland zurückkehrte, kam es dort zu einer folgenreichen Begegnung. Gerhart Hauptmanns
großer Bewunderung für den Vergil-Druck verdankte sich zunächst nur der
Plan, auf der Cranach-Presse eine Luxusedition seines Versepos *Till Eulenspiegel* zu drucken. Das Projekt wurde wenige Tage später in Bad Liebenstein besprochen.[112] Kessler gewann dabei nicht nur Einblick in den Schaf-
fensprozeß des *Till*, sondern erfuhr auch von Hauptmanns neuer Version des
Shakespeareschen *Hamlet*, die im Herbst dieses Jahres am Staatstheater
Dresden von Paul Wiecke uraufgeführt werden sollte.[113] Hauptmann hatte in
der kanonischen Übersetzung August Wilhelm von Schlegels (1843/44) starke Eingriffe vorgenommen, um die in seinem Sinne ursprüngliche Fassung
von Shakespeares Tragödie wiederherzustellen. Seine Version, die die politischen Handlungsstränge betonte und aus der Titelfigur einen aktiven, politisch denkenden Helden machte, wurde bei der Uraufführung scharf attak-
kiert.[114] Der für Experimente immer aufgeschlossene Kessler schlug Hauptmann zunächst vor, seine Zusätze und Änderungen in den geplanten *Hamlet*-
Druck in Rotdruck einzufügen.[115] In diesem Sinne sahen die am 19. Oktober
1927 fixierten Vereinbarungen vor, Hauptmanns Dresdner Bearbeitung, der
der Dichter ein erläuterndes Nachwort und eine Anzahl von Anmerkungen

---

112 Das Buchprojekt kam nie zur Ausführung. Die Illustrationen sollte George Grosz
    anfertigen, der kurz zuvor bei der Verfilmung von Hauptmanns Drama *Die Weber*
    mitgewirkt hatte (Regie Friedrich Zelnik, uraufgeführt am 14. Mai 1927 in Berlin).

113 Da Wiecke überraschend in den Ruhestand versetzt worden war, übernahm Gerhart
    Hauptmann die Inszenierung schließlich selbst. Sie hatte erst am 8. Dezember 1927
    Premiere.

114 Dramaturgische Eingriffe, Umstellungen von Szenen und Textpassagen, sprachliche
    Schnitzer sowie die neu hinzugedichteten Textabschnitte und Szenen erschienen als
    Sakrileg. Das Experiment wurde mit Interesse zur Kenntnis genommen, konnte je-
    doch nicht überzeugen. Siehe die Uraufführungskritiken in Günther Rühle: Theater
    für die Republik. Im Spiegel der Kritik. Bd. 2: 1926-1933. Frankfurt am Main 1988,
    S. 831-838. Siehe auch Hauptmanns erläuternde Marginalie: Hamlet. Einige Worte
    zu meinem Ergänzungsversuche. In: Ders.: Sämtliche Werke. Bd. VI: Erzählungen,
    theoretische Prosa. Hg. v. Hans-Egon Hass, fortgeführt v. Martin Machatzke. Berlin
    1996, S. 943-961.

115 Vgl. HGK, Tgb, Bad Liebenstein, 2. Juni 1927. – PB 1996, S. 541 f.

hinzufügen wollte, der Cranach-Presse zur Verfügung zu stellen.[116] Gegen Jahresende entschloß sich Hauptmann zu einer vollständigen Neugestaltung und Übersetzungsbearbeitung, die die Ansätze der Dresdner Fassung fortführen würde.[117]

Das Ergebnis des langjährigen Arbeitsprozesses war ein buchkünstlerisches Meisterwerk, das die höchsten drucktechnischen Anforderungen stellte. Das komplizierte Layout ergab sich aus der Umrahmung des Dramentextes mit den drei *Hamlet*-Quellen, die Shakespeare zugrunde lagen: Saxo Grammaticus (*Danorum Regum Heroumque Historiae*, Paris 1514), François de Belleforest (*Discours Mémorables de Plusieurs Histoires Tragiques*, Lyon 1581) und *The Hystorie of Hamblet* (London 1608). In diese Anordnung wurden Craigs Illustrationen eingefügt. Sie verliehen dem Layout seine besondere Lebendigkeit und Plastizität. Die Holzschnitte vermochten jeden beliebigen Raum auf der Seite zu füllen, und Craig spielte mit den Möglichkeiten, die sich ihm hier boten: „Die „Arrangements" oder „Compositions" genannten Szenenbilder überschritten eine Seite, standen in der Mittelspalte des Textes oder besetzten den Seitenrand; Vignetten markierten den Akt- oder Szenenschluß. Die Bühnenbildeffekte wurden durch das Arrangement kleiner rechteckiger Holzstöcke simuliert, in die horizontale und vertikale Linien unterschiedlicher Dichte geschnitten waren; der Druck in verschieden schwarzen und grauen Tonabstufungen führte zu der gewünschten räumlichen Wirkung. Craig hatte damit ein typographisches Äquivalent zu seinen beweglichen Screens geschaffen.[118] Der Wert des *Hamlet*-Drucks liegt neben seiner Schönheit in der definitiven Umsetzung von Craigs Visionen, wie Colin Franklin konstatiert:

> No stage production could quite answer to Craig's visionary demands of Scene, the abstract etchings and voiceless drama. The irony of it all is that a book could. In the printed *Hamlet* we have it all: black figures, screens, light and juxtaposition, without the distraction of an actor's voice. His ideal stage became the Cranach Press book.[119]

---

116 Geplanter Erscheinungstermin war das Frühjahr 1928. Die Auflage sollte etwa 300 ‚gewöhnliche' Exemplare (Preis ca. M. 200,-), 30 bis 40 Luxusexemplare auf Japan-Papier (ca. M. 500,- bis 600,-) und 10 bis 15 Exemplare auf Pergament (ca. M. 1.200,- bis 1.600,-) betragen. Zehn Prozent des Verkaufserlöses sollte Gerhart Hauptmann zukommen. Vgl. den Brief HGKs an Gerhart Hauptmann, Berlin, 19. Oktober 1927. – Staatsbibliothek zu Berlin/Preußischer Kulturbesitz/Briefnachlaß Gerhart Hauptmann. [Künftige Sigel: SB/PK: GH BrNL.]

117 Siehe Gerhart Hauptmann: Shakespeares tragische Geschichte von Hamlet Prinzen von Dänemark. In: Ders.: Sämtliche Werke. Bd. III: Dramen. Hg. v. Hans-Egon Hass, fortgef. v. Martin Machatzke. Berlin 1996, S. 1093-1248.

118 Vgl. Newman, Gordon Craig in Germany, S. 23.

119 Franklin, Fond of Printing, S. 21.

Daß Craigs Illustrationen nach der realen Bühne schrien, bemerkte auch Julius Meier-Graefe, der in seiner Rezension die Hoffnung aussprach: „Das kostbare Buch wirbt für Gordon Craig und verschafft dem Verkannten hoffentlich die Möglichkeit, einmal auf der wirklichen Bühne die Tragkraft der hier improvisierten Regie zu erweisen."[120] Der zu Beginn des Jahres 1929 in der Tat entwickelte Plan, Hauptmanns *Hamlet*-Fassung am Weimarer Nationaltheater von Craig inszenieren zu lassen, konnte nicht realisiert werden.[121]

3. Harry Graf Kesslers Wahrnehmung des Theaters der Weimarer Republik

In den eineinhalb Jahrzehnten, in denen die Weimarer Republik bestand, war das Theaterleben Teil der kulturell so reichen Periode, die sich hier entfaltete. Neben der aus den USA importierten Massenkultur (Jazz und Revuen), neben Sport und Kino nahm das Theater eine herausragende Stellung ein. Nach dem Zusammenbruch des Kaiserreichs waren die deutschen Hoftheater und kommunalen Pachttheater in Staats- und Stadttheater umgewandelt und mit professionellen Theaterleitern besetzt worden. Die alten Zensurbestimmungen (und ihr spezifischer politischer Druck) fielen, staatliche Subventionen unterstützten den Bühnenbetrieb. Vor allem in der Hauptstadt Berlin blühte die Theaterlandschaft auf. Mehr als dreißig Bühnen standen dem Unterhaltungsbedürfnis seiner Einwohner und Besucher zur Verfügung und gehörten zu den „Atmungsorganen der Stadt", wie es der Theaterkritiker Herbert Ihering bezeichnete:

> [... das Theater] war ein Teil seiner [d.h. Berlins] selbst, notwendig wie Straßen, Untergrundbahnen, Wohnungen und Restaurants, notwendig wie die Spree, der Wannsee und der Grunewald, notwendig, also selbstverständlich wie sie. [...] Es war Alltag, aber gespannter, geladener, wacher, heller, befeuernder Alltag.[122]

Im Berliner Westend lag ein zweites Zentrum des kulturellen Lebens, das, um mit Erika Fischer-Lichte zu sprechen, ein dezidiert öffentliches war.[123] Hier befanden sich neben den Cafés, Nachtlokalen, Varietés und Kinos eini-

---

120 Julius Meier-Graefe: Ein neuer Hamlet. (Berliner Tageblatt, 29. Januar 1930.) Zit. nach: HGK, Katalog, S. 453.
121 Vgl. BW EGC/HGK, S. 217 f.
122 Herbert Ihering: Berliner Dramaturgie. Berlin 1947, S. 10 f.
123 Vgl. Erika Fischer-Lichte: Berliner Theater im 20. Jahrhundert. In: Dies./Doris Kolesch/Christel Weiler (Hg.): Berliner Theater im 20. Jahrhundert. Berlin 1998, S. 18.

ge wichtige Opern- und Schauspielhäuser, wie etwa die Charlottenburger
Oper, das Schiller-Theater, Renaissance-Theater, das Deutsche Künstler-
Theater und Karl-Heinz Martins kurzlebige Tribüne, die mit der Uraufführung von Ernst Tollers Drama *Die Wandlung* am 30. September 1919 eine
Initialzündung des expressionistischen Theaters geliefert hatte. Max Rein-
hardt entdeckte 1923 mit dem noch wenig vertrauten Typus des Boulevard-
Theaters eine Marktlücke. Mit dem Neubau der Komödie neben dem Theater
am Kurfürstendamm nutzte er die Chance, sich der „Konsumeuphorie"
(Huesmann) des Publikums zu bedienen und das allgemeine Bedürfnis nach
exklusivem Gesellschaftstheater und modernen Komödien zu befriedigen. In
der Folge entwickelte sich dieses Haus zu einem der beliebtesten Theater
Berlins.[124] Es gehörte ebenso zu Reinhardts Theaterimperium wie das Große
Schauspielhaus im Zentrum der Stadt, das mit seinen 3.200 Zuschauerplätzen
das geeignete Instrumentarium für ein Volks- und Massentheater darstellte.
Am 28. November 1919 mit Reinhardts Inszenierung von Aischylos' *Orestie*
eröffnet, bot der von Hans Poelzig umgebaute Zirkus Schumann zwischen
Schiffbauerdamm und Karlstraße einen spektakulären Rahmen für die Klas-
siker und die Antikenprojekte, wie sie Reinhardt bereits vor dem Ersten
Weltkrieg in seinen Arenatheatern erprobt hatte. Die effektvolle technische
Ausrüstung des Großen Schauspielhauses sollte dem zunehmend attraktive-
ren Medium Film ebenso entgegentreten, wie es die zeitgenössischen Dramatiker zur Schaffung eines neuen dramatischen Genres anregen sollte, was
nur bedingt gelang. Karl-Heinz Martin inszenierte hier neben den Werken
Gerhart Hauptmanns (*Der Weiße Heiland*, 28. März 1920; *Florian Geyer*,
5. Januar 1921; *Die Weber*, 20. Juni 1921) Walter Hasenclevers *Antigone*
(18. April 1920), Georg Kaisers Tanzspiel *Europa* (5. November 1920),
Schillers *Die Räuber* (26. September 1921), Goethes *Götz von Berlichingen*
(7. November 1921) und schließlich die Uraufführung von Ernst Tollers *Die
Maschinenstürmer* (30. Juni 1922), die zu einer politischen Demonstration
geriet. Trotz großer Publikumserfolge in den ersten Jahren konnte sich das
Große Schauspielhaus auf Dauer nicht durchsetzen.

Diese knappe Aufzählung zeigt die Vielfalt des Theaters der Weimarer
Republik auf, die den Tendenzen des kulturellen Lebens folgte: dem Tempo,
der Schnelligkeit der neuen Zeit, dem Drang nach Genuß, Zerstreuung und
Unterhaltung wie auch der Tendenz der Politisierung. Die Schauspielhäuser
wurden zu Stätten politischer Auseinandersetzungen, in denen nicht nur die
Inszenierungen selbst nach künstlerischen und politischen Gesichtspunkten
und Maßstäben beurteilt wurden. Die Attacken der nationalistischen Presse

---

124 Vgl. Heinrich Huesmann: Welttheater Reinhardt. Bauten, Spielstätten, Inszenierungen. München 1983, S. 59 f.

gegen den Intendanten des Staatlichen Schauspielhauses Leopold Jessner, den Sozialdemokraten und Juden, und die Diskussion seiner Spielpläne im Preußischen Landtag sind hierfür ein prominentes Beispiel.[125] Der Kampf mit den extremen Kräften auf der linken wie rechten Seite endete schließlich mit Jessners Demission im Jahr 1930. Jessners expressionistischen Inszenierungen von Klassikern und zeitgenössischen Stücken, konzentriert auf eine zentrale Idee von aktueller politischer Bedeutung, zählten ebenso zum politischen Theater der Weimarer Republik wie die Produktionen Karl-Heinz Martins, Bertolt Brechts und Erwin Piscators. Der Kommunist Piscator vertrat in seiner Arbeit mit radikaler Konsequenz die Interessen des Proletariats. Mit seinen Revuen *Revue Roter Rummel* (1924) und *Trotz alledem!* (1925), die er im Auftrag der KPD herausbrachte, stellte er dem meist von Laien getragenen Agitprop-Theater ein Grundmuster zur Verfügung. An der Volksbühne (1924-1927) und an seiner eigenen Piscator-Bühne (1927-1931) schuf er ein Modell des epischen Theaters, das die modernsten Technologien einsetzte. Raum und Zeit wurden in diesem Theater des technischen Zeitalters neu erfahren. Ziel war es, die komplexen historischen, politischen und wirtschaftlichen Zusammenhänge zu analysieren und darzustellen, um die Zuschauer aufzuklären, zu emotionalisieren und politisch zu aktivieren. Mit seinem Montage-Theater, das den Stücktext ebenso als Material betrachtete und verwertete wie das dokumentarische Material, die Filmprojektionen, Geräuschkulissen und Bühnengerüste, die eingesetzt wurden, forderte Piscator vom Zuschauer eine hohe Flexibilität und Sensibilität in der Wahrnehmung der theatralischen Zeichen, um die Bedeutung des Gezeigten entschlüsseln zu können. Es ist letztlich diese nachhaltige Veränderung der Wahrnehmungs- und Rezeptionsgewohnheiten der Zuschauer innerhalb eines aktiven und kreativen Prozesses, die Erwin Piscators kulturrevolutionäre Leistung ausmacht.[126] Bertolt Brecht entwickelte bekanntermaßen ein anderes Modell des epischen Theaters. Es sollte unterhaltend und lehrhaft zugleich sein, was mit dem Kassenschlager *Die Dreigroschenoper* (1928) im Theater am Schiffbauerdamm nachdrücklich demonstriert wurde. Konstituierendes Prinzip des Brechtschen epischen Theaters ist der Akt der Verfremdung. Dem wissenschaftlichen Zeitalter verpflichtet, sollten sich Schauspieler wie Zuschauer dem Gegenstand der ‚Untersuchung‘ auf der Bühne mit einer gewissen Distanz nähern. Nicht Identifikation war gefordert, sondern die Haltung des Zeigens und Vorführens (Schauspieler) beziehungsweise die des kritischen Wahrnehmens und Beurteilens (Zuschauer) jener gesellschaftlichen Verhältnisse, die als gewordene und somit veränderbare thematisiert wurden. Paral-

---

125 Vgl. Fischer-Lichte, Berliner-Theater im 20. Jahrhundert, S. 18.
126 Vgl. Fischer-Lichte, Kurze Geschichte des deutschen Theaters, S. 333-347.

lel zur Konzeptionierung des epischen Theaters entwarf Brecht Ende der
zwanziger Jahre das Modell des Lehrstücks, das für die politische Selbsterziehung proletarischer Laien gedacht war (beispielsweise *Das Badener Lehr-
stück vom Einverständnis*, 1929, oder *Die Maßnahme*, 1930).

Harry Graf Kessler war Zeuge dieser Entwicklungen auf dem Theater der
Weimarer Republik, das drei Phasen durchlief: Nachdem zu Beginn der
zwanziger Jahre der Expressionismus mit seinem revolutionären Gestus im
Vordergrund gestanden hatte, dominierte ab Mitte des Jahrzehnts der Hang
zur ‚Neuen Sachlichkeit', die Übereinstimmung mit dem Phänomen der
Großstadt, Technik und Geschwindigkeit. Gegen Ende der zwanziger Jahre
geriet das Theater schließlich in den Sog der allgemeinen ökonomischen und
politischen Krise.[127] Kessler begleitete diese Phasen mit unterschiedlicher
Intensität. Sie war abhängig von seinen diversen Aktivitäten auf dem politischen und kulturellen Terrain, wie sie oben bereits skizziert wurden und auch
nachfolgend weiter ausgeführt werden. So viel Wert Kessler auch darauf legen mochte, mit den kulturellen Ereignissen seiner Zeit in Kontakt zu bleiben, regelmäßig ins Theater, Ballett (in Gestalt der Ballets Russes), Kino und
in die Oper zu gehen, so deutlich zeigt sich doch bei der Analyse dessen, was
er wahrnahm, in welcher Distanz er im Grunde zu ihnen stand. Mit seinem
Engagement in der Theaterszene der Jahrhundertwende ist seine Haltung gegenüber dem Theater der Weimarer Republik nicht zu vergleichen. Doch wie
sah diese nun aus?

Die Kriegserfahrung und politische Entwicklung in Deutschland löste in
Kessler einen starken Wandel aus. In der Umbruchzeit 1918/19 und den er-
sten Jahren der Weimarer Republik sympathisierte er mit linken Positionen,
las die Werke Lenins, beschäftigte sich mit dem Marxismus, Sozialismus, der
Entwicklung in Sowjetrußland und suchte das Gespräch mit befreundeten
Kommunisten und Sozialdemokraten, was ihm letztlich den Spitznamen ‚der
Rote Graf' eintrug. Dieselbe Wende vollzog er jedoch nicht im Theaterbereich. Ein spezielles Interesse für Proletkult, Agitprop oder das politische
Theater Erwin Piscators läßt sich nicht beobachten. Die Quellenlage erschwert es, Kesslers theatralische Präferenzen und sein Verhältnis zur Avantgarde der Weimarer Republik richtig einzuschätzen. Sollten seine Korrespondenz und seine persönlichen Aufzeichnungen möglicherweise auch nur
einen Teil der Theaterbesuche verzeichnen, so kann dieser Querschnitt doch
als repräsentativ gelten. Konkret gesprochen: Der Beleg von fünf besuchten
Vorstellungen im Staatlichen Schauspielhaus am Gendarmenmarkt und einer
einzigen in der Piscator-Bühne im Verlauf von fünfzehn Jahren stellt eine

---

127 Vgl. Peter Simhandl: Theatergeschichte in einem Band. Berlin 1996, S. 233 f.

magere Ausbeute der Recherche dar.[128] Mit den Intendanten beider Häuser kam Kessler zuweilen in Abendgesellschaften zusammen, so daß eine stärkere Wahrnehmung ihrer Arbeit, zumindest die der Piscator-Bühne, vermutet werden kann. Dennoch ist festzustellen, daß es keine Annäherung an ihre ästhetischen Positionen gegeben hat. Das von Leopold Jessner vertretene Regietheater und sein Starschauspieler Fritz Kortner waren nicht nach Kesslers Geschmack. Erwin Piscators Aktionen interessierten ihn eher vom technischen Standpunkt, also jene Elemente, die das gefeierte und kritisierte ‚Sensationstheater' der Piscator-Bühne ausmachte. So zeigte er sich am 30. September 1927 von Piscators Toller-Inszenierung *Hoppla, wir leben!* beeindruckt:

> Eine geballte und wirksame Theatralisierung der Nach-Revolutionszeit in Deutschland. Ohne tiefere poetische oder psychologische Qualitäten, aber durchweg spannend und scharf gesehen. Piscators Inszenierung eine Mischung von Film und Bühne, stark russisch beeinflußt, aber interessant und vielleicht, ebenso wie Tollers Stück, der Keim von etwas Neuem.[129]

Ob Kessler nach *Hoppla, wir leben!* auch die zwei nachfolgenden Produktionen der Piscator-Bühne gesehen hat, verbleibt im Bereich der Spekulationen. *Rasputin, die Romanows, der Krieg und das Volk, das gegen sie aufstand* von Alexej Tolstoj und Pavel Schtschegolev, das Piscator, Brecht, Felix Gasbarra und Leo Lania bearbeitet hatten (Premiere: 10. November 1927), und die Dramatisierung des Hašekschen Romans *Die Abenteuer des braven Soldaten Schwejk* (Premiere: 23. Januar 1928) durch dasselbe Dramaturgenkollektiv waren die zwei Stücke, die im Winter 1927/28 gegeben wurden. Kesslers Anspielung auf sie in einem Brief an seine Schwester Wilma vom 31. Oktober 1928 kann als Hinweis gelesen werden, daß er diese Produktionen gesehen hat.[130] Grundsätzlich legte Kessler eine gewisse Offenheit an den Tag, wählte Produktionen aus, von denen er sich etwas versprach oder die schlicht Tagesgespräch waren wie *Die Dreigroschenoper*. Die Bandbreite seiner Theaterbesuche umfaßt in Berlin das Theater an der Königgrätzer

---

128 Im Schauspielhaus am Gendarmenmarkt waren dies: Frank Wedekinds *Der Marquis von Keith* mit Fritz Kortner in der Titelrolle (6. Mai 1920), Arnolt Bronnens *Rheinische Rebellen* (25. Mai 1925) und *Ostpolzug* (26. Januar 1926, wieder mit Kortner), Shakespeares *Maß für Maß* (29. Juni 1927) und René Schickeles *Hans im Schnakenloch* (4. September 1929). Fast vier Wochen nach Eröffnung der Piscator-Bühne am Nollendorfplatz sah Kessler ihre erste Produktion: Ernst Tollers *Hoppla, wir leben!* (30. September 1927).

129 HGK, Tgb, Berlin, 30. September 1927. – PB 1996, S. 573.

130 „Last night I went to a party at Erwin Piscator's the communist Theater Director, who gave some very interesting performances here last winter." HGK an Wilma Marquise de Brion, Berlin, 31. Oktober 1928. – DLA/A: Kessler.

Straße, das Lessingtheater, die Tribüne, die Volksbühne, das Deutsche
Künstler-Theater, das Theater am Schiffbauer Damm, die Piscator-Bühne,
das Staatstheater am Gendarmenmarkt. Den Reinhardt-Bühnen blieb Kessler
treu, frequentierte sie jedoch seltener als im ersten Dezennium des 20. Jahrhunderts, betrachtete ihre Produktionen kritisch und mit größerer Distanz als
vor dem Krieg. Er sah die junge Regiegeneration am Werk: Jürgen Fehling,
Heinz Hilpert, Karl-Heinz Martin, Bertolt Brecht und eben Erwin Piscator.
Rückschlüsse auf Kesslers Einschätzung ihrer Leistung lassen sich kaum ziehen, da er sich über die Inszenierungen selten äußerte und sich meist mit einem knappen Urteil über das Stück selbst begnügte. Kommentare wie „glänzende Regie" sind selten und wenig aussagekräftig, bezeugen in diesem Fall
(Wedekinds *Franziska* im Theater an der Königgrätzer Straße) jedoch eine
besondere Wertschätzung einer Inszenierung von Martin, die sich Kessler
gleich zweimal ansah.[131] Im Bereich der Oper bewahrte sich Kessler seinen
konventionellen Geschmack, favorisierte weiterhin die Klassiker von Richard
Wagner, Giuseppe Verdi, Giacomo Puccini, Wolfgang Amadeus Mozart,
Gioacchino Rossini und Richard Strauss. Zu den avantgardistischen Musik-
theaterkonzepten fand er kaum einen Zugang, wie etwa sein Kommentar zu
Ernst Kreneks Zeitoper *Jonny spielt auf* (1927) dokumentiert: „Ein abend-
füllender Sketch, in dem Gutes, Gleichgültiges und Kitschiges durcheinan-
derwirbeln. Musikalisch nicht sehr schöpferisch, aber ganz begabt."[132]

Man muß konstatieren, daß Kesslers wirklich brennendes, persönliches
Interesse an einem theatralischen Ereignis nur ein einziges Mal geweckt
wurde: Es galt der deutschen Erstaufführung seiner *Josephslegende* Anfang
Februar 1921. Sieben Jahre nach der Pariser Uraufführung stand sie noch
immer aus. Anfang Februar 1915 hatte Hugo von Hofmannsthal den Gedanken, nach Kriegsende dieses Werk in Deutschland noch vor der Uraufführ-
rung der *Frau ohne Schatten* zu präsentieren, entschieden abgelehnt. Schwer-
wiegender als der problematische Charakter des Werks erschienen ihm dessen politische Implikationen. *Josephslegende* war de facto ein von Russen für
Paris bestimmtes Auftragswerk, noch dazu das Exemplar einer Gattung, die
vom deutschen Kunstgeschmack wenig geschätzt wurde. Hofmannsthal plä-
dierte daher dafür, daß es sich zunächst im Ausland seinen Weg bahnte.
Nachdem sich *Die Frau ohne Schatten* in Deutschland etabliert habe, könne
das Ballett dann durch „Reinhardt, Hülsen und wen immer, in einem ruhigen,
gleichgültigen Moment auf die deutsche Bühne herübergenommen werden,

131 Vgl. HGK, Tgb, Berlin, 28. April u. 29. Mai 1925. – DLA/A: Kessler.
132 Diese Vorstellung in Weimar sah er sich in Begleitung Edward Gordon Craigs an.
   HGK, Tgb, Weimar, 6. November 1927. – PB 1996, S. 580.

wo ich ihm wegen seines mehr decorativen als seelenhaften Charakters willen kein günstiges Dasein prognostiziere."[133]

So vergingen knapp sieben Jahre, bis diese „Manifestation einer deutsch-französisch-russischen Entente", als die sie 1914 einmal bezeichnet worden war,[134] in Deutschland erstmals in Szene gesetzt wurde. Als ‚Deutsche Uraufführung' annonciert, erlebte sie ihre Premiere am 4. Februar 1921 in der Berliner Staatsoper Unter den Linden. Hofmannsthals Sorge sollte sich als unbegründet erweisen. Die Entstehungshintergründe der *Josephslegende* waren der Aufnahme eher förderlich als hinderlich, wie ein Blick in den Pressespiegel zeigt. Ihre Erwähnung bot Gelegenheit für einen nostalgischen Rückblick, weckte wehmütige Erinnerungen an die Kunst der Ballets Russes, die die Berliner selten genug hatten erleben dürfen.[135] Bei einem zu leisen chauvinistischen Tönen neigenden Kritiker wie dem des Berliner Tageblatts führte der Umstand, daß das Werk im Ausland halb durchgefallen war, vielmehr dazu, bei seiner Beurteilung Milde walten zu lassen.[136] Auf die gesamte Konzeption der *Josephslegende* waren die Berliner dank ihrer Erfahrung mit den Max Reinhardtschen Pantomimen sicherlich besser vorbereitet als das Pariser Publikum von 1914. Das Werk wurde teilweise als wichtiger Schritt auf dem Weg zum getanzten Drama angesehen. Die Problematik war jedoch bekannt und blieb bestehen. So wies Max Marschalk auf die Unmöglichkeit hin, die in Kesslers Vorrede geäußerten „edlen, doch verstiegenen poetisch-philosophischen Intentionen" in der Komposition wie auch der Bühnenrealisation zum Ausdruck zu bringen: „Die Tanzkunst und ihre Ausdrucksmöglichkeiten sind sicherlich weit entwickelt; aber so weit sind wir leider noch nicht, daß ein Tänzer und Pantomimiker auch nur annähernd das zu leisten vermöchte, was eine ins Unermeßliche ausschweifende Phantasie ihm hier diktiert."[137]

---

133 HvH an RS, Rodaun, 6. Februar 1915. – BW RS/HvH, S. 296 f., Zitat S. 297. Die Uraufführung von *Die Frau ohne Schatten* fand am 10. Oktober 1919 im Operntheater Wien statt.

134 Zit. in: Heinrich Möller: Richard Strauss' *Josephslegende*. In: Allgemeine Musik-zeitung (Berlin), 22 (1914), S. 868.

135 Vgl. Max Marschalk (Vossische Zeitung, 5. Februar 1921), Gisella Selden-Goth (Die Weltbühne, 12. Februar 1921), Erich Urban (B.Z. am Mittag, 5. Februar 1921), L.S. (Berliner Tageblatt, 5. Februar 1921).

136 „Mit diesem [Uraufführungs-]Abend konnte sich der gestrige an äußerem Glanz nicht messen. Dafür kam das Werk mehr zu seinem Recht, das Werk, das viel zu deutsch ist, als daß alle Pracht der Welt es in der Fremde erschließen könnte." Berliner Tageblatt, 5. Februar 1921.

137 Max Marschalk/Max Osborn: *Josephslegende*. Erstaufführung in der Staatsoper. In: Vossische Zeitung, 5. Februar 1921.

Der Abend des 4. Februar 1921, bei dem die *Josephslegende* mit Strauss'
symphonischer Dichtung *Till Eulenspiegel* gekoppelt wurde, geriet zu einem
großen Erfolg für alle Beteiligten. Kessler erfuhr noch einmal das Glück, sich
in Anwesenheit des ‚tout Berlin' zusammen mit Richard Strauss mehrfach
verbeugen zu dürfen. Man würdigte die überraschende Leistung des Ballett-
ensembles, auch wenn sie nicht an die Qualität der Ballets Russes heran-
reichte, und feierte die Protagonisten. Entgegen den Librettovorgaben hatte
Emil Pirchan, Jessners bevorzugter Bühnenbildner, eine zeitlose, mit schlichten Mitteln (geraffte Stoffbahnen, Treppen) arbeitende Ausstattung geschaffen, die eine bezwingende Wirkung erzielte. Die Wahl und Mischung der
Farben, ihre symbolträchtige Kontrastierung und eine kluge Lichtregie schufen so einen Rahmen, aus dem sich organisch die Bewegungen der Figuren
herauslösten. Eine selten stilvolle Einheit von Musik, Tanz und Bühnenbild
wurde dieser Produktion bescheinigt. Gisella Selden-Goth von der *Weltbühne*
empfand sogar „mit leiser Erschütterung etwas von der vorübergeisternden
Vision des vielgesuchten Gesamtkunstwerks."[138]
      Harry Graf Kessler hatte – wie bei der Uraufführung – auch hier wieder
auf die Produktion Einfluß zu nehmen versucht. Er hatte der Staatsopern-
direktion (Max von Schillings) und dem Choreographen (Heinrich Kröller)
einen jungen, vermeintlich russischen Tänzer vorgestellt, der in seinen Augen die Idealbesetzung für Joseph sein würde: Iril Gadescov (d.i. Richard
Vogelsang). Mit der gewohnten Begeisterung setzte er wenige Wochen vor
der Premiere Hugo von Hofmannsthal über seine jüngste Entdeckung in
Kenntnis:

> Dieser junge Russe Gadescov scheint mir ein wahres Wunder, ja vielleicht ein zweiter
> Nijinski zu sein. Er wird zum erstenmal die Josephsfigur vollendet verkörpern, da er
> nicht bloß die fabelhafte tänzerische Leichtigkeit und Phantasie von Nijinski hat, son-
> dern noch dazu packende Männlichkeit und Intellektualität.[139]

Doch nicht er, der aufgrund seiner Jugend für diese Rolle Prädestinierte,
sondern Heinrich Kröller tanzte den Joseph in der Premiere. Der einundvierzigjährige Ballettmeister der Berliner Staatsoper überzeugte Kessler letztlich
doch, der gefürchtet hatte, mit ihm einen ‚im besten Mannesalter' stehenden
und somit der Lächerlichkeit preisgegebenen Joseph erleben zu müssen. Die
Kritik bescheinigte Kröller „die ganze zu wünschende männliche Herb-

---

138 Gisella Selden-Goth: *Josephs-Legende*. In: Die Weltbühne, 17. Jg., Nr. 6, 10. Februar
        1921, S. 171. Siehe auch Max Osborn (Vossische Zeitung, 5. Februar 1921), Fried-
        rich Düsel (Westermanns Monatshefte, 776 (1921), S. 200).
139 HGK an HvH, Berlin, 21. Januar 1921. – BW HvH/HGK, S. 397. Einen Tag zuvor
        hatte er seiner Schwester Wilma vorgeschwärmt: „Gadescov is 18 or 19, he flies
        about like Nijinsky. His face and whole appearance are wonderfully manly, grave and
        intellectual. C'est une merveille." Zit. nach: BW HvH/HGK, S. 563, Anm. 5.

heit",[140] zugleich Anmut und edel beseelten Ausdruck, souveräne Beherrschung der Technik und eine intelligente Rollengestaltung. Tilla Durieux jedoch stellte als Potiphars Weib seine Leistung in den Schatten. Kessler hatte es drei Tage nach der Premiere proklamiert: „Ich stehe nicht an, ihre Arbeit in dieser Partie als das Genialste zu bezeichnen, was mir auf der deutschen Bühne vorgekommen ist."[141] Als exemplarisch mag Max Osborn zitiert werden, herausgegriffen aus dem Chor der Begeisterten:

> Alle überragend aber die Potiphera der Tilla Durieux. Eine pantomimische Leistung höchsten Ranges entfaltet sich hier. Wie eine Statue sitzt die Frau zu Anfang da, ein Bild des Hochmuts und der Unnahbarkeit einer orientalischen Despotin. Die Starrheit löst sich, da die Erscheinung Josephs ihre Sinne aufpeitscht. In der großen Hauptszene dann ein Spiel von Bewegungen des Körpers und der Glieder, die mit großartiger Ausdruckskraft den Sinn deuten. Dämonische Begierde und bebende Scheu in immer neu erfundene Gesten umgesetzt. Ein tastendes Gleiten der Hände, die die Berührung selbst nicht wagen, nun ein Erschrecken, fast Zerknirschung, nun wieder schlangenhaftes Umschleichen, nun hemmungsloses, brutales Greifen – das alles geformt in sinnfällige Gebärden, deren Fluß die Schauspielerin mit erstaunlicher Einfühlung dem Gang der Musik anpaßt.[142]

Kessler sah mit Durieux' Interpretation seine Wünsche erfüllt: Sie habe mit genialer Intuition den künstlerischen Intentionen der Textdichter und des Komponisten Folge geleistet, teilte er in einem Interview mit.[143] Er pries Durieux dem Co-Autor und hoffte, daß sie Potiphars Weib auch in der Wiener Einstudierung spielen würde. Richard Strauss hingegen korrespondierte mit Hofmannsthal über Tamara Karsavina. Auch die Sopranistin Maria Jeritza war im Gespräch. Letztendlich war es die in dramatischen Strauss-Partien bewährte Marie Gutheil-Schoder, die diese Partie in der österreichischen Erstaufführung am 18. März 1922 übernahm. Hofmannsthal, der die Berliner Produktion nicht gesehen hatte, gewann bei der Premiere einen sehr starken Eindruck.[144] So fand die Affäre um die *Josephslegende* für den Dichter doch

---

140 A.M.: *Josephslegende*. Im Staatstheater. In: Neue Berliner Mittagszeitung, 5. Februar 1921.

141 Zit. in: [Anonym.:] Vor und hinter den Kulissen. Der Dichter der *Josephs-Legende*. In: Das kleine Journal (Berlin), 7. Februar 1921.

142 Max Osborn: *Josephslegende*. Erstaufführung in der Staatsoper. In: Vossische Zeitung, 5. Februar 1921.

143 Vgl. sein Interview in: Das kleine Journal (Berlin), 7. Februar 1921.

144 Am 19. März 1922 schrieb Hofmannsthal an Strauss: „Ich habe gestern abend eine große, große Freude gehabt! Das ist ja eine wunderschöne Sache! Welche Freude fürs Auge – und fürs Ohr! Haas-Heye mein großes Kompliment – und Ihnen, daß Sie ihn gewählt haben! Das ist ja die schönste Ausstattung, die ich seit Jahren auf der Bühne gesehen. (Auch Rollers Anteil vorzüglich.) Frau Gutheil über jedes Erwarten gut (das Zuhören, das Schreiten, das Umhängen der Kette!) – und Birkmeyer einfach ideal –

noch einen versöhnlichen Abschluß, auch wenn ihm das Werk zeitlebens fremd blieb.

Harry Graf Kessler hingegen hielt an seinem Werk fest. Drei Tage nach der deutschen Erstaufführung hatte er in einem Interview betont, daß er sich in dem, was sie einstmals mit ihrer Konzeption bezweckt hatten, bestätigt sah. Das gegenwärtige größere Interesse des Theaters an Tanz und Pantomime hätten sie 1914 vorausempfunden, „und zwar als eine gewisse logisch-ästhetische Notwendigkeit."[145] Sein Traum war es gewesen, eine mit der Musik aufs engste verbundene, psychologisch vertiefte Handlung zu schaffen, die das Wort überflüssig machen sollte. Kessler hatte die Pantomimen-Experimente Max Reinhardts vor Augen (*Das Mirakel*, *Sumurûn*, *Die grüne Flöte*), und so verfolgte er nach Kriegsende den alten, 1913 aufgekommenen Plan,[146] *Josephslegende* von Reinhardt inszenieren zu lassen. In den Tagebüchern des Grafen finden sich nur einige wenige Eintragungen hierzu. Noch im August 1916 hatte ihn Karl Vollmoeller wegen dieses Werks und eines zu gründenden, von Max Reinhardt zu leitenden „Deutschen Ballett Theaters" sprechen wollen.[147] In den zwanziger Jahren blieb Kessler dann, ungeachtet seiner zahlreichen anderen Interessen und Verpflichtungen, weiterhin potentiellen Joseph-Interpreten auf der Spur.[148] 1926 besprach er mit Richard Strauss die offensichtlich zur Diskussion stehende Neuinszenierung der *Jo-*

---

so sehr Jüngling und Unschuld als auch künftiger Held. Mit dieser Sache in dieser Besetzung müßte man ja um die Welt reisen! Kröllers Regieleistung sehr fühlbar und bedeutend, das eigentlich Ballettmäßige ja weit unter der russischen Aufführung, aber *das Ganze weit über dieser*, zum ersten Mal ein Ganzes wirklich realisiert!" BW RS/HvH, S. 741 f. (Hervorhebungen im Original.) Die *Josephslegende* hielt sich trotz schlechter Kritiken lange im Repertoire der Wiener Staatsoper. Vgl. Cécile Prost-Romand: *La Légende de Joseph*. Hofmannsthal – Kessler – Strauss. Réception à Paris et à Vienne. (Notes et documents.) In: Revue de Littérature Comparée, 2 (1990), S. 545 f.

145 Vor und hinter den Kulissen. Der Dichter der *Josephslegende*. In: Das kleine Journal (Berlin), 7. Februar 1921.

146 Siehe den Brief Kesslers an Hofmannsthal, London, 16. Oktober 1913. Serge de Diaghilev hatte Kessler im Zuge seines Bruchs mit Nijinski zugestanden, auf das alleinige Aufführungsrecht zu verzichten: „Er meinte, früher habe er gewußt, daß er mit Nijinski eine ganz einzige Darstellung des Josephs geben könne; jetzt müsse er zugeben, daß vielleicht Nijinski mit Reinhardt oder einem Andren Etwas ebenso Gutes bieten könne; daher könne er kein Monopol mehr beanspruchen. [...] Ich denke mir also jetzt die Sache so, daß wir Diaghilew den Joseph zunächst nur für Paris u. London geben und sehen, ob sich vielleicht in Deutschland eine Gelegenheit bietet (z.B. durch Reinhardt) eine deutsche Premiere mit Nijinski zu bewerkstelligen." BW HvH/HGK, S. 368 f. Dieser Plan wurde nicht realisiert.

147 Vgl. HGK, Tgb, Berlin, 11. August 1916. – DLA/A: Kessler. Die Spur verliert sich hier sogleich; genauere Umstände sind nicht bekannt.

148 Siehe beispielsweise HGK, Tgb, Paris, 7. August 1922. – DLA/A: Kessler.

sephslegende bei Diaghilev[149] und ging zuletzt im November 1930 noch einmal auf Max Reinhardt zu. In einer Aufführung von Reinhardts Neuinszenierung des *Sommernachtstraums* im Deutschen Theater war ihm ein junger Tänzer aufgefallen: Alexander von Swaine. Reinhardt schätzte ihn sehr und wollte ihn, wie er Kessler erzählte, davor bewahren, auf die Variétébühne zu gehen. Kessler machte ihm daraufhin den Vorschlag, *Josephslegende* zu inszenieren und Swaine die Partie des Joseph, „der noch nie richtig getanzt worden" sei, anzuvertrauen:

> Das schien Reinhardt sehr einzuleuchten, und er regte dann von sich aus an, den *Joseph* in Salzburg zu inszenieren in einer großen Barock-Reitbahn, die neben dem Festspielhaus liege. Wir verabredeten, daß ich ihn nach meiner Rückkehr aus London Anfang Dezember wieder aufsuchen solle; bis dahin werde er sich die Sache durch den Kopf gehen lassen.[150]

Josephslegende in der Felsenreitschule, inszeniert von Max Reinhardt! Es war Kessler nicht vergönnt, diese Vision verwirklicht zu sehen; der Regisseur konnte sich zu dem Unternehmen denn doch nicht entschließen. Erst vierzig Jahre nach Kesslers Tod war mit dem zweiundzwanzigjährigen Kevin Haigen der ideale Interpret für Joseph gefunden. John Neumeiers psychologisierende Neudeutung vom 11. Februar 1977, bei der Potiphars Weib *tanzte*, lief zwar den ursprünglichen Intentionen Kesslers und Hofmannsthals zuwider; sie hat die *Josephslegende* jedoch „von ihrem Pantomimenfluch erlöst und voll als Ballett rehabilitiert."[151] Nur auf diese Weise hat *Josephslegende* für das Tanztheaterrepertoire gerettet werden können.

---

149 Vgl. HGK, Tgb, Berlin, 19. Januar u. 28. Februar 1926. – DLA/A: Kessler. Dazu kam es nicht. Drei Jahre später, am 19. August 1929, starb Serge de Diaghilev, die Truppe löste sich auf. Hätte diese Neueinstudierung durch George Balanchine, der seit 1925 Chefchoreograph der Ballets Russes war, erfolgen sollen, so holte er es bald darauf nach: 1931 brachte er *Josephslegende* mit dem Königlichen Dänischen Ballett in Kopenhagen heraus.

150 HGK, Tgb, Berlin, 15. November 1930. – PB 1996, S. 685 f. Kessler notierte in seinem Tagebuch irrtümlich den Namen „Svend", nicht „von Swaine". Vgl. die Besetzungsliste des *Sommernachtstraums* in: Huesmann, Welttheater Reinhardt, Nr. 2092.

151 Horst Koegler: Legenden der Nacht. Ballettpremieren von Brunner und Neumeier an der Wiener Staatsoper. In: Süddeutsche Zeitung, 33. Jg., Nr. 37, 15. Februar 1977, S. 16.

4.   Schöpferisches inmitten wachsender Isolation

4.1. *Choreographisches Scherzo* – ein Ballett für Josephine Baker (1926)

Das einzige eigenständige Bühnenwerk, das von Harry Graf Kessler vollendet wurde, ist ein Ballettlibretto. In Kesslers Nachlaß wird ein zwölfseitiges Typoskript verwahrt, das auf den 8. März 1926 datiert ist und den unspezifischen Titel trägt: „Ballett". Als Untertitel ist in Klammern hinzugefügt: „(ein choreographisches *Scherzo*)".[152] Dieser Untertitel, unter dem um der Klarheit willen das Ballettprojekt im folgenden diskutiert werden soll, erinnert nicht nur an die populäre musikalische Form des 19. Jahrhunderts, die sich durch Virtuosität und freien, individuellen Humor auszeichnet. Er zeugt auch von dem Kontext, in dem die Idee zu diesem Tanzprojekt aufgekommen ist. Es ist eine Gelegenheitsarbeit, die erneut Kesslers Talent demonstriert, Ideen und Pläne anderer aufzugreifen und zur eigenen Sache umzuwandeln.

Die Anregung empfing Kessler auf einer Party, die der Dramatiker Karl Gustav Vollmoeller Mitte Februar 1926 bei sich am Pariser Platz veranstaltete. Dieser Abend zählt zu den bekanntesten Ereignissen in Kesslers Leben und wird in seiner Tagebuchbeschreibung gerne zitiert, um die Atmosphäre der Berliner Goldenen Zwanziger Jahre zu evozieren. An diesem bewußten 13. Februar 1926 also erhielt Kessler um ein Uhr nachts einen Anruf von Max Reinhardt, der ihn in Vollmoellers und seinem eigenen Namen einlud, noch zu ihnen zu stoßen: „Miß Baker sei da, und nun sollten noch fabelhafte Dinge gemacht werden."[153] Kessler, der gerade eine eigene Abendgesellschaft verabschiedet hatte, machte sich zu Vollmoellers „Harem" auf und fand dort zwischen „einem halben Dutzend nackter Mädchen" auch Josephine Baker vor, die, nur mit einem rosa Mullschurz bekleidet, tanzte:

> [...] mit äußerster Groteskkunst und Stilreinheit, wie eine ägyptische oder archaische Figur, die Akrobatik treibt, ohne je aus ihrem Stil herauszufallen. So müssen die Tänzerinnen Salomos und Tut-ench-Amuns getanzt haben. Sie tut das stundenlang scheinbar ohne Ermüdung, immer neue Figuren erfindend wie im Spiel, wie ein glückliches Kind.[154]

Zu Baker gesellte sich die zweiundzwanzigjährige Ruth Landshoff, eine Nichte des Verlegers Samuel Fischer. Die beiden jungen Frauen tanzten zu den Jazzplatten des Grammophons und inspirierten Kessler später zu einer Ballettidee. Er hatte gerade erfahren, daß Vollmoeller für Baker ein Ballett

---

152 DLA/A: Kessler/Manuskripte. Kasten 430. (Hervorhebung im Original.)
153 HGK, Tgb, Berlin, 13. Februar 1926. – PB 1996, S. 479.
154 Ebd.

schreiben und es noch an diesem Abend Reinhardt übergeben wollte. Als
Landshoff, die ihre androgyne Erscheinung mit dem Tragen eines Smokings
betonte, und Baker „wie ein junges, bildschönes Liebespaar umschlungen"
vor Reinhardt, Vollmoeller und Kessler lagen, kam letzterem derselbe Gedanke:

> Ich sagte: ich würde für sie eine Pantomime nach den Motiven des Hohen Liedes Sa-
> lomonis schreiben, die Baker als Sulamith, die Landshoff als Salomo oder als der jun-
> ge Liebhaber der Sulamith. Die Baker im Kostüm (oder Nicht-Kostüm) orientalisch
> antik, Salomo im Smoking, eine ganz willkürliche modern-antike Phantasie nach halb
> Jazz-, halb orientalischer Musik, vielleicht von Richard Strauss.[155]

Als grundlegende Motive nannte Kessler die verschiedenen Liebesstellungen
nach dem *Kamasutra* von Watsjajana (4./6. Jahrhundert). Dieses Detail läßt
der Herausgeber Wolfgang Pfeiffer-Belli bei seiner Edition aus. Er bringt
damit den Leser der publizierten Kesslerschen Tagebücher um die Pointe,
denn an *diesen* Hinweis schließt sich Kesslers Satz im Original an: „Reinhardt war von der Idee begeistert, ebenso Vollmoeller."[156]

Das Szenario des *Choreographischen Scherzo* birgt jedoch weniger Sen-
sationelles, als es das Stichwort *Kamasutra* vermuten läßt. Die Handlung
dieses philosophisch-erotischen Scherzes, der „vor allen Dingen leicht, geistvoll, graziös, durchaus ohne jede Schwere sein"[157] soll, ist rasch erzählt. Sie
erstreckt sich auf ein kurzes, rein symphonisches Vorspiel und zwanzig Szenen. Die Handlungsträger sind neunzehn Personen: ein Prinz aus Tausendundeiner Nacht, ein Herr im Smoking „(als Schatten)" und eine „dunkle Tänzerin" als Protagonisten; hinzu kommen sechs blumenhafte, junge, orientalische Mädchen, sechs persische Knaben in Weiß und vier „Schatten von jungen modernen Herren".[158] Der Schauplatz ist ein Gartenpavillon in Persien,
an den sich (auf der Hinterbühne) eine Terrasse und ein Garten mit Spring-
brunnen, Wasserkünsten und Rosenbüschen anschließen. Die Grundidee ist,
wie angedeutet, ein bestimmter Anachronismus und Kontrast, der in Tanz,
Musik, Bühnenbild und Kostümen zum Ausdruck kommen soll. Das machte
für die Beteiligten den Reiz aus. Dieser Ansatz ist dem Anachronismus der
Josephslegende vergleichbar, also Diaghilevs Forderung von 1912, in einer
Ausstattung im Stile Paolo Veroneses die biblische Geschichte von Joseph
und Potiphars Weib zu erzählen. Kessler betont in seiner Vorbemerkung zum
Choreographischen Scherzo, daß die ganze Choreographie auf dem „Kon-

---

155 Ebd.
156 Ebd. Vgl. das Original in DLA/A: Kessler.
157 Vorbemerkung zu: Ballett. (ein choreographisches Scherzo) [sic!], Manuskript S. [1].
   Zit. nach: HGK, Katalog, S. 426.
158 Ebd. Vgl. HGK, Katalog, S. 425.

trast zwischen modernen, eckigen, sehr schnittigen, schneiderhaften, grotesk-
eleganten Jazz-Tänzen und weichen, erotischen, aber geistvoll leichten orientalischen Bewegungen" basiere.[159] Entsprechend kontrastiere der „witzige,
groteske Neger-Rhythmus der Jazzmusik" mit ihren durcheinanderwirbeln-
den Instrumenten der klassischen Musik der schwülen, orientalisch-russi-
schen Klänge à la *Schéhérazade* (Nikolai Rimski-Korsakov). Die Ausstattung, expressionistisch, nicht realistisch gehalten, müsse den Kontrast ebenfalls betonen. Als Ergebnis erstrebte Kessler eine reizvolle Disharmonie von
Musik und Tanz, die sich aus dieser Mischung von „Ultramodernem" und
„Graziös-Asiatischem" ergäbe.[160]

Die Handlung beginnt und endet in orientalischer Atmosphäre. Nach einem kurzen symphonischen Vorspiel, das mittels Tongemälde in die märchenhafte Stimmung und Szenerie von Persien einführt, erhellt sich die Vor-
derbühne. Sechs junge Haremsmädchen tanzen zur Ergötzung des bildschö-
nen, jungen Prinzen, der auf einem kostbar ausgestatteten Thron ruht. Dieses
„äußerste Raffinement [getanzter] orientalischer Liebespoesie" wird plötzlich
und unmotiviert durch die Dunkle Tänzerin unterbrochen: nur mit einem
„hypermodernen Kapotthütchen", Schleier über Stirn und Mund, Mullschär-
pe und modernen Ballschuhen bekleidet, tanzt sie unter Jazz-Klängen zwischen den orientalischen Mädchen hindurch und entschwindet wie eine Erscheinung. Dieser Vorgang wiederholt sich mehrmals, wobei die moderne
Jazz-Atmosphäre die orientalische sukzessiv infiltriert, sei es im Musikalischen, sei es im Tänzerischen. Der Prinz begehrt dieses Wesen aus der anderen Welt und übergibt der Dunklen Tänzerin (in einem „umgekehrten Salo-
me-Tanz", wie Kessler schreibt[161]) nach und nach all seinen Reichtum an
Kleidern und Schmuck, bis er am Schluß nackt zurückbleibt. Sein Rivale, der
Jüngling im Smoking, der nur als Schatten wahrzunehmen ist, war zuvor als
komplementäre Figur zur Dunklen Tänzerin erschienen und hatte sie nach
einem jazzigen Bacchanal schließlich wieder in seine Sphäre zurückgelockt.
Wie eine Vision entschwindet die Begehrte dem Prinzen in einer weißen
Flamme oder Wolke. Die Haremsmädchen trösten den verzweifelten Prinzen
mit einem ironischen Trauertanz zu jazzig verzerrter Orientmusik, bis die
Szene am Ende wieder befriedet ist und nur noch die Nachtigall süß und
spöttisch singt.

Das *Choreographische Scherzo* ist Kesslers Tanz- und Musiktheaterer-
lebnissen der vergangenen dreißig Jahre eindeutig verpflichtet. Sein Eklekti-
zismus tritt bei der Durchsicht des Szenarios offen zutage, denn Kessler

---

159 Ebd., S. 425 f.
160 Ebd., S. 426.
161 Vgl. Szene VII des Szenarios, Manuskript, S. 4. – DLA/A: Kessler.

selbst gibt zur Erläuterung seiner musikalischen oder choreographischen Vorstellungen immer wieder Hinweise auf die berühmtesten Produktionen der Ballets Russes der Vorkriegszeit: Zur Kennzeichnung der orientalischen Atmosphäre mögen stark sinnliche *Schéhérazade*-Motive und -Klangfarben gewählt werden (Vorbemerkung); für den verführerischen Eingangstanz der sechs orientalischen Haremsmädchen sollen duftende, rosenfrische, graziöse Motive in einer Mischung von Borodin und Debussy erklingen (Szene I); die Musik zum Tanz der sechs persischen Knaben soll ähnlich orientalisch-männlich und rhythmisch akzentuiert sein wie die Polewetzer Tänze aus *Fürst Igor* (Szene X); das Leitmotiv des Gekichers und Gelächters schließlich erinnert den aufmerksamen Leser an Richard Strauss' *Till Eulenspiegel*, wie auch der Hinweis in der Schlußszene (Szene XX), man höre als letztes durch das Rauschen des Wassers und der Rosenbüsche hindurch nur noch die Nachtigall singen, an das glöckchenhafte Auftreten des kleinen Mohren am Ende des *Rosenkavalier* denken läßt. Bei der Choreographie erinnerte Kessler an einen Tanz der Mädchen aus *Le Coq d'Or* (Szene XIX) und an ein Markenzeichen der Loïe Fuller: Die verführerische dunkle Tänzerin, die der orientalische Prinz begehrt, sollte in einer tulpenhaften, gleißend hellen Wolke oder Flamme verschwinden, die durch die kreisende Bewegung eines großen Mantels um die Tänzerin herum emporwachsen sollte (Szene XVII).[162] Dieser Effekt hatte Reinhardt und Vollmoeller beim Erzählen am stärksten beeindruckt. Sie konnten sich über diesen glänzenden Abgang der Protagonistin hinaus keinen dramatisch wirkungsvolleren Schluß vorstellen. Kessler hatte ihnen seine matte, konventionelle Schlußidee, die Rückkehr in die orientalisch-märchenhafte Ordnung, noch verschwiegen.[163]

Das Interessante und bemerkenswert Zeitgenössische am *Choreographischen Scherzo* ist jedoch, wie sehr es den Kult um Josephine Baker reflektiert. Baker war ein Jahr zuvor, im Oktober 1925, mit der Premiere ihrer *Revue nègre* im Pariser Théâtre des Champs-Elysées über Nacht berühmt geworden.[164] Die Neunzehnjährige hatte mit der Neuartigkeit ihres Spektakels, der Melange von karikatureker Komik und sinnlichem Feuer ihres Tanzes die Begeisterung der Intellektuellen entfacht. Mit Baker und ihrem Orchester von Saxophonen und Banjos hatten zur Verblüffung des Publikums die mit-

---

162 Kessler hatte Loïe Fuller erstmals am 21. Oktober 1897 in den Folies-Bergères in Paris gesehen. Siehe seine (leider kommentarlose) Tagebucheintragung unter diesem Datum. – DLA/A: Kessler.

163 Vgl. HGK, Tgb, 24. Februar 1926. – PB 1996, S. 484.

164 Siehe den Aufsatz von Michel Collomb: Le tumulte noir: Joséphine Baker à Berlin et à Vienne. In: Wien – Berlin. Deux sites de la modernité. Zwei Metropolen der Moderne (1900-1930). Hg. v. Maurice Godé, Ingrid Haag u. Jacques Le Rider. Montpellier 1993, S. 129-137.

reißenden afrikanischen Tänze und gellenden Dschungelschreie die Bühne betreten. Baker traf damit nicht nur in Paris den Nerv der Zeit. Ihr Erfolg wiederholte sich vier Monate später in Berlin, wo sie rasch zum Liebling des eleganten Viertels um den Pariser Platz avancierte. Auch hier begünstigte die gegenwärtige Vorliebe der Deutschen für Amerikanismus und Primitivismus die glänzende Aufnahme der schwarzen Tänzerin. Baker wurde als eine Figur des zeitgenössischen deutschen Expressionismus empfunden, als eine lebende Illustration jenes Primitivismus, der seit 1910/11 Künstler wie Emil Nolde, Erich Heckel und Karl Schmidt-Rottluff in ihrer Arbeit beschäftigte. Dieser Aspekt spiegelt sich eindeutig in Kesslers Bemerkung, die Kostüme und Dekorationen seines *Choreographischen Scherzos* denke er sich „expressionistisch".[165] Baker setzte mittels Gestikulation, grotesker Mimik und Bananenschurz ironische Akzente auf die demonstrierte Beziehung zwischen Stammeskunst und Modernität, die ihr Publikum so liebte.[166] Kessler hatte ebenfalls ein Faible für das Grotesk-Komische von Bakers Tanz, das sie auch bei einer seiner Abendgesellschaften vorführte. Als Kessler am 24. Februar 1926 Reinhardt, Vollmoeller, Maximilian Harden, den Dirigenten und Mahler-Adepten Oscar Fried und einige andere zur ersten Projektbesprechung des *Choreographischen Scherzos* zu sich einlud, beobachtete er fasziniert, wie sich Baker in seinem Bibliothekszimmer mit Aristide Maillols großer Frauenstatue (*La Méditerranée*) tänzerisch auseinandersetzte.[167] Ein Niederschlag dieses Parodierens findet sich in den choreographischen Anweisungen seines Librettos. Ein weiterer wesentlicher Aspekt ihrer Anziehungskraft auf ihn war ihre Freizügigkeit. Daß sie mit ihrem halbnackten Auftreten als Großpriesterin der Libertinage galt und angesichts des Mythos von der sexuellen Maßlosigkeit der Schwarzen Neugierde erregte, mußte Kessler, der Prüderie lächerlich fand, sympathisch sein. Er, der „hochgezüchtete Aristokrat und übersensible Ästhet", wie Nicolas Nabokov ihn einmal bezeichnete,[168] war fasziniert von dieser Frau, die ihn in ihrer Bewegung an ein schönes Raubtier

---

165 Vgl. HGK, Choreographisches Scherzo, Manuskript, S. [1]. – DLA/A: Kessler.
166 Vgl. Collomb, Le tumulte noir, S. 131.
167 „Dann machte sie einige Bewegungen, stark und ausdrucksvoll grotesk, vor der großen Maillol-Figur. Offenbar setzte sie sich mit dieser auseinander; sah sie lange an, machte ihre Stellung nach, lehnte sich in grotesken Stellungen an sie an, sprach mit ihr, sichtbar beunruhigt von der ungeheuren Starre und Wucht des Ausdrucks, tanzte um sie in grotesk grandiosen Bewegungen herum wie eine kindlich spielende, über sich selbst und ihre Göttin sich lustig machende Priesterin. Man sah: der Maillol war für sie viel interessanter und lebendiger als die Menschen, als Max Reinhardt, Vollmoeller, Harden, ich. Genie (denn sie ist ein Genie der Grotesk-Bewegung) sprach zu Genie." HGK, Tgb, Berlin, 24. Februar 1926. – PB 1996, S. 485.
168 Nicolas Nabokov: Der Mensch, der andere liebte. In memoriam Harry Kessler. In: Der Monat, 15. Jg., 170 (1962), S. 51.

erinnerte.[169] Das war eine Metapher, die Kessler bereits 1924 bei seinen ersten Besuchen in New Yorker Jazzclubs verwendet hatte, als er die feinen
schlanken Körper und gelenkigen, graziösen Tanzbewegungen der Schwarzen bewunderte, die etwas „von der Vornehmheit unverdorbener junger Tie-
re" hätten.[170] Kessler dürfte allerdings einer der wenigen gewesen sein, der
nicht die Erotik ihres Anblick empfand.[171] Denn für ihre Bewunderer schien
Baker mit ihrer Tanzkunst, die auf Rhythmus und totaler Expressivität des
Körpers basierte, Instinkt, vitale Energie und das Versprechen einer Rückkehr zur natürlichen Sexualität zu verkörpern. Dennoch ist das voyeuristische
Moment in Kesslers Gestaltung der weiblichen Hauptpartie im *Choreographischen Scherzo* unübersehbar.

Es ist verständlich, daß ein solches Korsett an Vorgaben, wie es Kesslers
Libretto darstellt, junge Komponisten abschrecken mußte. Kessler hatte nicht
von ungefähr zuerst an Richard Strauss gedacht. Es war jedoch Oscar Fried,
der Kessler unter dem Eindruck der ersten Projektbesprechung vom 24. Februar um den Kompositionsauftrag bat.[172] Der deutsche Dirigent und Komponist gehörte mit seinen vierundfünfzig Jahren Kesslers Generation an und
war ein alter Bekannter aus der Vorkriegszeit. Seine Dirigierverpflichtungen
und ein schweres Unglück, wie er rückblickend sagte, machten es ihm jedoch
unmöglich, mehr als eine erste musikalische Skizzierung zum *Choreographischen Scherzo* vorzunehmen. Nach eineinviertel Jahren unnützer Warterei
forderte Kessler sein Ballettlibretto verärgert zurück.[173] Ebenso ungeklärt wie
die Komponistenfrage war nun die des Aufführungsortes. Das Ballett war
ursprünglich für Max Reinhardt konzipiert worden, der Josephine Baker bereits 1924 in New York tanzen gesehen hatte und sie als Elevin in seine
Schauspielschule hatte aufnehmen wollen.[174] Kesslers Wunschbesetzung für
den Prinzen aus Tausendundeiner Nacht war Serge Lifar – somit wurden
auch die Ballets Russes ins Blickfeld genommen, wie spätere Verhandlungen
bestätigen.

Durch die Vermittlung seiner alten Freundin Helene von Nostitz gewann
Kessler Ende Juni 1927 einen Komponisten für sein *Choreographisches
Scherzo*, der es vermutlich zu einem großen Erfolg geführt hätte: Kurt Weill.
Zehn Tage, nachdem Kessler sein Libretto von Fried zurückgefordert hatte,

169 Vgl. HGK, Tgb, Berlin, 13. Februar 1926. – PB 1996, S. 479.
170 Vgl. HGK, Tgb, New York, 28. April 1924. – DLA/A: Kessler.
171 „Ein bezauberndes Wesen, aber fast ganz unerotisch. man denkt bei ihr an Erotik
     ebensowenig wie bei einem schönen Raubtier." HGK, Tgb, Berlin, 13. Februar 1926.
     – PB 1996, S. 479.
172 Vgl. HGK, Tgb, 8. März 1926. – DLA/A: Kessler.
173 Vgl. Oscar Fried an HGK, Nikolassee bei Berlin, 19. Juni 1927. – DLA/A: Kessler.
174 Vgl. Collomb, Le tumulte noir, S. 130.

lernte Kessler den jungen Avantgardisten bei einem Essen bei Nostitz persönlich kennen. Weill, dem Helene von Nostitz das Libretto zu lesen gegeben hatte, teilte Kessler seinen Wunsch mit, es zu komponieren. Sie einigten sich darauf, daß er es nach Vollendung seines aktuellen Kompositionsauftrags, eine Oper zu einem Text von Georg Kaiser, in Angriff nehmen würde. Dies würde voraussichtlich im September möglich sein.[175] Dazu kam es jedoch nicht. Kurt Weill war inzwischen ein vielgefragter Komponist, der laufende große Arbeiten immer wieder durch andere, kleinere Aufträge unterbrechen mußte. Trotz seines anhaltenden Interesses sollte es ihm im Verlauf der nächsten eineinhalb Jahre, in denen er als Komponist für dieses Ballett im Gespräch war, nicht möglich sein, Kesslers Libretto zu vertonen.

Rekonstruiert man die Ereignisse dieses Sommers 1927, gelangt man zu der Vermutung, daß Kessler sein Tanzprojekt einem Komponisten anvertraut hat, den er nur vom Hörensagen kannte. Es gibt keine Belege dafür, daß er vor dem 28. Juni 1927 eines der beiden bis dahin aufgeführten Bühnenwerke Weills gesehen hatte. Die Uraufführung (oder eine spätere Vorstellung) jenes Einakters, mit dem sich Weill am 27. März 1926 in Dresden in die vorderste Reihe der zeitgenössischen Musiktheaterkomponisten katapultiert hatte, hatte Kessler nicht miterlebt: *Der Protagonist*, der in Berlin erst im Oktober 1928 an der Städtischen Oper herauskam.[176] Als Weills Einakter *Royal Palace* am 2. März 1927 von der Staatsoper Unter den Linden in der Krolloper uraufgeführt wurde, befand sich der rekonvaleszente Kessler (nach seinem gesundheitlichen Zusammenbruch vom Sommer 1926) noch in Italien. Die Uraufführung von *Der Zar läßt sich photographieren*, zu der Kessler am 18. Februar 1928 nach Leipzig anreiste, dürfte somit sein erstes Weillsches Musiktheatererlebnis gewesen sein. Von dieser Opera buffa nach einem Libretto von Georg Kaiser hatte Weill bei ihrem ersten Gespräch gesprochen. Auf Kessler machte das Werk, das im Neuen Theater einen einhelligen Erfolg verzeichnete, als bedeutender Übergang zu einer neuen Opernform gewürdigt wurde und bald darauf seinen Siegeszug antrat, keinen großen Eindruck: „Weills Musik hat Tempo, ist aber dürr wie Matzen."[177] Demgegenüber konzedierte er Nicola Spinellis veristischer Oper *A basso porto* (1894), die zuvor gegeben worden war, eine stärkere musikalische Erfindung.[178] Daß Kessler möglicherweise Verständnisschwierigkeiten bei Weills progressiven Musikkonzepten haben würde, war für ihn im Juni 1927 nicht absehbar gewesen.

---

175 Vgl. HGK, Tgb, 28. Juni 1927. – DLA/A: Kessler.
176 Gekoppelt mit einem weiteren Einakter zu einem Text von Georg Kaiser: *Der Zar läßt sich photographieren*. Regie führte Walther Brügmann, die musikalische Leitung hatte Robert Denzler.
177 HGK, Tgb, 18. Februar 1928. – PB 1996, S. 589.
178 Ebd.

Weills musikalische Sprache brachte für das Projekt das nötige Rüstzeug mit, wie das parodistische Songspiel *Mahagonny* (1927)[179] mit seinen Jazz- und Schlager-Einflüssen und die Zeitoper *Der Zar läßt sich photographieren* mit ihrer Mischung aus ernsten und komischen, fast farcenhaften Momenten, der Übernahme populärer Tanzmuster und Jazzinstrumente demonstriert hatten.[180] Kurt Weills Interesse an Kesslers *Choreographischem Scherzo* ist vor diesem Hintergrund verständlich. Es hielt trotz seiner starken Beanspruchung durch andere Aufträge an. Fünf Monate nach ihrem ersten Gespräch skizzierte er Kessler seine Überlegungen: „Er will die Musik zum Ballett hauptsächlich *singen* lassen, hinter der Bühne, und nur ganz wenige Instrumente verwenden, Flöte, Saxophon."[181] Weitere Aussagen sind nicht bekannt. Das Projekt mußte erneut verschoben werden, da Weill durch den Kompositionsauftrag der Brecht-Oper *Aufstieg und Fall der Stadt Mahagonny* und bereits gezahlter Vorschüsse gebunden war. Seiner Ankündigung, er müsse erst seinen Verleger Emil Hertzka (Universal Edition) um eine zwei- bis dreimonatige Beurlaubung bitten, folgte offensichtlich ein negativer Bescheid.[182] Das Interesse des Komponisten war dennoch ungebrochen. Acht Tage nach der Leipziger Uraufführung von *Der Zar läßt sich photographieren* besprachen er und Kessler erneut das Projekt, und Kessler vermerkte in seinem Tagebuch knapp, daß Weill ihn um ein zweites Ballett gebeten habe.[183] Die Arbeiten an *Die Dreigroschenoper* (1928), *Das Berliner Requiem* (1928) und *Aufstieg*

179 Uraufgeführt am 17. Juli 1927 in der Stadthalle von Baden-Baden (Regie: Bertolt Brecht, musikalische Leitung: Ernst Mehlich), gemeinsam mit Tochs *Prinzessin auf der Erbse*, Milhauds *Entführung der Europa* und Hindemiths *Hin und zurück*. *Mahagonny* war Kessler ebenfalls unbekannt.

180 Vgl. die Artikel von Rainer Franke (*Mahagonny*, 1927) und Jürgen Schebera (*Der Zar läßt sich photographieren*, 1928) in: Pipers Enzyklopädie des Musiktheaters. Hg. v. Carl Dahlhaus u. d. Forschungsinstitut für Musiktheater der Universität Bayreuth unter Leitung v. Sieghart Döhring. Bd. 6. München/Zürich 1997, S. 689-693.

181 HGK, Tgb, Berlin, 14. November 1927. – PB 1996, S. 581.

182 Daß die dreiaktige Oper *Aufstieg und Fall der Stadt Mahagonny* Priorität hatte, demonstriert ihre Entstehungsgeschichte: Weill hatte mit der Skizzierung im April 1927 begonnen, nachdem Brecht noch im März eine erste Skizze mit dem Titel *Auf nach Mahagonny* entworfen hatte. Die erste Fassung des Librettos entstand erst von September bis Anfang Dezember 1927 in Kooperation, nachdem die Arbeit durch die Vollendung von *Der Zar läßt sich photographieren* und das Songspiel *Mahagonny* (Mai bis Juli 1927) unterbrochen werden mußte. Weitere Unterbrechungen folgten durch die Komposition der *Dreigroschenoper* (April bis September 1928) und *Das Berliner Requiem* (November/Dezember 1928). *Aufstieg und Fall der Stadt Mahagonny* wurde schließlich erst im April/Mai 1929 vollendet. Vgl. die Artikel von Rainer Franke über *Mahagonny* (1927) und *Aufstieg und Fall der Stadt Mahagonny* (1930) in: Pipers Enzyklopädie des Musiktheaters, Bd. 6, S. 689 u. 698.

183 Vgl. HGK, Tgb, Berlin, 26. Februar 1928. – DLA/A: Kessler.

und Fall der Stadt Mahagonny (Abschluß im Mai 1929) verhinderten die Realisierung ihrer Pläne. Eine weitere Enttäuschung erfuhr Kessler am 29. Dezember 1928 in Paris. Sollte das *Choreographische Scherzo* bei den Ballets Russes herauskommen, so mußte er sich nach einem anderen Komponisten umsehen. Serge de Diaghilev widersetzte sich Kesslers beharrlichem Eintreten für Kurt Weill ebenso beharrlich und lehnte ihn definitiv ab: „Weill schreibe Musik nach Donizetti, nur camoufliert durch die notwendige Anzahl falscher Töne, die sich immer im richtigen Moment einstellten."[184] Diaghilevs Diktum lautete folglich: „Il faudra vous trouver un musicien."[185]

Dieser ‚wirkliche Musiker‘ war fünf Monate später gefunden: Es war Nicolas Nabokov. Für seine Wahl sprach zweierlei: Zum einen hatte er am 6. Juni 1928 mit *Ode* bei den Ballets Russes debütiert; es war die letzte Choreographie, die Leonide Massine für Diaghilev schuf.[186] Damit war Nabokov als zeitgenössischer Komponist in Diaghilevs Vorstellung präsent, existierten diese für den Impresario doch nur, „wenn sie für das Ballet Russe [sic!] geschrieben hatten", um sich anschließend als ihr Entdecker darstellen zu können.[187] Trotz der Schwierigkeiten, die die Produktion von *Ode* bereitet hate, stand Nabokov in Diaghilevs Gunst. Kesslers Ballett hätte somit beste Startchancen bei seiner renommierten Compagnie gehabt. Hinzu kam, daß Kessler Nabokov sehr schätzte. Er hatte den Schüler von Vladimir Rebikov, Paul Juon und Ferruccio Busoni Ende März 1926 durch Helene von Nostitz kennengelernt und sich fortan stets beeindruckt gezeigt von seiner musikalischen Begabung. Für Nabokov wiederum war Kessler bereits eine Legende, stets bereit, begabten jungen Leuten zu helfen, so daß er von dieser Verbindung zu profitieren hoffte.[188] An dem Ballettlibretto, das Kessler ihm Anfang Mai 1929 zusandte, zeigte er wirkliches Interesse. Trotz einiger Bedenken wollte Nabokov die Aufgabe übernehmen, weil ihm der Grundgedanke und die Fabel des Balletts gefielen. Sein langes Antwortschreiben vom 20. Mai 1929 ist von dokumentarischem Wert. Es zeigt den Generationenunterschied zwischen den Beteiligten, denn Nabokov spricht deutlich aus, daß das, was Kessler im Sinn hatte, einem anderen musikalischen Denken angehörte: dem Richard Wagners und Richard Strauss'. Kesslers detailliertes Libretto zielte eher auf Programmusik ab, auf ein motivisches Schreiben („Lachmotiv",

---

184 HGK, Tgb, Paris, 29. Dezember 1928. – PB 1996, S. 613.

185 Ebd.

186 Zu diesem extravaganten Ballett, dessen „Gesamtkonzeption unsere Zeit vorwegzunehmen scheint", siehe Woitas, Leonide Massine, S. 132-137, Zitat S. 132, sowie Buckle, Diaghilew, S. 505-510.

187 Nicolas Nabokov: Zwei rechte Schuhe im Gepäck. Erinnerungen eines russischen Weltbürgers. München/Zürich 1975, S. 174.

188 Vgl. Nabokov, Der Mensch, der andere liebte, S. 44.

„Edelsteinmotiv"), das Nabokov nicht lag. Er fühlte sich durch die präzisen Vorgaben, die wie in der *Josephslegende* Musik und Handlung eng verknüpften, in seiner Bewegungsfreiheit zu sehr eingeschränkt. Von dieser Bevormundung durch den Text würde er sich folglich zu emanzipieren suchen, was seiner Meinung nach auch im Interesse des Publikums lag.[189] Ein weiteres Problem stilistischer Art bereitete Nabokov offensichtlich die geforderte Jazzmusik. Er bezeichnete es als eine „kolossale" Schwierigkeit, „jetzt noch" Jazz schreiben zu müssen, wertete es aber zugleich als Herausforderung: es sei gerade diese schwere Aufgabe, die ihn so interessiere.[190] Über die stilistischen und konzeptionellen Aspekte wünschte Nabokov bald mit Kessler zu sprechen und sah ihrer „conspiration artistique" frohgemut entgegen.

Die weiteren Ereignisse liegen im Dunkeln. Es gibt keine Hinweise, ob und inwiefern das Projekt konkretere Formen annahm. Nabokov hatte zu Recht die Gefahr einer veralteten Konzeption gesehen, die mit exotischen Mustern operierte, wie sie zwanzig Jahre zuvor mit Diaghilevs orientalischen Balletten *Schéhérazade* und *Cléopâtre* Mode gewesen waren. Aus diesem Grund schlug er vor, das ironische Moment der Orientszenen zu betonen und ihnen eine verulkende Nuance zu geben, insbesondere dadurch, daß der irreale Charakter dieser Szenen verstärkt würde. Sie müßten wie ein schlechter orientalischer Film von Douglas Fairbanks wirken, meinte er.[191] Diaghilevs Tod machte ein halbes Jahr später solcherlei Überlegungen hinfällig. Kessler scheint daraufhin keine weiteren Anstrengungen unternommen zu haben, das Ballett in irgendeiner Form zu realisieren. Immer wieder ernsthaft erkrankt und mit anderen Aufgaben belastet, lenkte er in der Folgezeit sein Interesse auf die Drucke der Cranach-Presse[192] und auf den Memoiren-Plan, der spätestens Anfang Dezember 1931 im Raum stand.

---

189 Vgl. Nicolas Nabokov an HGK, Kolbsheim, 20. Mai 1929. – DLA/A: Kessler.

190 Nabokovs bizarre deutsche Sprache läßt in diesem Passus nicht eindeutig erkennen, ob er eine Phase mit Jazz-Experimenten bereits hinter sich hatte, oder ob er Ballette im Jazz-Stil zu diesem Zeitpunkt als Anachronismus betrachtete.

191 Vgl. Nicolas Nabokov an HGK, Kolbsheim, 20. Mai 1929. – DLA/A: Kessler.

192 Es waren u.a. die englische Ausgabe des Craigschen *Hamlet*, die erst Anfang September 1930 fertiggestellt wurde, *Das Hohe Lied Salomo* von 1931 und das nicht vollendete *Satyricon*-Projekt des Titus Petronius Arbiter mit den Illustrationen von Marcus Behmer.

4.2. *Ivan Kalaïeff* – ein Schlüsseldrama für Max Reinhardt (1932/33)

Das Faktum überrascht: Zwei Jahrzehnte nach dem Ende seiner Hoffnungen
auf eine gemeinsame Theaterkarriere mit Hugo von Hofmannsthal plante
Harry Graf Kessler sein Debüt als Dramatiker. Mit sicherem Gespür für ein
packendes Thema hatte er ein Sujet gewählt, das siebzehn Jahre später Albert
Camus wiederaufgreifen sollte. Er hatte das Szenario im Kopf, wußte, welcher Schauspielerin er die weibliche Hauptrolle auf den Leib schreiben
wollte und welcher Regisseur das Werk zur erfolgreichen Uraufführung
bringen könnte. Nur zehn Monate liegen zwischen Entwurf und Annahme
des Dramas durch Max Reinhardt, welches dieser im Frühjahr 1933 in Berlin
inszenieren wollte.

Kessler war ein Mann der schnellen Entschlüsse und der Tat. Sein *Choreographisches Scherzo* war 1926 einer Laune entsprungen, skizziert an einem Tag: ein unambitioniertes kleines Ballett für Josephine Baker, Frucht
der Goldenen Zwanziger Jahre, die er zeitweise unbekümmert genossen hatte. Angesichts seines anhaltenden Interesses am Theater und seiner kritischen
Beobachtung der zeitgenössischen Dramatik erscheint es konsequent, daß er
nun doch beherzt jenen Schritt tun wollte, zu dem ihn knapp fünfunddreißig
Jahre zuvor seine Mutter gedrängt hatte.[193] Die politische und wirtschaftliche
Lage in Deutschland war ernst. Es überrascht daher nicht, daß ein so sensibler Beobachter des Tagesgeschehens wie Kessler mit einem politischen
Thema debütieren wollte. Er selbst zog hierbei, wie wir sehen werden, ganz
dezidiert die Parallele zwischen 1905 und 1932. Doch ganz so einfach ist es
nicht. Bei näherer Betrachtung ergibt sich ein anderes Bild der Situation.
Kessler spürte keine innere Berufung, glaubte nicht eine besondere Begabung entfalten und dem politischen Sensationstheater Erwin Piscators einen
bildungsbürgerlichen Gegenentwurf liefern zu müssen. Auch in diesen letzten Lebensjahren sollte er nicht den Schritt vom Liebhaber des Theaters zum
professionellen Bühnenschaffenden vollziehen. Die Wirklichkeit war profa-
ner: Kessler brauchte Geld. Seine finanziellen Mittel waren infolge von In-
flation, Weltwirtschaftskrise und anspruchsvollem Lebensstil aufgebraucht.
Er hatte seine wertvollsten Kunstobjekte veräußern und die Cranach-Presse
am 31. Oktober 1931 schließen müssen. Wie sehr ihm die potentiellen Tantiemen hätten weiterhelfen können, ist fraglich. Dieses primäre Motiv tan-
giert in keiner Weise den Gehalt des ambitionierten und spannenden Dramenprojekts, an das er sich wagte. Es erklärt nur die Naivität, die Kessler da-

---

193 Vgl. HGK, Tgb, Amiens – London, 23. Oktober 1897: „Mama treibt mich, mich
dramatisch zu versuchen." – DLA/A: Kessler.

bei an den Tag legte. In Kenntnis der Materiallage muß man es bedauern, daß er das Werk nicht vollendet hat. Unter glücklicheren Umständen wäre möglicherweise ein Ergebnis zustandegekommen, das die dramatische Sprengkraft des Themas eindrucksvoll vor Augen geführt hätte, wenngleich Kessler vielleicht nicht in der Lage gewesen wäre, das hierin liegende Potential in stilistischer und dramaturgischer Hinsicht auszuschöpfen.

Die Werkgenese von *Ivan Kalaïeff* – so lauten Titel und Schreibweise des Dramenfragments in den überlieferten Manuskripten – läßt sich nicht bis zu ihrem Ursprung zurückverfolgen. Die Quellenlage bietet keine konkreten Anhaltspunkte für die Klärung der Frage, auf welche Weise Kessler im Winter 1931/32 zu diesem Drama angeregt wurde. Die russische Revolution und der Untergang des Zarenreichs waren durchaus präsent, in der Literatur, in Lebenserinnerungen von Exilrussen und historischen Analysen. Auch der deutsche Theaterbetrieb hatte sich nicht die Gelegenheit entgehen lassen, Stücke wie *Alexandra, die letzte Zarin*, die „Tragödie des Ostens" *Der Zar* oder die „Revolutions-Tragödie" *Lenin* zu spielen.[194] Die von der Piscator-Bühne bearbeitete Fassung von Alexej Tolstojs und Pavel Schtschegolevs Reißer *Rasputin*, die 1927 unter dem programmatischen Titel *Rasputin, der Krieg und das Volk, das gegen sie aufstand* präsentiert wurde, ist nur das bekannteste Beispiel solcher Theatralisierungen. Anfang 1932 war diese Welle blutiger Untergangsszenarien jedoch wieder verebbt. Man war zu unverfänglicheren russischen Stoffen zurückgekehrt, etwa zu *Der Idiot* (eine Dostojevskij-Bearbeitung von Vladimir Sokolov und Heinrich George, 1930)[195] oder *Iwan II.* (Hermann Ferdinand Schell, 1931).[196] Daher vermerkte Kessler am 15. November 1932 in seinem Tagebuch verständlicherweise mit Stolz, Max Reinhardt sei von seinem Sujet sehr eingenommen. „[Er] sagte, der Sturz des Zarentums schreie geradezu nach einem Shakespeare, auch für die Regie von höchstem Reiz."[197]

---

194 Vgl. Deutsches Bühnen-Jahrbuch. Theatergeschichtliches Jahr- und Adressenbuch. Berlin, Jg. 37 (1926) bis 44 (1933). Zu nennen sind im einzelnen: Hans Gobsch: *Der Zar*. Tragödie des Ostens, 3 Akte (Breslau, Lobe-Theater, 24. September 1927); Willm Reupke: *Zarentragödie*. Drama, 4 Akte (Wilhelmshaven-Rüstringen, Stadttheater, 12. März 1928); Fritz Bleckmann: *Alexandra, die letzte Zarin*. Tragödie, 4 Akte (Krefeld, Stadttheater, 17. März 1929); Ernst Fischer: *Lenin*. Revolutions-Tragödie (Wien, Carltheater, 26. September 1928). Eine Tragikomödie lieferte Dimitri Smolin in der Bearbeitung von Valerian Tornius: *Lisinka, die letzte Romanowa*, 4 Akte (Essen, Schauspielhaus, 20. April 1929).

195 Die Uraufführung fand am 4. Oktober 1930 im Berliner Theater statt. Vgl. Deutsches Bühnen-Jahrbuch, 43 (1932), S. 65.

196 Die Uraufführung fand am 20. Februar 1931 im Stadttheater Außig statt. Vgl. ebd.

197 HGK, Tgb, Berlin, 15. November 1932. – PB 1996, S. 739.

Kessler vermochte diesem hohen Anspruch nicht gerecht zu werden. Der Zeitdruck und der erzwungene Gang ins Exil können nicht über die Tatsache hinwegtäuschen, daß er kein ‚zweiter Shakespeare' war. Dennoch lohnt der Gegenstand seiner Anstrengungen eine genauere Betrachtung, um die Fallhöhe seines Scheiterns taxieren zu können.

4.2.1. Sujetwahl

Die Stoffwahl ist ungewöhnlich genug. Anders als seine Vorgänger griff Kessler nicht auf die populäre Oktoberrevolution von 1917 zurück, sondern auf ein Ereignis, das zu den Parallelereignissen der revolutionären Unruhen von 1905 gehörte: jenes Bombenattentat auf Großfürst Sergej, den Generalgouverneur von Moskau und Onkel des Zaren Nikolaj II., das im Februar 1905 von dem russischen Sozialrevolutionär Ivan Kaljaev verübt worden war. Anhand dieses authentischen Falls werden die ethischen Implikationen einer Revolte diskutiert, die den Teufelskreis von Gewalt und Gegengewalt zu sprengen vermag: Fragen wie die Notwendigkeit und der Gehalt einer moralischen, werteschaffenden Revolution, die 1949 auch Albert Camus in seinem Drama *Les Justes* thematisierte.

Offen ist die Frage, wodurch Harry Graf Kessler auf dieses Thema aufmerksam wurde. Es ist zu vermuten, daß er durch einen Zufall diesen Stoff fand, als er sich Ende Dezember 1931 in Paris aufhielt. Höchstwahrscheinlich geschah es durch die Lektüre der englischen[198] oder französischen[199] Ausgabe eines jüngst erschienenen Memoirenbandes von Großfürstin Maria, die fünfzehn Jahre alt war, als das Attentat auf ihren Vormund, Großfürst Sergej, verübt wurde. Daß Kessler diese Lebenserinnerungen kannte, ist nicht nur einem Brief an seine Schwester Wilma zu entnehmen.[200] Diese Kenntnis läßt sich auch anhand einiger Details nachweisen, die Kessler dem Buch entnommen und in seinem Dramentext verarbeitet hat.[201] Sein Interesse an die-

---

198 Education of a princess. A memoir, by Marie, grand duchess of Russia. Translated from the French and Russian under the editorial supervision of Russell Lord. New York 1930. Die Londoner Ausgabe erschien 1931 unter dem Titel *Things I remember*.

199 Éducation d'une princesse. Mémoirs, traduits de l'anglais par F. W. Laparra. Préface d'André Maurois. Paris 1931. Die deutsche Ausgabe erschien erst 1933 im Dresdner Verlag Carl Reißner unter dem Titel *Leben und Leiden einer Prinzessin. Ein Frauenschicksal aus bewegter Zeit*.

200 Vgl. HGK an Wilma Marquise de Brion, Berlin, 2. September 1932: „[...] [Mrs. Guggenheim] also knows the Grand Duchess Marie and Dmitri. The Grand Duchess she says is a nice clever woman. But she repeat to believe that she had written the Memoirs herself (!?) [...]" DLA/A: Kessler.

201 So etwa die wortwörtliche Übernahme jener Frage, die der kleine Bruder von Großfürstin Maria, Dmitri, nach dem Tod des strengen Onkels an sie gerichtet hatte:

sem Stoff war zudem, wie so oft, auch persönlich motiviert: Die Gattin des Terroropfers, Großfürstin Elisabeth, war nicht nur die Schwester der Zarin Alexandra, sondern auch die Schwester von Großherzog Ernst Ludwig von Hessen und bei Rhein, dem Schöpfer der Darmstädter Künstlerkolonie und einstigen Kommilitonen Kesslers.[202] Dieser Aspekt war für Kessler von besonderer Bedeutung. Er hoffte durch die Erinnerung an Charakter und Wesen Ernst Ludwigs einen leichteren Zugang zur Figur der Großfürstin zu finden, die ihm später bei der Gestaltung die größten Schwierigkeiten bereitete. Ebendieser Hofsphäre entspringt auch jene Szene des Dramenfragments, die zu allererst, noch im Januar 1932, geschrieben wurde: die zweite Szene des ersten Akts, in der das Verhältnis des großfürstlichen Paares zueinander skizziert wird, in einer Auseinandersetzung wenige Minuten vor dem Attentat.[203] Kessler war zu diesem Zeitpunkt noch nicht im Besitz jener Dokumente, die ihm kurz darauf von sozialrevolutionärer Seite zur Verfügung gestellt werden sollten.[204] Weiter hat man zu bedenken, daß Kessler einen wichtigen Zeitzeugenbericht in der erst im Februar 1931 erschienenen französischen Version verwendete, obwohl die deutsche Ausgabe seit zwei Jahren auf dem Markt war: Boris Savinkovs *Souvenirs d'un Terroriste* (Payot). Es ist eine der wichtigsten Quellen, auf die der Graf zurückgriff, wie das stark zerlesene und mit Anstreichungen übersäte Exemplar in seinem Nachlaß dokumentiert. Savinkov, ein Kamerad Ivan Kaljaevs, berichtet hier von seiner Zeit als Sozialrevolutionär und Mitglied der Kampforganisation der PSR. Er war der Leiter jener fünfköpfigen terroristischen Einheit, die Anfang Februar 1905 das Attentat auf Großfürst Sergej verübte. In seinen Erinnerungen sind die Details der Vorbereitung und Durchführung des Anschlags zu finden. Es darf folglich eher als unwahrscheinlich gelten, daß Kesslers Dramenprojekt seit langem geplant war. Nichts deutet darauf hin, daß Kessler in den Jahren zuvor die zahlreiche Revolutionsliteratur, die deutsche Ausgabe von Savinkovs *Erinnerungen eines Terroristen* (Buchmeister-Verlag, Berlin 1929) oder etwa den Verkaufsschlager seines Verlegerfreundes Wieland

---

„„Was meinst du', fragte Dmitri in die Dunkelheit, ,werden wir glücklicher sein?'" Großfürstin Maria von Rußland, Leben und Leiden einer Prinzessin. Dresden 1933, S. 67. Vgl. HGK, Ivan Kalaïeff, Mappe II, Konvolut 10: Erster Akt, Szene II, Typoskript, S. 19. – DLA/A: Kessler.

202 Vgl. HGK an Wilma Marquise de Brion, Pontresina, 24. Februar 1932. – DLA/A: Kessler.

203 Vgl. HGK, Ivan Kalaïeff, Mappe I, Konvolut 2: Ier acte, état définitif, Typoskript, S. 3-6.

204 Er erhielt sie in zwei Sendungen am 7. u. 20. Februar 1932. Siehe die Briefe dieses Datums an Wilma Marquise de Brion. – DLA/A: Kessler. Näheres hierzu siehe weiter unten.

Herzfelde, Vera Figners Lebenserinnerungen *Nacht über Rußland* (Malik Verlag, Berlin 1928), wahrgenommen hätte.

Die konkrete Spurensuche kann erst mit einer Pariser Tagebucheintragung vom 9. Januar 1932 beginnen. Hier findet das Dramenprojekt seine erste Erwähnung. An diesem Tag suchte Kessler in Begleitung des französischen Übersetzers und Lektors Jacques Schiffrin die russische Bibliothèque Turgenieff auf, um „Material für mein Kaliajeff-Drama zu sammeln."[205] Ein merkwürdiger Zufall wollte es, daß sie dort einem Zeitzeugen von besonderem Rang begegneten: Vladimir Burcev. Burcev, als Publizist, Historiker und Archivar ein bedeutender Kenner der russischen populistischen Bewegung, hatte eine bewegte Vergangenheit hinter sich. Er hatte den Sozialrevolutionären nahegestanden, ohne ihrer Partei formell beigetreten zu sein, war der Gründer und Redakteur der Zeitschrift *Byloe* (1901 ff.) gewesen und hatte sich als Entlarver sogenannter Provokateure (Geheimagenten) der Ochrana, also der russischen Geheimpolizei, in den Reihen der Sozialrevolutionäre hervorgetan. Sein spektakulärster Erfolg war 1908 die Aufdeckung der Doppelagentschaft Evgenij Azefs. Azef war nicht nur Mitbegründer der Sozialrevolutionären Partei, sondern seit 1903 auch Leiter der Kampforganisation und somit Vorgesetzter Ivan Kaljaevs gewesen. Zeitgleich hatte er als wichtigster Informant für die kaiserliche Geheimpolizei gearbeitet und zur Verhaftung eigener Mitarbeiter und Verhinderung von Attentaten beigetragen. Nach einem parteiinternen Ehrengericht in Paris, das ihn am 5. Januar 1909 der Provokation für die Ochrana überführte, entzog sich Azef der zu erwartenden Liquidierung durch Flucht. Im Herbst 1909 ließ er sich als Kaufmann Alexander Neumeyer in Berlin nieder, wo er am 24. April 1918 starb.[206]

Für Kessler mit seinem Faible für konspirative Aktionen war Burcev ein Mann von besonderem Reiz. Er ließ sich dieser beinahe „mythischen Figur", wie er ihn empfand, vorstellen und skizzierte sein Vorhaben. Burcev gab ihm in aller Hast „einige wertvolle Winke, wo und wie ich Material finden könnte, empfahl die russische Buchhandlung von Rodstein, Rue Cujas, und nachdem er noch in einigen Katalogen nachgesehen und Titel von Werken angegeben hatte, verschwand er schnell wieder."[207] Kessler wollte jedoch aus der kostbaren Quelle, die sich mit diesem Kontakt aufgetan hatte, mehr schöpfen. Dank eines Hinweises der Buchhändlerin Rodstein suchten er und Schiffrin

---

205 HGK, Tgb, Paris, 9. Januar 1932. – PB 1996, S. 694. Die Schreibweise des Namens von Ivan Kaljaev wechselt in den überlieferten Quellen mehrfach und wird gemäß den Autographen zitiert.
206 Vgl. Boris Savinkov: Erinnerungen eines Terroristen. Mit e. Vor- u. Nachbericht v. Hans Magnus Enzensberger. Nördlingen 1985, S. 370-416, sowie Enzensbergers „Nachbericht", S. 423-425.
207 HGK, Tgb, Paris, 9. Januar 1932. – PB 1996, S. 694.

am folgenden Tag Burcev in seinem Stammcafé du Mont St. Michel auf.
Ähnlich wie im Fall seines Rathenau-Buchs suchte Kessler auch hier den
unmittelbaren Kontakt zu Zeitzeugen, um über möglichst viel authentisches
Material zu verfügen. Anstelle der gewünschten Niederschrift seiner persönlichen Erinnerungen an Kaljaev bot Burcev Kessler an, ihm die Einzelheiten
über den Prozeß und die nachfolgenden Ereignisse zu liefern.[208] Dieser Vorschlag war sehr viel sinnvoller, wie sich zeigen sollte. Die Quellen, die Burcev zur Verfügung stellte, bergen eine Fülle von Detailinformationen und
besitzen einen so authentischen Ton, daß sie Kesslers Arbeit wesentlich erleichtern konnten. Dies trifft insbesondere auf die Prozeßberichte, die Plädoyers der Verteidiger und vor allem auf die Rede des Angeklagten selbst zu,
die von einer mitreißenden Rhetorik ist.[209]

Drei Wochen nach Beginn dieser Recherche zog sich Kessler in den
schweizer Winterkurort Pontresina im Oberengadin zurück und schrieb dort
im Verlauf von drei Wochen die erste Szene des ersten Akts. Nach drei wei-

---

208 Vgl. HGK, Tgb, Paris, 10. Januar 1932. – PB 1996, S. 694 f.

209 Die von Burcev zur Verfügung gestellten Unterlagen, die Jacques Schiffrin aus dem
Russischen ins Französische übersetzte, umfassen im einzelnen: ein Konvolut, beti-
telt *Le procès de Kalaïeff*, das jene Dokumente enthält, die im Publikationsorgan der
Sozialrevolutionären Partei, *Revoljucionnaja Rossija* (Das revolutionäre Rußland),
veröffentlicht worden waren: 1. eine Selbstaussage Ivan Kaljaevs (*Autographe d'Ivan
Kalaïeff*); 2. einen Brief Kaljaevs an seine Kameraden von der Kampforganisation
(*Lettre aux Camarades*); 3. ein Gedicht Kaljaevs (*Que la lutte vienne...*); 4. die Anklageschrift, St. Petersburg, 23. März 1905 (*L'acte d'accusation*); 5. das Sitzungs-
protokoll der Prozeßverhandlung in Moskau, 5. April 1905 (*Le compte-rendu de la
séance du jugement*); 6. die Rede von Kaljaev im Moskauer Prozeß, 5. April 1905
(*Le discours de Kalaïeff*); 7. das Plädoyer seines Verteidigers Mandelstam im Moskauer Prozeß, 5. April 1905 (*Le discours de Mandelstam*); 8. das Plädoyer seines
zweiten Verteidigers Jdanoff im Moskauer Prozeß, 5. April 1905 (*Le discours de
Jdanoff*). Ein zweites umfangreiches Konvolut (*Dokumente für Kalaïeff*) beinhaltet
ergänzend: 1. einen Zeitungsbericht des Daily Telegraph vom 11./24. Mai 1905 über
die Hinrichtung Ivan Kaljaevs (*La mort de I. P. Kaliaeff*); 2. die letzten Briefe Kaljaevs an seine Kameraden und an seine Mutter (*Les dernières lettres de Kaliaeff*); 3.
den Rechenschaftsbericht von Kaljaev über seine Begegnung mit Großfürstin Elisabeth sowie sein Brief an sie (*I. Kaliaeff et la Grande-Duchesse*); 4. Erinnerungen von
M. Poliakoff an Kaljaev in Jekaterinoslav 1899 (*Ma rencontre avec I. Kaliaeff*); 5.
Erinnerungen von Berenstam, dem Verteidiger Kaljaevs im St. Petersburger Berufungsverfahren (*Kaliaeff en Prison*); 6. ein Auszug aus dem Buch *Pogrome und Hin-
richtungen* (Moskau 1906) von Vladimirov über die Hinrichtung Kaljaevs, Schlüsselburg, 10. Mai 1905 (*L'exécution de Kaliaeff*); 7. eine Selbstaussage Kaljaevs
(*Autographe d'Ivan Kalaïeff*); 8. die Erinnerungen des Sozialrevolutionärs Egor Sazonov an den Kameraden und ihre gemeinsame Operation, das Attentat auf Innenminister Plehwe im Juli 1904 (*Ivan Kalaieff. Mémoires de Sasonoff*); 9. Kaljaevs Antrag
auf ein Berufungsverfahren (*Appel en cassation de I. Kalaieff au Sénat*). Vgl. das Ar-
chivalienverzeichnis im Anhang.

teren Wochen war der erste Akt abgeschlossen, und nun ging es an die Konzeption des zweiten, wie Kessler am 18. März 1932 vermerkte.[210] Er ist über die Schlüsselszene, um die es dort geht, nicht hinausgekommen. Die Begegnung und Unterredung zwischen dem Mörder und der Witwe des Opfers sollte das Kernstück des zweiten Akts werden. Sie bot Raum für die grundlegenden Fragen von Schuld und Reue, Sühne und Erlösung, Glauben und Ideologie. Besonders hier sollte die Aktualität des Stücks zum Ausdruck kommen, da sich die Diskussion um eine „Rangordnung der Werte" (Kessler) im Jahr 1932 auch angesichts des erstarkenden Nationalsozialismus stellte. Eine Parallele, die später auch Albert Camus sah. Kessler war der Aufgabe nicht gewachsen. Die im Nachlaß verwahrte Sammlung von Materialien, Skizzen und letzten Fassungen des Dramenfragments birgt einige Dutzend Seiten an Entwürfen zu der ersten Szene des zweiten Akts. Diese Notizzettel, auf denen oftmals nur die Stellung eines Halbsatzes immer wieder verändert wurde, dokumentieren die Schwierigkeiten, mit denen Kessler rang. Auch zwei Monate später hatte er sie nicht bewältigt. Er suchte den Rat seines Freundes und Mitarbeiters Max Goertz, sprach mit ihm die Szene zwischen der Großfürstin und Kaljaev durch und vermerkt dankbar, daß Max ihm „viel wertvolles Material" gegeben habe.[211] Das Blatt mit diesen Gesprächspunkten hat sich erhalten, vollendet wurde die Szene dennoch nicht.

Es spricht einiges dafür, daß das Projekt nicht weiter gediehen ist, als es die Autographensammlung in Marbach am Neckar dokumentiert. Ein halbes Jahr nach dem erwähnten Gespräch mit Goertz las Kessler Max Reinhardt und dessen Frau Helene Thimig den ersten Akt „und den Anfang des zweiten" vor.[212] Reinhardt nahm das Stück unter dem Vorbehalt an, daß er es noch seinen beiden Direktoren vorlegen müsse. Für den Protagonisten sah er interessanterweise den dreiunddreißigjährigen thüringischen Schauspieler Claus Clausen vor, der ein Jahr später durch den NS-Propagandafilm *Hitlerjunge Quex* (Regie Hans Steinhoff, 1933) als Bannführer (der Hitlerjugend) Kass weithin bekannt und populär wurde.[213] Reinhardt hielt, Kesslers Bericht

---

210 Zum Schreibprozeß siehe die Briefe Kesslers an seine Schwester Wilma Marquise de Brion, Pontresina, 7., 8., 9., 12., 18., 19., 20. (2 Briefe), 24. u. 25. Februar 1932. – DLA/A: Kessler. Vgl. die zusammenfassende Tagebuchnotiz unter dem Stichwort „Pontresina, 2.-24. Februar 1932". – PB 1996, S. 695.

211 Vgl. HGK, Tgb, Berlin, 15. Mai 1932. – DLA/A: Kessler.

212 Vgl. HGK, Tgb, Berlin, 18. November 1932. – PB 1996, S. 742.

213 Im Gedächtnis des Zuschauers bleibt vor allem die Schlüsselszene des Films, in der der Bannführer (Clausen) mit dem kommunistischen Vater (Heinrich George) um die Seele des jungen Heini Völker ringt. Siehe hierzu Erwin Leiser: „Deutschland, erwache!" Propaganda im Film des Dritten Reiches. Reinbek bei Hamburg 1968, S. 36-41, und Francis Courtade/Pierre Cadars: Geschichte des Films im Dritten Reich. München 1975, S. 43-47. Clausens weitere Beschäftigung in der deutschen Filmin-

zufolge, Clausen für den „einzige[n] unter den jungen Schauspielern [...], der Aussicht auf eine große theatralische Laufbahn habe."[214] Sein Votum für Clausen (als für den Titelhelden „wie geschaffen"[215]) vermochte Kessler jedoch nicht zu überzeugen. Als er ihn am 17. November 1932 auf Reinhardts Drängen erstmals auf der Bühne des Deutschen Theaters sah, gewann er einen negativen Eindruck: „Altes Hoftheater und Unreife", so lautete das Diktum über den Prinzen von Homburg, den Clausen blond, blauäugig und temperamentvoll, jedoch ohne Nuancen und Charme gab.[216] Kessler zweifelte daran, daß dieser junge Mann die vielschichtige Figur des Kaljaev wirklich verkörpern konnte. Ein Mangel an ‚Fluidum' wurde Clausen auch von Helene Thimig bescheinigt,[217] und nach der Lesung der ersten anderthalb Akte von Kesslers Drama äußerte Reinhardt selbst Bedenken. Die Entstehung über die Rollenbesetzung wurde mithin vertagt.

Kessler verpflichtete sich, die zweite Szene des ersten Akts stilistisch zu überarbeiten und das gesamte Stück bis Ende Januar 1933 fertigzustellen. Dann würde es noch in den Spielplan des Frühjahrs aufgenommen werden können. Dazu kam es jedoch nicht. Die Finanznöte zwangen Kessler, zunächst ein erstes Kapitel seiner geplanten Memoiren zu schreiben, um mit dem Verlagshaus Ullstein einen Vertrag aushandeln zu können. Teile seiner kostbaren Bibliothek zu verkaufen war ihm unmöglich, da sie ihm für seine literarische Arbeit unverzichtbar war, wie er seiner Schwester am 9. Februar 1932 geschrieben hatte. Umso mehr erhoffte er sich von dem Drama, an dem er in dieser bedrückenden Situation mit verzweifelter Beharrlichkeit arbeitete: „*My piece* ought to bring me in something".[218] Wieviel er sich tatsächlich an Honorar oder Tantiemen versprechen konnte, bleibt dahingestellt. Ende Februar 1933 schloß Kessler für sein umfangreiches Memoirenwerk mit dem S. Fischer Verlag ab und verließ am 8. März Deutschland. Das Theaterprojekt gab er dennoch nicht ganz auf. Während seiner Arbeit an den Lebenserinnerungen, die nicht nur in finanzieller Hinsicht Priorität haben mußte, kam es zu einem letzten Telefonat mit Helene Thimig. Anfang November 1933

---

dustrie dieser Zeit beschränkte sich auf zwei Fridericus-Rex-Filme: *Der Alte und der junge König* (1935, Regie Hans Steinhoff; Rolle des Leutnant Katte), *Der Große König* (1942, Regie Veit Harlan; Rolle des Heinrich d. Ä.), auf den Streifen *Mein Leben für Irland* (1941, Regie Max W. Kimmich) und auf den spektakulären, letzten Durchhaltefilm des Dritten Reichs, Veit Harlans *Kolberg* (1945; Rolle des Königs Friedrich Wilhelm III.).

214 HGK, Tgb, Berlin, 18. November 1932. – PB 1996, S. 743.
215 Vgl. HGK, Tgb, Berlin, 15. November 1932. – PB 1996, S. 739.
216 Vgl. HGK, Tgb, Berlin, 17. November 1932. – PB 1996, S. 742.
217 Vgl. HGK, Tgb, Berlin, 18. November 1932. – PB 1996, S. 743.
218 HGK an Wilma Marquise de Brion, Pontresina, 9. Februar 1932. – DLA/A: Kessler. (Hervorhebungen im Original.)

stellte sie ihm eine Aufführung in Wien im Winter 1934/35 in vage Aussicht.[219] Wie ernst gemeint auch immer dieser Gedanke gewesen sein mag – für den fünfundsechzigjährigen Kessler, der sich im mallorquinischen Exil befand, muß dies in seiner Einsamkeit ein tröstliches Zeichen der Verbundenheit gewesen sein.

4.2.2. Historischer Exkurs: Die Sozialrevolutionäre Partei Rußlands und das Attentat von 1905

Wer war diese historische Gestalt des Revolutionsgeschehens, die Kessler in den Mittelpunkt seines Drama stellte? Welche Organisation stand hinter ihr, welche Ziele verfolgte sie? Es ist notwendig, an dieser Stelle die historischen Fakten und Hintergründe zu präsentieren, die dem Stück zugrunde liegen. So wird der konkrete Einzelfall in einen umfassenderen Kontext gestellt und das inhaltliche Verständnis von Kesslers Drama, das Fragment geblieben ist, erleichtert.

Ivan Kaljaev war Mitglied der sogenannten Kampforganisation (*Boevaya Organizatsiya*, kurz BO) der Sozialrevolutionären Partei Rußlands (*Partija Socialistov-Revoljucionerov*, kurz PSR). Damit gehörte er dem radikalsten der drei Oppositionslager an, die infolge eines langen Gärungsprozesses um die Wende zum 20. Jahrhundert entstanden war. Zu den Gegnern der zaristischen Autokratie, die auf eine fundamentale politische Wende drängten, gehörten neben den Sozialrevolutionären die sozialdemokratischen Gruppierungen[220] und die Verfechter des (revolutionären Links-)Liberalismus.[221] Die PSR repräsentierte die wichtigste nichtmarxistische Richtung innerhalb der russischen revolutionären Bewegung dieser Zeit.[222] Sie unterschied sich von

---

219 Vgl. HGK, Tgb, Lyon, 7. November 1933. – DLA/A: Kessler.

220 Die russischen Marxisten organisierten sich in zwei eigenständigen Parteien: im Allgemeinen jüdischen Arbeiterbund in Litauen, Polen und Rußland (kurz: Bund), der sich 1897 in Wilna aus mehreren jüdischen sozialdemokratischen Gruppierungen konstituiert hatte, und in der Russischen Sozialdemokratischen Arbeiterpartei (RSDRP, gegründet auf ihrem ersten Kongreß, 1. bis 3. März 1898). Die Grundsatzdiskussion, die im Sommer 1903 auf dem 2. Parteitag der RSDRP über ihr Selbstverständnis als Massen- oder Elitepartei geführt wurde, brachte die Parteispaltung in „Bolschewiki" und „Menschewiki". Lenin errang dadurch die Führungsmacht bei den Bolschewiki. Vgl. Orlando Figes: Die Tragödie eines Volkes. Die Epoche der russischen Revolution 1891 bis 1924. Berlin ²1998, S. 164-167.

221 Zu den einzelnen Oppositionslagern und ihren ideologischen Unterschieden und Gemeinsamkeiten siehe Manfred Hildermeier: Geschichte der Sowjetunion 1917-1991. Entstehung und Niedergang des ersten sozialistischen Staates. München 1998, S. 41-49.

222 Zu diesem Komplex siehe das Standardwerk von Manfred Hildermeier: Die Sozialrevolutionäre Partei Rußlands. Agrarsozialismus und Modernisierung im Zarenreich

den Sozialdemokraten durch ihre spezifisch subjektivistische soziale Theorie, die am Engagement des Individuums als treibender Kraft im historischen Prozeß festhielt. Ihr Ziel war die dezentralisierte, agrarisch-sozialistische Gesellschaft und die Beseitigung des autokratischen Systems. Dies würde ihrer Meinung nach nur durch einen Volksaufstand unter der Führerschaft des Bauerntums erreicht werden können.[223] Der politische Kampf der PSR war gekennzeichnet durch das Mittel des Individualterrors: die zielgerichtete Ermordung von Einzelpersonen, die als Vertreter der autokratischen Regierung für Abhängigkeit und Ungerechtigkeit standen (Gouverneure, Minister usw.). Der Terrorist verstand sich dabei als Stellvertreter des Volkes, für das er den Kampf gegen die Unterdrückung und Ausbeutung aufnahm. Was von den Marxisten als sinnlose Einzelaktionen verurteilt wurde (anstatt auf die selbständige und entscheidende revolutionäre Kraft der Arbeiterklasse zu vertrauen),[224] mußte gerade das Interesse von Harry Graf Kessler erwecken: das individualistische Vorgehen von Einzelkämpfern, Vertretern der gebildeten Klasse, die sich als Mitglieder der Kampforganisation zur Elite zählten. Ihre geforderte vollkommene und rücksichtslose Hingabe an die Sache schloß das Selbstopfer mit ein. Das Bombenwerfen wurde zur heiligen Sache erklärt, was die Terroristen mit einer speziellen Aura umgab und von den ‚zivilen Parteimitgliedern' deutlich abhob: Sie verkörperten das ethische Prinzip der Revolution, da sie sich darauf vorbereiteten, für die revolutionäre Sache ihr Leben zu geben.[225] Dem entsprechend wurden auch Männer wie Ivan Kaljaev nach ihrem Tod als Helden und Märtyrer verehrt.

Wie Manfred Hildermeier betont, bezogen alle revolutionären Parteien, die vor Einberufung der ersten Duma (Oktober 1905) illegal operieren mußten, ihre Mitglieder überwiegend aus der schmalen Schicht der russischen Intelligenzija. Diese 2,7 % der erwerbstätigen Bevölkerung verfügten über die nötigen bildungsmäßigen Voraussetzungen, um der Opposition geistig-programmatische Kontur zu geben: Es galt, eine „amorphe Bewegung" in

(1900-1914). Köln/Wien 1978. Siehe ferner seinen Aufsatz: The Terrorist Strategies of the Socialist-Revolutionary Party in Russia, 1900-14. In: Social Protest, Violence and Terror in Nineteenth- and Twentieth-century Europe. Ed. by Wolfgang Mommsen and Gerhard Hirschfeld. New York 1982, S. 80-87. Siehe auch den Aufsatz von Maureen Perrie: Political and Economic Terror in the Tactics of the Russian Socialist-Revolutionary Party before 1914. In: Mommsen/Hirschfeld (Hg.), Social Protest, S. 63-79.
223 Vgl. Hildermeier, The Terrorist Strategies, S. 80.
224 So lautete die harsche Kritik von Arkadij Maslow, einem Vertreter der linksradikalen Berliner KPD, in seiner Einleitung zu: Boris Sawinkow: Erinnerungen eines Terroristen. Berlin 1929, S. XXXII.
225 Vgl. Hildermeier, The Terrorist Strategies, S. 81.

eine formale Organisation umzuformen.[226] Das Selbstverständnis des Akademikers entschied, auf welchem Weg und mittels welcher Partei er sein Ziel erreichen wollte. Kaljaevs Biographie beispielsweise weist eine damals geradezu klassische Karriere vom relegierten Studenten zum Terroristen auf. Sie läßt sich kurz umreißen; er wurde mit achtundzwanzig Jahren hingerichtet.

Ivan Platonovic Kaljaev wurde 1877 in Warschau geboren und kam aus einem russisch-polnischen Elternhaus. Sein Vater stammte von leibeigenen Bauern aus dem Departement Rjasan ab, arbeitete während seiner Militärzeit als Polizeioffizier und wurde danach Fabrikarbeiter. Kaljaev wahrte sich den Stolz auf seine kleinbürgerliche Herkunft: „Dès mon jeune âge, je me suis accoutumé aux idées du travail et du besoin et je suis devenu un socialiste convaincu."[227] Er studierte zunächst in Moskau, dann in St. Petersburg, wo er 1899 nach seiner Teilnahme an Studentenunruhen von der Universität relegiert wurde. Für zwei Jahre nach Ekaterinoslav verbannt und unter Polizeiaufsicht gestellt, arbeitete er für Zeitungen und knüpfte Beziehungen zu den Sozialdemokraten. Diese Zeit bahnte den Weg in die Illegalität. Auf die gewaltsame Niederschlagung einer politischen Demonstration der Sozialdemokraten im Dezember 1901 reagierte Kaljaev erstmals mit dem Vorschlag eines Attentats: Generalgouverneur Graf Keller sollte für seine Willkürherrschaft im Gouvernement mit dem Leben bezahlen. Aufgrund fehlender Verbindungen mußte der junge Revolutionär seinen Plan jedoch aufgeben. Bald darauf wurde ihm der Weg zu jener Organisation gewiesen, der er zwei Jahre später selbst angehören sollte. Die Ermordung des Innenministers Sipjagin (durch den Studenten Stepan Balmašev) am 2. April 1902 war der erste Anschlag, den die Spezialtruppe für politischen Terror der PSR vorbereitet hatte.[228] Diese Aktion bestärkte Kaljaev in seinem Willen, an der terroristischen Untergrundarbeit teilzunehmen. Im Sommer 1902 wurde er wegen Besitzes revolutionärer Broschüren festgenommen und zu einer Haftstrafe in Jaroslavl verurteilt. Für fünf Jahre hatte er Zugangsverbot zu den großen russischen Städten. Im Oktober 1903 konnte er sich ins Ausland absetzen. Dort trat er der Kampforganisation der PSR bei und kehrte im Januar 1904 nach Rußland zurück: als Mitglied der Terrorgruppe um Egor Sazonov, die das Attentat auf Innenminister Vjaceslav Plehwe vorbereitete und am 15. Juli 1904 erfolgreich ausführte. Vier Monate später wurde mit den Vorbereitungen zur Ermordung des Moskauer Generalgouverneurs, Großfürst Sergej, begonnen. Die Vorgehensweise war einfach und effektiv: Infolge sorgfältigster Straßenobservation besaß die (in diesem Fall fünfköpfige) Terroreinheit nach

---

226 Ebd., S. 48.
227 HGK, Mappe I, Konvolut *Le Procès de Kalaïeff*: Appel en cassation de I. Kalaïeff au Sénat, S. 3. – DLA/A: Kessler.
228 Vgl. Hildermeier, Die sozialrevolutionäre Partei Rußlands, S. 65.

einem gewissen Zeitraum ausreichende Kenntnis von dem geregelten Tages-
und Wochenablauf des Opfers. An einem festgelegten Tag konnte die Ziel-
person bei einer ihrer gewohnten Ausfahrten auf offener Straße durch maxi-
mal vier Bombenwürfe getötet werden. Das Attentat kam somit einer Exeku-
tion gleich. Solange die Ochrana mit dieser Taktik noch nicht vertraut war,
konnte die Terrorpraxis der PSR trotz strenger Sicherheitsvorkehrungen erfolgreich operieren. Später wurden kompliziertere Methoden nötig.

Das Attentat auf Großfürst Sergej gelang erst im zweiten Anlauf.[229] Der
Grund für das vorläufige Scheitern lieferte später Dramatikern wie Camus
oder eben auch Harry Graf Kessler den Ausgangspunkt ihrer Überlegungen.
Termin und Zeitpunkt des Anschlags waren ausnahmsweise nicht nach der
bewährten Methode ausgewählt worden, die sich an Routinevorgängen orientierte. Man entschied sich für ein Einzelereignis: Am 2. Februar 1905 veranstaltete das Moskauer Bolschoi Theater zugunsten des Roten Kreuzes eine
Benefizveranstaltung. Schirmherrin war Großfürstin Elisabeth, die Präsenz
ihres Gatten im Theater war folglich vorauszusehen. Auf dem Weg dorthin
sollte Großfürst Sergej auf offener Straße getötet werden. Die Vorbereitungen und der Verlauf des frühen Abends verliefen planmäßig. Ivan Kaljaev
trug die Hauptlast der Verantwortung, da er die erste und somit entscheidende Bombe werfen sollte. In letzter Sekunde zögerte er jedoch und ließ seine
Hand wieder sinken, weil er in der Kutsche nicht nur den Großfürsten, sondern auch dessen Gattin und die Kinder des Großfürsten Paul (Maria und
Dmitri) erkannt hatte. Über die ausbleibende Explosion irritiert, warf der
zweite Attentäter Kulikowski seine Bombe ebenfalls nicht, so daß die Kutsche mit der großfürstlichen Familie unbehelligt das Theater erreichte. Nach
Vorstellungsschluß fuhr die Familie wieder geschlossen zurück, so daß das
Attentat an diesem Abend nicht mehr ausgeführt werden konnte. An dieses
unvorhergesehene Ereignis schloß sich für die Beteiligten die grundlegende
Diskussion darüber an, ob die Kampforganisation der PSR das Recht habe,
Unbeteiligte mit in den Tod zu reißen, auch wenn es sich um Mitglieder der
großfürstlichen Familie handelte. Es herrschte bei ihnen das ungeschriebene
Gesetz, daß bei ihren Aktionen sowenig unschuldiges Blut wie möglich ver-
gossen werden dürfe. Aus diesem Grund billigte die Gruppe nachträglich
Kaljaevs eigenmächtige Entscheidung, der zu Savinkov gesagt hatte: „Ich
glaube, ich habe richtig gehandelt; darf man denn Kinder umbringen?"[230]
Zwei Tage darauf, am späten Mittag des 4. Februar 1905, wurde der Großfürst auf der Fahrt zu seiner Kanzlei durch Kaljaevs Bombe getötet. Kaljaev

---

229 Zu den Vorbereitungen im Einzelnen siehe Sawinkow, Erinnerungen eines Terrori-
     sten, 1929, S. 53-72, zum Verlauf der zwei Anschlagsversuche S. 72-78.
230 Ebd., S. 73.

hatte der psychischen Belastung standgehalten, als Alleinverantwortlicher zum zweiten Mal einen Anschlag zu verüben, der ihn voraussichtlich selbst das Leben kosten würde. „Gegen alle meine Bestrebungen blieb ich am 4. Februar am Leben", schrieb er später aus dem Gefängnis.[231] Unschuldiges Blut wurde trotzdem vergossen: der Kutscher des Wagens, Rudinkin, erlag kurz nach dem Attentat im Krankenhaus seinen schweren Verletzungen. Ivan Kaljaev wurde am Tatort von der Ochrana sofort festgenommen. Während er auf seinen Prozeß wartete, erhielt er im Butyrki-Gefängnis den Besuch der Großfürstin Elisabeth. Diese Begegnung war es, die Kessler an dem historischen Fall am meisten interessierte: das Aufeinandertreffen von Täter und Leidtragender, von zwei Vertretern ‚feindlicher' Lager, zwischen denen es keine Verständigung geben konnte. Kaljaev jedoch berichtet von einer Atmosphäre der stillschweigenden Übereinstimmung, der Harmonie:

> Wir sahen einander mit einem gewissen mystischen Gefühl an, [...] wie zwei Sterbliche, die am Leben geblieben sind. Ich zufällig, sie – nach dem Willen der Organisation, nach meinem Willen, da die Organisation und ich bewußt bestrebt waren, überflüssiges Blutvergießen zu vermeiden. Und als ich die Großfürstin ansah, mußte ich auf ihrem Gesicht Dankbarkeit erblicken, wenn nicht mir gegenüber, so auf jeden Fall dem Schicksal gegenüber, weil sie nicht untergegangen war.[232]

Die Möglichkeit eines Mißverständnisses zog Kaljaev, der nicht nur Revolutionär, sondern auch Dichter war, gar nicht in Betracht. Ewa den Gedanken, daß die Großfürstin ihn aus christlicher Nächstenliebe besuchte und bereit war, ihm seine Tat zu verzeihen. Als sie ihn bat, ein Heiligenbildchen zum Andenken an sie anzunehmen („Ich will für Sie beten"), sah er in dieser Geste nur „ein Symbol der Anerkennung meines Sieges durch sie, ein Symbol ihrer Dankbarkeit dem Schicksal gegenüber, weil ihr Leben geschont worden war, und der Reue ihres Gewissens über die Verbrechen des Großfürsten."[233] Als diese Begegnung in der Presse publik gemacht wurde, fürchtete Kaljaev um seinen guten revolutionären Ruf. Um bei seinen Parteifreunden nicht als Renegat zu gelten und den Wert seiner Tat und seines Opfers, auch Selbstopfers, beschmutzt zu sehen, schrieb er heftige Dementibriefe und hielt bei seinem Prozeß am 5. April 1905 eine rhetorisch brillante Rede, in der er die Entscheidung der Kampforganisation, den „unter die revolutionäre Strafe" gefallenen Großfürsten Sergej „vor dem Volke verantwortlich zu machen", verteidigte.[234] Sergej war als Generalgouverneur von Moskau, der sich un-

---

231 Zit. nach: Sawinkow, Erinnerungen eines Terroristen, 1929, S. 78.
232 Zit. nach: Ebd., S. 79.
233 Ebd.
234 Die Rede ist wiedergegeben in: Sawinkow, Erinnerungen eines Terroristen, 1929, S. 81-84, Zitat S. 83.

zähliger Verbrechen schuldig gemacht hatte, und als Haupt der reaktionären Partei des gesamten Regierungsmechanismus, der auf seinen Neffen (den Zaren) den größten Einfluß hatte, getötet worden.[235] Kaljaev bekannte sich mit Stolz zur erfolgreichen Durchführung seines Auftrags und prophezeite den Sieg seiner Partei: „Ich glaube fest daran, ich sehe die kommende Freiheit des zu neuem Leben wiedererwachenden, werktätigen Rußlands des Volkes. Und ich bin froh, ich bin stolz auf die Möglichkeit, dafür zu sterben mit dem Bewußtsein der erfüllten Pflicht."[236] Dieser Wunsch wurde ihm mit dem Todesurteil erfüllt. Die Hinrichtung verzögerte sich durch die Revisionsklage, die Kaljaev eingereicht hatte, da er den Gerichtshof des Senats und seinen Schuldspruch nicht anerkannt hatte.[237] Kaljaev nutzte bewußt die Wiederaufrollung seines Falls vor dem Senat von St. Petersburg, um die politischen Ziele der Sozialrevolutionären Partei noch einmal zu proklamieren. Entgegen seiner Herausforderung, das Urteil „ebenso offen und vor dem ganzen Volke zu vollstrecken, wie ich das Urteil der Partei der Sozialrevolutionäre vollstreckt habe",[238] wurde Kaljaev am 10. Mai 1905 im Hof von Schlüsselburg im Morgengrauen gehängt.

4.2.3. Harry Graf Kesslers Dramatisierung des Kaljaev-Stoffs

Dank Vladimir Burcev standen Harry Graf Kessler authentische Quellen zur Verfügung, mit denen er ein packendes Drama hätte schreiben können. Denkbar wäre beispielsweise die Verwendung der Rede Ivan Kaljaevs vor Gericht und die der Plädoyers seiner Verteidiger im Originalton gewesen. Georg Büchner war bei *Dantons Tod* (1835) ähnlich verfahren und hatte weite Teile der historischen Reden Robespierres, Saint-Justs und Dantons vor dem Nationalkonvent beziehungsweise Revolutionstribunal unverändert übernommen. Bis zur Gerichtsszene, die vermutlich den Höhepunkt des Dramas gebildet hätte, ist Kessler jedoch nicht gekommen. Es sind keine Aufzeichnungen überliefert, die Aufschluß geben könnten, wie er sich den Aufbau seines Stücks dachte. Es liegt ein fünfundzwanzigseitiges Typoskript des ersten Akts vor, das als Endversion deklariert ist („État définitif") und zwei Szenen umfaßt. Vom zweiten Akt sind es nur Skizzen der ersten Szene

---

235 Ebd., S. 83 f.
236 Ebd., S. 84.
237 Seine Rede vom 5. April hatte er mit den Worten eröffnet: „Vor allem eine Tatsachenberichtigung: ich bin vor euch kein Angeklagter, ich bin euer Gefangener. Wir sind zwei kriegführende Mächte. [...] Ihr habt mich in Gefangenschaft genommen und könnt mich jetzt der Folter eines langsamen Verlöschens unterwerfen, könnt mich umbringen, aber über meine Person zu richten, ist euch nicht gegeben." Zit. nach: Sawinkow, Erinnerungen eines Terroristen, 1929, S. 81.
238 Zit. nach: Ebd., S. 84.

im Untersuchungsgefängnis, in der es zu der angesprochenen Begegnung zwischen Kaljaev und Großfürstin Elisabeth kommt. Angesichts des sehr fragmentarischen Zustands von Kesslers Dramenprojekt ist es nicht möglich, das Werk umfassend zu analysieren und zu beurteilen. Es läßt sich jedoch erkennen, daß Kessler kein avantgardistisches Theaterkonzept im Kopf hatte, wie es Erwin Piscator 1927 bei Tolstoj/Schtschegolevs *Rasputin, die Romanovs, der Krieg und das Volk, das gegen sie aufstand* umgesetzt hatte. Die Ausgangssituation ist vergleichbar: Das Drama ist dokumentarisch belegt, und das war es auch, was Piscator bei *Rasputin* als das einzig Notwendige bei seinem Stück ansah. sonst ging es nur um die „vollkommene Sprengung der bisherigen dramatischen Form: nicht der innere Bogen des dramaturgischen Geschehens ist wesentlich, sondern der möglichst getreue und möglichst umfassende epische Ablauf der Epoche von ihren Wurzeln bis zu ihren letzten Auswirkungen."[239] Kessler hingegen dachte offenkundig an keine Aufbereitung des ihm vorliegenden Materials im Sinne eines epischen Theaters unter Einsatz von Film und Projektionen und der Reduzierung auf Grundaspekte, die etwa auch das Bühnenbild symbolisieren müßte.

Der abgeschlossene erste Akt zeigt deutlich, daß Kessler ein konventionelles Drama in realistischer Szenerie zu schreiben beabsichtigte und sich ganz auf die Kraft der Sprache verlassen wollte. Szenenanweisungen, Kostümdetails und physische Merkmale der einzelnen Figuren sind detailliert ausgeführt. Die Handlung setzt im historisch belegten Moskauer Restaurant Alpenrose[240] ein; es ist der 2. Februar 1905, zwei Uhr nachts. Nach einer ‚komischen Nummer‘ zweier Kellner, die sich über ihre alkoholisierten Gäste im Séparé nebenan auslassen, folgt der Auftritt der russischen Sozialrevolutionäre. Der Direktor des Restaurants führt die kleine Verschwörergruppe. die Kessler um einen Mann auf vier Terroristen reduziert hat, herein: Ivan Kaliáieff, Boris von Sávinkoff, Alexandrowitsch und Dora Brillant. (Die spezielle Schreibweise dieser Namen ist dem Typoskript[241] entnommen und bezeichnet im folgenden die Dramenfiguren.) Kaliáieff berichtet von dem Verlauf des mißglückten Attentats auf dem Woskressenski Platz vor dem Rathaus. Kessler weicht hier von den historischen Fakten ab. Er betont den individuellen Charakter des Titelhelden, indem er dessen eigenmächtiges Vorgehen ausweitet: Anders als im authentischen Fall von 1905, wo sich Kaljaev sofort mit den wartenden Kameraden über das weitere Vorgehen an demselben Abend verständigte, berichtet die Dramenfigur Kaliáieff, stun-

239 Leo Lania im Programmheft zu *Rasputin*. Zit. nach: Fischer-Lichte, Kurze Geschichte des deutschen Theaters, S. 340.
240 Vgl. Sawinkow, Erinnerungen eines Terroristen, 1929, S. 74 f.
241 Vgl. HGK, Ivan Kalaïeff, 1er acte (complet). État définitif. Manuskript. – DLA/A: Kessler.

denlang in der Stadt herumgeirrt zu sein und auf das Ende der Theatervorstellung gewartet zu haben. Als er Großfürst Sergej wieder mit Gattin, Nichte und Neffen in den Wagen einsteigen sah, habe er einen Augenblick gezögert und schließlich erkannt, daß er einer solchen Tat nicht fähig sei.[242] Dieses Bekenntnis einer zweifach verpaßten Chance löst eine Diskussion über die Vertrauenswürdigkeit Kaliáieffs und die grundsätzliche Frage des Blutvergießens aus. Der seelische Konflikt jedes einzelnen bezüglich des Tötens kommt zur Sprache, mit dem Ergebnis, daß sich Alexandrowitsch (historisch: Kulikovski) von der Kampforganisation trennt. Das bedingt Kaliáieffs alleiniges Vorgehen beim nächsten Versuch, zu dem er seine feste Entschlossenheit bekundet. Für die erfolgreiche Durchführung des Anschlags, der zwei Tage später erfolgen soll, verbürgt er sich mit der Ankündigung, sich notfalls mit der Bombe unter den Wagen zu werfen.[243] Die erste Szene endet mit Sávinkoffs organisatorischen Anordnungen für die nächsten zwei Tage, dem Klingeln nach der Rechnung und dem Vorfahren des Schlittens.

Die zweite Szene des ersten Akts[244] führt das potentielle Opfer in seinem Lebensbereich vor. Es sind die letzten Momente und Gespräche im Arbeitszimmer des „Nikolaus Palais im Kreml", ehe Großfürst Sergej auf der Fahrt in seine Kanzlei ums Leben kommen wird. Kessler führt den Generalgouverneur von Moskau als kraftvolle, militärische Erscheinung vor. Die Facetten seiner Persönlichkeit werden in der Auseinandersetzung mit vier Personen seiner näheren Umgebung zum Ausdruck gebracht: In Nr. 1 – so lautet die weitere Unterteilung dieser Szene – ist es der autoritäre Machtinhaber Sergej, der vom Polizeichef, einem „Gehilfen" des Polizeipräsidenten von Moskau, vor einem bevorstehenden Attentat gewarnt wird (I.2., Nr. 1). In Nr. 2 präsentiert sich Sergej als Kunstliebhaber, der sich zwischen seinen Amtsgeschäften eine neue archäologische Ausgrabung zeigen läßt und wohlgefällig betrachtet: die halblebensgroße, bronzene Figur eines Jünglings. Das Modell ist unverkennbar, es ist Aristide Maillols *Le Cycliste*, den Kessler 1907 in Auftrag gegeben hatte. Ein zusätzlicher homoerotischer Akzent erfolgt durch den Auftritt einer Nebenfigur in derselben Szene: Es ist Fürst Ivan Petrovitsch Worotinski, der achtzehnjährige Ordonnanzoffizier des Großfürsten. Er wird als auffallend schön, groß, schlank und auf der Schwelle vom Jüngling zum Mann stehend beschrieben. Nr. 3 der zweiten Szene bietet die wichtige Auseinandersetzung des Großfürsten mit Großfürstin Elisabeth. Sie verdeutlicht den Charakter ihrer Beziehung: eine keusch geführte Ehe, die ihre Spannung durch das Begehren des Großfürsten und das sinnliche Entsa-

---

242 Vgl. ebd., S. 6.
243 Vgl. ebd., S. 14.
244 Vgl. HGK, Ivan Kalaïeff: Erster Akt. Szene II. Einzeltyposkript, 9 Seiten. – DLA/A: Kessler.

gen seiner Gattin erhält. Wie Kessler auf einem Notizzettel „Zur Szene Grossfürst – Grossfürstin" festhielt, begründet dieser zentrale Konflikt das Geheimnis ihrer Ehe. Die Großfürstin finde die Befriedigung ihres Eros nur im Übersinnlichen, was die Eifersucht und Gewalt ihres Gatten provoziere. Hieraus wiederum entspringt ihr Haß auf jede Gewaltsamkeit, was Kessler zu der Schlußfolgerung bringt, daß sie „die Gewalt sozusagen sinnlich, aus erotischen Motiven" verabscheue.[245] Hinzu kommt Elisabeths starke Beeinflussung durch Markow, einen „Tolstojjünger", mit dem sie (zum Unverständnis ihres Gatten) schöngeistige Gespräche zu führen pflegt. Kessler thematisiert in diesem Szenenabschnitt weiteres Konfliktpotential, das die Ehe zusätzlich belastet: die Fremdheit der gebürtigen Deutschen (Elisabeth) in Rußland; ihre Solidarität mit dem unterdrückten Volk und ihre Drohung, Konsequenzen zu ziehen, sollte das Blutvergießen nicht aufhören; aber auch die Liebe zu ihrem Mann, die sie bitten läßt, die bisherigen Attentate der Sozialrevolutionäre ernst zu nehmen. Sergej schlägt ihre Warnung wie auch die des nun auftretenden Grafen Konownitzow (Adjutant des Stabschefs des Grossfürsten) in den Wind und läßt den Wagen vorfahren. Elisabeth, allein zurückgeblieben, blickt ihm am Fenster nach. Eine Detonation erschüttert die Szene. Die Großfürstin eilt hinaus, die Bühne bleibt einen Augenblick leer. Kurz darauf füllt sie sich mit dem aufgelösten Hauspersonal, das die eintretende Großfürstin zu trösten versucht. Die pflichtbewußte Elisabeth schreibt Telegramme und bricht ins Spital auf, um den verwundeten Kutscher zu besuchen. Zurück bleiben die Kinder, Großfürstin Marie und Großfürst Dmitri, die scheu feststellen, daß sie für einen Abend frei sind, daß niemand mehr da ist, der ihnen Befehle erteilt.

Diese knappen Ausführungen mögen genügen, um Kesslers Bemühungen um einen vielschichtigen Plot und psychologische Rollengestaltungen zu verdeutlichen. Sein Scheitern war letztlich nicht nur zeitbedingt. Kesslers Sprache ist teilweise schwülstig, wo sie poetisch sein will, und führt zu unerträglich kitschigen Momenten, wenn etwa die sentimentale Beziehung zwischen Dora Brillant und Ivan Kaliáieff angedeutet wird. Die bildungsbürgerlichen Einsprengsel wie die Anspielungen auf *Hamlet*, *Lohengrin* und die Geschichte vom *Feuervogel* nehmen sich im Textfluß klobig und deplatziert aus, wo sie ironisch wirken sollen. Vor allem aber mußte Kessler an der ambitionierten Konzeption scheitern. Er war dem Rätsel Frau auf der Spur und hatte die größten Schwierigkeiten, die Figur der Großfürstin mit Leben zu füllen. Die Begegnung zwischen ihr und Kaliáieff im Gefängnis hätte eine Schlüsselszene des Dramas werden sollen: das Gespräch zweier Menschen,

---

245 Vgl. HGK, Notizzettel, Zur Szene Grossfürst – Grossfürstin. Nicht numeriertes Einzelblatt. – DLA/A: Kessler.

die vor dem Nichts stehen. Kessler greift die (oben zitierte) Aussage des historischen Kaljaev auf, der von der mystischen Stimmung zwischen ihnen sprach, und spinnt sie weiter. In einer Tagebuchnotiz schreibt Kessler von einer Beimischung transponierter, sublimierter Erotik, die in dieser Szene mitschwingen sollte. Elisabeth sehe in Kaliáieff möglicherweise den ersten Mann, der ihren mystischen Eros befriedigen könne. Als Modell denkt Kessler an Shakespeares *Hamlet*, wenngleich auch die Frage des Sexuellen anders gelöst wird: Die Großfürstin suche im Mörder jenen Halt, den sie im Ermordeten verlor beziehungsweise nie hatte.[246] Kessler schwebt hier eine Auseinandersetzung vor, für deren Gestaltung ihm letztlich die Sprache fehlte:

> Inhalt und Gegenstand des Gesprächs daher *die letzten Dinge* [...] Zwei Seelen, die *ihren* letzten Grund vor einander aufbrechen; zwei von Allem blos Zufälligen *völlig entblösste Seelen*, die einander suchen; zwei Seelen *vor Gott*, wie am Jüngsten Gericht. Die *letzte Verzweiflung* (Grossfürstin) und der *letzte Triumph* (Kaliaieff) treten einander gegenüber. Sowohl Jener wie Diese haben aus ihrer Seele Alles, was blos zufällig, blos zeitlich, blos historisch ist, ausgelöscht, *tabula rasa* gemacht. Auch *keine Ideologie mehr, nur noch Mystik*, Mystik und Reinmenschliches, das Reinmenschliche zur Mystik, die Mystik zum Reinmenschlichen sublimiert. – Vor diesem letzten Nichts *verschiebt sich die Rangordnung der Werte*; alle Werte ordnen sich anders als im alltäglichen Leben, vor alltäglichen Zielen.[247]

In dieses Mysteriendrama suchte Kessler noch dazu zeithistorische Aspekte einzubinden, indem er beim Stichwort „Rangordnung der Werte" an den Nationalsozialismus dachte, der ebenfalls zur bestehenden Ordnung in feindlichem Gegensatz stehe und seine Ziele mit politischen Mitteln und letztlich mit Gewalt zu verwirklichen suche.[248] Am Ende des Kampfes sollte die Versöhnung und Harmonie stehen:

> Sie erlösen sich gegenseitig zu einer neuen Weltordnung. [...] Die feindlichen Weltordnungen vereinigen sich zu Etwas Neuem im Blut, das sie im Kampf miteinander vergiessen (Womit Kal. auf einen früheren Ausspruch zurückkommt, dass das Blut des Unterdrückers und der Unterdrückten zusammen erst die Erde für einen neuen Frühling fruchtbar machen.)[249]

Das reale Zeitgeschehen sah anders aus. Angesichts der Ereignisse vom Frühjahr 1933 und der Konsequenzen, die sich für Kessler persönlich daraus ergaben, fehlte ihm die Kraft, diese skizzierte Utopie zu gestalten. Er war kein Dramatiker, dessen war er sich immer bewußt.

---

246 Vgl. HGK, Tgb, Paris, 18. März 1932. – DLA/A: Kessler.
247 Ebd. (Hervorhebungen im Original.)
248 Vgl. HGK, Tgb, Paris, 21. März 1932. – DLA/A: Kessler.
249 Ebd.

VII. Im Schatten der Politik (1933-1937)

Exil und letzte Interventionen

Als Harry Graf Kessler am 5. Mai 1933 Berlin verließ, um über Frankfurt am Main drei Tage später nach Paris weiterzufahren, tat er es ohne zu wissen, daß er nicht mehr nach Deutschland zurückkehren sollte. Es war der Tag der Reichstagswahlen, die er pflichtbewußt noch hatte abwarten wollen, seine Stimmenabgabe als erneuten Protest gegen die „Auslieferung des Staates" (H. A. Winkler) verstehend.[1] Der Gang ins Exil war nicht geplant. Es galt lediglich, sich kurze Zeit zur Schwester Wilma nach Paris zurückzuziehen, um zu sehen, wie sich die Situation in Deutschland entwickelte und beruhigte. Wie so viele andere glaubte auch Kessler, daß sich die neue Regierung des „Nationalen Zusammenschlusses" nicht lange würde halten können. Zehn Tage nach Kesslers Ankunft in der französischen Hauptstadt machten jedoch Warnungen aus befreundeten Diplomatenkreisen die Hoffnung zunichte, „bald nach Berlin zurückkehren zu können."[2] Eine Verhaftung (aus politischen Gründen) sei zwar nicht in Aussicht genommen. Doch angesichts der Terrorakte, die von den nationalsozialistischen Anhängern tagtäglich verübt wurden, müßte Kessler – so lautete die Auskunft – im Fall einer Rückkehr nach Deutschland mit Inschutzhaftnahme rechnen, damit potentiellen Gewalttaten „unverantwortlicher junger Leute" vorgebeugt werden könne.[3] Diese Aussicht überraschte Kessler nicht. Als Hermann Göring, Reichskommissar für das preußische Innenministerium, am 17. Februar 1933 an alle Polizeibehörden den Erlaß *Förderung der nationalen Bewegung* ausgegeben hatte, der die Polizei zum rücksichtslosen Vorgehen gegen das „Treiben staatsfeindlicher Organisationen" und zur tatkräftigen Unterstützung aller nationalen Verbände aufrief, erkannte Kessler die Tragweite dieser Mitteilung: „Wir Alle, die wir nicht auf dem sogenannten ‚nationalen' Boden stehen, d.h. nicht Nazis sind, sind von jetzt an vogelfrei."[4] Da den Polizeibeamten für den Fall des Schußwaffengebrauchs Straffreiheit zugesichert wur-

---

1 Bei den vorherigen Reichstagswahlen, am 6. November 1932, hatte Kessler nicht die Deutsche Staatspartei, wie die DDP seit 1930 hieß, gewählt, sondern die SPD. Es ist zu vermuten, daß sein Votum am 5. März 1933 ähnlich ausgefallen ist; eine Tagebuchnotiz als Beleg wie im ersten Fall fehlt hier jedoch.
2 Vgl. HGK, Tgb, Paris, 18. März 1933. – PB 1996, S. 755 f.
3 Ebd., S. 756.
4 HGK, Tgb, Berlin, 17. Februar 1933. – DLA/A: Kessler.

de, bedeutete das in seinen Augen die „offizielle Liquidierung des Rechts-
staats".[5] Kessler war mehrfach gewarnt und gebeten worden, noch vor den
Reichstagswahlen fortzugehen, da es „sich jetzt nur darum [handele], die
nächsten Wochen zu überleben."[6] Doch er blieb, beendete in dieser ange-
spannten Situation die Revision der französischen Übersetzung seiner
Rathenau-Biographie und schloß mit Samuel Fischer vier Tage vor dem
Reichstagsbrand den ersehnten Vertrag über seine Memoiren ab.[7] Außerdem
hatte er noch einen Arbeitsgerichtsprozeß gegen seinen ehemaligen Privatsekretär Fritz Guseck auszufechten und mit dem Bankier Hugo Simon eine finanzielle Absprache zu treffen, der zufolge die Tantiemen nicht nur seiner
Memoiren, sondern auch die seines *Kalaïeff*-Dramas zur Schuldentilgung
dienen sollten.[8]

Französische Freunde wie Pierre de Margerie, einst Botschafter in Berlin,
verstanden nicht, weshalb Kessler in Deutschland bedroht sein sollte, wo er
sich doch in den letzten Jahren politisch ganz zurückgehalten habe.[9] Später,
Mitte August 1935, wurde Kessler hinterbracht, er habe von Hitler oder Göring nichts zu befürchten, es sei vielmehr Propagandaminister Joseph Goebbels, der ihm feindlich gesinnt sei.[10] Der Grad an konkreter Gefährdung läßt
sich heute nicht mehr ermessen. Dennoch ist einsichtig, daß Kessler aus verschiedenen Gründen zu jenen Personen gehörte, deren Freiheit und physische
Unversehrtheit im Dritten Reich bedroht waren. Er zählte zu den Vertretern
und Verfechtern des verhaßten ‚Weimarer Systems', und dies nicht nur als
Mitglied der Deutschen Demokratischen Partei, deren Kandidat er bei den
dritten Reichstagswahlen Anfang Dezember 1924 gewesen war. Er hatte sich
in der europäischen Friedensbewegung engagiert, war bekanntermaßen ein
dezidierter Anhänger des Völkerbunds, aus dem Deutschland im Oktober
1933 wieder austreten würde, und hatte sich nach seinem Rückzug aus der
Politik zuletzt publizistisch für die gefährdete Republik eingesetzt.[11] Er war
der prominente Biograph des 1922 ermordeten jüdischen Industriellen und
Reichsaußenministers Walther Rathenau, dem er auch persönlich nahegestanden hatte. Kesslers Beziehungen zu Sozialdemokraten und Kommunisten
wie Wieland Herzfelde und John Heartfield, sein Interesse und Engagement

---

5   Ebd.
6   So Wilhelm Abegg, Staatssekretär des preußischen Innenministeriums, in einem Ge-
    spräch am 22. Februar 1933. Siehe die entsprechende Tagebuchnotiz Kesslers. –
    DLA/A: Kessler.
7   Vgl. HGK, Tgb, Berlin, 23. Februar 1933. – PB 1996, S. 751 f.
8   Siehe HGK, Tgb, Berlin, 2. März bzw. 4. März 1933. – DLA/A: Kessler.
9   Vgl. HGK, Tgb, Paris, 24. März 1933. – PB 1996, S. 756 f.
10 Vgl. HGK, Tgb, Paris – London, 17. August 1935. – DLA/A: Kessler.
11 Siehe die Bibliographie der politischen Schriften der Jahre 1918 bis 1933, zusam-
    mengestellt in: HGK, GS II, S. 317-334.

für all das, was unter dem Begriff des ‚Kulturbolschewismus' von den Nazis angefeindet und verfolgt werden sollte, und zuletzt auch seine Homosexualität lassen seine Überlebenschance im nationalsozialistischen Deutschland gering erscheinen. Denn was mit dem Machtwechsel nun bevorstand, proklamierte die Regierungserklärung Adolf Hitlers am 23. März 1933 hinreichend deutlich: „Gleichlaufend mit der politischen Entgiftung unseres öffentlichen Lebens wird die Reichsregierung eine durchgreifende moralische Sanierung des Volkskörpers vornehmen. Das gesamte Erziehungswesen, Theater, Film, Literatur, Presse, Rundfunk, sie werden alle Mittel zu diesem Zweck sein".[12] Ein Mann wie Harry Graf Kessler mußte hier zur Persona non grata werden.

In Kesslers schlechter physischer Verfassung – Max Goertz spricht vom Herzen und vom allgemein schwachen Zustand des Grafen[13] – wie auch in den fehlenden Geldressourcen sind die Gründe zu suchen, wenn man sich fragt, warum Kessler von März 1933 bis zu seinem Tod am 30. November 1937 in Lyon nicht die gewohnte Aktivität entfaltete. Persönlich völlig mittellos und von der finanziellen Zuwendung seiner Schwester abhängig, mangelte es an der nötigen Finanzdecke, um im Pariser Exil wirksam agieren zu können, sei es im politischen oder kulturellen Bereich. Hierzu sind nur einige wenige Ansätze im Jahr 1933 wahrzunehmen, etwa die Idee, den Dirigenten Otto Klemperer nach Paris zu holen und ihn im Théâtre des Champs-Elysées mit Kurt Weills „Wintermärchen" *Der Silbersee* (1932) und Alban Bergs *Wozzeck* (1925) eine deutsche Opernsaison bestreiten zu lassen.[14] Kesslers Interesse mußte sich auf die eigenen Belange konzentrieren, auf die Fertigstellung seiner Memoiren und die des *Kalaïeff*-Dramas. Im ersten dreiviertel Jahr seines Exils genoß er in Paris und London die Begegnungen mit alten Bekannten und Emigranten wie Julien Green, Joseph Roth, Jacques Schiffrin, Misia Sert, Nicolas Nabokov, Kurt Weill, Alfred Kerr, Klaus Mann, Ferdinand Bruckner, Harley Granville Barker, Wieland Herzfelde. Den Kontakt zu den politisch aktiven deutschen Emigrantenkreisen in Paris scheute Kessler jedoch, wie sein Biograph Grupp betont, da die Frage seines Verbleibs vorläufig ungeklärt war.[15] Lange Zeit war sich Kessler über die wahre Natur des Hitler-Regimes nicht im klaren und hoffte, nach Deutschland zurückkehren zu können, und wenn es auch nur für eine nötige sechswöchige

---

12 Zit. nach: Leiser, „Deutschland, erwache!", S. 36.
13 Vgl. den Brief von Max Goertz an Wilma Marquise de Brion, Palma, 5. April 1934. – DLA/A: Kessler.
14 Vgl. HGK, Tgb, Paris, 23. April 1933. – DLA/A: Kessler. Der Gedanke wurde nicht realisiert.
15 Vgl. Grupp, Harry Graf Kessler, Biographie, S. 252 f.

Kur im hessischen Herzheilbad Bad Nauheim sein würde.[16] Hinzu kamen materielle Erwägungen. In Berlin und Weimar hatte Kessler seine Haushalte mit ihren wertvollen Besitzständen zurücklassen müssen, die nun aufgrund unbezahlter Rechnungen und Steuerzahlungen vor Verkauf und Versteigerung standen. Zudem wollte er die Publikation seiner Lebenserinnerungen, die schließlich im Juni 1935 im Berliner S. Fischer Verlag herauskamen, nicht gefährden. Diese bewußte Distanzierung von den Exilierten hinderte dennoch nicht die Reichsschrifttumskammer, Kesslers Publikationen auf den Index des „schädlichen und unerwünschten Schrifttums" zu setzen, wie die Gestapo dem Auswärtigen Amt Ende Oktober 1935 mitteilte.[17]

Kessler blieb in seinen letzten vierdreiviertel Lebensjahren vorerst nur der Rückzug in die Einsamkeit und die literarische Aufarbeitung der Vergangenheit. Im November 1933 übersiedelte er nach Bona Nova (bei Palma) auf Mallorca, um im Verlauf der nächsten neunzehn Monate den ersten Band von *Gesichter und Zeiten* abzuschließen. Dort, in Palma de Mallorca, veranstaltete er auch Ende April 1935 eine kleine Ausstellung der Bücher seiner Cranach-Presse. Zwei Monate später kehrte er aus gesundheitlichen Gründen nach Frankreich zurück. Eine Rückkehr nach Mallorca wurde ihm später ebenso unmöglich wie der Abschluß des geplanten zweiten Bandes seiner Erinnerungen, der unter anderem Kesslers Sicht auf die „ersten Kampfjahre" (der Freien Bühne in Berlin, die des *Pan*), die Anfänge des Reinhardtschen Theaters in Berlin, die Ereignisse rund um das Neue Weimar und insbesondere seine persönliche Beziehung zu Hugo von Hofmannsthal dokumentiert hätte.[18]

Doch was blieb ihm zu tun, als er Ende Juni 1935 nach Frankreich zurückkehrte? Kesslers Tagebuchnotizen, die uns Aufschluß geben könnten über die letzten Aktivitäten, bieten Unspektakuläres. Die wenigen Kontakte, die Kessler nach seiner Mallorquinischen Klausur pflegte, sind primär die zur französischen Kulturszene der Vorkriegszeit. Er suchte Aristide Maillol in seinem Atelier in Marly auf oder traf sich mit ihm in Paris, wobei er in Hinblick auf den zweiten Band seiner Erinnerungen jene Reise nach Griechenland thematisierte, die sie im Mai 1908 gemeinsam mit Hugo von Hofmanns-

---

16 Vgl. Goertz' Brief aus Palma an Wilma Marquise de Brion, 5. April 1934. – DLA/A: Kessler.

17 Zur Begründung hieß es, Kessler sei „bis zur nationalsozialistischen Revolution durch seine Mitarbeit in der Liga für Menschenrechte und in verschiedenen marxistischen Verbänden bekannt geworden", so daß die Geheime Staatspolizei nun, am 26. Oktober 1935, beim Auswärtigen Amt anfragte, „ob sich Kessler im Auslande deutschfeindlich betätigt." Zit. nach: Grupp, Harry Graf Kessler, Biographie, S. 252.

18 Vgl. HGK, Geplante Kapitelfolge der *Erinnerungen* (7. April 1933). In: HGK, GS I, S. 307-317.

thal unternommen hatten; eine neue wurde geplant.[19] Es kam zu Begegnungen mit Jean Cocteau, der wie Kessler das Hôtel de Castille bewohnte, zeitweilig sogar Zimmernachbar war.[20] Bei Misia Sert traf Kessler Diaghilevs letzten Protegé, den vierundzwanzigjährigen Komponisten und Dirigenten Igor Markevitch.[21] Im Frühjahr 1933 hatte Kessler über Misia Sert an den alten Diaghilev-Kreis noch ein wenig anknüpfen können, hatte Les Ballets 1933, eine Nachfolgetruppe der Ballets Russes unter Leitung Serge Lifars, kennengelernt, einer Probe und den ersten zwei schlechten Aufführungen von Nicolas Nabokovs Oratorium *Hiob* beigewohnt,[22] die schlechte Aufnahme von Kurt Weills „ballet chantée" *Die sieben Todsünden* im Théâtre des Champs-Elysées miterlebt.[23] Nun jedoch waren Theater- und Konzertbesuche äußerst selten; bevorzugt wurden, wohl auch aus finanziellen Gründen, Kinovorstellungen. Längere Krankheitsphasen wechselten mit Zeiten intensiver Kontaktpflege und Gespräche. Die Tagebücher dokumentieren hauptsächlich Diskussionen über tagespolitische Ereignisse; neben der Situation Europas interessierte Kessler wenig anderes. Er hörte nach Möglichkeit abends deutschen Rundfunk und verbrachte seinen letzten Jahreswechsel in Pontanevaux damit, mit seiner Schwester die Silvesterfeier aus Berlin am Radio zu verfolgen. Der knappe Tagebucheintrag läßt seine tiefe Bewegung erahnen: „Um Mitternacht Berliner Zeit das Läuten der Glocken der Berliner Kirchen sehr ergreifend in der Fremde. Um Mitternacht französischer Zeit antworteten ihnen die Glocken aus Paris."[24] Sein Resümee des vergangenen Jahres klingt schmerzlich, und kaum hoffnungsfroher blickte er 1937 entgegen.[25] Dennoch kämpfte er gegen Resignation an, versuchte durch einige Pläne und Projekte den Überlebenswillen aufrechtzuerhalten. Hierzu zählen die seit dem Frühjahr 1936 immer wieder aufgenommenen Gespräche über eine Reaktivierung

19 Vgl. HGK, Tgb, 31. Juli 1935 u. passim. – DLA/A: Kessler.
20 Vgl. HGK, Tgb, 18. Oktober bis 13. November 1936, 7. bis 25. Januar 1937. – DLA/A: Kessler
21 Vgl. HGK, Tgb, 4. November 1936. – DLA/A: Kessler.
22 Vgl. HGK, Tgb, 15., 16. u. 19. Juni 1933. – DLA/A: Kessler. Kessler schätzte die Komposition Nabokovs als „ernste Musik großen Formats", hielt die Aufführung im Rahmen einer Ballettsaison jedoch für verfehlt. Das Pariser Publikum reagierte verständnislos: gelangweilt und verärgert (auch infolge der teilweise mittelmäßigen Leistungen der Sänger und des Chores, wie Kessler notiert), hätten einige der Zuschauer demonstrativ den Saal verlassen. „Viel zum Mißerfolg trugen verwirrend und lächerlich wirkende Laterna-magica-Projektionen von Blakes Illustrationen zum Buch Hiob bei." PB 1996, S. 766-768, hier S. 768.
23 Vgl. HGK, Tgb, 17. Juni 1933. – PB 1996, S. 768.
24 HGK, Tgb, Pontanevaux, Silvester 1936. – PB 1996, S. 804.
25 „1936 ist ein trübes, sorgenvolles, unglückliches Jahr gewesen, und die Aussichten für 1937 sind nicht glänzend, entgegen Léon Blums optimistischer Rede, die er mit etwas zittriger und trüber Stimme um halb acht im Radio hielt." Ebd.

der Cranach-Presse durch deutsche oder schweizer Unternehmer. Und hieran knüpfte sich auch das letzte Projekt mit Edward Gordon Craig, den Kessler am 16. Januar 1937 zufällig im Pariser Café de la Paix getroffen hatte. Für den Fall eines Wiederauflebens seiner Presse bot Kessler ihm den Auftrag an, für die geplante Gesamtausgabe von Shakespeares Werken Holzschnitte zu machen, was dieser mit Freuden annahm.

All das erscheint als ein matter Ausklang des so schillernden Lebens von Harry Graf Kessler. Und es entbehrt nicht der Tragik. Denn nicht nur die Zerstörung seiner Weltvorstellung und genuinen Lebensweise bedingten Kesslers tiefe seelische Erschütterung in diesen letzten Jahren. Hinzu kam der Verfall seines Lebenskreises – ein natürlicher, biologischer Prozeß, der durch die Zentrifugalkräfte der Exilierung verstärkt wurde. Gegen Ende der Weimarer Republik hatte sich diese Entwicklung bereits angekündigt. Die Erfolgserlebnisse der Jahre 1927 und 1928, die mit der Publikation und öffentlichen Anerkennung des Vergil-Drucks (*Eclogen*) und der *Walther Rathenau*-Biographie verbunden gewesen waren, hatten Kesslers zunehmende Vereinsamung nicht zu überdecken vermocht. 1929 wurde für den erst Einundsechzigjährigen das „Année terrible": der Tod von Hugo von Hofmannsthal (15. Juli), Serge de Diaghilev (19. August) und Gustav Stresemann (3. Oktober) verstärkten das Gefühl, einer untergehenden Welt anzugehören. Maximilian Harden war zwei Jahre zuvor vorangegangen (30. Oktober 1927), ein Jahr später begegnete Kessler einem ausgebrannten, psychisch kranken Nijinski (27. Dezember 1928), der zweiundzwanzig weitere Jahre lebte, ohne geheilt zu werden. Mitte Mai 1932 starb die Initiatorin des Weimarer Festspielhaus-Projekts Louise Dumont. Ein Jahr später, als sich Kessler an das Faktum seines Exils zu gewöhnen begann, starb der streitbare Paul Ernst (13. Mai 1933), dann Hermann Bahr (15. Januar 1934), Julius Meier-Graefe (5. Juni 1935), schließlich Elisabeth Förster-Nietzsche (8. November 1935). Zuletzt verlor Kessler sieben Wochen vor seinem eigenen Tod einen weiteren Bundesgenossen des einstigen Kulturkampfes im Wilhelminischen Kaiserreich: Großfürst Ernst Ludwig, den Begründer der Darmstädter Künstlerkolonie (9. Oktober 1937).

Rudolf Alexander Schröder, der in Deutschland zurückgeblieben war und sporadischen Briefkontakt mit Kessler hielt, kommentierte am 11. Juni 1935 den Tod Meier-Graefes mit einem trockenen „Wieder einer weniger".[26] Je weniger sie würden, desto wertvoller sollten sie sich doch sein und die Verbindung aufrechterhalten. Schröder bekannte, daß die Arbeit das einzige sei, das einem in so ernsten Zeiten helfe, sich selbst zu bewahren. In diesem Sinne dankte er auch Kessler für sein „reines und bedeutendes Buch" (*Gesichter*

---

26   Rudolf Alexander Schröder an HGK, München, 11. Juni 1935. – DLA/A: Kessler.

und Zeiten) und bat, gelegentlich eine Zeile zu ihm gelangen zu lassen. Und wiederholte diese Bitte in einem unerwartet emotionalen Ausbruch: „Einsam sind wir, mein Gott, alle, in fast unvorstellbarer Einsamkeit. Desto mehr Grund, sich von Zeit zu Zeit wenigstens durch einen geschriebenen Gruss gegenseitig daran zu erinnern, dass man noch oberhalb des bewussten Rasens weilt."[27] Auch Henry van de Velde zählte zu den Überlebenden. Während Kessler im spanischen und französischen Exil lebte, arbeitete er in Brüssel und führte neben seinen Aufgaben als Direktor des Institut Supérieur des Arts Décoratifs diverse internationale Bauaufträge aus. Peter Behrens übernahm 1936 die Leitung der Architekturabteilung an der Preußischen Akademie der Künste in Berlin und starb dort vier Jahre später. Gerhart Hauptmanns Verharren in Deutschland und seine loyale Haltung gegenüber dem nationalsozialistischen Regime erklärt Peter Sprengel mit seiner „patriotischen Identifikation mit dem Schicksal des Vaterlandes ,auf Gedeih und Verderb'", die er bereits im Ersten Weltkrieg demonstriert hatte.[28] Richard Strauss entschied sich ebenfalls für das Bleiben. Er übernahm für zwei Jahre (1933-1935) das Amt des Präsidenten der (von Goebbels neugeschaffenen) Reichsmusikkammer und erfüllte auch darüber hinaus die gewünschte Funktion des kulturellen Aushängeschildes, des „Reichsaußenministers in musicis".[29] Den von Strauss wie von Hauptmann praktizierten Opportunismus begründete Heinrich Mann 1934 mit ihrer fixen Idee, „das nationale Genie, selbst das internationale, dargestellt zu sehen in ihrer Person. Ihnen scheint es einfach unmöglich, daß sie es nicht mehr verkörpern sollten, unter welchem Regime auch immer."[30] Max Reinhardt hingegen hatte Berlin zu derselben Zeit wie Kessler verlassen, acht Tage, nachdem er Hugo von Hofmannsthals Calderón-Bearbeitung *Das große Welttheater* als seine letzte Inszenierung am Deutschen Theater herausgebracht hatte. Am 16. Juni 1933 übereignete er in einem Brief an die ‚Nationalsozialistische Regierung' seine Berliner Bühnen Deutschland als dessen Nationalvermögen.[31] Als Kessler starb, hatte Reinhardt kurz zuvor seine letzte Inszenierung auf europäischem Boden realisiert und war nach der Uraufführung von Franz Werfels Schauspiel *In einer Nacht* am Wiener Theater in der Josefstadt (5. Oktober 1937) endgültig in

---

27 Ebd.
28 Peter Sprengel: Gerhart Hauptmann. Epoche – Werk – Wirkung. München 1984, S. 234.
29 Hans Joachim Moser, 1944. Zit. nach: Gerhard Splitt: Richard Strauss 1933-1935. Ästhetik und Musikpolitik zu Beginn der nationalsozialistischen Herrschaft. Pfaffenweiler 1987, S. 20.
30 Heinrich Mann: Denken nach Vorschrift. In: Neue Weltbühne, 8. März 1934. Zit. nach: Splitt, Richard Strauss 1933-1935, S. 22.
31 Siehe Reinhardt, Leben für das Theater, S. 274-277 sowie Anm. 582.

die USA übergesiedelt. Erwin Piscator, nunmehr Präsident der Internationalen Vereinigung der Arbeitertheater (MORT), hatte zunächst in der Sowjetunion gelebt und die Gründung einer deutschsprachigen Bühne in Moskau oder, besser noch, in Engels geplant, wo ein ‚Weimar an der Wolga‘ errichtet werden sollte: ein Kulturzentrum, in dem sich antifaschistische deutsche Emigranten aus aller Welt (wie Bertolt Brecht, Helene Weigel, Karl Paryla, Leopold Lindtberg, Wolfgang Langhoff) einfinden würden. Während sein Mitarbeiter Bernhard Reich in die Hauptstadt der deutschen Wolgarepublik geschickt wurde, um die Spielzeit 1936/37 vorzubereiten, fuhr Piscator nach Paris, heiratete die reiche Tänzerin und Reinhardt-Choreographin Maria Ley und plante neue Produktionen.[32] Johannes R. Becher war im Oktober 1935 ebenfalls in die Sowjetunion emigriert und lebte bis 1945 als Chefredakteur der Zeitschrift *Internationale Literatur (Deutsche Blätter)* in Moskau. Wieland Herzfelde war im März 1933 nach Prag geflohen und baute dort seinen Malik-Verlag erfolgreich neu auf, ohne Kessler für seine Mitarbeit an der Monatsschrift für Literatur und Kritik *Neue Deutsche Blätter* gewinnen zu können.[33]

Hier sind nur einige der von Hofmannsthal einst bespöttelten ‚zehntausend Bekannten‘ Kesslers angeführt. Diese Aufzählung mag in exemplarischer Weise das vielfältige Schicksal jener Theatermacher, Schriftsteller und Künstler veranschaulichen, die als Opfer des Nazismus ins Exil gezwungen wurden oder aber sich für eine mehr oder weniger überzeugende ‚innere Emigration‘ innerhalb der deutschen Reichsgrenzen entschieden. Sie führt vor allem deutlich vor Augen, unter welcher Einsamkeit Kessler in seinem spanischen und französischen Exil gelitten hat. „Er war völlig gebrochen und gänzlich hoffnungslos. [...] Wie hätte ich ihm gegönnt, wieder in seine Heimat zurückzukehren, an deren Wiederauferstehn er nicht mehr glaubte“, berichtete Becher Anton Kippenberg nach dem Krieg von einer Pariser Begegnung.[34] So starb Harry Graf Kessler am 30. November 1937

---

32 Vgl. Heinrich Goertz: Erwin Piscator. Reinbek bei Hamburg 1974, S. 91-96.

33 Vgl. die Briefe Wieland Herzfeldes an HGK, Prag, 6. u. 19. August 1933. – DLA/A: Kessler. Siehe auch den umfangreichen Beitrag von Frank Hermann: Wirkung, Funktion und kulturpolitische Tradition des Malik-Verlages während des Prager Exils 1933-1938. In: Leipziger Jahrbuch zur Buchgeschichte, 1 (1991), S. 189-213.

34 Johannes R. Becher an Anton Kippenberg, Berlin, 18. Juli 1945. In: Harder/Siebert (Hg.), Becher und die Insel, S. 299. Becher datiert diese Begegnung (rückblickend) irrtümlich auf das Jahr 1934. Da Kessler vom 11. November 1933 bis 28. Juni 1935 auf Mallorca lebte, kann es zu dieser Pariser Begegnung nur zwischen dem 8. Juli und 17. August 1935 gekommen sein, oder aber sie war bereits im Jahr 1933 erfolgt (zwischen dem 8. März und 11. November). Als in Paris der von Becher organisierte Gründungskongreß der Internationalen Schriftstellervereinigung zur Verteidigung der

mit neunundsechzig Jahren in Lyon. Als er sieben Tage später in der Pariser Familiengruft auf dem Friedhof Père Lachaise beigesetzt wurde, begleiteten ihn von seinen prominenten Freunden und Bekannten nur Maria van Rysselberghe, Julien Green und André Gide.[35] Der erstaunte Edward Gordon Craig erfuhr von seinem Tod erst eine Woche später durch einen Buchhändler.[36]

Kultur (ISVK) tagte (21. bis 25. Juni 1935), befand sich Kessler noch in Palma de Mallorca.

35 André Gide notierte in seinem Tagebuch am 8. Dezember 1937 sein Erstaunen über diese Tatsache: „Je me suis beaucoup étonné de ne voir dans l'église, ni ensuite pour accompagner le corps au cimetière aucun des peintres et des sculpteurs que Kessler avait si généreusement obligés durant sa vie." André Gide: Journal. Tome II: 1926-1950. Édition établie, presentée et annotée par Martine Sagaert. Paris 1997, S. 570. Siehe auch die Tagebucheintragungen Julien Greens (6. u. 8. Dezember 1937), die von Greens tiefer Erschütterung durch Kesslers Tod zeugen. Sie bieten eine plastische Schilderung der Zeremonie in der protestantischen Kapelle in der rue Cortambert, bei der Green Kesslers Präsenz in diesem Raum und seinen definitiven Fortgang zu spüren glaubte. Vgl. Julien Green: Œuvres complètes. Tome IV. Textes établis, présentés et annotés par Jacques Petit. Paris 1988, S. 452 f.

36 Vgl. BW EGC/HGK, S. 222.

VIII. Resümee

Die Ausführungen der vorausgehenden Kapitel dürften dem Leser einen detaillierten Einblick in jene Ereignisse, Pläne und gescheiterten Projekte vermittelt haben, in die Harry Graf Kessler im Bereich des Theaters von der Jahrhundertwende bis in die dreißiger Jahre hinein verwickelt gewesen ist. Es liegt in der Natur der Sache, daß hierbei ein abgerundetes, homogenes Bild nicht zu gewinnen ist. Die Gründe sind zum einen in äußeren Faktoren wie beispielsweise den Zeitereignissen zu suchen, zum anderen in Kesslers spezifischer Persönlichkeit. Die historischen Ereignisse bedingten eine dreifache Brechung der Kesslerschen Biographie, so daß seine theaterbezogenen Aktivitäten in den vier so unterschiedlichen Phasen des Wilhelminischen Kaiserreichs, des Ersten Weltkriegs, der Weimarer Republik und des Nationalsozialismus zu analysieren waren. Hinzu kommt Kesslers Kosmopolitismus, der aus seinem familiären Hintergrund herrührt. Aus einem deutsch-irischen Elternhaus stammend und bis zu seinem vierzehnten Lebensjahr in vier verschiedenen Kulturkreisen (Frankreich, England, USA und Deutschland) aufwachsend, war ihm der rasche Wechsel zwischen den Ländern und Nationen früh vertraut. Kessler entwickelte sich zum „homme vapeur" (Schuster): ein Kind des technischen Fortschritts, das zwischen Berlin, Paris, London, Brüssel, Weimar und anderen Städten hin- und herreiste, in seinen aktivsten Zeiten bis zu vier Stationen pro Woche hinter sich ließ. Kesslers Mobilität, die auch durch seine finanzielle Unabhängigkeit ermöglicht wurde, seine intellektuelle Aufgeschlossenheit und Fähigkeit zum Zuhören ließen ihn zu jenem außergewöhnlichen Kommunikator werden, der in der europäischen Kulturlandschaft seiner Zeit einzig war.

Einigen Zeitgenossen wie etwa Rudolf Borchardt war er jedoch suspekt. Das maliziöseste Urteil stammt von Carl J. Burckhardt, der gegenüber dem Nestor der Hofmannsthal-Forschung Rudolf Hirsch *sein* Bild von Kessler, den er freilich nicht persönlich kannte, wie folgt skizzierte: „Dieser improvisierte Graf aus St. Gallen mit seinem dreiviertels Talent, seinem beinah großen Manieren, seiner Eifersucht, seinem parfümierten Sozialismus, seinem so ungenauen, von oben herab immerzu urteilenden und dabei so beflissenen Gesellschaftsklatsch – ach nein, er war mir in der Vorstellung immer fatal".[1]

---

1   Carl J. Burckhardt an Rudolf Hirsch, Vinzel, 12. Oktober 1964. In: Carl J. Burckhardt: Briefe 1908-1974. Hg. v. Kuratorium Carl J. Burckhardt ... besorgt v. Ingrid Metzger-Buddenberg. Frankfurt am Main 1986, S. 437.

Burckhardt ist Kessler, wie er sagt, immer ausgewichen. Andere Dichter
und Künstler hingegen haben die Begegnung und Kommunikation mit ihm
gesucht und gepflegt, da sie wußten, welchen Nutzen sie aus dem Umgang
mit ihm ziehen konnten. Selten hat das jemand so freimütig bekannt wie der
russische Komponist Nicolas Nabokov, der sich rückblickend erinnerte:

> [...] daß damals [Anfang der Zwanziger Jahre in Berlin], als ich ihm, noch Komposit-
> onsstudent von Paul Juon, als ‚verheißungsvoller‘ junger russischer Komponist vorge-
> stellt wurde, sein Name schon mit einer merkwürdigen, geradezu legendären Aura
> umgeben war. Er galt nicht nur als ein Liebhaber der schönen Künste, als ein Mäzen,
> der mit berühmten Autoren, Komponisten, Malern und Bildhauern befreundet war,
> sondern auch als eine bedeutende politische Erscheinung von liberalen Anschauungen
> [...] Außerdem wußte ich, daß Kessler neuen Ideen zugänglich und stets bereit war,
> ‚begabten jungen Leuten‘ zu helfen [...].[2]

Nabokov hat Kessler nicht in jenen Jahren gekannt, die die kulturelle Blüte-
zeit von dessen Biographie umfassen. Seine zum Anekdotischen neigenden
Erinnerungen vermitteln ein anschauliches Bild von Kessler als ‚Legende zu
Lebzeiten‘. Ein Gespräch über die russische Oktoberrevolution demonstrierte
dem jungen Komponisten, wie sehr der Graf mit der Zeit und Welt vor 1914
verbunden war. Als Kessler auf die durch die Revolution entfesselten schöpferischen Kräfte zu sprechen kam, fing er an, „die Namen der neuen Maler
(Kandinsky, Chagall, Lissitzky), der neuen Regisseure (Meyerhold, Wach-
tangow) und der neuen Dichter (Block, Majakowski, Jessenin) aufzuzählen“[3]
– Künstler, die ihre Karriere lange vor der Revolution beziehungsweise vor
dem Ersten Weltkrieg begonnen hatten. Daß Nabokov seinen Gesprächspart-
nern als nicht ganz in der Gegenwart verwurzelte Persönlichkeit ansah, rührt
auch von einer anderen Beobachtung her. Ihre Diskussion über die Negativ-
erscheinungen der bolschewistischen Herrschaft (Zustand der Anarchie, des
Hungers und des Terrors) offenbarte Kesslers charakteristische Haltung in
der Wahrnehmung der Wirklichkeit: Sie ist die des Ästheten. Nabokovs Kri-
tikpunkten begegnete Kessler offenbar nur mit einem mitleidigen, herablas-
senden und ungläubigen Lächeln.[4] Ähnlich wie in der Zeit seines Fronteins-
atzes, wo Kessler in seinen Reflexionen die positiven Aspekte des Krieges
betont hatte (die den Willen und die Kraft der jungen Soldaten stählende
Herausforderung etc.), bekannte er sich Anfang der Zwanziger Jahre als
„ganz ‚verliebt‘“ in die russische Revolution: Sie habe die ungeheuren schöpferischen Kräfte freigesetzt, die auf dem Grund der russischen Seele
schlummerten.[5] Einen letzten Niederschlag fand dieser Hang zur Überhöh-

---

2   Nabokov, Der Mensch, der andere liebte, S. 44.
3   Ebd., S. 47.
4   Ebd., S. 50.
5   Ebd., S. 47.

ung und Ästhetisierung des Lebens in Kesslers mystischem Dramenprojekt *Ivan Kalaïeff*. Ein charakteristisches Detail ist in der letzten Szene des Ersten Akts zu finden. Dort empfiehlt Großfürstin Elisabeth ihren trauernden Hausangestellten, anstatt sie zu trösten, in die Kapelle zu gehen und dem toten Herrn die Hand zu küssen[6] – wer die Bilder des zerfetzten, zerstückelten Leichnams von Großfürst Sergej imaginiert, erstaunt über Kesslers romantische Vorstellungen von den Folgen eines Bombenattentats. Im Jahr 1932 war er noch ganz der Dramatik des 19. Jahrhunderts verpflichtet.

Ein Blick auf Kesslers Vita zeigt, daß die ungeheure Dichte des Lebens für Kunst und Kultur, wie sie sich bis 1914 abzeichnete, nach 1918 nicht wiedererlangt wurde. Die Erfahrung des Ersten Weltkriegs und des Zusammenbruchs der bestehenden Herrschaftsverhältnisse hatte bei Kessler zu einer politischen Umorientierung und zum persönlichen Engagement beim Aufbau einer demokratischen Republik geführt. Die hier gesetzte Priorität brachte es mit sich, daß er in der ersten Phase der Weimarer Republik auf kulturellem Gebiet eher als Mäzen fungierte. Seine Förderung des jungen Dichters Johannes R. Becher kann als letzter Versuch interpretiert werden, die alten Mechanismen wirken zu lassen und in einer ganz bestimmten Weise ein Stück Kontinuität zu seinem kulturellem Engagement vor dem Ersten Weltkrieg herzustellen. In ähnlich jungen Jahren hatte Kessler im Mai 1898 Hugo von Hofmannsthal kennengelernt. Im Fall Bechers sollte sich ein vergleichsweise enges Verhältnis jedoch nicht herstellen.

Mit Hofmannsthal ist ein wichtiges Stichwort genannt. Er und Edward Gordon Craig stellen die wichtigsten persönlichen Beziehungen dar, die Kessler innerhalb der zeitgenössischen Theaterszene aufbauen und entwickeln konnte. Was diese beiden Theatermacher im weitesten Sinn Kessler verdanken, ist in den vorhergehenden Kapiteln ausführlich dargelegt worden. Hofmannsthals deutlichstes Bekenntnis datiert vom 9. Januar 1910: „Deine und [Reinhardts] Existenz sind, was mich beim Theater hält und wodurch ich finalement etwas dem Theater adaequates und bleibendes leisten werde."[7] Daß ihre Beziehung über Jahre hinweg nicht spannungsfrei blieb, ist aufgrund ihrer unterschiedlichen Temperamente verständlich. Was sie für rund fünfzehn Jahre verband, war ihr Wunsch nach der Realisierung jenes ästhetischen Projekts, das Alexandre Kostka als das „Streben zum ‚sinnlichen Gesamtkunstwerk'" bezeichnet.[8] Das Neue Weimar wie auch die anderen thea-

---

6 Vgl. HGK, Ivan Kalaïeff, 1er acte (complet), État définitif, S. 9. – DLA/A: Kessler.

7 HvH an HGK, Rodaun, 9. Januar 1910. – BW HvH/HGK, S. 272.

8 Vgl. Alexandre Kostka: Das „Gesamtkunstwerk für alle Sinne". Zu einigen Facetten der Beziehung zwischen Hugo von Hofmannsthal und Harry Graf Kessler. In: Neumann/Schnitzler (Hg.), Kessler, Ein Wegbereiter der Moderne, S. 131-151, Zitat S. 136.

tralen Projekte, die Kessler und Hofmannsthal in den Jahren vor 1914 disku-
tierten, stehen dafür. Für Kessler bedeuteten nicht nur seine Dienste als
Kommunikator in der Theaterszene eine Möglichkeit, hier tätig zu werden.
Ebensosehr trachtete er danach, seine Vorstellungen in der Form von Mitarbeit mit dem österreichischen Dichter zu realisieren. Der Streit um das *König
Ödipus*-Projekt, die schwierigen Anfänge der *Josephslegende* und die Auseinandersetzungen um den Anteil beim *Rosenkavalier* zeigen, wieviel ihm
diese künstlerische Kooperation bedeutete. Wenn Kessler noch im Frühjahr
1933 dem deutschen Dichter und tschechoslowakischen Presseattaché Camill
Hoffmann von der Entstehung des *Rosenkavalier* erzählte[9] und im Februar
1937 Thomas Mann gegenüber seinen Anteil an diesem populären Werk bezeichnete und verteidigte,[10] so ist das mehr als ein Zeichen von Eitelkeit und
Kleinlichkeit. Hier zeigt sich Kesslers eigentliche Tragik. Dieser so ungewöhnliche Mann, reich nicht nur im materiellen Sinn, sondern auch aufgrund
seines Wissens, seiner Belesenheit, Kultiviertheit, seines Gespürs für neue,
zukunftsweisende Tendenzen in der Kultur, war nicht in der Lage, dieses
Potential künstlerisch umzusetzen. Seine eigenen Versuche wie das *Choreographische Scherzo* und das Dramenfragment *Ivan Kalaïeff* belegen das
nachdrücklich. Kesslers Bedeutung lag auf anderem Gebiet, wenngleich ihm
das zuweilen auch nicht genügen mochte.

Der oben bereits angedeutete Vergleich mit Serge de Diaghilev drängt
sich auf. Es würde sich lohnen, ihn einmal im Detail auszuführen. Es gibt
erstaunliche Parallelen in der frühen Entwicklung dieser beiden homosexuellen Männer, die beide aus einem jungen Adel stammten, infolgedessen mit
Legitimationsproblemen zu kämpfen hatten, ihr Vermögen in die Kunst investierten, sich früh der Stilkunst zuwanden, an führenden Jugendstilzeit-
schriften (*Pan*, *Mir Isskutswa*) beteiligt waren und über die bildende Kunst
zum Theater fanden. Diaghilev war ebenso offen, sensibel, kreativ und expe-
rimentierfreudig in der Entdeckung und Zusammenführung künstlerischer
Talente wie Kessler. Dennoch prädestinierten ihn sein Charakter und domi-
nantes Wesen für eine andere Rolle in der europäischen Kulturszene. Er entwickelte sich zu einem entschlossen agierenden Leiter eines Ballettunter-
nehmens, das neue künstlerische Maßstäbe setzte, die Ausbildungsstätte und
das Sprungbrett für die bedeutendsten Tänzer und Choreographen des 20.

---

9   Vgl. die Tagebucheintragung Camill Hoffmanns vom 20. Februar 1933 in: Ders.:
     Politisches Tagebuch 1932-1939. Hg. u. komm. v. Dieter Sudhoff. Klagenfurt 1995,
     S. 80.
10 „[...] Dann von Hofmannsthal; den ‚Rosenkavalier‘ halte er für unsterblich wie den
     ‚Figaro‘, den ‚Barbier‘ und ‚Carmen‘, ein völlig geglücktes Werk. Ich erklärte ihm
     meinen Anteil am Szenario." HGK, Tgb, Zürich, 20. Februar 1937. – PB 1996,
     S. 813.

Jahrhunderts darstellte. Die Ausstrahlung der Ballets Russes im Sinn des Wortes läßt sich über Jahrzehnte hinweg nicht nur in der Tanzszene verfolgen. Als Diaghilev Mitte August 1929 starb, hinterließ er ein Lebenswerk, das einen geschlosseneren Eindruck vermitteln mag als das Kesslersche. Dies liegt nicht nur an den deprimierenden Umständen, unter denen Kesslers Leben endete. Nüchtern beurteilt, scheint die Bilanz negativ auszufallen. Kesslers Scheu vor einer Fixierung seiner Kräfte auf nur ein Betätigungsfeld, seine Sprunghaftigkeit, Nervosität und sein Aktivitätsdrang führten dazu, daß er zuweilen zuvielen Interessen gleichzeitig nachging. Das Neue Weimar steht exemplarisch dafür, wie hoffnungsvolle Projekte nicht nachdrücklich und konsequent genug verfolgt und zum Abschluß gebracht wurden. Die Disparatheit von Kesslers Persönlichkeit, wie sie bei meinem Versuch, seine vielfältigen Beziehungen zur Theaterszene aufzuzeigen, immer wieder zum Ausdruck kommen mußte, konstituiert sich aus einer Mischung von Zielstrebigkeit, die zuweilen auch rücksichtsloses Vorgehen beinhalten konnte, von punktuellem, auf bestimmte Personen und Ereignisse gerichtetem Interesse und von einem spielerischen Umgang mit personellen und materiellen Ressourcen. Kessler liebte das Experiment, die Kommunikation und das gemeinsame Wirken mit Gleichgesinnten. Der Begriff des ‚Katalysators' ist daher als zutreffend zu bezeichnen. Seine Selbsterkenntnis und Selbstbescheidung in künstlerischer Hinsicht, wie er sie Hofmannsthal gegenüber Ende September 1906 bekannte, – van de Velde und Hofmannsthal seien ihm das, „was mir die Möglichkeit am Leben mitzuschaffen öffnet"[11] – hatte im Grunde genommen für sein ganzes Leben Gültigkeit. Ebenso erweist sich Hofmannsthals frühe Einschätzung von 1905 von Kessler als „Künstler in lebendigem Material"[12] als hellsichtig. Die vielen Pläne und Projekte, die in dieser Untersuchung angesprochen wurden, ihre Verknüpfungen innerhalb eines komplizierten Beziehungsgeflechts, ihre Realisierung oder ihr Nichtverfolgen zeigt den intellektuellen Reichtum und die Imaginationskraft Kesslers. Sie ist ein Kennzeichen dieser Zeit, vergleichbar zu finden bei Rudolf Borchardt, Walter Benjamin, Ferruccio Busoni und selbstverständlich auch bei Hugo von Hofmannsthal, dessen „fragmentarische Identität" (Mathias Mayer) bereits verortet wurde.[13]

---

11 HGK an HvH, Berlin, 26. September 1906. – BW HvH/HGK, S. 126.
12 Vgl. Einleitung, S. 12.
13 „Ästhetik des Fragmentarischen" lautete das Tagungsthema der Hugo von Hofmannsthal-Gesellschaft von 1994. Die Beiträge wie die von Mathias Mayer („Zwischen Ethik und Ästhetik. Zum Fragmentarischen im Werk Hugo von Hofmannsthals", S. 251-274) sind zu finden in: Hofmannsthal. Jahrbuch zur europäischen Moderne, 3 (1995).

In der vorliegenden Untersuchung sind einige Aspekte von Kesslers Wesen und Wirken erhellt, wesentliche Aktivitäten im kulturhistorischen Kontext detailliert erläutert worden. Im Bereich des Theaters ist es spannend zu
beobachten, auf welche Personen und Künstler sich Kessler einließ, Kooperationen anregte und den Ausgang von Experimenten verfolgte, ohne oftmals
spezielle theatertheoretische Zielvorgaben zu besitzen. Kessler hat auf diesem Terrain der einzelnen theatralen Gattungen seine persönlichen Grenzen
ausgelotet, im synergetischen Einsatz sehr viel geleistet und erreicht. Die
Wertschätzung, die Craig Kessler entgegenbrachte, spricht für sich, bedenkt
man, wie wenige Menschen er in seinem elitären Künstlerbewußtsein neben
sich gelten ließ.[14] Die Bedeutung der Beziehung zwischen Kessler und Craig
kann dank ihres kürzlich veröffentlichten Briefwechsels endlich adäquat ein-
geschätzt und gewürdigt werden. Kesslers Einsatz für den englischen Theaterreformer ist präsenter, deutlicher überliefert (in Form der Vorreden, Ausstellungskataloge, des *Hamlet*-Drucks etc.) als im Fall Hofmannsthals, wo
sich die Vorstellung von ihrer schwierigen und produktiven Verbindung zuweilen in der Erinnerung an ihr bizarres Ballettprojekt *Josephslegende* er-
schöpft. Es hat sich gezeigt, daß es hier mehr zu entdecken gibt. Kessler
bleibt ein schwer faßliches und faszinierendes Phänomen. Das mindeste, was
über ihn gesagt werden kann, ist jenes Wort, das Max Reinhardt im Juli 1923
dem gerade sechzigjährigen Hermann Bahr ein- und zugestanden hat: „Es
gibt kein tieferes Glück auf Gottes Erden, als fruchtbar sein und aufgenommen zu werden von den Auserwählten."[15] Harry Graf Kessler, der in einer
besonderen Ambivalenz zwischen Rezeption und Produktion lebte, gehörte
zu ihnen.

---

14 So betrachtete er beispielsweise Jacques Copeau als Literaten, nicht als genuinen
    Theatermann. Vgl. Copeaus Gesprächsnotiz in seinem Tagebuch, Florenz, 14. Sep-
    tember 1915. In: Ders.: Journal 1901-1948. Première partie: 1901-1915. Texte établi,
    présenté et annoté par Claude Sicard. Paris 1991, S. 717.
15 Max Reinhardt an Hermann Bahr, 23. Juli 1923. Zit. nach: Edda Fuhrich-Leisler:
    Hermann Bahr und Max Reinhardt. Zwei Wesensverwandte? In: „Der Herr aus
    Linz". Hermann-Bahr-Symposium, im Rahmen des Internationalen Brucknerfestes
    Linz 1984. Hg. v. Margret Dietrich. Linz 1987, S. 81.

SIGLENVERZEICHNIS

BRA	Bibliothèque Royale Albert Ier, Archives et Musée de la Littérature, Bruxelles.
BW EvB/HGK	Eberhard von Bodenhausen/Harry Graf Kessler: Ein Briefwechsel 1894-1918. Ausgew. u. hg. v. Hans-Ulrich Simon. Marbach am Neckar 1978.
BW EFN/HGK	Roswitha Wollkopf: Das Nietzsche-Archiv im Spiegel der Beziehungen Elisabeth Förster-Nietzsches zu Harry Graf Kessler. In: Jahrbuch der Deutschen Schillergesellschaft, 34 (1990), S. 125-167.
BW EGC/HGK	The Correspondence of Edward Gordon Craig and Count Harry Kessler 1903-1937. Ed. by Lindsay M. Newman. London 1995.
BW HvH/AWH I	Hugo von Hofmannsthal/Alfred Walter Heymel: Briefwechsel. Hg. v. Werner Volke. Teil I: 1900 bis 1908. In: Hofmannsthal. Jahrbuch zur europäischen Moderne, 1 (1993), S. 19-98.
BW HvH/EvB	Hugo von Hofmannsthal/Eberhard von Bodenhausen: Briefe der Freundschaft. Hg. v. Dora von Bodenhausen. Berlin 1953.
BW HvH/HGK	Hugo von Hofmannsthal/Harry Graf Kessler: Briefwechsel 1898-1929. Hg. v. Hilde Burger. Frankfurt am Main 1968.
BW HvH/ODS	Hugo von Hofmannsthal: Briefwechsel mit Ottonie Gräfin Degenfeld und Julie Freifrau von Wendelstadt. 2., verb. u. erw. Aufl., hg. v. Marie Therese Miller-Degenfeld unter Mitw. v. Eugene Weber. Frankfurt am Main 1986.
BW RS/HvH	Richard Strauss/Hugo von Hofmannsthal: Briefwechsel. Hg. v. Willi Schuh. München/Main 1990.
DLA	Deutsches Literaturarchiv, Marbach am Neckar.
EvB	Eberhard von Bodenhausen.
EFN	Elisabeth Förster-Nietzsche.
GSA	Stiftung Weimarer Klassik/Goethe- und Schiller-Archiv.
GW	Hugo von Hofmannsthal: Gesammelte Werke in zehn Einzelbänden. Hg. v. Bernd Schoeller in Beratung m. Rudolf Hirsch. Frankfurt am Main 1979-1980. Die Einzelbände werden mit dem Kurztitel angegeben.
HGK	Harry Graf Kessler.
HGK, GS I	Harry Graf Kessler: Gesammelte Schriften in drei Bänden. Bd. I: Gesichter und Zeiten. Erinnerungen. Notizen über Me-

	xiko. Mit Nachwort u. Anm. vers. v. Gerhard Schuster. Frankfurt am Main 1988.
HGK, GS II	Harry Graf Kessler: Gesammelte Schriften in drei Bänden. Bd. II: Künstler und Nationen. Aufsätze und Reden 1899-1933. Mit e. Nachwort u. Anm. vers. v. Cornelia Blasberg u. Gerhard Schuster. Frankfurt am Main 1988.
HGK, Katalog	Harry Graf Kessler. Tagebuch eines Weltmannes. Eine Ausstellung des Deutschen Literaturarchivs im Schiller-Nationalmuseum Marbach am Neckar. Ausstellung u. Katalog v. Gerhard Schuster u. Margot Pehle. Marbach am Neckar ²1988. (Marbacher Kataloge; 43.)
HGK, Tgb	Harry Graf Kessler: Tagebücher. Mit Zusatz „DLA/A: Kessler": Zitat aus den noch unveröffentlichten Tagebüchern aus dem Nachlaß Harry Graf Kesslers, Deutsches Literaturarchiv, Marbach am Neckar. Mit Zusatz „PB 1996": Zitiert nach der Neuauflage (1996) der von Wolfgang Pfeiffer-Belli veröffentlichten Auswahl (siehe dort).
HvH	Hugo von Hofmannsthal.
FL	Franz Liszt.
PB 1996	Harry Graf Kessler: Tagebücher. 1918-1937. Hg. v. Wolfgang Pfeiffer-Belli. Frankfurt am Main 1996.
SB/PK	Staatsbibliothek zu Berlin/Preußischer Kulturbesitz.
SW	Hugo von Hofmannsthal: Sämtliche Werke. Kritische Ausgabe. Frankfurt am Main. Die Einzelbände werden mit römischen Ziffern ausgewiesen.
TMD/SHD	Theatermuseum der Landeshauptstadt Düsseldorf, Nachlaß: Schauspielhaus Düsseldorf.
THStA	Thüringisches Hauptstaatsarchiv, Weimar.
vdV	Henry van de Velde.
RW	Richard Wagner.

ARCHIVALIEN

1. Deutsches Literaturarchiv, Marbach am Neckar
Nachlaßbestände

1.1. Harry Graf Kessler [A: Kessler; ohne Zugangsnummern]

Tagebücher, 16. Juni 1880 bis 30. September 1937.
Briefe von Harry Graf Kessler an Wilma Marquise de Brion (1899-1937, 1.186 Briefe).
Briefe von Harry Graf Kessler an Henry van de Velde (1899-1933).
[Kopien der Bestände der Bibliothèque Royale Albert Ier, Archives et Musée de la Littérature, Bruxelles, FS X 504/1 ff.]
Briefe an Harry Graf Kessler von:
Bahr, Hermann (1900); Behrens, Peter (1898-1906); Browne, Maurice (1929); Dumont, Louise (1901, 1903); Eysoldt, Gertrud (1905-1906); Förster-Nietzsche, Elisabeth (1895-1930); Fried, Oscar (1913-1929); Granville Barker, Harley (1908-1937); Harden, Maximilian (1898-1911); Hauptmann, Gerhart (1905-1930); Herzfelde, Wieland (1933-1935); Hildesheim, Paul (1904); Hollaender, Felix (1904-1906); Jeffcott, Ian (1929); Kahane, Arthur (1904-1911); Nabokov, Nicolas (1929); Nostitz, Alfred von (1896-1937); Palézieux-Falconnet, Aimé von (1901-1906); Reinhardt, Edmund (1906, 1910); Reinhardt, Max (1904-1911); Rilke, Rainer Maria (1908-1911); Rubinstein, Ida (1912); St. Denis, Ruth (1906, 1908); Schröder, Rudolf Alexander (1908-1935); Sert, Misia (o.D., 1911-1912, 1929); Strauss, Richard (1911, 1914, 1929); van de Velde, Henry (1897-1935); van de Velde, Maria (1899-1913); Verhaeren, Émile (1910, 1912).
Briefe von Max Goertz an Wilma Marquise de Brion (1934-1956).
[*Josephslegende.*] *Vorrede an die Darsteller.* [Typoskr., 9 S.]
Ballett – ein choreographisches Scherzo (8. III. 1926). [Typoskr., 13 S.]
Ivan Kalaïeff. [Dramenfragment, 3 Mappen mit Manuskripten und Dokumenten.]
Mappe I: Konvolut [1]: *Le procès de Kalaïeff.* Traduction, en français, d'extraits de „la Russie révolutionnaire". [41 S. Typoskript:] Autographe d' Ivan Kalaïeff. [S. 1]; Lettre aux Camarades. [S. 2 f.]; Le discours de Kalaïeff. [Moskau, 5.4.1905; S. 4-12]; Poésie de I. Kalaïeff: „Que la lutte vienne..." [S. 13]; L'acte d'accusation. [St. Petersburg, 23.3.1905; S. 14-18]; Le compte-rendu de la séance du jugement. [Moskau, 5.4.1905; S. 19-26]; Le discours de Mandelstam. [Moskau, 5.4.1905; S. 27-38]; Le discours de Jdanoff. [Moskau, 5.4.1905; S. 39-41]; Konvolut [2]: *Ivan Kalaïeff.* 1er acte. (complet) état

définitif. [25 S. Typoskr.]; Konvolut [3]: *Ivan Kalaïeff.* 1er acte (complet). [38 S. Ms.; 4 S. ms. Notizen zu Szene II.]; Konvolut [4]: *Ivan Kalaïeff.* 1er acte. [21 S. Typoskr., Durchschlag.]
Mappe II: Konvolut Nr. 9: *Kalaïeff.* [14 S., hs. sehr korrigiert; I. Akt.]; Konvolut Nr. 10: *Ivan Kalaïeff*, I. Akt, 2. Szene. [19 S. Typoskr., Durchschlag.]; Konvolut Nr. 11: Dokumente für Kalaïeff. [36 S. Typoskr. m. hs. Korrekturen:] 1. La mort de I. P. Kaliaeff [sic!] (Korrespondent des Daily Telegraph, 11./24.5.1905). [S. 1 f.]; Les dernières lettres de Kaliaeff. (1. Lettre à ses camarades; 2. Lettre à sa mère.) [S. 2-5]; I. Kaliaeff et la Grande-Duchesse (1. Le récit de Kaliaeff de son entrevue avec la grande-duchesse; 2. Lettre de I. Kaliaeff à la grande-duchesse). [S. 5-14]; M. Poliakoff: Ma rencontre avec I. Kaliaeff. [S. 14-16]; Kaliaeff en Prison – Souvenirs de Berenstam. [S. 16-32]; L'execution de Kalaïeff [Auszug aus: Vladimirov, Pogroms et exécutions, Moscou 1906.] [S. 33-35]; Autographe d'Ivan Kalaïeff. [1 unnum. S.] 2. Ivan Kalaïeff. Mémoires de Sasonoff. [34 S. Typoskr. m. Anstreichungen.] 3. Appel en cassation de I. Kalaïeff au Sénat. [15 S. Typoskr. m. Anstreichungen.]
Mappe III: Konvolut [1]: *Kalaïeff.* [I. Akt, Typoskr. m. hs. Korrekturen (12 S.); andere Seiten, Typoskr. (11 S.).]; Konvolut [2]: *Kalaïeff.* [II. Akt, Handschrift (29 S.); hs. Notizen (48 S.).]
Boris Savinkov: Souvenirs d'un terroriste. Paris: Payot 1931. [Inkl. 6 hs. S. m. Aufzeichnungen v. Harry Graf Kessler.]

1.2. Eberhard von Bodenhausen [A: Bodenhausen]

Briefe von Eberhard von Bodenhausen an Henry van de Velde: 1899-1918. [57.6259.]
Briefe von Henry van de Velde an Eberhard von Bodenhausen: 1897-1916. [57.6389.]

1.3. Paul Ernst [A: Ernst]

Briefe von Paul Ernst an: Scheffler, Karl (1905-1927). [61.1026/30.]; Scholz, Wilhelm von (o.D.-1931). [61.1026/33.]; Servaes, Franz (1903-1906). [61.1026/35.]

1.4. Alfred Walter Heymel [A: Heymel]

Briefe an Alfred Walter Heymel von: Kessler, Harry Graf (1900-1914). [62.1550/1-56.]

Briefe von Alfred Walter Heymel an: Kessler, Harry Graf (1906-1913).
[66.418/1-13; 62.941/1-15.]; Reinhardt, Edmund (1911, 1912). [62.1079;
62.1080.]; Reinhardt, Max (1909-1914). [62.1081/1-7.]

2. Staatsbibliothek zu Berlin/Preußischer Kulturbesitz [SB/PK]
    Handschriftenabteilung: Briefnachlaß Gerhart Hauptmann
    [GH BrNL]

Briefe von: Craig, Edward Gordon, an Gerhart Hauptmann (o.D., 1907); Craig,
Elena, an Gerhart Hauptmann (o.D., 1928); Hauptmann, Gerhart, an Edward
Gordon Craig (o.D., 1927); Hauptmann, Gerhart, an Harry Graf Kessler
(1925-1930, Durchschläge); Kessler, Harry Graf, an Gerhart Hauptmann
(1905-1932).

3. Theatermuseum der Landeshauptstadt Düsseldorf [TMD]
    Nachlaß: Schauspielhaus Düsseldorf [SHD]

Merk-Büchlein für alle Tage (1904).
Briefe an Louise Dumont von: Egloffstein, Hermann Freiherr von (1904). [VII
17233.]; Förster-Nietzsche, Elisabeth (1904). [I 521.]; Harden, Maximilian
(1904). [I 664.]; Kessler, Harry Graf (1904). [I 850.]; van de Velde, Henry
(1903-1904). [VII 17374.]
Briefe von Louise Dumont an: Großherzog Wilhelm Ernst (1904). [VII 17714.]
Briefe von Paul Ernst an Agnes Hvass (1904). [II F 3943, 3940.]

4. Freies Deutsches Hochstift/Frankfurter Goethe-Museum
    [FDH]
    Nachlaß: Hugo von Hofmannsthal

Entwürfe für das russische Ballett. *La mort du jeune homme voluptueux.*
Orest/Die Furien. Joseph in Ägypten. [5 Bl. u. Deckblatt; H III 217.1-5.]

Die Furien. Tragisches Ballet [sic!] in einem Aufzug. [6 hs. Bl.; Kopie, Original in der Bibl. Bodmeriana, Genf.]
Potiphars Weib. [22 Bl.; E III 141.1-22; HS-20291.]
Joseph bei Potiphar. Ein Mysterium (oder: Eine Legende.) 11.VIII.1912. [31 Bl.; E III 140.1.]
Joseph bei Potiphar. [13 Bl., durchgehend m. Korrekturen u. Einfügungen v. Harry Graf Kesslers Hand. E III 140.2-14; HS-20290.]

5. Stiftung Weimarer Klassik/Goethe- und Schiller-Archiv [GSA] Nachlaßbestände

5.1. Elisabeth Förster-Nietzsche/Nietzsche-Archiv

Briefe (Konzepte) von Elisabeth Förster-Nietzsche an: Bie, Oscar (1905). [72. 725d.]; Craig, Edward Gordon (1905). [72/725d.]; Dumont, Louise (1904). [72.724b.]; Kessler, Harry Graf (1903-1911). [72/798.]; Reinhardt, Max (1905). [72/725d.]
Briefe an Elisabeth Förster-Nietzsche von: Ernst, Paul (1888-1929). [72/252.]; Hofmannsthal, Hugo von (o.D.-1929). [72/369.]; Kessler, Harry Graf (1899-1932). [72/393.]; Velde, Henry van de (1901-1933). [72/653,1.]; Velde, Maria van de (1901-1914). [72/653a.]

5.2. Hippolyt von Vignau

Briefe von Ernst von Wildenbruch (1903-1905). [121/45,2.]

5.3. Ernst von Wildenbruch

Briefe an Ernst von Wildenbruch von: Kessler, Harry Graf (1905). [94/204,14.]; Vignau, Hippolyt von (1896-1908). [94/271,1-2]; Vignau, Margarete von (1898-1906). [94/272,1.]; Wachler, Ernst (1902-1908). [94/277,1.]
Briefe von Ernst von Wildenbruch an:
    Kessler, Harry Graf (1905). [94/307,2.]

6. Thüringisches Hauptstaatsarchiv, Weimar [THStA]
Bestand: Generalintendanz des Deutschen Nationaltheaters Weimar

Akten der Generalintendanz des Deutschen Nationaltheaters Weimar. Betreffend
die Ernennung des Generalintendanten Herrn Hans Bronsart von Schellen-
dorff inkl. dessen Nachfolger, Herrn H. von Vignau. [120.]
Akten der Großherzoglichen Generalintendanz des Hoftheaters und der Hofkapelle zu Weimar. Betreffend: Die Anstellung des Herrn Carl B. N. von Schirach als Intendant des Großh. Hoftheaters. [127.]
Hofmarschall-Amts-Akten. Betreffend: Den Neubau des Großherzogl. Hoftheaters. Bd. I: 1899-1906. [3246.]
Akten des Großherzogl. Sächs. Hofmarschallamts Weimar. Betreffend: Die Einrichtung des „Tivoli"-Etablissements hier zu Hoftheaterzwecken (Interimsbühne). 1906-1908. [3261.]

LITERATURVERZEICHNIS

1. Harry Graf Kessler (Primärquellen)

1.1. Quellenpublikationen

Harry Graf Kessler: Besuch bei Verlaine. [Tagebuchauszüge.]. In: Insel-Almanach auf das Jahr 1965. Frankfurt am Main 1964, S. 11-18.

BODENHAUSEN, Eberhard von/KESSLER, Harry Graf: Ein Briefwechsel 1894-1918. Ausgew. u. hg. v. Hans-Ulrich Simon. Marbach am Neckar 1978. (Marbacher Schriften; 16.)

The Correspondence of Edward Gordon Craig and Count Harry Kessler 1903-1937. Ed. by Lindsay M. Newman. London 1995. (Bithell Series of Dissertations; 21.)

HOFMANNSTHAL, Hugo von/KESSLER, Harry Graf: Briefwechsel 1898-1929. Hg. v. Hilde Burger. Frankfurt am Main 1968.

Gesammelte Schriften in drei Bänden. Hg. v. Cornelia Blasberg u. Gerhard Schuster. Frankfurt am Main 1988.

Bd. I: Gesichter und Zeiten. Erinnerungen. Notizen über Mexiko. Mit e. Nachw. u. Anm. vers. v. G. Schuster.

Bd. II: Künstler und Nationen. Aufsätze und Reden 1899-1933. Mit e. Nachw. u. Anm. vers. v. C. Blasberg u. G. Schuster.

Bd. III: Walther Rathenau. Sein Leben und sein Werk. Mit e. Nachw. u. Anm. vers. v. C. Blasberg.

Tagebücher 1918-1937. Hg. v. Wolfgang Pfeiffer-Belli. Frankfurt am Main 1961. Neuauflage Frankfurt am Main/Leipzig 1996.

Harry Graf Kessler. Tagebuch eines Weltmannes. Eine Ausstellung des Deutschen Literaturarchivs im Schiller-Nationalmuseum Marbach am Neckar. Ausstellung u. Katalog v. Gerhard Schuster u. Margot Pehle. Marbach am Neckar ²1988. (Marbacher Kataloge; 43.)

FOUCART, Claude: D'un monde à l'autre. La correspondance André Gide – Harry Graf Kessler (1903-1933). Lyon 1985.

VOLKE, Werner: Unterwegs mit Hofmannsthal. Berlin – Griechenland – Venedig. Aus Harry Graf Kesslers Tagebüchern und aus Briefen Kesslers und Hofmannsthals. In: Hofmannsthal-Blätter, 35/36 (1987), S. 50-104.

WOLLKOPF, Roswitha: Das Nietzsche-Archiv im Spiegel der Beziehungen Elisabeth Förster-Nietzsches zu Harry Graf Kessler. [Korrespondenzauszüge.] In: Jahrbuch der Deutschen Schillergesellschaft, 34 (1990), S. 125-167.

ZELLER, Bernhard: Harry Graf Kessler. Aus den Tagebüchern. Zum Gedenken seines 100. Geburtstages am 23. Mai 1968. In: Jahrbuch der Deutschen Schillergesellschaft, 12 (1968), S. 48-87.
— Aus unbekannten Tagebüchern Harry Graf Kesslers. In: Jahrbuch der Deutschen Schillergesellschaft, 31 (1987), S. 3-34.

1.2. Einzelveröffentlichungen (Auswahl)

Henri de Régnier. In: Pan, 1. Jg., Heft 4, Dezember-Januar (1895/1896), S. 243-249.

Kunst und Religion. Die Kunst und die religiöse Menge. In: Pan, 5. Jg., Heft 3, Februar (1899), S. 163-176. Wiederabdruck in: HGK, GS II, S. 9-47.

Edward Gordon Craig's Entwürfe für Theater-Dekorationen und Kostüme. In: Katalog über verschied. Entwürfe für Scenen und Kostüme für das Theater und einige Zeichnungen englischer Landscenen von Edward Gordon Craig. Berlin 1904, S. [1 ff.]

Edward Gordon Craigs Entwürfe für Theater-Dekorationen und Kostüme. In: Ausstellungskatalog des Großherzoglichen Museums für Kunst und Kunstgewerbe am Karlsplatz Weimar: Ausstellung von Werken von Claude Monet April – Mai 1905. [30. April bis 15. Juni 1905.] Weimar 1905, S. 1-7.

Vorwort. In: Edward Gordon Craig: Die Kunst des Theaters. Übers. u. eingel. v. Maurice Magnus. Berlin/Leipzig 1905, S. 3-6. Wiederabdruck in: HGK, GS II, S. 92-95.

Vorrede zu *Die Handlung der Josephslegende*. In: Hugo von Hofmannsthal: Gesammelte Schriften in zehn Einzelbänden. Dramen VI. Hg. v. Bernd Schoeller in Beratung m. Rudolf Hirsch. Frankfurt am Main 1979, S. 91-97.

Die Handlung der *Josephs-Legende*. In: Josephslegende. Handlung von Harry Graf Kessler und Hugo von Hofmannsthal. Musik von Richard Strauss. Berlin/Paris 1914, S. 13-26. Wiederabdruck in: HGK, GS II, S. 180-185.

A propos de la *Légende de Joseph* de Richard Strauss. Une interview du Comte Kessler. In: La Revue Musicale S.I.M., 10. Jg., 15. März 1914, S. 1-3.

Graf Harry Keßler über *Josephs Legende*. In: Deutschland. Weimarische Landeszeitung, 66. Jg., Nr. 78, 19. März 1914.

Joseph in Opera. Venetian Setting of the Bible Story. The Divinity of Youth. In: The Times, Nr. 40.519, 9. Mai 1914, S. 6.

Der Dichter der *Josephs-Legende* über sein Werk. In: Weimarische Zeitung, 104. Jg., 15. Mai 1914.

Die Entstehung der *Josephs-Legende*. In: Die Schallkiste. Illustrierte Zeitschrift für Musik und Theater (Berlin), 3. Jg., 6 (1928), S. 7. Wiederabdruck in: HGK, GS II, S. 277-279.

François de Belleforest: Ansprache des Prinzen Hamlet an Königin Geruthe, seine Mutter. Aus den 1581 erschienenen *Histoires Tragiques* des François de

Belleforest übertragen von Harry Graf Keßler. In: Insel Almanach auf das Jahr 1930. Leipzig [1929], S. 106-113.

Vorrede zum Katalog der Ausstellung des *Hamlet* bei Flechtheim in Berlin im Januar MDCCCCXXX. Weimar 1930. Faksimile in: Renate Müller-Krumbach: Harry Graf Kessler und die Cranach-Presse in Weimar. Hamburg 1969, S. 154.

2. Sonstiges

2.1. Quellenpublikationen

2.1.1. Tagebücher

BAHR, Hermann: Prophet der Moderne. Tagebücher 1888-1904. Ausgew. u. komm. v. Reinhard Farkas. Wien/Graz/Köln 1987.

— Tagebücher. Skizzenbücher. Notizhefte. Bd. 2: 1890-1900. Hg. v. Moritz Csáky, bearb. v. Helene Zand, Lukas Mayerhofer u. Lottelis Moser. Wien/Köln/Weimar 1996.

— Tagebücher. Skizzenbücher. Notizhefte. Bd. 3: 1901-1903. Hg. v. Moritz Csáky, bearb. v. Helene Zand u. Lukas Mayerhofer. Wien/Köln/Weimar 1997.

BECHER, Johannes R.: Auf andere Art so große Hoffnung. Tagebuch 1950. Berlin (DDR) 1951.

COPEAU, Jacques: Journal 1901-1948. Première partie: 1901-1915. Texte établi, présenté et annoté par Claude Sicard. Paris 1991.

GIDE, André: Journal. Tome II: 1926-1950. Édition établie, presentée et annotée par Martine Sagaert. Paris 1997.

GREEN, Julien: Œuvres complètes. Tome IV [Journal]. Texte établie, présenté et annoté par Jacques Petit. Paris 1988.

HOFFMANN, Camill: Politisches Tagebuch 1932-1939. Hg. u. komm. v. Dieter Sudhoff. Klagenfurt 1995. (Edition Mnemosyne; 4.)

SCHICKELE, René: Tagebücher. 5. u. 10. Januar 1918. In: Ders.: Werke in drei Bänden. Bd. 3. Hg. v. Hermann Kesten unter Mitarb. v. Anna Schickele. Köln/Berlin 1959, S. 1014-1017.

2.1.2. Briefe und Briefwechsel

[BAHR, Hermann:] Meister und Meisterbriefe um Hermann Bahr. Aus seinen Entwürfen, Tagebüchern und seinem Briefwechsel mit Richard Strauss, Hugo von Hofmannsthal, Max Reinhardt, Josef Kainz, Eleonore [sic!] Duse und Anna von Mildenburg. Ausgew. u. eingel. v. Joseph Gregor. Wien 1947.

— Dichter und Gelehrter. Hermann Bahr und Josef Redlich in ihren Briefen 1896-1934. Hg. v. Fritz Fellner. Salzburg 1980. (Quellen zur Geschichte des 19. u. 20. Jahrhunderts; 2.)

BECHER, Johannes R.: Briefe 1909-1958. Veröffentlichung der Stiftung Archiv der Künste. Hg. v. Rolf Harder unter Mitarb. v. Sabine Wolf u. Brigitte Zessin. Berlin/Weimar 1993.

— Briefe an Johannes R. Becher 1910-1958. Veröffentlichung der Stiftung Archiv der Künste. Hg. v. Rolf Harder unter Mitarb. v. Sabine Wolf u. Brigitte Zessin. Berlin/Weimar 1993.

— Becher und die Insel. Briefe und Dichtungen 1916-1954. Hg. v. Rolf Harder u. Ilse Siebert. Leipzig 1981.

BURCKHARDT, Carl J.: Briefe 1908-1974. Hg. v. Kuratorium Carl J. Burckhardt m. Unterstützung des Schweizerischen Nationalfonds zur Förderung d. wissenschaftlichen Forschung. Besorgt v. Ingrid Metzger-Buddenberg. Frankfurt am Main 1986.

[CRAIG, Ellen Gordon:] The Last Eight Years 1958-1966. Letters from Ellen Gordon Craig. Ed. and with an introduction by Edward Craig, and with two woodengravings by John Craig. Andoversford, Gloucestershire 1983.

DEHMEL, Richard: Ausgewählte Briefe aus den Jahren 1883 bis 1902. Berlin 1923.

HOFMANNSTHAL, Hugo von: Briefe 1890-1901. Berlin 1935.

— Briefe 1900-1909. Wien 1937.

— /BODENHAUSEN, Eberhard von: Briefe der Freundschaft. Hg. v. Dora von Bodenhausen. Berlin 1953.

— /DEGENFELD, Ottonie Gräfin/Wendelstadt, Julie Freifrau: Briefwechsel. 2., verb. u. erw. Aufl., hg. v. Marie Therese Miller-Degenfeld unter Mitw. v. Eugene Weber. Frankfurt am Main 1986.

— /FRANCKENSTEIN, Clemens von: Briefwechsel 1894 bis 1928. Hg. v. Ulrike Landfester. In: Hofmannsthal. Jahrbuch zur europäischen Moderne, 5 (1997), S. 7-146.

— /HEYMEL, Alfred Walter: Briefwechsel. Hg. v. Werner Volke. Teil I: 1900 bis 1908. In: Hofmannsthal. Jahrbuch zur europäischen Moderne, 1 (1993), S. 19-98. Teil II: 1909 bis 1914. In: Hofmannsthal. Jahrbuch zur europäischen Moderne, 3 (1995), S. 19-167.

— /NOSTITZ, Helene von: Briefwechsel. Hg. v. Oswalt von Nostitz. Frankfurt am Main 1965.

— /PANNWITZ, Rudolf: Briefwechsel 1907-1926. In Verb. m. d. Deutschen Literaturarchiv hg. v. Gerhard Schuster. Frankfurt am Main 1993.

IMMERMANN, Karl Leberecht: Briefe. Textkritische u. kommentierte Ausgabe in drei Bänden. Bd. 2: 1832-1840. Hg. v. Peter Hasubek. München/Wien 1979.

LICHTWARK, Alfred: Briefe an die Kommission für die Verwaltung der Kunsthalle. In Auswahl m. e. Einleitung hg. v. Gustav Pauli. Bd. 1. Hamburg 1924.

[LISZT, Franz]: Franz Liszt's Briefe an die Fürstin Carolyne Sayn-Wittgenstein. Bd. IV. Hg. v. La Mara. Leipzig ²1900.

— /WAGNER, Richard: Briefwechsel. Hg. u. eingel. v. Hanjo Kesting. Frankfurt am Main 1988.

[OLBRICH, Joseph Maria:] Korrespondenz und Dokumente: IV. Briefwechsel zwischen Joseph Maria Olbrich und Alfred Walter Heymel. Bearb. v. Sabine Michaelis. In: Joseph Maria Olbrich 1867-1908. Ausstellung zum 75. Todestag, Mathildenhöhe Darmstadt 18. September bis 27. November 1983. Darmstadt 1983, S. 385-395.

STRAUSS, Richard/HOFMANNSTHAL, Hugo von: Briefwechsel. Hg. v. Willi Schuh. München/Mainz 1990.

— /ROLLAND, Romain: Briefwechsel und Tagebuchnotizen. Hg. v. Maria Hülle-Keeding. Berlin 1994.

2.2. Sonstige Primärliteratur

[ANONYM.:] Die Grundstein-Legung des Künstler-Hauses. In: Grossherzog Ernst Ludwig und die Ausstellung der Künstler-Kolonie in Darmstadt von Mai bis Oktober 1901. Ein Dokument Deutscher Kunst. Hg. v. Alexander Koch. Darmstadt 1901. Reprint Darmstadt 1979, S. 43-46.

[ANONYM.:] Le danseur improvisé. In: Comoedia Illustré (Paris), 31. März 1914.

[ANONYM.:] New Strauss Ballet. First Rehearsal Impressions. In: The Times, 13. Mai 1914.

[ANONYM.:] Opera at Drury Lane. [*La Légende de Joseph*.] In: The Athenæum, Nr. 4522, 27. Juni 1914, S. 902.

[ANONYM.:] Vor und hinter den Kulissen. Der Dichter der *Josephslegende*. In: Das kleine Journal (Berlin), 7. Februar 1921.

BAHR, Hermann: Ein Document deutscher Kunst. In: Ders.: Bildung. Essays. Berlin/Leipzig 1900, S. 45-52.

— Zueignung an Seine Königliche Hoheit Ernst Ludwig Grossherzog von Hessen und bei Rhein. (Sankt Veit, September 1900). In: Ders.: Bildung. Essays. Berlin/Leipzig 1900, S. VII-IX.

— Organisationsentwurf der Darmstädter Schule für Schauspielkunst. Ein Schreibmaschinenmanuskript aus dem Jahre 1900, hg. v. Gerhard Bott. In: Kunst in Hessen und am Mittelrhein, 14 (1974), S. 109-117.

— Organisationsentwurf der Darmstädter Schule für Schauspielkunst (1900). In: Das Theater von Morgen. Texte zur deutschen Theaterreform (1870-1920). Hg. v. Christopher Balme. Würzburg 1988, S. 164-174.

— Ein Dokument. In: Ders.: Glossen. Zum Wiener Theater (1903-1906). Berlin 1907, S. 467-477.

— Kleines Theater. (Zum Gastspiele im Deutschen Volkstheater vom 1. bis 10. Mai 1903.) In: Ders.: Glossen. Zum Wiener Theater (1903-1906). Berlin 1907, S. 236-244.

— Fidelio. (Dezember 1904.) In: Ders.: Buch der Jugend. Wien/Leipzig 1908, S. 19-27.

— Josef Olbrich ✝ (Gestorben am 18. August 1908). In: Ders.: Buch der Jugend. Wien/Leipzig 1908, S. 70-76.

— Vom Sehen. In: Julius Meier-Graefe. Widmungen zu seinem sechzigsten Geburtstage. München/Berlin/Wien 1927, S. 12-14.

BARTELS, Adolf: Chronik des Weimarischen Hoftheaters 1817-1907. Festschrift zur Einweihung des neuen Hoftheater-Gebäudes 11. Januar 1908. Weimar 1908.

BAUER, Albert: Die Basler Werkbund-Ausstellung. In: Innen-Dekoration, 29. Jg., 6 (1918), S. 165-168.

BEAUMONT, Cyril: Bookseller at the Ballet. London 1975.

BECHER, Johannes R.: Gesammelte Werke. Bd. 8: Dramatische Dichtungen. Hg. v. Johannes-R.-Becher-Archiv der Deutschen Akademie der Künste zu Berlin. Berlin/Weimar 1971.

— Erinnerungen an Johannes R. Becher. Hg. v. Johannes-R.-Becher-Archiv der Deutschen Akademie der Künste zu Berlin. Frankfurt am Main 1974.

BEHRENS, Peter: Feste des Lebens und der Kunst. Eine Betrachtung des Theaters als höchsten Kultursymbols. Leipzig 1900.

— Die Dekoration der Bühne. In: Deutsche Kunst und Dekoration, 6 (1900), S. 401-405.

— Die Lebensmesse von Richard Dehmel als festliches Spiel. In: Die Rheinlande, 1. Jg., 4 (1901), S. 28-31. Gekürzt in: Christopher Balme (Hg.): Das Theater von Morgen. Texte zur deutschen Theaterreform (1870-1920). Würzburg 1988, S. 177-181.

— Bühnenkunst. In: Kunst und Künstler, 5. Jg., 6 (1907), S. 236 f.

— Über die Kunst auf der Bühne. In: Frankfurter Zeitung und Handelsblatt, 54. Jg., Nr. 78, 20. März 1910, Erstes Morgenblatt, S. 1-3.

BEKKER, Paul: Richard Strauß' *Josephslegende*. In: Frankfurter Zeitung, 16. Mai 1914.

BENOIS, Alexandre: Reminiscences of the Russian Ballet. New York 1977.

BLEI, Franz: Reinhardt und die Reformbühne. In: Hyperion, II. Bd., 2. Folge, 9/10 (1909), S. 132-140.

BODENHAUSEN, Eberhard von: Ein Leben für Kunst und Wirtschaft. Hg. v. Dora Freifrau von Bodenhausen-Degener. Düsseldorf/Köln 1955.

BONNEFON, Ch.: *La Légende de Joseph*. Une répétition intime à Berlin. In: Le Figaro, 31. März 1914.

CALVOCORESSI, Michel-Dimitri: Richard Strauss's *Legend of Joseph*. In: The Musical Times, 1. Mai 1914, S. 300 f.

CRAIG, Edward Gordon: Die Kunst des Theaters. Übers. u. eingel. v. Maurice Magnus, mit e. Vorwort v. Harry Graf Kessler. Berlin/Leipzig 1905.

— Über die Kunst des Theaters. Berlin 1969.

DEUTSCHER BÜHNEN-SPIELPLAN. Theater-Programm-Austausch, mit Unterstützung des Deutschen Bühnenvereins. Leipzig, Jg. 1 (1896/97) bis 14 (1909/10).

DEUTSCHLAND. WEIMARISCHE LANDESZEITUNG. Amtsblatt der Gemeindebehörden der Großherzoglich Sächsischen Haupt- und Residenzstadt Weimar: Ibsen-Vorstellungen im „Tivoli". In: 55. Jg., Nr. 325, Zweites Blatt, 29. November 1903, S. 1.

— Ibsen-Gastspiel. In: 55. Jg., Nr. 327. Zweites Blatt, 29. November 1903, S. 1.

— Das Weimarer Hoftheatergebäude. In: 56. Jg., Nr. 11, Morgen-Ausgabe, 10. Januar 1904, S. 1.

— Zum Bau eines neuen Theaters in Weimar. In: 56. Jg., Nr. 24, 24. Januar 1904, S. 2.

— Nochmalige Besichtigung des Großherzoglichen Hoftheaters. In: 56. Jg., Nr. 27, Erstes Blatt, 27. Januar 1904, S. 3.

— Verkehrs- und Verschönerungsverein. [Theaterneubau, Saalbau.] In: 56. Jg., Nr. 31, Zweites Blatt, 31. Januar 1904, S. 2.

— Bau eines zweiten Theaters in Weimar. In: 56. Jg., Nr. 32, Morgen-Ausgabe, 31. Januar 1904, S. 2.

— Unterredung des Herrn Professor van de Velde über die Frage eines zweiten Theaters in Weimar. In: 56. Jg., Nr. 33, Erstes Blatt, 2. Februar 1904, S. 2.

— Schreiben des Herrn Oberbürgermeisters Geheimen Regierungsrat Pabst an Herrn Professor van de Velde. In: 56. Jg., Nr. 34, Zweites Blatt, 3. Februar 1904, S. 1.

— Absagebrief [Henry van de Veldes] an den Verkehrs- und Verschönerungsverein. In: 56. Jg., Nr. 35, Erstes Blatt, 4. Februar 1904, S. 2.

— Äußerung des Großherzogs zum Bau eines zweiten Theaters. In: 56. Jg., Nr. 35, Zweites Blatt, 4. Februar 1904, S. 1.

— Eingesandt. In: 56. Jg., Nr. 36, Erstes Blatt, 5. Februar 1904, S. 2.

— Zum Bau eines zweiten Theaters. In: 56. Jg., Nr. 37, Erstes Blatt, 6. Februar 1904, S. 3.

— Der Verkehrs- und Verschönerungsverein und der Bau eines zweiten Theaters. In: 56. Jg., Nr. 42, Erstes Blatt, 11. Februar 1904, S. 2 f.

— Stellungnahme des Gemeinderates zur Frage des Baues eines zweiten Theaters. Gibt es einen Theaterstreit in Weimar? In: 56. Jg., Nr. 44, Zweites Blatt, 13. Februar 1904, S. 2.

— Stellungnahme des Gemeinderates zum Bau eines zweiten Theaters. In: 56. Jg., Nr. 45, Zweites Blatt, 14. Februar 1904, S. 2.

— Der gegenwärtige Stand der Theaterfrage in Weimar. In: 56. Jg., Nr. 55, Erstes Blatt, 24. Februar 1904, S. 2.

— Angriffe der Gegner des neuen Theaters gegen Herrn Professor van de Velde. In: 56. Jg., Nr. 65, Erstes Blatt, 5. März 1904, S. 2.

— Hoftheaterneubau. In: 56. Jg., Nr. 69, Erstes Blatt, 9. März 1904, S. 2.

— Das zweite Theater in Weimar. In: 56. Jg., Nr. 76, Erstes Blatt, 16. März 1904, S. 2.

— Der zweite Theaterbau in Weimar. In: 56. Jg., Nr. 85, Zweites Blatt, 25. März 1904, S. 2.

— Der Neubau eines Magazingebäudes des Hoftheaters. In: 56. Jg., Nr. 89, Zweites Blatt, 29. März 1904, S. 1.

— Zum Bau eines zweiten Theaters in Weimar. Naturtheater. In: 56. Jg., Nr. 92, Zweites Blatt, 1. April 1904, S. 2.

— Freiwilliger Verzicht von Frl. Dumont auf die Ausführung ihres Theaterplanes. In: 56. Jg., Nr. 99, Zweites Blatt, 10. April 1904, S. 2.

— Zum Verzicht des Frl. Dumont auf den Theaterplan. In: 56. Jg., Nr. 101, Zweites Blatt, 12. April 1904, S. 2.

— Die Weimarer Theaterfrage und der gesunde Fortschritt. In: 56. Jg., Nr. 105, Zweites Blatt, 16. April 1904, S. 2.

— Nochmals das Theaterprojekt Dumont-van de Velde. In: 56. Jg., Nr. 108, Zweites Blatt, 19. April 1904, S. 2.

DÜSEL, Friedrich: Dramatische Rundschau. *Die Josephslegende.* In: Westermanns Monatshefte, 65. Jg., Bd. 130, I. Halbjahr, 776 (1921), S. 199 f.

EG.: Jung-Engl. Kunst im Museum am Karlsplatz. In: Deutschland, Weimarische Landeszeitung, 56. Jg., Nr. 134, Zweites Blatt, 15. Mai 1904, S. 1.

[ERNST LUDWIG, Großherzog:] Erinnertes. Aufzeichnungen des letzten Großherzogs Ernst Ludwig von Hessen und bei Rhein. Hg. v. Eckhart G. Franz. Mit e. biogr. Essay v. Golo Mann. Darmstadt 1983.

[ERNST, Paul:] Die neuklassische Bewegung um 1905. Paul Ernst in Düsseldorf. Dargest. u. dokument. durch Karl August Kutzbach. Emsdetten 1972.

FELLNER, Richard: Geschichte einer Deutschen Musterbühne. Karl Immermanns Leitung des Stadttheaters zu Düsseldorf. Stuttgart 1888.

FETTING, Hugo (Hg.): Von der Freien Bühne zum Politischen Theater. Drama und Theater im Spiegel der Kritik. Bd. 1: 1889-1918. Bd. 2: 1919-1933. Leipzig 1987.

FIGNER, Vera: Nacht über Rußland. Lebenserinnerungen. Berlin 1928.

FUCHS, Georg: Von der stilistischen Neubelebung der Schaubühne. Seiner Königlichen Hoheit dem Grossherzog Ernst Ludwig von Hessen und bey Rhein dem Schirmherrn der Künste in tiefster Ehrfurcht dargebracht. Leipzig o.J. [um 1900].

— Das Darmstädter Künstlerhaus. (Zur Grundsteinlegung am 24. März 1900. – Große Kunstausstellung 1901.) In: Frankfurter Zeitung und Handelsblatt, 44. Jg., Nr. 82, Erstes Morgenblatt, 24. März 1900, S. 1.

— Zur künstlerischen Neugestaltung der Schaubühne. In: Deutsche Kunst und Dekoration, 7 (1900/01), S. 200-214.

— Grossherzog Ernst Ludwig und die Entstehung der Künstler-Kolonie. In: Grossherzog Ernst Ludwig und die Ausstellung der Künstler-Kolonie in Darmstadt von Mai bis Oktober 1901. Ein Dokument Deutscher Kunst. Hg. v. Alexander Koch. Darmstadt 1901, S. 17-22.

— Die Schaubühne der Zukunft. Berlin/Leipzig 1905.

H.V.G.: Theater und Musik. [Gastspieleröffnung Suzanne Desprès' mit *Solness le Constructeur*.] In: Münchner Neueste Nachrichten, 61. Jg., Nr. 486, Vorabendblatt, 17. Oktober 1908, S. 2.

— Theater und Musik. [Zweiter Gastspielabend Suzanne Desprès' mit *La Parisienne* und *Elektra*.] In: Münchner Neueste Nachrichten, 61. Jg., Nr. 488, 18. Oktober 1908, S. 2.

— [Gastspiel-Anzeige Suzanne Desprès'.] In: General-Anzeiger der Münchner Neuesten Nachrichten, 61. Jg., Nr. 483, 15. Oktober 1908, S. 2, u. Nr. 485, 16. Oktober 1908, S. 2.

GREEN, Julien: Pourquoi je viens au théâtre. (Le Figaro, 27. Februar 1953.) In: Ders.: Œuvres complètes. Tome III. Textes établis, présentés et annotés par Jacques Petit. Paris 1973, S. 1721-1723.

HARDEN, Maximilian: Weimar. In: Die Zukunft, 15. Jg., Nr. 13, 29. Dezember 1906, S. 505-510.

— Weimar. In: Die Zukunft, 15. Jg., Nr. 17, 26. Januar 1907, S. 153-156.

HAUPTMANN, Gerhart: Hamlet. Einige Worte zu meinem Ergänzungsversuche. [1927.] In: Ders.: Sämtliche Werke. (Centenar-Ausgabe). Hg. v. Hans-Egon Hass, fortgef. v. Martin Machatzke. Bd. VI: Erzählungen, theoretische Prosa. Berlin 1996, S. 943-961.

HAUSEN, Max: Das neue Weimar. In: Die Woche, 6. Jg., Nr. 37, 10. September 1904, S. 1641-1645.

HELLWAG, Fritz: Die Deutsche Werkbund-Ausstellung in Bern. In: Innen-Dekoration, 29. Jg., 5 (1918), S. 155-162.

HERZFELDE, Wieland: George Grosz, John Heartfield, Erwin Piscator, Dada und die Folgen oder Die Macht der Freundschaft. [1971.] In: John Heartfield: Der Schnitt entlang der Zeit. Selbstzeugnisse, Erinnerungen, Interpretationen. Eine Dokumentation, hg. u. komm. v. Roland März. Dresden 1981, S. 72-100.

HOFMANNSTHAL, Hugo von: Sämtliche Werke. Kritische Ausgabe. Bd. III. Dramen 1: Kleine Dramen. Hg. v. Götz Eberhard Hübner, Klaus-Gerhard Pott u. Christoph Michel. Frankfurt am Main 1992.

— Sämtliche Werke. Kritische Ausgabe. Bd. VII. Dramen 5: Alkestis. Elektra. Hg. v. Klaus E. Bohnenkamp u. Mathias Mayer. Frankfurt am Main 1997.

— Sämtliche Werke. Kritische Ausgabe. Bd. XI. Dramen 9: Florindos Werk. Cristinas Heimreise. Hg. v. Mathias Mayer. Frankfurt am Main 1992.

— Sämtliche Werke. Kritische Ausgabe. Bd. XXI. Dramen 19: Lustspiele aus dem Nachlaß 1. Hg. v. Mathias Mayer. Frankfurt am Main 1993.

— Sämtliche Werke. Kritische Ausgabe. Bd. XXIII. Operndichtungen 1: Der Rosenkavalier. Hg. v. Dirk O. Hoffmann u. Willi Schuh. Frankfurt am Main 1986.

— Gesammelte Werke in zehn Einzelbänden. Hg. v. Bernd Schoeller in Beratung m. Rudolf Hirsch. Frankfurt am Main 1979-1980.

— Josephslegende. In: Gesammelte Werke in zehn Einzelbänden. Dramen VI: Ballette, Pantomimen, Bearbeitungen, Übersetzungen. Hg. v. Bernd Schoeller in Beratung m. Rudolf Hirsch. Frankfurt am Main 1979, S. 89-123.

HUESMANN, Heinrich: Welttheater Reinhardt. Bauten, Spielstätten, Inszenierungen. München 1983.

IHERING, Herbert: Berliner Dramaturgie. Berlin 1947.

JARON, Norbert/MÖHRMANN, Renate/MÜLLER, Hedwig: Berlin – Theater der Jahrhundertwende. Bühnengeschichte der Reichshauptstadt im Spiegel der Kritik (1889-1914). Tübingen 1986.

JENAISCHE ZEITUNG. Amt-, Gemeinde- und Tagblatt: Der Theaterbrand in Chikago. In: 231. Jg., Nr. 2, Erstes Blatt, 3. Januar 1904, S. 2.

— Ein schöner Plan... In: 231. Jg., Nr. 10, 13. Januar 1904, S. 2.

— Skizzen aus der Landeshauptstadt. In: 231. Jg., Nr. 27, 2. Februar 1904, S. 1.

— Von dem neuen Theaterbau. In: 231. Jg., Beilage zu Nr. 33, 9. Februar 1904, S. 2.

— Der Kampf um das ‚Theater der Zukunft'... In: 231. Jg., Beilage zu Nr. 63, 15. März 1904, S. 2.

KALISCH, Alfred: Notes of music. In: The World (London), 7. April 1914.

KOCH, Alexander: Ideen zu einer festlichen Schau-Bühne. In: Grossherzog Ernst Ludwig und die Ausstellung der Künstler-Kolonie in Darmstadt von Mai bis Oktober 1901. Ein Dokument Deutscher Kunst. Hg. v. Alexander Koch. Darmstadt 1901. Reprint Darmstadt 1979, S. 300-319.

— (Hg.): Darmstadt. Eine Stätte moderner Kunst-Bestrebungen. Darmstadt 1905.

KON, Felix: Vorrede. (Moskau 1926.). In: Boris Sawinkow: Erinnerungen eines Terroristen. Berlin 1929, S. 1-4.

KRAUS, Karl: Mittwoch den 3. October... In: Die Fackel, 2. Jg., Nr. 55, Anfang October 1900, S. 24-26.

— Darmstadt. In: Die Fackel, 3. Jg., Nr. 81, Ende Juni 1901, S. 11 f.

— Ein Enttäuschter. In: Die Fackel, 3. Jg., Nr. 93, Ende Jänner 1902, S. 25 f.

LAHM, Carl: Die Uraufführung der *Josephs-Legende* von Richard Strauß in Paris. In: Illustrierte Zeitung (Leipzig), Bd. 142, Nr. 3699 (1914).

LINDEMANN, Gustav: Aus dem Werden des Düsseldorfer Schauspielhauses. [1928.] In: Das festliche Haus. Das Düsseldorfer Schauspielhaus Dumont-Lindemann. Spiegel und Ausdruck der Zeit. Hg. v. Kurt Loup. Köln/Berlin 1955, S. 26-31.

LUDENDORFF, Erich: Meine Kriegserinnerungen 1914-1918. Berlin 1919.

— (Hg.): Urkunden der Obersten Heeresleitung über ihre Tätigkeit 1916/18. Berlin 1920.

PRINZ LUDWIG VON HESSEN: Die Darmstädter Künstler-Kolonie und ihr Gründer Großherzog Ernst Ludwig. Darmstadt 1950.

A.M.: *Josephslegende*. Im Staatstheater. In: Neue Berliner Mittagszeitung, 5. Februar 1921.

MANN, Golo: Erinnerungen und Gedanken. Eine Jugend in Deutschland. Frankfurt am Main 1991.

GROSSFÜRSTIN MARIA VON RUSSLAND: Education of a princess. A memoir. Translated from the French and Russian under the editorial supervision of Russell Lord. New York 1930.

— Éducation d'une princesse. Mémoirs, traduits de l'anglais par F. W. Laparra. Préface d'André Maurois. Paris 1931.

— Leben und Leiden einer Prinzessin. Ein Frauenschicksal aus bewegter Zeit. Übertr. u. hg. v. Georg Goyer. Dresden 1933.

MARSCHALK, Max/OSBORN, Max: *Josephslegende*. Erstaufführung in der Staatsoper. In: Vossische Zeitung, 5. Februar 1921.

MARTERSTEIG, Max: Dekorationen. In: Die Zukunft, 8. Jg., 32 (1900), 4. August 1900, S. 200-208.

MASLOW, Arkadi: Einleitung. (Berlin, 15. Januar 1929.) In: Boris Sawinkow: Erinnerungen eines Terroristen. Berlin 1929, S. VII-XXXII.

MASSINE, Leonide: My Life in Ballet. London 1968.

MEIER-GRAEFE, Julius: Darmstadt. In: Die Zukunft, 9. Jg., 35 (1901), 22. Juni 1901, S. 478-486.

— Darm-Athen. In: Die Zukunft, 10. Jg., 39 (1902), 3. Mai 1902, S. 195-201.

— Der *Pan*. In: Pan, 1. Jg., 1 (1910), S. 2.

— Vorwort. In: Ders.: Die doppelte Kurve. Essays. Berlin/Wien/Leipzig 1924, S. 9-15.

MESSMER, Franzpeter (Hg.): Kritiken zu den Uraufführungen der Bühnenwerke von Richard Strauss. Pfaffenhofen 1989.

MÖLLER, Heinrich: Richard Strauss' *Josephslegende*. In: Rheinische Musik- und Theater-Zeitung, 21 (1914), S. 374.

MÜNCHNER NEUESTE NACHRICHTEN: Ein Bayreuth des Schauspiels. In: 57. Jg., Nr. 14, 11. Januar 1904, S. 3.

— Ein Bayreuth des Dramas. In: 57. Jg., Nr. 35, Vorabend-Blatt, 23. Januar 1904, S. 3.

— Noch ein Mustertheater in Weimar? In: 57. Jg., Nr. 49, 31. Januar 1904, S. 3.

— Das Theater der Modernen in Weimar. In: 57. Jg., Nr. 77, Morgen-Ausgabe, 16. Februar 1904, S. 3.

— Die Theaterfrage in Weimar. In: 57. Jg., Nr. 87, 22. Februar 1904, S. 2.

— Ernst von Wildenbruch... In: 57. Jg., Nr. 88, Vorabend-Blatt, 23. Februar 1904, S. 2.

— Die Weimarische Theaterfrage. In: 57. Jg., Nr. 116, Vorabend-Blatt, 10. März 1904, S. 3.

— Zur Weimarischen Theaterfrage. In: 57. Jg., Nr. 132, Vorabend-Blatt, 19. März 1904, S. 3.

— Das Weimarische Theaterprojekt – gescheitert! In: 57. Jg., Nr. 170, Vorabend-Blatt, 12. April 1904, S. 2.

— Louise Dumonts Theaterprojekt. In: 57. Jg., Nr. 270, 12. Juni 1904, S. 4.

MUTHER, Richard: Darmstadt. I. In: Die Zeit (Wien), 27. Bd., Nr. 350, 15. Juni 1901, S. 171 f.

— Darmstadt. II. In: Die Zeit (Wien), 27. Bd., Nr. 353, 29. Juni 1901, S. 201-203.

NABOKOV, Nicolas: Der Mensch, der andere liebte. In memoriam Harry Kessler. In: Der Monat, 15. Jg., 170 (1962), S. 41-56.

— Zwei rechte Schuhe im Gepäck. Erinnerungen eines russischen Weltbürgers. München/Zürich 1975.

NEUER THEATER-ALMANACH. Theatergeschichtliches Jahr- und Adressen-Buch. Hg. v. d. Genossenschaft Deutscher Bühnen-Angehöriger. Berlin, 1. Jg. (1890) bis 25. Jg. (1914). Jg. 26 (1915) bis 44 (1933) unter dem Titel DEUTSCHES BÜHNEN-JAHRBUCH.

NEWMAN, Ernest: Strauss's *Legend of Joseph*. The First English Performance. In: The Birmingham Daily Post, 24. Juni 1914.

NIETZSCHE, Friedrich: Kritische Studienausgabe. Bd. 5: Jenseits von Gut und Böse. Zur Genealogie der Moral. Hg. v. Giorgio Colli u. Mazzino Montinari. München/Berlin/New York ²1988.

NOSTITZ, Helene von: Aus dem alten Europa. Menschen und Städte. Hg. v. Oswalt v. Nostitz. Frankfurt am Main/Leipzig 1993.

NOSTITZ, Oswalt von: Hugo von Hofmannsthal und Edward Gordon Craig. Zu einem unbekannten Hofmannsthal-Text. In: Jahrbuch des Freien Deutschen Hochstifts (1975), S. 409-430.

OLBRICH, Joseph Maria: Unsere nächste Arbeit. In: Deutsche Kunst und Dekoration, 6 (1900), S. 366-369.

— Das „Dokument Deutscher Kunst". In: Deutsche Kunst und Dekoration, 6 (1900), S. 370 f.

REINHARDT, Max: Leben für das Theater. Briefe, Reden, Aufsätze, Interviews, Gespräche, Auszüge aus Regiebüchern. Hg. v. Hugo Fetting. Berlin 1989.

RÜHLE, Günther: Theater für die Republik. Im Spiegel der Kritik. Bd. 1: 1917-1925. Bd. 2: 1926-1933. Überarb. Neuaufl. Frankfurt am Main 1988.

L.S.: Die *Josephslegende*. Staatsoper. In: Berliner Tageblatt, 5. Februar 1921.

SAVINKOV, Boris: Souvenirs d'un terroriste. Traduit du russe par Bernard Taft. Préface de Bernard Taft. Paris 1931.

— Erinnerungen eines Terroristen. Übers. u. eingel. v. Arkadi Maslow. Mit e. Vorrede v. Felix Kon. Berlin 1929.

— Erinnerungen eines Terroristen. Aus d. Russ. übers. v. Arkadi Maslow. Rev. u. erg. v. Barbara Conrad. Mit e. Vor- u. Nachbericht v. Hans Magnus Enzensberger. Nördlingen 1985.

SCHICKELE, René: Graf Harry Keßler. Dezember 1924. [Frankfurter Zeitung, 6. Dezember 1924.] In: Ders.: Werke in drei Bänden. Bd. 3, hg. v. Hermann Kesten unter Mitarb. v. Anna Schickele. Köln/Berlin 1959, S. 911-913.

SCHMITZ, Eugen: Die *Josephslegende* von Richard Strauss. In: Hochland, 11 (1914), S. 617-624.

SCHUH, Willi (Hg.): Hugo von Hofmannsthal – Richard Strauss. *Der Rosenkavalier*. Fassungen, Filmszenarien, Briefe. Frankfurt am Main ²1972.

SEIBERT, Willy: Reform des Theaters. Ein Ausblick auf die Darmstädter Künstlerkolonie. [I.] In: Rheinische Musik-Zeitschrift, 2. Jg., Nr. 14, 5. April 1901, S. 137-139.

— Reform des Theaters. Ein Ausblick auf die Darmstädter Künstlerkolonie. [II.] In: Rheinische Musik-Zeitschrift, 2. Jg., Nr. 15, 12. April 1901, S. 147-149.

— Reform des Theaters. Ein Ausblick auf die Darmstädter Künstlerkolonie. [III.] In: Rheinische Musik-Zeitschrift, 2. Jg., Nr. 16, 19. April 1901, S. 155-157.

— Revue. Darmstadt. In: Rheinische Musik-Zeitschrift, 2. Jg., Nr. 25, 21. Juni 1901, S. 247-249.

SELDEN-GOTH, Gisella: *Josephs-Legende*. In: Die Weltbühne, 17. Jg., Nr. 6, 10. Februar 1921, S. 170 f.

SHAKESPEARE, William: Hamlet. Ed. by T. J. B. Spencer, with an introduction by Anne Barton. London 1980.

— Hamlet. Prinz von Dänemark. Tragödie. Übers. v. August Wilhelm v. Schlegel. Hg. v. Dietrich Klose. Stuttgart 1969.

— /HAUPTMANN, Gerhart: Shakespeares tragische Geschichte von Hamlet Prinzen von Dänemark. In deutscher Nachdichtung und neu eingerichtet v. Gerhart Hauptmann. [1927/28.] In: Gerhart Hauptmann: Sämtliche Werke. (Centenar-Ausgabe.) Bd. III: Dramen. Hg. v. Hans-Egon Hass, fortgef. v. Martin Machatzke. Berlin 1996, S. 1093-1248.

SOKOLOVA, Lydia: Dancing for Diaghilev. London 1960.

SPANUTH, August: *Joseph's Legende*. In: Signale für die musikalische Welt, 72. Jg., 20 (1914), S. 803-807.

SPIRIDOVITCH, Général Alexandre: Histoire du terrorisme russe 1886-1917. Traduit du Russe par Vladimir Lazarevski. Paris 1930.

DAS THEATER VON MORGEN. Texte zur deutschen Theaterreform (1870-1920). Hg. u. komm. v. Christopher Balme. Würzburg 1988.

URBAN, Erich: Richard Strauß als Ballettkomponist. *Josephs-Legende* in der Staatsoper. In: B.Z. am Mittag, 5. Februar 1921.

VAN DE VELDE, Henry: Geschichte meines Lebens. Hg. u. übertr. v. Hans Curjel. München 1962.

— Récit de ma vie. Tome I: Anvers, Bruxelles, Paris, Berlin (1863-1900). Texte établi et commenté par Anne van Loo avec la collaboration de Fabrice van de Kerckhove. Bruxelles 1992.

— Récit de ma vie. Tome II: Berlin, Paris, Weimar (1900-1913). Texte établi et commenté par Anne van Loo avec la collaboration de Fabrice van de Kerckhove. Bruxelles 1995.

WAGNER, Richard: Deutsche Kunst und Deutsche Politik. (1867/68). In: Ders.: Dichtungen und Schriften. Bd. 8: Musikästhetik, Reformschriften 1854-1869. Hg. v. Dieter Borchmeyer. Frankfurt am Main 1983.

WEIMAR IM URTEIL DER WELT. Hg. v. Herbert Greiner-Mai u.a. Berlin/Weimar 1977.

WEIMARISCHE ZEITUNG. Amtliches Nachrichtenblatt für das Großherzogtum Sachsen: Die *Gespenster.* In: 93. Jg., Nr. 278, 27. November 1903, S. 2.

— Gastspiel des Lindemann-Ensembles. In: 93. Jg., Nr. 279, 28. November 1903, S. 2.

— *Rosmersholm.* In: 93. Jg., Nr. 280, Erste Beilage, 29. November 1903, S. 2.

— Ein zweites Theater in Weimar? In: 94. Jg., Nr. 5, 7. Januar 1904, S. 2 f.

— Ein zweites Theater in Weimar. In: 94. Jg., Nr. 16, 20. Januar 1904, S. 2 f.

— Das ‚Mustertheater' in Weimar. In: 94. Jg., Nr. 17, 21. Januar 1904, S. 2.

— Beiträge zur Idee eines Festspielhauses in Weimar. Folge I. Adolf Bartels: Deutsche Dionysien. [1900.] In: 94. Jg., Nr. 23, 28. Januar 1904, S. 1 f.

— Beiträge zur Idee eines Festspielhauses in Weimar. Folge II. In: Beilage zur Weimarischen Zeitung, 94. Jg., Nr. 25, 30. Januar 1904, S. 1 f.

— Beiträge zur Idee eines Festspielhauses in Weimar. Folge III. In: 94. Jg., Nr. 26, 31. Januar 1904, S. 2.

— Der Verschönerungsverein und die Theaterfrage. In: 94. Jg., Nr. 26, 31. Januar 1904, S. 2.

— Die Theaterfrage. In: 94. Jg., Nr. 35, 11. Februar 1904, S. 2.

— Neubau des Hoftheaters. In: 94. Jg., Nr. 57, 8. März 1904, S. 2 f.

— Das zweite Theater in Weimar. In: 94. Jg., Nr. 63, 15. März 1904, S. 2.

— Frl. Luise Dumont und Herr Gustav Lindemann. In: 94. Jg., Nr. 137, 14. Juni 1904, S. 3.

WILDENBRUCH, Ernst von: „Brauchen wir ein Baireuth [sic!] des Schauspiels?" Antwort von E.v.W. In: Die Woche. Moderne illustrierte Zeitschrift (Berlin), 6. Jg., Nr. 8, 20. Februar 1904, S. 319-322.

2.3. Forschungsliteratur

ARNOTT, Brian: Towards a New Theatre: Edward Gordon Craig & Hamlet. Ottawa 1975.

ASCHHEIM, Steven E.: Nietzsche und die Deutschen. Karriere eines Kults. Aus d. Engl. v. Klaus Laermann. Stuttgart/Weimar 1996.

AUFSTIEG UND FALL DER MODERNE. Eine Ausstellung der Kunstsammlungen zu Weimar und der Weimar 1999-Kulturstadt Europas GmbH in Zusammenarbeit m. d. Deutschen Historischen Museum Berlin. Ausstellungskatalog, hg. v. Rolf Bothe u. Thomas Föhl. Ostfildern-Ruit 1999.

BABLET, Denis: Edward Gordon Craig. Aus d. Franz. übertr. v. Inge Heintze. Köln/Berlin 1965.

BALME, Christopher (Hg.): Das Theater von Morgen. Texte zur deutschen Theaterreform (1870-1920). Würzburg 1988.

BARKHAUSEN, Hans: Filmpropaganda für Deutschland im Ersten und Zweiten Weltkrieg. Hildesheim/Zürich/New York 1982.

BEAUMONT, Antony: Alexander Zemlinsky: *Der Triumph der Zeit – Drei Ballettstücke – Ein Tanzpoem*. Dokumentation und Kommentar. In: Über Musiktheater. Eine Festschrift. Hg. v. Stefan G. Harpner unter Mitarb. v. Birgit Gotzes. München 1992, S. 13-31.

PETER BEHRENS. „WER ABER WILL SAGEN, WAS SCHÖNHEIT SEI?" Grafik, Produktgestaltung, Architektur. Ausstellungskatalog, Fachhochschule Düsseldorf, hg. v. Hans-Georg Pfeifer. Düsseldorf 1990.

BERGER, Ursel: Le Modèle idéal? Nijinsky, Maillol, Rodin und Graf Kessler. In: Spiegelungen. Die Ballets Russes und die Künste. Ausstellungskatalog, hg. v. Claudia Jeschke, Ursel Berger u. Birgit Zeidler. Berlin 1997, S. 15-28.

— „Herauf nun, herauf, du großer Mittag". Georg Kolbes Statue für die Nietzsche-Gedächtnishalle und die gescheiterten Vorläuferprojekte. In: Wege nach Weimar. Auf der Suche nach der Einheit von Kunst und Politik. Ausstellungskatalog, hg. v. Hans Wilderotter u. Michael Dorrmann. Berlin 1999, S. 177-194.

BISMARCK, Beatrice von: Harry Graf Kessler und die französische Kunst um die Jahrhundertwende. In: Zeitschrift des Deutschen Vereins für Kunstwissenschaft, Bd. 42, 3 (1988), S. 47-62.

BOEHE, Jutta: Jugendstil im Theater. Die Darmstädter Künstlerkolonie und Peter Behrens. 2 Bde., Phil. Diss. Wien 1968.

— Theater und Jugendstil – Feste des Lebens und der Kunst. In: Von Morris zum Bauhaus. Eine Kunst gegründet auf Einfachheit. Hg. v. Gerhard Bott. Darmstadt 1977, S. 145-158.

— *Darmstädter Spiele 1901*. Das Theater der Darmstädter Künstlerkolonie. In: Von Morris zum Bauhaus. Eine Kunst gegründet auf Einfachheit. Hg. v. Gerhard Bott. Darmstadt 1977, S. 161-181.

— Hermann Bahr und das Theaterprojekt der Darmstädter Künstlerkolonie. In: „Der Herr aus Linz". Hermann-Bahr-Symposium, im Rahmen des Internationalen Brucknerfestes Linz 1984. Hg. v. Margret Dietrich. Linz 1987, S. 101-111.

BOTT, Gerhard: Hermann Bahr, „Organisationsentwurf der Darmstädter Schule für Schauspielkunst", ein Schreibmaschinenmanuskript aus dem Jahre 1900. In: Kunst in Hessen und am Mittelrhein 14 (1974), S. 109-117.

BRÜES, Otto: Louise Dumont. Umriß von Leben und Werk. Emsdetten 1956.

BRUNNER, Gerhard: Richard Strauss und das Ballett. In: Richard Strauss 1864-1949. „Musik des Lichts in dunkler Zeit." Vom Bürgerschreck zum Rosenkavalier. Ausstellungskatalog, hg. v. d. Vereins- und Westbank. Mainz 1979, S. 90-95.

BUCKLE, Richard: Diaghilew. Deutsch v. Jürgen Abel. Herford 1984.

BUDDENSIEG, Tilmann: Architektur als freie Kunst. In: Peter Behrens – Umbautes Licht. Das Verwaltungsgebäude der Hoechst AG. Hg. v. Bernhard Buderath. München 1990, S. 59-73.

BURLEIGH, Michael: Die Zeit des Nationalsozialismus. Eine Gesamtdarstellung. Aus d. Engl. v. Udo Rennert u. Karl Heinz Siber. Frankfurt am Main 2000.

COLLOMB, Michel: Le tumulte noir: Joséphine Baker à Berlin et à Vienne. In: Wien – Berlin. Deux sites de la modernité. Zwei Metropolen der Moderne (1900-1930). Actes du colloque international de Montpellier (2-4 avril 1992), sous la direction de Maurice Godé, Ingrid Haag et Jacques Le Rider. Paris 1993, S. 129-137. (Cahiers d'Études Germaniques; 24.)

COURTADE, Francis/CADARS, Pierre: Geschichte des Films im Dritten Reich. München 1975.

COWHEY, Cathleen M.: Harry Graf Kessler. Seine Leidenschaft für das Theater. Magisterarbeit, Ludwig-Maximilians Universität München. München 1990.

CRAIG, Edward Anthony: Gordon Craig. The Story of his Life. London 1968.

DEPAULIS, Jacques: Ida Rubinstein. Une inconnue jadis célèbre. Paris 1995.

DIAGHILEWS BALLETS RUSSES. AUFBRUCH IN DIE MODERNE. Ausstellung d. Abteilung Tanz und Musiktheater – Derra de Moroda Dance Archives am Institut für Musikwissenschaft d. Universität Salzburg u. d. Instituts für Theaterwissenschaft der Universität München in Zusammenarbeit mit d. Bayerischen Theaterakademie München. Katalog, hg. v. Sibylle Dahms u. Monika Woitas. Salzburg/München 1994.

DWARS, Jens-Fietje: Abgrund des Widerspruchs. Das Leben des Johannes R. Becher. Berlin 1998.

EASTON, Laird McLeod: The Red Count: The Life and Times of Harry Kessler, 1868-1914. Phil. Diss. Stanford University. Ann Arbor/Michigan 1991.

ENZENSBERGER, Hans Magnus: Die Träumer des Absoluten. (1962/63). In: Ders.: Politik und Verbrechen. Neun Beiträge. Frankfurt am Main 1978, S. 283-360.

— Vorbericht. Nachbericht. In: Boris Savinkov: Erinnerungen eines Terroristen. Aus d. Russ. übers. v. Arkadi Maslow. Rev. u. erg. v. Barbara Conrad. Nördlingen 1985, S. VII-XLV bzw. 421-438.

ERDMANN, Karl Dietrich: Der Erste Weltkrieg. München ⁹1995.

EYNAT, Irène: Gordon Craig, the Über-marionette, and the Dresden Theatre. In: Theatre Reserach International, Vol. 5, 3 (1980), S. 171-193.

FAURE, Ulrich: Im Knotenpunkt des Weltverkehrs. Herzfelde, Heartfield, Grosz und der Malik-Verlag 1916-1947. Berlin/Weimar 1992.

FIEDLER, Leonhard M.: Max Reinhardt. Reinbek bei Hamburg 1975.

FIGES, Orlando: Die Tragödie eines Volkes. Die Epoche der russischen Revolution 1891 bis 1924. Aus d. Engl. v. Barbara Conrad unter Mitarb. v. Brigitte Flickinger u. Vera Stutz-Bischitzky. Berlin ²1998.

FISCHER, Jens Malte: Die Großstädte und die Künstler um die Jahrhundertwende. Berlin, München, Wien. In: Hauptstadt. Historische Perspektiven eines deutschen Themas. Hg. v. Hans-Michael Körner u. Katharina Weigand. München 1995, S. 191-212.

FISCHER-LICHTE, Erika: Kurze Geschichte des deutschen Theaters. Tübingen/Basel 1993.

— Berliner Theater im 20. Jahrhundert. In: Berliner Theater im 20. Jahrhundert. Hg. v. Erika Fischer-Lichte, Doris Kolesch u. Christel Weiler. Berlin 1998, S. 9-42.

— Berliner Antikenprojekte. In: Berliner Theater im 20. Jahrhundert. Hg. v. Erika Fischer-Lichte, Doris Kolesch u. Christel Weiler. Berlin 1998, S. 77-100.

— Inszenierung von Wahrnehmung. Vom fokussierenden zum schweifenden Blick: Paradigmenwechsel in Reinhardts Theater am Beispiel von Sumurun. In: Theater als Ort der Geschichte. Festschrift für Henning Rischbieter. Hg. v. Theo Girshausen u. Henry Thorau. Velber 1998, S. 314-329.

FÖHL, Thomas: Henry van de Velde und Eberhard von Bodenhausen. Wirtschaftliche Grundlagen der gemeinsamen Arbeit. In: Henry van de Velde. Ein europäischer Künstler seiner Zeit. Ausstellungskatalog, hg. v. Klaus-Jürgen Sembach u. Birgit Schulte. Köln 1992, S. 169-205.

— Ein Museum der Moderne. Harry Graf Kessler und das Neue Weimar. In: Manet bis van Gogh. Hugo von Tschudi und der Kampf um die Moderne. Ausstellungskatalog, hg. v. Johann Georg Prinz von Hohenzollern u. Peter-Klaus Schuster. München/New York 1996, S. 288-301.

FRANKLIN, Colin: Fond of Printing. Gordon Craig as Typographer and Illustrator. London 1980.

FRANZ, Eckhart G. (Hg.): Großherzog Ernst Ludwigs Künstlerkolonie: Fürstliches Mäzenatentum in neuer Form – oder mehr als das? In: Joseph Maria Olbrich 1867-1908. Ausstellung zum 75. Todestag, Mathildenhöhe Darmstadt 18. September bis 27. November 1983. Darmstadt 1983, S. 15-21.

FÜLLNER, Karin: „Zum Tempeldienst bin ich geboren..." Louise Dumont. Ein kritisches Porträt. In: Das literarische Düsseldorf. Zur kulturellen Entwicklung von 1850 bis 1933. Hg. v. Gertrude Cepl-Kaufmann u. Winfried Hartkopf. Teubig 1988, S. 235-248.

FUHRICH-LEISLER, Edda: Hermann Bahr und Max Reinhardt. Zwei Wesensverwandte? In: „Der Herr aus Linz." Hermann-Bahr-Symposium, im Rahmen des Internationalen Brucknerfestes Linz 1984. Hg. v. Margret Dietrich. Linz 1987, S. 77-81.

GENIUS HUIUS LOCI. Weimar. Kulturelle Entwürfe aus fünf Jahrhunderten. Ausstellung in der Kunsthalle am Theaterplatz in Weimar, 26. Mai bis 19. Juli 1992. Katalog, hg. v. Reiner Schlichting. Weimar 1992.

GOERGEN, Jeanpaul: „Filmisch sei der Strich, klar, einfach". George Grosz und der Film. In: George Grosz. Berlin – New York. Ausstellungskatalog, hg. v. Peter-Klaus Schuster. Berlin 1994, S. 211-218.

GOERTZ, Heinrich: Erwin Piscator. Reinbek bei Hamburg 1974.

GROHMANN, Walter: Das Münchner Künstlertheater in der Bewegung der Szenen- und Theaterreformen. Berlin 1935.

GEORGE GROSZ. BERLIN – NEW YORK. Ausstellung in der Neuen Nationalgalerie, Berlin, 21. Dezember 1994 bis 17. April 1995, und in der Kunstsammlung Nordrhein-Westfalen, Düsseldorf, 6. Mai bis 30. Juli 1995. Katalog, hg. v. Peter-Klaus Schuster. Berlin 1994.

GRUND, Uta: Edward Gordon Craigs *Scene*. Zur Wechselbeziehung der Künste um 1900. In: Theater und Medien an der Jahrhundertwende. Hg. v. Joachim Fiebach u. Wolfgang Mühl-Benninghaus. Berlin 1997, S. 11-61.

GRUPP, Peter: Harry Graf Kessler als Diplomat. In: Vierteljahrshefte für Zeitgeschichte, 40. Jg., 1 (1992), S. 61-78.

— Voraussetzungen und Praxis deutscher amtlicher Kulturpropaganda in den neutralen Staaten während des Ersten Weltkrieges. In: Der Erste Weltkrieg. Wirkung, Wahrnehmung, Analyse. Hg. v. Wolfgang Michalka. München/Zürich 1994, S. 799-824.

— Harry Graf Kessler 1868-1937. Eine Biographie. München 1995.

— Harry Graf Kessler, das Auswärtige Amt und der Völkerbund. In: Harry Graf Kessler: Ein Wegbereiter der Moderne. Hg. v. Gerhard Neumann u. Günter Schnitzler. Freiburg im Breisgau 1997, S. 281-305.

— Geteilte Illusionen. Die Beziehungen zwischen Harry Graf Kessler und Henry van de Velde. In: Wege nach Weimar. Auf der Suche nach der Einheit von Kunst und Politik. Ausstellungskatalog, hg. v. Hans Wilderotter u. Michael Dorrmann. Berlin 1999, S. 195-204.

HARDER, Rolf: Nachwort. In: Johannes R. Becher. Briefe 1909-1958. Veröffentlichung d. Stiftung Archiv der Akademie der Künste. Hg. v. Rolf Harder unter Mitarb. v. Sabine Wolf u. Brigitte Zessin. Berlin/Weimar 1993, S. 525-543.

— Nachwort. In: Briefe an Johannes R. Becher 1910-1958. Veröffentlichung d. Stiftung Archiv der Akademie der Künste. Hg. v. Rolf Harder unter Mitarb. v. Sabine Wolf u. Brigitte Zessin. Berlin/Weimar 1993, S. 585-599.

HAUPT, Jürgen: Konstellationen Hugo von Hofmannsthals. Harry Graf Kessler, Ernst Stadler, Bertolt Brecht. Mit e. Essay v. Hans Mayer. Salzburg 1970.

HENZE, Gisela: Der *Pan*. Geschichte und Profil einer Zeitschrift der Jahrhundertwende. Freiburg 1974.

HERMANN, Frank: Der Malik-Verlag 1916-1947. Eine Bibliographie. Kiel 1989.

— Wirkung, Funktion und kulturpolitische Tradition des Malik-Verlages während des Prager Exils 1933-1938. In: Leipziger Jahrbuch zur Buchgeschichte, 1 (1991), S. 189-213.

HILDERMEIER, Manfred: Die Sozialrevolutionäre Partei Rußlands. Agrarsozialismus und Modernisierung im Zarenreich (1900-1914). Köln/Wien 1978.

— The Terrorist Strategies of the Socialist-Revolutionary Party in Russia, 1900-1914. In: Social Protest, Violence and Terror in Nineteenth- and Twentieth-century Europe. Ed. By Wolfgang J. Mommsen and Gerhard Hirschfeld. New York 1982, S. 80-87.

— Die Russische Revolution 1905-1921. Frankfurt am Main 1989.

— Geschichte der Sowjetunion 1917-1991. Entstehung und Niedergang des ersten sozialistischen Staates. München 1998.

HIRSCH, Rudolf: Hugo von Hofmannsthal und das Ballett. Zwei unbekannte Entwürfe für das Russische Ballett und Zeugnisse zur Entstehung der *Josephslegende*. In: Neue Zürcher Zeitung und schweizerisches Handelsblatt, Fernausgabe, 202. Jg., Nr. 17, 23. Januar 1981, S. 37.

HÖSCH, Edgar/GRABMÜLLER, Hans-Jürgen: Daten der russischen Geschichte. Von den Anfängen bis 1917. München 1981.

— Daten der sowjetischen Geschichte. Von 1917 bis zur Gegenwart. München 1981.

HOFFMANN, Dirk: Zu Harry Graf Kesslers Mitarbeit am *Rosenkavalier*. In: Hofmannsthal-Blätter, 21/22 (1979), S. 153-160.

DER WESTDEUTSCHE IMPULS 1900-1914. Kunst und Umweltgestaltung im Industriegebiet. Bd. 1: Düsseldorf. Eine Großstadt auf dem Weg in die Moderne. Ausstellungskatalog, hg. v. Wolfgang Schepers u. Stephan von Wiese. Düsseldorf 1984.

ITODA, Soichiro: Theorie und Praxis des literarischen Theaters bei Karl Leberecht Immermann in Düsseldorf 1834-1837. Heidelberg 1990.

JOHN, Jürgen/WAHL, Volker: Jena und Weimar der 1880er und 1930er Jahre. In: Zwischen Konvention und Avantgarde. Doppelstadt Jena – Weimar. Hg. v. Jürgen John u. Volker Wahl. Weimar/Köln/Wien 1995, S. 369-380.

KAMZELAK, Roland: Eine Editionsform im Aufwind: Hypertext. Dargestellt am Beispiel der Tagebücher Harry Graf Kesslers. In: Jahrbuch der Deutschen Schillergesellschaft, 40 (1996), S. 487-504.

HARRY GRAF KESSLER: EIN WEGBEREITER DER MODERNE. Hg. v. Gerhard Neumann u. Günter Schnitzler. Freiburg im Breisgau 1997.

KOEGLER, Horst: Legenden der Nacht. Ballettpremieren von Brunner und Neumeier an der Wiener Staatsoper. In: Süddeutsche Zeitung, 33. Jg., Nr. 37, 15. Februar 1977. S. 16.

KOHLER, Stephan: „Musikdrama ohne Worte". Zur Entstehungsgeschichte der *Josephs Legende*. Mit bisher unveröffentlichten Briefen Hugo von Hofmannsthals und Harry Graf Kesslers. In: Richard Strauss: *Josephs Legende*. Programmheft der Bayerischen Staatsoper. München 1980, S. 4-20.

— „Er aber war noch ein Grosser..." Harry Graf Kessler über Hugo von Hofmannsthal in einem bisher unveröffentlichten Brief an Richard Strauss. In: Hofmannsthal-Blätter, 25 (1982), S. 89-92.

KOSTKA, Alexandre: Der Dilettant und sein Künstler. Die Beziehung Harry Graf Kessler – Henry van de Velde. In: Henry van de Velde. Ein europäischer Künstler seiner Zeit. Ausstellungskatalog, hg. v. Klaus-Jürgen Sembach u. Birgit Schulte. Köln 1992, S. 253-273.

— Physiologie der Harmonie – Kessler und sein Kreis als führende Vermittler des Neoimpressionismus in Deutschland. In: Farben des Lichts. Paul Signac und der Beginn der Moderne von Matisse bis Mondrian. Ausstellungskatalog, hg. v. Erich Franz. Ostfildern 1996, S. 197-210.

— Das „Gesamtkunstwerk für alle Sinne". Zu einigen Facetten der Beziehung zwischen Hugo von Hofmannsthal und Harry Graf Kessler. In: Harry Graf Kessler: Ein Wegbereiter der Moderne. Hg. v. Gerhard Neumann u. Günter Schnitzler. Freiburg im Breisgau 1997, S. 135-151.

— Harry Graf Kesslers Überlegungen zum modernen Kunstwerk im Spiegel des Dialogs mit Henry van de Velde. In: Harry Graf Kessler: Ein Wegbereiter der Moderne. Hg. v. Gerhard Neumann u. Günter Schnitzler. Freiburg im Breisgau 1997, S. 161-185.

— „Darin irrt Nietzsche. Der Große Stil [ist] nicht notwendig hart." Harry Graf Kessler, Friedrich Nietzsche und die Kunst in Weimar. In: Aufstieg und Fall der Moderne. Ausstellungskatalog, hg. v. Rolf Bothe u. Thomas Föhl. Ostfildern-Ruit 1999, S. 42-58.

KRAHMER, Catherine: Die Zeitschrift *Pan* und das Ausland (1894-1895). In: Jahrbuch der Deutschen Schillergesellschaft, 39 (1995), S. 267-292.

KRAUSE, Jürgen: „Märtyrer" und „Prophet". Studien zum Nietzsche-Kult in der bildenden Kunst der Jahrhundertwende. Berlin/New York 1984.

KRIEGER, Peter: Edvard Munch – Der Lebensfries für Max Reinhardts Kammerspiele. Berlin 1978.

KRIMMEL, Bernd: Vorwort. In: Joseph Maria Olbrich 1867-1980. Ausstellung zum 75. Todestag, Mathildenhöhe Darmstadt 18. September bis 27. November 1983. Katalog, hg. v. Bernd Krimmel. Darmstadt 1983, S. 5-21.

LANDOLFI, Andrea: „L'aiutante segreto". Kessler, Hofmannsthal e il *Rosenkavalier*. In: Studi Germanici, nuova serie, 30/31 (1992/93), S. 361-374.

LEISER, Erwin: „Deutschland, erwache!" Propaganda im Film des Dritten Reiches. Reinbek bei Hamburg 1968.

LEISLER, Edda/PROSSNITZ, Gisela (Hg.): Max Reinhardt in Europa. Salzburg 1973.

LEPPMANN, Wolfgang: „Der verborgene Helfer". Hugo von Hofmannsthal und Harry Graf Kessler. In: Deutsche Freunde. Zwölf Doppelporträts. Hg. v. Thomas Karlauf. Reinbek bei Hamburg 1997.

LESNIG, Günther: 75 Jahre seit der ‚Deutschen Uraufführung' von *Josephs Legende*. In: Richard-Strauss-Blätter, N. F., 36 (1996), S. 3-51.

LUCAS, Lore: Die Festspiel-Idee Richard Wagners. Regensburg 1973.

MACDONALD, Nesta: Diaghilev observed. By critics in England and the United States 1911-1929. New York/London 1975.

MANET BIS VAN GOGH. Hugo von Tschudi und der Kampf um die Moderne. Ausstellung in der Nationalgalerie, Staatliche Museen zu Berlin, 20. September 1996 bis 6. Januar 1997, ... Katalog, hg. v. Johann Georg Prinz von Hohenzollern u. Peter-Klaus Schuster. München/New York 1996.

MEISZIES, Winrich: „Vorbühne des Westens". Das Schauspielhaus Düsseldorf unter Louise Dumont und Gustav Lindemann zwischen 1905 und 1914. In: Der westdeutsche Impuls 1900-1914. Kunst und Umweltgestaltung im Industriegebiet. Bd. 1: Düsseldorf. Eine Großstadt auf dem Weg in die Moderne. Ausstellungskatalog, hg. v. Wolfgang Schepers u. Stephan von Wiese. Düsseldorf 1984, S. 229-245.

MOELLER, Gisela: Peter Behrens und das Junge Wien. In: Akten des XXV. Internationalen Kongresses für Kunstgeschichte. Bd. 8: Wien und die Architektur des 20. Jahrhunderts. Hg. v. Hermann Fillitz u. Martina Pippal. Wien/Köln/ Graz 1986, S. 77-81.

MERSEBURGER, Peter: Mythos Weimar. Zwischen Geist und Macht. Stuttgart 1998.

MOTZ, Elisabeth: Pathos und Pose. Peter Behrens' Theaterreform. In: Peter Behrens. „Wer aber will sagen, was Schönheit sei?" Grafik, Produktgestaltung, Architektur. Ausstellungskatalog, hg. v. Hans-Georg Pfeifer. Düsseldorf 1990, S. 38-51.

MÜLLER-KRUMBACH, Renate: Harry Graf Kessler und die Cranach-Presse in Weimar. Mit e. Beitrag v. John Dreyfus u. e. Verzeichnis der Drucke der Cranach-Presse. Hamburg 1969.

— Das Neue Weimar. In: Genius huius loci. Weimar. Kulturelle Entwürfe aus fünf Jahrhunderten. Ausstellungskatalog, hg. v. Reiner Schlichting. Weimar 1992, S. 121-126.

— Kessler und die Tradition. Aspekte zur Abdankung 1906. In: Harry Graf Kessler: Ein Wegbereiter der Moderne. Hg. v. Gerhard Neumann u. Günter Schnitzler. Freiburg im Breisgau 1997, S. 205-225.

— Die Cranach-Presse Harry Graf Kesslers – Tabuzone mitten in Weimar. In: Aufstieg und Fall der Moderne. Ausstellungskatalog, hg. v. Rolf Bothe u. Thomas Föhl. Ostfildern-Ruit 1999, S. 236-241.

NABBE, Hildegard: Mäzenatentum und elitäre Kunst. Harry Graf Kessler als Schlüsselfigur für eine kulturelle Erneuerung um die Jahrhundertwende. In: Deutsche Vierteljahrsschrift, 64 (1990), S. 652-679.

NETELER, Theo: Verleger und Herrenreiter. Das ruhelose Leben des Alfred Walter Heymel. Göttingen 1995.

NEUMANN, Thomas: Völkisch-nationale Hebbelrezeption. Adolf Bartels und die Weimarer Nationalfestspiele. Bielefeld 1997.

NEWMAN, Lindsay M.: Gordon Craig in Germany. In: German Life and Letters, 40 (1986), S. 11-33.

— Reinhardt and Craig? In: Max Reinhardt. The Oxford Symposium. Ed. by Margaret Jacobs and John Warren. Oxford 1986, S. 6-15 u. 183-185.

— „Etwas sehr Schönes, ganz Neues". Vorschläge des Grafen Harry Kessler für Max Reinhardts Inszenierung von Hofmannsthals *König Ödipus*. In: Hofmannsthal-Blätter, 35/36 (1987), S. 114-120.

NOSTITZ, Oswalt von: Hugo von Hofmannsthal und Edward Gordon Craig. Zu einem unbekannten Hofmannsthal-Text. In: Jahrbuch des Freien Deutschen Hochstifts (1975), S. 409-430.

OBERZAUCHER-SCHÜLLER, Gunhild: Interlude classique. Sergej Diaghilew im Kaiserlichen Berlin. In: Spiegelungen. Die Ballets Russes und die Künste. Ausstellungskatalog, hg. v. Claudia Jeschke, Ursel Berger u. Birgit Zeidler. Berlin 1997, S. 93-104.

JOSEPH MARIA OLBRICH 1867-1908. Ausstellung zum 75. Todestag. Mathildenhöhe Darmstadt 18. September bis 27. November 1983. Katalog, hg. v. Bernd Krimmel. Darmstadt 1983.

PARET, Peter: Die Berliner Sezession. Moderne Kunst und ihre Feinde im Kaiserlichen Deutschland. Berlin 1981.

PERRIE, Maureen: Political and Economic Terror in the Tactics of the Russian Socialist-Revolutionary Party before 1914. In: Social Protest, Violence and Terror in Nineteenth- and Twentieth-century Europe. Ed. by Wolfgang J. Mommsen and Gerhardt Hirschfeld. New York 1982, S. 63-79.

PFEIFER, Hans-Georg: Vom Schönen zum Nützlichen, vom Typischen zum Schönen. Peter Behrens auf dem Weg zu seiner Kunst. In: Peter Behrens. „Wer aber will sagen, was Schönheit sei?" Grafik, Produktgestaltung, Architektur. Ausstellungskatalog, hg. v. Hans-Georg Pfeifer. Düsseldorf 1990, S. 12-23.

PIPERS ENZYKLOPÄDIE DES MUSIKTHEATERS. Oper, Operette, Musical, Ballett. Hg. v. Carl Dahlhaus u. d. Forschungsinstitut f. Musiktheater d. Universität Bayreuth unter Leitung v. Sieghart Döhring. 6 Bde. u. e. Registerband. München/Zürich 1986-1997.

PÖTHE, Angelika: Carl Alexander. Mäzen in Weimars ‚Silberner Zeit'. Köln/Weimar/Wien 1998.

PROST-ROMAND, Cécile: *La Légende de Joseph*. In: Revue de Littérature Comparée, 1 (1989), S. 77-83.

— *La Légende de Joseph*. Hofmannsthal – Kessler – Strauss. Réception à Paris et à Vienne. (Notes et documents.) In: Revue de Littérature Comparée, 2 (1990), S. 541-547.

PRÜTTING, Lenz: Die Revolution des Theaters. Studien über Georg Fuchs. München 1971.

RIETSCH, Jörn: Der Traum vom „dritten Weimar". In: Zeitschrift für Germanistik, N. F. IV, 2 (1994), S. 275-285.

RÖSCH, Ewald: Komödie und Berliner Kritik. Zu Hofmannsthals Lustspielen *Cristinas Heimreise* und *Der Schwierige*. In: Hugo von Hofmannsthal. Freundschaften und Begegnungen mit deutschen Zeitgenossen. Hg. v. Ursula Renner u. G. Bärbel Schmid. Würzburg 1991, S. 163-189.

ROTHER, Rainer: Vom *Kriegssofa* zum *Flug an die Front*. Anmerkungen zum deutschen Film im Ersten Weltkrieg. In: Die letzten Tage der Menschheit. Bilder des Ersten Weltkrieges. Ausstellungskatalog, hg. v. Rainer Rother. Berlin 1994, S. 197-206.

RÜHLICKE-WEILER, Käthe: Nachwort. In: Johannes R. Becher: Gesammelte Werke. Bd. 8: Dramatische Dichtungen. Hg. v. Johannes-R.-Becher Archiv der Deutschen Akademie der Künste zu Berlin. Berlin/Weimar 1971.

SALZMANN, Karl H.: *Pan*. Geschichte einer Zeitschrift. [1958.] In: Jugendstil. Hg. v. Jost Hermand. Darmstadt 1992, S. 178-208.

SCHABERT, Ina (Hg.): Shakespeare-Handbuch. Die Zeit, der Mensch, das Werk, die Nachwelt. Stuttgart ²1978.

SCHMID, Gisela Bärbel: Psychologische Umdeutung biblischer Archetypen im Geiste des Fin de Siècle. Zur Entstehung der *Josephslegende*. In: Hofmannsthal-Blätter, 35/36 (1987), S. 105-113.

— [*Josephslegende*:] Überlieferung, Entstehung. In: Hugo von Hofmannsthal. Sämtliche Werke. Kritische Ausgabe. Bd. XXVII: Ballette – Pantomimen – Filmszenarien. Hg. v. Gisela Bärbel Schmid. Frankfurt am Main. [Im Druck.]

SCHULZE, Ulrich: Formen für Reformen. Henry van de Veldes Theaterarchitektur. In: Henry van de Velde. Ein europäischer Künstler seiner Zeit. Ausstellungskatalog, hg. v. Klaus-Jürgen Sembach u. Birgit Schulte. Köln 1992, S. 341-357.

SCHUSTER, Gerhard: Harry Graf Kessler. Tagebuch eines Weltmannes. Zur Eröffnung der Jahresausstellung 1988 im Schiller-Nationalmuseum. In: Jahrbuch der Deutschen Schillergesellschaft, 32 (1988), S. 432-439.

— Harry Graf Kessler 1868-1937. Eine Chronik. In: Schiller Nationalmuseum/ Deutsches Literaturarchiv Marbach am Neckar: Nachlaß Harry Graf Kessler. Hg. v. d. Kulturstiftung der Länder in Verbindung m. d. Deutschen Schillergesellschaft Marbach am Neckar. Berlin 1992, S. 15-22.

SEMBACH, Klaus-Jürgen: Jugendstil. Die Utopie der Versöhnung. Köln u.a. 1996.

SENELICK, Laurence: Gordon Craig's Moscow *Hamlet*. Westport, Connecticut/ London 1982.

SIMHANDL, Peter: Theatergeschichte in einem Band. Berlin 1996.

SIMON-RITZ, Frank/ULBRICHT, Justus H.: „Heimstätte des Zarathustrawerkes". Personen, Gremien und Aktivitäten des Nietzsche-Archivs in Weimar 1896-1945. In: Wege nach Weimar. Auf der Suche nach der Einheit von Kunst und Politik. Ausstellungskatalog, hg. v. Hans Wilderotter u. Michael Dorrmann. Berlin 1999, S. 155-176.

SPIECKERMANN, Thomas: „The world lacks and needs a Belief". Untersuchungen zur metaphysischen Ästhetik der Theaterprojekte Edward Gordon Craigs von 1905 bis 1918. Trier 1998.

SPIEGELUNGEN. Die Ballets Russes und die Künste. Ausstellungskatalog, hg. v. Claudia Jeschke, Ursel Berger u. Birgit Zeidler. Berlin 1997.

SPLITT, Gerhard: Richard Strauss 1933-1935. Ästhetik und Musikpolitik zu Beginn der nationalsozialistischen Herrschaft. Pfaffenweiler 1987.

SPRENGEL, Peter: Gerhart Hauptmann. Epoche – Werk – Wirkung. München 1984.

— /Streim, Gregor: Berliner und Wiener Moderne. Vermittlungen und Abgrenzungen in Literatur, Theater, Publizistik. Wien/Köln/Weimar 1998.

STADLER, Edmund: Max Reinhardt und die Schweiz. In: Max Reinhardt in Europa. Redig. v. Edda Leisler u. Gisela Prossnitz. Salzburg 1973, S. 201-252.

STAMM, Günther: Monumental Architecture and Ideology: Henry van de Velde's and Harry Graf Kessler's Project for a Nietzsche Monument at Weimar, 1910-1914. In: Gentse Bijdragen tot de Kunstgeschiedenis, 23 (1973/75), S. 303-342.

STENZEL, Burkhard: Harry Graf Kessler und die Weimarer Reformen von 1902 bis 1906. Ein Versuch der Moderne. In: Kleinstaaten und Kultur in Thüringen vom 16. bis 20. Jahrhundert. Hg. v. Jürgen John. Weimar/Köln/Wien 1994, S. 501-529.

— Harry Graf Kessler. Ein Leben zwischen Kultur und Politik. Phil. Diss. Jena. Weimar/Köln/Wien 1995.

— „... eine Verzauberung ins Helle und Heitere." Harry Graf Kesslers Ideen zur Kulturerneuerung in Deutschland. In: Die Weimarer Republik zwischen Metropole und Provinz. Intellektuellendiskurse zur politischen Kultur. Hg. v. Wolfgang Bialas u. Burkhard Stenzel. Weimar/Köln/Wien 1996, S. 37-55.

— Das Weimarer Theater – eine nationale Schaubühne der Zukunft? Klassik, Kult und Avantgarde (1900-1930). In: KulturStadtBauen. Eine architektonische Wanderung durch Weimar – Kulturstadt Europa 1999. Ausstellungskatalog, hg. v. Gerd Zimmermann u. Jörg Brauns. Weimar 1997, S. 36-41.

STERNBERGER, Dolf: Rede über die Idee der Schönheit. [1976.] In: Ders.: Über Jugendstil. Frankfurt am Main 1977, S. 11-19.

STREIM, Gregor: „Die richtige Moderne". Hermann Bahr und die Formierung der literarischen Moderne in Berlin. In: Hofmannsthal. Jahrbuch zur europäischen Moderne, 4 (1996), S. 323-359.

— Der Streit um Bühnenbild und Stage Design. Otto Brahm, Edward Gordon Craig, Hugo von Hofmannsthal und die Inszenierung des *Geretteten Venedig* von 1905. In: Jahrbuch des Freien Deutschen Hochstifts (1997), S. 274-298.

TEUBER, Dirk: Henry van de Veldes Werkbund-Theater – ein Denkmal für Friedrich Nietzsche? In: Der westdeutsche Impuls 1900-1914. Kunst und Umweltgestaltung im Industriegebiet. Bd. 4: Die Deutsche Werkbund-Ausstellung Cöln 1914. Ausstellungskatalog, hg. v. Wulf Herzogenrath, Dirk Teuber u. Angelika Thiekötter. Köln 1984, S. 114-132.

THAMER, Jutta: Zwischen Historismus und Jugendstil. Zur Ausstattung der Zeitschrift *Pan* (1895-1900). Frankfurt am Main/Bern/Cirencester 1980.

THIERSCH, Adolph: Hofmannsthal an Harry Graf Kessler. In: Neue Zürcher Zeitung und schweizerisches Handelsblatt, Fernausgabe, 174. Jg., Nr. 192, 15. Juli 1953, S. 3.

TOEPLITZ, Jerzy: Geschichte des Films. Bd. 1: 1895-1928. Berlin 1992.

ULBRICHT, Justus H.: „Deutsche Renaissance". Weimar und die Hoffnung auf die kulturelle Regeneration Deutschlands zwischen 1900 und 1933. In: Zwischen Konvention und Avantgarde. Doppelstadt Jena – Weimar. Hg. v. Jürgen John u. Volker Wahl. Weimar/Köln/Wien 1995, S. 191-208.

— Die Geburt der Deutschen aus dem Geist der Tragödie. Weimar als Ort und Ausgangspunkt nationalpädagogischer Theaterprojekte. In. Wege nach Weimar. Auf der Suche nach der Einheit von Kunst und Politik. Ausstellungskatalog, hg. v. Hans Wilderotter u. Michael Dorrmann. Berlin 1999, S. 127-142.

— /Simon-Ritz, Frank: „Heimstätte des Zarathustrawerkes". Personen, Gremien und Aktivitäten des Nietzsche-Archivs in Weimar 1896-1945. In: Wege nach Weimar. Auf der Suche nach der Einheit von Kunst und Politik. Ausstellungskatalog, hg. v. Hans Wilderotter u. Michael Dorrmann. Berlin 1999, S. 155-176.

ULRICH, Paul S.: Biographisches Verzeichnis für Theater, Tanz und Musik. Fundstellennachweis aus deutschsprachigen Nachschlagewerken und Jahrbüchern. 2 Bde. Berlin ²1997.

HENRY VAN DE VELDE. Ein europäischer Künstler seiner Zeit. Ausstellungskatalog, hg. v. Klaus-Jürgen Sembach u. Birgit Schulte. Köln 1992.

VENTURELLI, Aldo: Die Enttäuschung der Macht. Zu Kesslers Nietzsche-Bild. In: Harry Graf Kessler: Ein Wegbereiter der Moderne. Hg. v. Gerhard Neumann u. Günter Schnitzler. Freiburg im Breisgau 1997, S. 109-133.

VITO, Lina: Eleonora Duse tra Lugné-Poe e Gordon Craig. In: Biblioteca Teatrale, 39 (1996), S. 93-112.

VOLKE, Werner: Hugo von Hofmannsthal. Reinbek bei Hamburg 1967.

WAHL, Volker: Die Jenaer Ehrenpromotion von Auguste Rodin und der ‚Rodin-Skandal' zu Weimar 1905/06. In: Ders.: Jena als Kunststadt. Begegnungen mit der modernen Kunst in der thüringischen Universitätsstadt zwischen 1900 und 1933. Leipzig 1988, S. 56-77.

WEGE NACH WEIMAR. Auf der Suche nach der Einheit von Kunst und Politik. Eine Ausstellung des Freistaats Thüringen in Zusammenarbeit mit d. Deutschen Historischen Museum Berlin. Ausstellungshalle im Thüringer Landesverwaltungsamt Weimar, 6. Februar bis 30. April 1999. Katalog, hg. v. Hans Wilderotter u. Michael Dorrmann. Berlin 1999.

WEHLTE-HÖSCHELE, Martina: Der Deutsche Künstlerbund im Spektrum von Kunst und Kulturpolitik des Wilhelminischen Kaiserreiches. Heidelberg 1993.

WERNER, Norbert: Peter Behrens. Die Kunst des Könnens und die Kunst des Schönen. In: Peter Behrens. „Wer aber will sagen, was Schönheit sei?" Grafik, Produktgestaltung, Architektur. Ausstellungskatalog, hg. v. Hans-Georg Pfeifer. Düsseldorf 1990, S. 24-37.

WINKLER, Heinrich August: Weimar 1918-1933. Die Geschichte der ersten deutschen Demokratie. München 1993.

WOITAS, Monika: Leonide Massine – Choreograph zwischen Tradition und Avantgarde. Tübingen 1996.

WOLBERT, Klaus: „... wie ein Tempel in einem heiligen Haine". Olbrichs semantische Architektur und die Utopie eines ästhetisch überhöhten Lebens in Schönheit und Feierlichkeit. In: Joseph Maria Olbrich 1867-1908. Ausstellungskatalog, hg. v. Bernd Krimmel. Darmstadt 1983, S. 57-81.

WOLLKOPF, Roswitha: Das Nietzsche-Archiv im Spiegel der Beziehungen Elisabeth Förster-Nietzsches zu Harry Graf Kessler. In: Jahrbuch der Deutschen Schillergesellschaft, 34 (1990), S. 125-167.

Personenregister

Auf die Aufnahme Harry Graf Kesslers sowie die jener Personen, die in den Anmerkungen erwähnt werden, wurde verzichtet. Die Seitenzahlen beziehen sich folglich nur auf den Haupttext.

Michael Braun
»Hörreste, Sehreste«
Das literarische Fragment bei
Büchner, Kafka, Benn und
Celan
2002. XI, 311 S. Br.
€ 35,50/SFr 63,–
ISBN 3-412-08101-9
Das Buch von Michael Braun
entwirft nach einem begriffs- und
gattungsgeschichtlichen
Überblick eine Typologie literarischer Erscheinungsformen
des Fragments (konzeptionelle,
überlieferungs-, rezeptions- und
produktionsbedingte Fragmenta-
rik). Untersucht werden zentrale
Texte von Georg Büchner, Franz
Kafka, Gottfried Benn, Paul
Celan und Durs Grünbein, in
deren Bildsprache und Thematik
sich das Fragmentarische als poe-
tologisches Prinzip erweist.

Hans Richard Brittnacher
Erschöpfung
und Gewalt
**Opferphantasien in der
Literatur des Fin de siècle**
(Literatur – Kultur – Geschlecht.
Große Reihe, Band 18)
2001. 383 Seiten. 13 s/w-Abb.
Br. € 39,90/SFr 71,–
ISBN 3-412-08001-2
Dieses Buch zeigt die Orientierung der vordergründig dekadenten Gewalt an Bildern und Funktionen des Opferrituals. Unter
Rückgriff auf mythische Vorgaben haben Literatur und Ästhetik
mit dem »Opfer« ein besonderes
Modell sozialer und privater Kri-
senbewältigung herausgebildet.
Als antirationales und antibürger-
liches Ritual stand das Opfer
gegen eine als profan empfundene Moderne und bot nach dem
Verlust metaphysischer Gewiss-
heiten Orientierung für das
unstete religiöse Interesse vieler
Zeitgenossen.

Nacktheit
Ästhetische Inszenierungen im
Kulturvergleich
Herausgegeben von Kerstin Gernig.
(Literatur – Kultur – Geschlecht.
Kleine Reihe, Band 17)
2002. 357 S. 24 s/w-Abb. Br.
€ 20,50/SFr 37,–
ISBN 3-412-17401-7
Wie gehen verschiedene Kulturen mit dem entblößten menschlichen Körper um? Welche historischen Wurzeln gibt es in der
heute inflationär zur Schau
gestellten Präsentation des unbe-
kleideten Körpers? Wo verlaufen
die kulturellen Grenzen zwischen
akzeptierter Zurschaustellung
und Tabubruch? Dieser Band gibt
Antworten aus kulturvergleichen-
der Perspektive.

Tanja Nusser
Von und zu anderen
Ufern
Ulrike Ottingers filmische
Reiseerzählungen
(Literatur–Kultur–Geschlecht.
Große Reihe, Band 20)
2002. 259 S. 64 s/w-Abb. Br.
€ 34,50/SFr 57,10
ISBN 3-412-17501-3
Die Berliner Filmemacherin Ulrike Ottinger hat sich mit provo-
kanten Arbeiten seit den 70er
Jahren einen Namen in der internationalen Szene gemacht. Ihre
Filme thematisieren immer wieder unterschiedliche Formen und
Erfahrungen des Reisens.
Vor dem Hintergrund von Theorien des Reisens, des Fremden,
des Anderen und der Grenze
sowie im Rückbezug auf Aspekte
der Psychoanalyse und der Gen-
der Studies werden Ottingers filmische Reiseerzählungen hier
betrachtet.

KÖLN WEIMAR

URSULAPLATZ 1, D-50668 KÖLN, TELEFON (0 2 2 1) 91 39 00, FAX 91 39 011

Henning Röper
Handbuch
THEATER-
MANAGEMENT

Böhlau

Henning Röper
Handbuch Theater-
management

Dieser praxisbezogene Leitfaden für Theatermacher und Kulturmanager analysiert die vielfältigen Probleme öffentlicher Theater in Deutschland und zeigt konstruktive Lösungsmöglichkeiten auf. Das Handbuch gliedert sich in fünf Hauptteile: Die Einführung bietet einen fundierten Überblick über die Geschichte und den Zustand des deutschen Theaters von den 70er Jahren bis heute. Der zweite Teil behandelt Fragen der Betriebsführung, z.b. die Steuerung des Produktions- und Vorstellungsbetriebs sowie die Koordination der verschiedenen Mitarbeitergruppen. Im dritten Teil werden die Finanzlage der Theater erörtert und effektive Möglichkeiten zur Steigerung der Einnahmen und zur Kostenoptimierung aufgezeigt. Der vierte Teil ist Fragen der Legitimation von öffentlicher Bezuschussung gewidmet. Im abschließenden fünften Teil geht es um Beispiele erfolgreicher Alternativmodelle zu den etablierten öffentlichen Theatern.

2001. X, 646 Seiten. Gebunden.

ISBN 3-412-06201-4

KÖLN WEIMAR

URSULAPLATZ 1, D-50668 KÖLN, TELEFON (0 221) 91 39 00, FAX 91 39 011

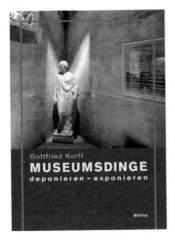

Gottfried Korff

Museumsdinge

deponieren – exponieren

Herausgegeben von Martina
Eberspächer, Gudrun Marlene
König und Bernhard Tschofen

Museen und Ausstellungen gehören zu den Sinnagenturen der
Moderne. Sie sind Orte der Repräsentation und Konstruktion
von Kulturen. Die Attraktivität des Musealen am Beginn des
dritten Jahrtausends ist Anlass für diesen Band. Er vereint erstmals Texte des Kulturwissenschaftlers Gottfried Korff zur Geschichte und Theorie der Kulturmuseen und widmet sich besonders dem Medium Ausstellung. Kommentare von Wissenschaftlern und Gestaltern dokumentieren die Ausstellungs-
projekte Gottfried Korffs an der Schnittstelle von Belehren,
Bilden, Vergnügen und Erinnern.
Korffs Sicht der »Museumsdinge« verbindet zwei Perspektiven
– die des Ausstellungsmachers, dem an der Entwicklung von
Präsentationsästhetiken und an den Möglichkeiten der Vermittlung kulturhistorischer Themen und Zusammenhänge
gelegen ist, und die des Theoretikers, dem es um die Sichtung
der Ideen, Strategien und Funktionen des Museums geht:
deponieren und exponieren.

2002. XIV, 394 Seiten. 34 s/w-
Abbildungen. Gebunden.
ISBN 3-412-04202-1

URSULAPLATZ 1, D-50668 KÖLN, TELEFON (0 22 1) 91 39 00, FAX 91 39 011

Günter Erbe

Dandys — Virtuosen der Lebenskunst

Eine Geschichte des mondänen Lebens

2002. 352 S. 20 s/w-Abb.

Gb. mit Schutzumschlag.

ISBN 3-412-05602–2

In unserer glitzernden Medienwelt, in der Schein mehr gilt als Sein, kommen die Attitüden des Dandys, die früher nur in exklusiven Kreisen Resonanz fanden, wieder in Mode. Der Dandy, der modebewusste Beau, in der Regel ein Aristokrat und Müßiggänger, beherrschte zu Anfang des 19. Jahrhunderts die elegante Männerwelt und erlebte im Fin de siècle eine Renaissance. Welche Faszination ging von ihm aus?

Von der Regency-Epoche über die Ära des Bürgerkönigs Louis Philippe, die Belle Époque, bis zu seinen letzten Ausläufern im 20. Jahrhundert wird dieser Gesellschaftstypus in europäischem Maßstab dargestellt. Im Dandy, begriffen als komplexe soziale Erscheinung, durchdringen Mode-, Gesellschafts- und Literaturgeschichte einander auf spannende Weise.

Zugleich bietet das Buch auch eine Geschichte der mondänen Gesellschaft der europäischen Metropolen, in der prominente Dandys wie George Brummell, Lord Byron, Benjamin Disraëli, Baudelaire oder Oscar Wilde zu Wort kommen. Memoiren, Briefe, Tagebücher von Zeitzeugen, Biografien, Reiseliteratur, Anstandsbücher und Traktate, sittengeschichtliche Darstellungen, Artikel der Modepublizistik, Modekupfer und Karikaturen sowie Werke der schönen Literatur sind die reichhaltigen Quellen, auf die sich Günter Erbe in seiner Untersuchung stützt.

KÖLN WEIMAR

Ursulaplatz 1, D-50668 Köln, Telefon (0221) 91 39 00, Fax 91 39 011